Histoire de la Chine

RENÉ GROUSSET

Histoire de la Chine

Des origines
à la Seconde Guerre Mondiale

Nouvelle édition, revue et corrigée
Préface de François Joyaux

FRANCE LOISIRS
123, boulevard de Grenelle, Paris

Édition du Club France Loisirs, Paris,
réalisée avec l'autorisation de la Librairie Arthème Fayard

Le Code de la propriété intellectuelle n'autorisant, aux termes des paragraphes 2 et 3 de l'article L. 122-5, d'une part, que les « copies ou reproduction strictement réservées à l'usage privé du copiste et non destinées à une utilisation collective » et, d'autre part, sous réserve du nom de l'auteur et de la source, que les « analyses et les courtes citations justifiées par le caractère critique, polémique, pédagogique, scientifique ou d'information », toute représentation ou reproduction intégrale ou partielle, faite sans le consentement de l'auteur ou de ses ayants droit ou ayants cause, est illicite (article L. 122-4). Cette représentation ou reproduction, par quelque procédé que ce soit, constituerait donc une contrefaçon sanctionnée par les articles L. 335-2 et suivants du Code de la propriété intellectuelle.

© 1942, Librairie Arthème Fayard.
© 1994 pour la nouvelle édition, Éditions Payot & Rivages.
ISBN 2-7441-0500-7

Préface

La Chine n'est pas seulement un empire, c'est une civilisation. Dès lors, comment dissocier l'histoire de cet empire de celle de sa civilisation, c'est-à-dire de celle de sa pensée, de sa religion, de son art ? Toute histoire de Chine est aussi une histoire de la civilisation chinoise. Par ailleurs, contrairement à ce qu'on imagine trop souvent, les Chinois, au fil des millénaires, ont entretenu des rapports étroits avec un grand nombre de peuples. Huns, Turcs, Mongols, bouddhistes, musulmans, chrétiens, tous ont contribué à faire de la civilisation chinoise ce qu'elle est devenue. Certes, la Chine a tout absorbé, tout sinisé. Il n'en demeure pas moins que faire l'histoire de cette civilisation implique qu'on analyse un à un les éléments extraordinairement nombreux et variés qui la constituent. Aussi, rares sont les érudits qui ont été capables de produire une grande histoire de la Chine. Non seulement René Grousset fut de ceux-là mais, qui plus est, il occupe parmi eux une place éminente.

Ce n'est en rien réduire son mérite que de noter qu'il a beaucoup emprunté à ses devanciers et à ses contemporains. D'ailleurs, il les cite lui-même : Granet, Maspero, Wieger, son ami Pelliot et d'autres. Tous avaient magnifiquement contribué aux progrès de ce qu'on appelait autrefois la sinologie : leur mérite est considérable. Mais René Grousset sut en tirer l'admirable synthèse que constitue cette *Histoire de la Chine*. Un livre d'autant plus riche que son érudition était colossale. Rien de ce qui touche l'Asie ne le laissait indifférent, du Proche à l'Extrême-Orient. Sa bibliographie — impressionnante — en témoigne suffisamment : *Histoire des croisades, Histoire de l'Arménie, Histoire de l'Orient latin, L'Empire des steppes* et combien d'autres grandes études. Toutes font autorité et sont régulièrement rééditées. C'est cet immense savoir qui permit à René Grousset de comparer la Chine aux autres grandes civilisations, de mieux la comprendre et finalement d'écrire cette monumentale *Histoire de la Chine* qui, en dépit de son demi-siècle, a gardé tout son intérêt. Les œuvres de qualité ne sauraient vieillir.

Il fut un temps où toute histoire « européocentriste » d'un pays, d'une idée, d'un homme, d'un phénomène non européen était, *a priori*, condamnée. L'« européocentrisme » était purement et simplement considéré comme une forme insidieuse de colonialisme ou d'impérialisme dans le champ historique. Il fallait, au contraire, tenter de comprendre les sociétés en se plaçant de leur point de vue, en les regardant comme elles se regardaient elles-mêmes. Parti pris tout spécialement contraignant dans le cas de la Chine, dont la tradition historique est particulièrement nationaliste.

René Grousset a choisi, quant à lui, d'observer la Chine avec ses yeux d'Européen. Il faut lui en savoir gré. Et c'est pour l'historien d'aujourd'hui une belle leçon. Quelle prétention, en effet, que d'espérer voir la Chine comme la verrait un Chinois, avec sa méthode, ses préjugés, sa sensibilité ! Et pour quel résultat ? Une histoire inintéressante pour l'Européen comme pour le Chinois. L'histoire ne saurait être une résurrection du passé. Plus modestement, l'objectif est d'exposer ce que nous en savons (c'est-à-dire presque rien) et ainsi d'alimenter notre réflexion d'homme du présent. Et cela, nous ne pouvons le faire que dans le cadre de notre propre civilisation, de nos propres valeurs et références. D'ailleurs, s'intéresser à la Chine, c'est en soi de l'« européocentrisme » : je veux dire par là un réflexe d'Européen qui cherche à connaître qui est l'Autre. Le Chinois, lui, ne cherche pas à savoir qui nous sommes. Il n'y a jamais eu d'explorateur chinois en Europe.

C'est donc en parfait « européocentriste » que René

Grousset aborde la Chine. Et quel plaisir pour le lecteur, qui peut ainsi pénétrer un monde inconnu avec des références qui lui sont familières ! On peut se contenter de rappeler que ce fut l'empereur Wou-ti (140-87 avant J.-C.) qui a construit la plus grande Chine, d'est en ouest et du nord au sud, délimitant ainsi « le domaine historique de l'impérialisme chinois ». Mais n'est-ce pas plus clair d'ajouter : « C'était l'époque où les victoires de Marius et de Sylla achevaient d'établir dans le monde méditerranéen la domination romaine. Les armes de Wou-ti avaient établi de même dans l'Asie centrale et orientale une *Pax Sinica*, équivalent extrême-oriental de notre *Pax Romana* » ? On peut disserter sans fin sur la place — minime — du bouddhisme dans la Chine de cette même époque. Mais n'est-il pas plus « parlant » d'estimer qu'elle ne devait pas être plus importante que celle du « christianisme dans l'Empire romain à l'époque de Trajan ou de Marc Aurèle » ? On comprend bien que le roi tabghatch T'o-pa Tao (424-452) dut travailler « à harmoniser les croyances turques de sa race et les données de la pensée chinoise ». Mais n'est-ce pas plus clair en ajoutant : « comme Charlemagne harmonisant la culture germanique et la culture latine » ?

Certes, comparaison n'est pas raison. Mais histoire sans comparaison n'est pas raison non plus. L'érudition de René Grousset était immense. Elle est en soi garante du bon escient qui, loin de déformer, enrichit. De nos jours, la spécialisation à outrance nous a rendus extrêmement réticents à l'égard de tels rapprochements. Et il n'est pas question de nier l'impérieuse nécessité de recherches historiques approfondies et spécialisées. C'est grâce à elles que progresse la science historique. Mais ne rejetons pas pour autant ces grandes fresques qui mêlent l'Empire romain à celui des Han ou Louis XIV à son contemporain K'ang-hi : c'est à elles que l'histoire doit son souffle. Et René Grousset est de ceux qui ont donné du souffle à l'histoire.

Au-delà de la vaine querelle entre « histoire événementielle » et « nouvelle histoire » — qui n'était pas de son temps —, René Grousset nous propose plutôt une histoire que je qualifierais d'« exhaustive ».

Certes, elle est en partie événementielle. Mais il faut s'en louer. À eux seuls, les événements ne sont pas l'histoire, mais ils font l'histoire. Pas d'histoire avec des événements, mais pas non plus d'histoire sans événements. Qu'on nous permette une longue citation. Nous sommes au Ve siècle après J.-C. : Lieou Yu s'est proclamé empereur, mais sa maison, qui occupe le trône de Nankin de 420 à 479, tombe très vite dans la dégénérescence. « Le troisième empereur fut assassiné à l'instigation d'un de ses fils (453). Le parricide fut ensuite mis à mort par son propre frère (454). Le nouvel empereur (454-465), par crainte d'un sort semblable, fit massacrer la plupart des autres princes du sang. Le souverain suivant, qui ne régna que six mois (465) — monté sur le trône à seize ans, assassiné à dix-sept —, fut une manière de Néron qui fit massacrer ses régents, ses proches parents, ses concubines. Il fut bientôt abattu lui-même, mais son oncle et successeur, surnommé le Porc à cause de son obésité, ne fut pas moins sanguinaire, faisant exécuter à son tour ses frères et ses neveux (465-472). En mourant, le Porc légua le trône au fils de son mignon. Cet empereur de hasard, gamin précoce (couronné à dix ans, tué à quinze), montra une telle férocité qu'on dut le décapiter en profitant d'une nuit d'ivresse (477). »

Histoire événementielle ? Ou plutôt seule peinture possible de ce qu'était devenu l'empire de Tsin après le IVe siècle, « une sorte de Bas-Empire, écrit judicieusement René Grousset, qui nous rappellera les tares et aussi la paradoxale vitalité de notre empire byzantin ». Il est des circonstances où l'événement résume à lui seul l'histoire. Tel est le cas de cette Chine du Sud désemparée face aux pillages des tribus turco-mongoles en Chine du Nord.

Non seulement l'histoire de Grousset n'est pas événementielle au sens péjoratif du terme, mais encore elle est singulièrement moderne.

L'histoire chinoise n'est pas celle d'une suite plus ou moins ininterrompue de dynasties. C'est aussi — et peut-être même avant tout — celle de générations de paysans travaillant leur terre. La terre chinoise, le paysan chinois, transparaissent à chaque page de ce livre. C'est d'ailleurs sur un chapitre consacré à « La terre chinoise » qu'il s'ouvre. Grousset est un peu le Michelet de la Chine. Que comprendre de l'histoire chinoise si on néglige l'opposition entre Chine du Nord et Chine du Sud ? Comment interpréter les innombrables fractures de l'empire sans tenir compte des antagonismes entre vieille Chine et Chine nouvelle, entre Chine originelle et Chine coloniale ? L'histoire de René Grousset n'est jamais détachée de la géographie la plus physique : grandes plaines du Nord et du Centre, fleuves outranciers et nourriciers à la fois, reliefs qu'abhorre le Chinois attaché à sa rizière inondée... Ce n'est pas un hasard si ce livre, ouvert sur une description de la terre chinoise, se referme sur une évocation du paysan qui la travaille. Toute la Chine est là : « Existe-t-il meilleur symbole d'une stabilité et d'une continuité qui survivent à toutes les vicissitudes de l'histoire, la stabilité de cette patiente race de paysans, la continuité du labeur obstinément poursuivi sur cette même glèbe depuis plus de trois millénaires ? »

Moderne, René Grousset l'est également par son attachement à la dimension économique et sociale de l'histoire. Il sait que ce fut une crise sociale qui perdit la dynastie des Tang au VIIIe siècle ; qu'au XIe, les réformes économiques de Wang Ngan-che contribuèrent de façon décisive à la grandeur de la dynastie song ; qu'au XIIIe, la protection des fermiers chinois face aux princes mongols fut l'une des raisons de la réussite des Yuan ; qu'aux XVIIe et XVIIIe siècles, les Mandchous veillèrent constamment à défendre la petite propriété. La terre, le paysan sur sa terre, l'évolution économique et sociale de l'empire constituent bien, chez René Grousset, des dimensions fondamentales de l'histoire.

Cette *Histoire de la Chine* est aussi une merveilleuse histoire de sa pensée, de sa religion et de son art. Derrière l'érudit pointe à chaque page le remarquable conservateur du musée Cernuschi que fut René Grousset.

Comment retracer la période des Royaumes Combattants sans évoquer la « libération de la ronde-bosse » ? Un art qui était en contact avec celui des Huns de Mongolie et celui de

Sibérie. Mais alors, ne faut-il pas le confronter à l'art scythe de la Russie méridionale, « ce dernier bien connu pour ses relations avec l'art grec » ? Tout Grousset est là : une extraordinaire maîtrise des rapprochements et des comparaisons qui donne toute sa profondeur au moindre trait. À chaque page, la Chine est replacée dans l'universel.

Et l'art des Han ? Comment ne pas admirer l'art des Han ? Les formes se simplifient, les lignes deviennent plus pures, rejoignant parfois « la sobriété d'un vase grec ». Et l'art sublime des Wei, cette « autre sculpture romane », bien antérieure à la nôtre. « Les siècles de fer sont souvent des siècles de foi », note fort justement et fort joliment Grousset. Il faut lire ses pages merveilleuses sur la spiritualité bouddhique et l'art : la secrète ironie de tel bouddha, pleine d'indulgence devant le spectacle de l'universelle vanité ; la plénitude du recueillement de tel autre, marque de l'immense paix de la Délivrance. « Si, à travers l'espace et le temps, écrit René Grousset, l'art wei et l'art roman s'apparentent, c'est que tous deux dérivent du canon classique, mais du canon classique débarrassé de ses poncifs, rénové par un grand élan mystique et appelé désormais à traduire, au lieu de la beauté des corps, des valeurs purement spirituelles. Il y a, de l'art gréco-bouddhique à l'art de Yun-kang et de Long-men, la même distance que de l'art romain à l'art de nos cathédrales. » Comment ne pas songer à Malraux ?

Grousset a le don de faire découvrir chacun des grands sommets de l'art chinois. Celui-ci encore : la peinture des Song, cette peinture qui transforme le paysage en état d'âme. L'Occident n'en aura l'idée que bien des siècles plus tard. « Ce qui fait le sujet du tableau, ce qui est l'âme du paysage, c'est la méditation dhyanique, la communion avec l'Univers » : en une phrase, tout est dit. « Avec de telles œuvres, conclut Grousset, la peinture chinoise atteint presque le domaine de la métaphysique. »

Le « domaine de la métaphysique » ? René Grousset y consacre des pages merveilleuses de concision et de finesse. Il avait parfaitement compris l'évolution philosophique de la Chine. Il faut lire son exposé de la philosophie de Tchou-hi, dont l'influence, en Chine, fut considérable. Et sa conclusion, qui explique en grande partie la décadence de l'empire : « Les matériaux de toute provenance mis en œuvre par Tchou-hi ont été par lui si bien maçonnés que l'édifice se présente comme une masse rigide sans fissure. Un peu aussi comme une prison d'où l'esprit chinois ne pourra plus que difficilement s'échapper. Car la puissance du système ne doit pas nous en dissimuler les dangers, et ces dangers étaient graves. En enfermant la spéculation dans une sorte d'évolutionnisme mécaniste à circuit fermé avec, pour tout horizon, la perspective nietzschéenne du " retour éternel ", en lui interdisant toute échappée de spiritualisme, Tchou-hi arrêtait l'essor de la pensée chinoise et mettait un terme prématuré au grand renouveau philosophique des xe-xiie siècles. Sa doctrine, devenue par la suite positivisme d'État, barrera la route aux spéculations ultérieures, plongera le mandarinat dans le matérialisme et la routine et sera pour une bonne part responsable de l'ankylose qui frappera la philosophie d'Extrême-Orient du xiiie au xxe siècle.» En dix lignes, René Grousset a mis le doigt sur une des causes fondamentales du grand engourdissement de la civilisation chinoise à l'époque moderne et contemporaine.

In fine, peut-être faut-il s'arrêter à cette remarque qui est probablement fondamentale dans l'esprit de René Grousset. Il attachait en effet une importance essentielle à l'évolution des idées dans le développement des civilisations. Il n'est que de relire, par exemple, le texte d'une des conférences qu'il prononça au Japon dans l'été 1949 sous le titre *La civilisation à travers l'histoire*[1]. Il n'hésite pas à y proclamer que c'est l'humanisme confucéen qui a fondé la civilisation du continent chinois, et que ce fut la spiritualité bouddhique qui l'y sauva (tout comme la spiritualité chrétienne en Occident). Primauté de la pensée : voilà bien une des idées-forces de ce livre. Si la Chine fut une grande civilisation, c'est avant tout parce qu'elle (et lorsqu'elle) connut « le

---

1. *In* René Grousset, *L'Homme et son histoire*, Paris, Plon, 1954.

règne de l'esprit ». On reconnaît là Paul Valéry, qui fut l'ami de René Grousset.

Cette *Histoire de la Chine*, on le voit, est plus qu'une histoire de la Chine : c'est en cela qu'elle ne saurait vieillir et qu'elle méritait d'être rééditée.

François Joyaux

À ma fille Ginette, Mme Pierre Lenclud.

CHAPITRE PREMIER

Terre chinoise

La civilisation en Asie est le fait des « Mésopotamies », c'est-à-dire des grandes plaines d'alluvions dont la fertilité naturelle a suscité chez l'homme la vocation agricole. Tel fut le cas dans l'Asie occidentale pour la Babylonie. Tel est le cas dans l'Asie orientale pour la « Grande Plaine » chinoise.

Elle s'étend, cette Grande Plaine, depuis Pékin au nord jusqu'au Houai-ho au sud, depuis les approches de Lo-yang à l'ouest jusqu'à l'éperon montagneux du Chan-tong vers l'est, sur 324 000 kilomètres carrés, superficie supérieure à celle de l'Angleterre et de l'Irlande. Comme l'Égypte, selon le mot d'Hérodote, est « un don du Nil », la Grande Plaine est un don du fleuve Jaune et des autres cours d'eau associés. « À une époque relativement récente — du moins dans le sens que les géologues donnent à cet adjectif —, cette plaine était un bras de mer dont les vagues venaient battre contre la falaise du Chan-si, tandis que l'actuelle presqu'île du Chan-tong était une île. » Pendant des siècles, le Houang-ho a déposé sur cette aire les masses énormes de limon qu'il avait arrachées, plus à l'ouest, aux plateaux de terre jaune, créant ainsi de toutes pièces un sol alluvial d'une merveilleuse fertilité. Sous cette accumulation de dépôts limoneux, la mer s'est comblée, le littoral a reculé toujours plus à l'est. Ce travail, notons-le, se continue de nos jours encore. C'est ainsi que le limon exhausse d'année en année le lit du fleuve Jaune, au point que les riverains sont obligés de surélever à proportion leurs digues et que le fleuve finit

— spectacle paradoxal et combien dangereux — par couler « comme sur une gouttière » au-dessus du niveau de la plaine.

À l'ouest et en arrière de la Grande Plaine règnent les terrasses de *terre jaune* d'où descend le fleuve nourricier et qui couvrent une superficie de plus de 260 000 kilomètres carrés. Toute cette zone de collines est en effet recouverte d'une immense nappe de terre jaunâtre, analogue au *lœss* d'Alsace, fine poussière d'argile, de sable et subsidiairement de calcaire, déposée depuis des millénaires par le vent, accumulée en masse énorme et découpée en terrasses par le ravinement. Terre en principe aussi fertile (quand la pluie ne fait pas défaut) que la Grande Plaine, et née, comme elle, en vocation agricole : c'est le royaume du millet et du blé. Du reste la zone de terre jaune des terrasses du Nord-Ouest et la Grande Plaine de limon alluvial du Nord-Est se soudent en transitions insensibles sur d'immenses espaces qui constituent même, de Pékin à K'ai-fong et de K'ai-fong aux approches de Nankin, la partie la plus fertile de l'ensemble : ici la culture du millet, propre aux terrasses de lœss, se combinera avec la culture du riz propre aux bassins du Houai-ho et du Yang-tseu[1].

La civilisation chinoise naquit dans cette zone avec l'agriculture même, plus précisément avec la culture du millet, puis du riz. Les siècles inconnus de la préhistoire furent consacrés à l'incendie et au défrichement de la brousse qui couvrait les plateaux de lœss au nord-ouest, à l'assèchement des marais qui couvraient au nord-est la majeure partie de la Grande Plaine. Les vieilles chansons du *Che-king* célèbrent ce labeur. « Ah ! ils désherbent, ah ! ils défrichent ! Leurs charrues ouvrent le sol. Des milliers de couples dessouchent, les uns dans les terrains bas, les autres dans les terrains éle-

---

1. Le riz est en effet étranger à la Chine du Nord, c'est-à-dire au domaine chinois primitif. « C'est dans la Chine du Sud (longtemps allogène) qu'on trouve les plus anciennes traditions historiques sur sa culture et c'est de là qu'elle se propagea vers les premiers États chinois. Toutefois elle y arriva anciennement puisque le riz est mentionné parmi les *cinq céréales* au VIIIe siècle avant J.-C., avec deux espèces de millet, l'orge et un haricot qui est sans doute le soja » (J. Sion).

vés. » Et plus loin : « Pourquoi a-t-on arraché la brousse épineuse ? Pour que nous puissions planter notre millet. » Parmi les héros divins à qui la société chinoise attribuera la direction de ce labeur collectif, elle placera Chen-nong, qui a appris aux hommes les incendies de brousse ainsi que l'usage de la houe, et Heou-tsi, « le Prince-Millet ». Une non moindre importance est reconnue aux travaux d'assèchement et d'endiguement mis sous le nom de Yu le Grand, fondateur de la dynastie légendaire des Hia : il sauve la terre des eaux, « mène les fleuves à la mer », multiplie les fossés et les canaux.

Ce fut la vie agricole et sédentaire ainsi pratiquée par les ancêtres des Chinois aux confins du lœss et de la Grande Plaine qui les différencia d'avec les tribus — sans doute de même race — restées au stade des chasseurs nomades dans les steppes du Chen-si et du Chan-si septentrionaux d'une part, dans les forêts marécageuses du Houai-ho et du Yang-tseu d'autre part. Il n'y a pas lieu de supposer ici d'opposition ethnique, encore moins d'imaginer une immigration des Proto-Chinois soi-disant venus de l'Asie centrale. Du reste, les tribus « barbares » qui encerclaient ainsi l'étroit domaine chinois primitif devaient se siniser à leur tour dès la fin de la période archaïque, quand elles abandonnèrent (spontanément pour ce qui est des tribus du Yang-tseu) la vie nomade pour la vie agricole. De même, au Tonkin, si les Annamites se sont différenciés de leurs frères, les Muong, c'est qu'ils se sont consacrés à la culture des rizières dans les basses plaines littorales, tandis que dans les forêts de l'arrière-pays les Muong ne voulaient connaître de l'agriculture que la pratique intermittente du *ray*.

La vie de la société paysanne dans la Chine archaïque ne dut peut-être pas différer beaucoup de ce qu'elle est aujourd'hui encore dans ces mêmes régions. Dans la Grande Plaine, maisons en torchis (la brique interviendra plus tard) qui résistent mal aux pluies de mousson et au forage des rongeurs ; sur les plateaux de lœss, troglodytisme avec chambres creusées à flanc de falaise, de sorte que le champ surplombe la ferme et que les « cheminées » d'aération des chambres viennent parfois paradoxalement s'ouvrir au milieu des cultures. D'autre part, la sériciculture paraît fort ancienne. Si nous en croyons la carte économique que suggère le *tribut de Yu* (environs du VIIe siècle avant J.-C.), le Chan-tong et les districts voisins pourraient bien être la « patrie du mûrier ». La tradition veut d'ailleurs que le deuxième des Trois Souverains mythiques, le légendaire Houang-ti, ait appris lui-même aux Chinois à élever les vers à soie et à remplacer par des tissus les vêtements « barbares », faits en peau de bête ou en paille. Enfin il semble que dès l'origine le paysan chinois, après avoir arraché la glèbe à la brousse ou au marécage, ait, pour maintenir sa conquête, adopté le système, encore en vigueur chez ses descendants actuels, de la culture intensive : comme on l'a écrit, « l'agriculture chinoise n'est qu'un jardinage agrandi ». Ajoutons que, n'ayant trouvé à son berceau, ni sur les plateaux de lœss ni sur les alluvions de la Grande Plaine, de sylve véritable[1], le Chinois sera hostile à la forêt partout où il la rencontrera. Or la Chine centrale et méridionale qu'il sera appelé à coloniser par la suite était à l'origine une zone uniquement forestière. Quand il s'en rendra maître, le Chinois la déboisera systématiquement, quitte à manquer ensuite de combustible et sans même mettre en valeur les collines ainsi dénudées parce que, ici encore, fils des terrasses du Nord-Ouest ou des immenses étendues basses du Nord-Est, il répugnera à s'installer sur les hauteurs[2]. La terre jaune et la Grande Plaine auront façonné le Chinois pour l'éternité.

Au demeurant, pas de vie plus laborieuse que celle de ces paysans chinois. En dépit de leur patience acharnée et sans nerfs, malgré la virtuelle fertilité des plateaux de lœss comme de la Grande Plaine, les terres de lœss sont menacées, par temps de sécheresse, d'effroyables famines. Dans la Grande Plaine le danger de sécheresse, bien que moindre

---

1. Et, en tout cas, s'il en avait trouvé sur les alluvions, il l'y avait immémorialement détruite. Cependant il semble bien que le Chan-tong oriental et la région de T'ien-tsin et de Pékin durent primitivement faire partie de la zone boisée.
2. Exception faite pour le bassin Rouge du Sseu-tch'ouan, où les collines ont été aménagées en terrasses pour les cultures.

par suite des pluies de mousson, se combine avec celui de l'inondation, sans parler des divagations terribles du fleuve Jaune. La crainte superstitieuse des anciens Chinois pour la divinité des eaux, « le Comte du fleuve », comme ils l'appelaient, montre bien la terreur qu'en temps de crue inspirait aux riverains ce voisin indompté : pour se le rendre propice, ils lui sacrifiaient périodiquement des garçons et des filles. En ces immenses étendues plates et sans défense contre les eaux ou contre la sécheresse parce que sans réserves forestières, le paysan dépendait plus étroitement que partout ailleurs de la terre. Le rythme de sa vie se modelait strictement sur le rythme des saisons.

Plus encore qu'en tout autre pays agricole, la vie rurale se partageait donc ici en deux phases nettement tranchées : travaux des champs du printemps à l'automne, puis réclusion hivernale. À l'équinoxe du printemps, l'« interdit » qui pendant l'hiver avait frappé la terre était levé, la terre était « désacralisée » par une cérémonie capitale, le premier labourage du champ sacré, labourage solennellement exécuté par le roi en personne. L'équinoxe du printemps qui annonçait la fécondation de la terre annonçait aussi celle de la race. Le « jour du retour des hirondelles », les mariages, interdits en hiver, commençaient à être célébrés. Dans la campagne, « au premier cri du tonnerre », jeunes paysans et jeunes paysannes se réunissaient, chantaient ensemble des chansons d'amour et s'unissaient au milieu des champs :

> La Tchen avec la Wei
> Viennent de déborder.
> Les gars avec les filles
> Viennent aux orchidées.
> Les filles les invitent :
> Là-bas si nous allions,
> Car, la Wei traversée,
> S'étend un beau gazon ?
> Lors les gars et les filles
> Ensemble font leurs jeux,
> Et puis elles reçoivent
> Le gage d'une fleur[1].

1. Traduction Granet.

À l'équinoxe d'automne, après les fêtes de la moisson, commençait pour les villageois la période de réclusion hivernale, durant laquelle les femmes s'adonnaient aux travaux du tissage.

Le cycle de la vie paysanne, on le voit, se calque étroitement sur le cycle des saisons. De cette conformité pourraient bien dériver les premières conceptions chinoises sur l'univers et tout d'abord le premier « classement » des choses en deux catégories générales, classement que nous verrons présider par la suite et jusqu'aux temps modernes à tous les systèmes philosophiques chinois sans exception. La vie paysanne archaïque, on l'a vu, se divisait très rigoureusement en période de réclusion hivernale où dominaient les travaux féminins (c'était la saison des tisserandes) et période de travaux agricoles en principe réservés aux hommes. D'après une distribution analogue, toutes les choses seront par la suite réparties entre deux principes ou modalités : le principe *yin*, qui correspond à l'ombre, au froid, à la rétraction, à l'humidité et au genre féminin, et le principe *yang*, qui correspond à la chaleur, à l'expansion et au genre masculin[1]. Ces deux principes, comme les phases saisonnières sur lesquelles ils semblent se modeler, s'opposent et, en même temps, se conditionnent, s'appellent et se muent l'un en l'autre. Leur interdépendance ou, si l'on préfère, l'ordre qui préside à leur alternance et à leur mutation, sera l'ordre même du monde comme de la société, ou, comme disent les Chinois, sera le *tao*, notion centrale qui, nous le verrons, deviendra la clé de voûte de toutes les doctrines philosophiques ultérieures, mais dont, ici encore, il faut chercher l'origine dans les premières conceptions naturalistes d'un peuple d'agriculteurs[2].

1. Ces deux noms de catégories que nous retrouverons si souvent dans l'histoire de la pensée chinoise étaient primitivement deux termes de la langue populaire désignant, *yin*, un temps froid et couvert, un ciel pluvieux, et *yang*, l'ensoleillement et la chaleur. Par exemple pour une montagne ou une vallée, *yin* est le versant ombreux, *yang* le versant ensoleillé.
2. Le mot *tao* est un des termes philosophiques qui ont le plus varié de sens suivant les écoles. Étymologiquement il signifie « chemin, voie ». Il en arrivera à désigner soit l'ordre qui préside au rythme du *yin* et du *yang*, soit la synthèse de ces deux modalités.

La religion chinoise primitive a d'ailleurs pour but primordial d'assurer la concordance entre le cycle des saisons et le cycle de la vie agricole ou, comme on dira bientôt, entre le Ciel et l'homme. L'ordre suprahumain est réglé par l'Auguste Ciel *(Houang-t'ien)*, aussi appelé le Souverain d'En-Haut *(Chang-ti)*, lequel réside dans la Grande Ourse. L'ordre terrestre sera, sur le même modèle, assuré par le roi investi, à cet effet, du « mandat céleste » *(t'ien ming)* qui le fait Fils du Ciel *(t'ien tseu)*. En harmonie avec le Souverain d'En-Haut, le roi fixera donc le calendrier destiné à régler les travaux agricoles et ouvrira les saisons par les sacrifices et gestes rituels nécessaires. Dans ses fonctions de grand pontife, il procédera d'abord, pour ouvrir l'année nouvelle et appeler le printemps, au sacrifice d'un taureau roux immolé au Seigneur d'En-Haut, puis, comme nous l'avons vu, au labourage du champ sacré pour donner le signal des travaux agricoles. Au deuxième mois d'été il offrira un nouveau sacrifice accompagné de supplications pour obtenir la pluie, cérémonie suivie, en cas d'échec, de la mise à mort des sorciers et sorcières dont les incantations auront été vaines et qui seront alors brûlés vifs. Enfin, à l'approche de l'hiver, il célébrera l'abandon des champs et le retour aux habitations par le sacrifice connu des Romains sous le nom de *suovetaurile* et dans lequel le taureau, ici, devra être un taureau noir. Ce sacrifice, offert au « dieu du sol », sera suivi d'un autre, offert aux Ancêtres. Le cycle se clora par la fête de la moisson, la plus importante de toutes, à laquelle tout le peuple s'associera par une ripaille et une beuverie générales. Ajoutons que le roi revêtira à chaque saison des vêtements de la couleur appropriée, *suivant les conceptions chinoises*, à l'« orientation » de cette saison, vêtements noirs en hiver, verts au printemps, rouges en été, blancs en automne : ornements sacerdotaux avec lesquels il officiera dans tous les actes de sa vie pontificale. Il sera aidé dans ces diverses fonctions par tout un « clergé » de scribes, de devins et de sorciers dont nous verrons par la suite le rôle dans l'élaboration de la philosophie chinoise archaïque.

À côté du « cycle saisonnier », le « cycle ancestral », devenu commun à toute la population chinoise mais réservé, durant la période archaïque, à la classe noble. En effet le noble seul avait quelque raison de se préoccuper de ses ancêtres parce que seuls les gens de sa classe possédaient une âme capable de survie. Ils possédaient même deux âmes, l'une[1] qui n'était que le souffle animal destiné, après la mort, à devenir une sorte de revenant[2] vivotant autour du cadavre, l'autre, l'âme spirituelle[3], qui, après le décès, montait au ciel sous forme de génie[4], mais qui ne pouvait s'y maintenir qu'autant que sa substance se trouvait alimentée par les offrandes funéraires de ses descendants. Le « culte des ancêtres » ainsi créé résidait essentiellement dans ces offrandes quotidiennes ou saisonnières qui continuaient à faire participer à la vie de la famille le défunt représenté par sa « tablette » funéraire. C'était également à la religion seigneuriale que se rattachait à l'origine le culte du « dieu du sol », primitivement représenté par un arbre ou par une pierre brute et qui fut la divinité des premiers groupements territoriaux — divinité d'ailleurs farouche et cruelle : « Il aimait le sang, note Henri Maspero, et les sacrifices qu'on lui offrait commençaient en oignant sa pierre-tablette du sang frais de la victime ; celle-ci était généralement un bœuf, mais les victimes humaines ne lui déplaisaient pas. »

Dès les temps les plus anciens que les textes nous permettent d'entrevoir, nous discernons ainsi, vers la jonction de la Grande Plaine et des dépôts de terre jaune, une société paysanne tout occupée au défrichement de ce domaine chinois primitif, société encadrée par une classe noble et couronnée par l'institution royale. La présence de tels chefs de guerre prouve d'ailleurs que l'agriculteur chinois devait se maintenir en état d'alerte constante en face des tribus de chasseurs semi-nomades qui encerclaient son horizon.

La richesse accumulée par le labeur de cette société paysanne n'allait pas tarder à s'épanouir en luxe au sommet de la hiérarchie. Si nous ne savons presque rien sur l'histoire politique de la première dynastie royale, celle des

1. Appelée en chinois : *p'o*.
2. En chinois : *kouei*.
3. En chinois : *houen*.
4. En chinois : *chen*.

Hia[1], l'archéologie commence à nous fournir quelques indications sur l'outillage de cette lointaine époque. Quant à la deuxième dynastie, celle des Chang (entre 1558 et 1050 environ ?), elle nous a, à cet égard, réservé depuis sept ans des découvertes inattendues.

De l'époque hia nous n'avons d'abord qu'une poterie sommairement décorée suivant la technique dite « au peigne », technique abondamment représentée en Russie d'Europe et bien connue en Sibérie entre 2000 et 1500, ce qui n'est pas sans nous suggérer déjà des rapports « eurasiatiques » intéressants[2] ; mais ensuite viennent les vases peints découverts dans les villages de Yang-chao et de K'in-wang-tchai, province du Ho-nan, vases en terre rouge brique avec un décor d'une nervosité pleine de verve, fait d'un groupement imprévu de bandes, de triangles, de pois, de lignes croisées et d'yeux ciliés : et cette céramique de Yang-chao débuterait aux environs de 1700 avant J.-C., ce qui correspondrait à la seconde phase de la dynastie des Hia.

Avec la céramique de Pan-chan, ainsi nommée d'un site de la province de Kan-sou (qui a été exploré depuis 1921), nous serions entre 1500 et 1400 ou, selon d'autres, entre 1400 et 1300, donc première moitié de la dynastie chang. Nous arrivons là au grand art, avec une magnifique ornementation de spirales rouges et noires d'une valeur décorative digne de l'égéen. La comparaison, du reste, n'est pas seulement stylistique, car on a retrouvé des thèmes analogues dans la céramique peinte de l'Ukraine et de la Roumanie préhistoriques, ce qui nous amène à supposer qu'ils ont pu se transmettre de la mer Égée à la Chine du Nord-Ouest par l'intermédiaire des steppes russes. Mais sans doute ce décor importé ne put-il prendre durablement racine en terre chinoise.

---

1. Entre 1989 et 1558, d'après des traditions qui se veulent sans doute trop précises.
2. Voir notamment la céramique incisée ou peinte, avec lignes parallèles ou quadrillages très simples, trouvée à Heou-kang, près de Ngan-yang, dans l'extrême nord du Ho-nan. Aussi la céramique de Heou-kia-tchouang, toute voisine, décorée par impression de fibres ou de vannerie. Les deux groupes pourraient dater des commencements de la dynastie des Hia. (G. D. Wu, *Prehistoric pottery in China*, 1938.)

À Pan-chan nous avions vu apparaître, à côté des spirales « égéennes », un décor beaucoup plus simple, le décor en damier, visiblement imité de la vannerie. C'est ce nouveau décor — indigène celui-là — qui se retrouve seul, la spirale étant désormais abandonnée, à la période suivante, dans les fouilles de Ma-tch'ang, au Kan-sou, vers le XIVe siècle avant J.-C.[1]. Nous assistons là à la traduction des divers entrelacs de la vannerie dans la céramique peinte, en attendant, à la période suivante, de les voir passer dans le décor des premiers bronzes.

Nous touchons ici au mystère de l'apparition du bronze en Chine. Le bronze, selon l'archéologue Menghin, aurait été introduit en Sibérie vers 1500 avant J.-C. Or diverses pointes de flèches de bronze très archaïques trouvées en Chine, à Ngan-yang notamment, paraissent révéler une origine sibérienne. Par ailleurs, selon la remarque de l'abbé Breuil, plusieurs vases de bronze chinois archaïques, d'époque chang, trahissent une imitation naïve du travail sur bois, le bronzier ayant fidèlement copié jusqu'à l'encoche et à la marque du couteau. Les Chinois, brusquement mis en présence de la technique sibérienne du métal, auraient, du jour au lendemain, « traduit » en bronze les anciens vases rituels de terre cuite ou de bois.

Ce sont ces problèmes que posent les découvertes faites en 1934-1935 à Ngan-yang. Dans cette ancienne capitale des Chang, située dans la partie la plus septentrionale de l'actuel Ho-nan et dont le rôle historique se placerait au XIIe siècle avant J.-C., nous nous trouvons brusquement en présence d'une civilisation matérielle déjà à son apogée, bien que rien jusqu'ici ne nous ait fait assister à ses débuts. Un des champs de fouille, d'environ six hectares, est entièrement occupé par les fondations d'un bâtiment considérable qu'on suppose être le palais royal. Les tombes offrent la trace de sacrifices funéraires avec victimes humaines et animales. Nous savons en effet que les sacrifices humains continuèrent assez long-

---

[1]. En réalité on retrouve encore sur certains vases de Ma-tch'ang des ondes circulaires qui rappellent Pan-chan. Seulement elles ne sont plus traitées pour elles-mêmes, mais servent à entourer les cercles à décor de quadrillage caractéristiques. (Voir les planches de G. D. Wu, *op. cit.*)

temps à tenir une place importante dans les solennités : à la cour, on inaugurait l'année nouvelle en écartelant des victimes aux quatre portes cardinales de la ville. Des os inscrits et des écailles de tortue à usage divinatoire trouvés dans les tombes de Ngan-yang portent les premiers « caractères » chinois parvenus jusqu'à nous. Il s'agit d'une écriture encore assez proche de la pictographie, c'est-à-dire du dessin même des objets, puisque ce sont de tels dessins qui ont donné séparément naissance aux hiéroglyphes égyptiens, aux cunéiformes babyloniens et aux caractères chinois. Toutefois les caractères découverts à Ngan-yang sont déjà suffisamment stylisés pour nous obliger à admettre une longue période d'élaboration préalable depuis les dessins vraiment « primitifs » qui, eux, n'ont pas encore été retrouvés.

Ce qui est le plus caractéristique dans les fouilles de Ngan-yang, ce sont les admirables vases de bronze sacrificiels que depuis 1934-1935 elles ne cessent de nous livrer. Grand a été l'étonnement des archéologues quand ils ont été obligés de constater que dès cette lointaine époque la forme rituelle des divers types de bronzes et leur décor étaient à peu près entièrement constitués[1]. Il y aurait là de quoi crier au miracle — Athéna sortant tout armée du cerveau de Zeus ! — si nous ne remarquions que, dans la tradition chinoise, Ngan-yang n'est en somme qu'une des dernières capitales de la dynastie chang. Les capitales antérieures de cette maison, correspondant aux premières ébauches des bronzes chinois, n'ont jamais été fouillées. Si nous admettons que l'art du bronze peut avoir été introduit de Sibérie en Chine dans le courant ou vers la fin du XVe siècle avant J.-C., c'est une période d'environ trois siècles qu'il resterait à explorer pour nous permettre d'assister aux débuts du bronze chinois.

C'est donc un apogée, sans les inévitables tâtonnements du début, que nous révèlent de plain-pied les bronzes chang

---

1. Cette fixation, à peu près *ne varietur*, dès la période archaïque, des divers types de vases de bronze, tient évidemment à leur importance rituelle, à leur consécration religieuse, au rôle qui fut une fois pour toutes attribué à chacune de ces formes dans la présentation des différentes offrandes, viandes ou boissons sacrificielles.

découverts à Ngan-yang et dont les Parisiens ont pu admirer des spécimens ou des équivalents aux expositions organisées par Georges Salles à l'Orangerie en 1934 et par nous-même au musée Cernuschi en 1937[1]. Jamais aux époques suivantes les bronziers chinois n'atteindront une telle puissance dans la construction architecturale du vase rituel, dans l'équilibre des masses qui le composent. Nous ne pouvons à cet égard que renvoyer aux catalogues illustrés des expositions précitées, notamment pour les grandes marmites à couvercle connues sous les noms de *yu* ou de *lei*. Mais la même robustesse se manifeste dans les formes plus sobres comme les marmites tripodes *li* et *ting* ou comme la coupe tripode *tsio* ; du reste, cette sobriété ne nuit en rien à l'élégance des formes, comme on peut s'en assurer par les vases *kou*, grands calices évasés d'une étonnante sveltesse. Les motifs géométriques ou mythologiques qui ornent la plupart des bronzes rituels ne sont pas d'une moindre splendeur décorative. Notons la vigueur des masques de monstres, à commencer par la tête de monstre appelée *t'ao-t'ie*, issue à l'origine du réalisme animalier — tête de taureau, de bélier, de tigre ou d'ours — et qui se stylise progressivement en apparition d'épouvante. Une autre figure mythologique qu'on trouve sur les bronzes (et aussi sur les jades) chang est le dragon appelé *kouei*, « bœuf et dragon qui fait le bruit du tonnerre » et avec la peau duquel les héros de la légende chinoise fabriquaient des tambours « qui commandaient à la foudre ». « Symboles de puissances cosmiques, dit excellemment Georges Salles, ces animaux fabuleux chargeaient l'objet qu'ils décoraient d'un pouvoir secret et redoutable. »

Les fouilles de Ngan-yang ont livré aussi quelques vigoureuses sculptures sur marbre en ronde bosse ou plutôt quelques blocs de marbre incisés, représentant également des monstres mythologiques. (Cette « tendance vers la ronde-bosse » semble d'ailleurs s'être arrêtée après les Chang pour

---

1. Voir Georges Salles, *Bronzes chinois. Exposition de l'Orangerie, mai-juin 1934* (Publications du musée du Louvre). — René Grousset, *Évolution des bronzes chinois archaïques. Exposition du musée Cernuschi, mai-juin 1937*, avec illustrations (Éditions d'art et d'histoire Van Oest).

ne reparaître que beaucoup plus tard, à l'époque dite des Royaumes Combattants.)

Enfin, en même temps que les bronzes, la civilisation de Ngan-yang nous offre de remarquables jades également rituels. Le jade, symbole de pureté, possédait en effet, dans les croyances chinoises archaïques, une « vertu » intrinsèque : nous savons par les classiques chinois que le bonnet royal comportait des pendants de jade, de même que l'insigne par excellence du pouvoir royal était une tablette de jade, un grand *kouei* de trois pieds fixé à la ceinture du souverain. Les fouilles d'époque chang nous ont livré de grands couteaux, haches et haches-poignards *(ko)* de jade (certains d'entre eux, de teinte brune ou noire, semblent choisis à dessein comme imitant la couleur du bronze), et aussi deux types bien caractéristiques de jades rituels, le *pi*, disque à centre repercé qui représenterait le ciel, et le *tsong*, cylindre encastré dans un cube qui symboliserait la terre, ces deux formes de jade ayant peut-être, comme les bronzes, figuré dans les sacrifices saisonniers que le roi offrait au Ciel pour obtenir la fécondité de la terre.

La richesse de cette civilisation matérielle concorde avec ce que les anciennes annales chinoises nous disent des rois de la dynastie chang. Le dernier d'entre eux, Cheou-sin, a laissé la réputation d'une sorte de Néron chinois, produit de cour raffiné, fastueux et corrompu, déjà un civilisé de décadence. « Son savoir lui permettait de contredire les remontrances, son éloquence lui permettait de colorer ses méfaits. Il assemblait un nombre toujours plus grand de chiens, de chevaux et d'objets rares, il étendait sans cesse les parcs et les terrasses de sa capitale. Il y organisait de grands divertissements, il y donnait des orgies qui duraient toute la nuit. » Mais sous cette façade babylonienne l'expansion de la race chinoise continuait.

CHAPITRE II

L'expansion d'une race de pionniers

Pour paradoxal qu'il paraisse, s'il fallait comparer l'histoire de la Chine à celle de quelque autre grande collectivité humaine, c'est à l'histoire du Canada ou des États-Unis qu'il faudrait songer. Dans les deux cas, il s'agit essentiellement, et par-delà les vicissitudes politiques, de la conquête d'immenses territoires vierges par un peuple de laboureurs qui ne trouvèrent devant eux que de pauvres populations semi-nomades. Le plus dur de la lutte dut être mené contre la nature elle-même en défrichant le sol, en abattant la forêt primitive, en domptant les fleuves, en faisant partout de la terre arable. Seulement il n'a fallu que trois siècles aux Franco-Canadiens et aux Anglo-Saxons pour soumettre à la charrue le continent nord-américain, tandis que la conquête agricole du continent chinois a exigé près de quatre millénaires. Commencée aux confins du lœss et de la Grande Plaine vers le IIe millénaire avant J.-C., elle n'est pas encore terminée de nos jours puisque dans les montagnes du Sud-Ouest les « aborigènes » Lolo et Miao-tseu ont résisté aux empiétements du fermier chinois.

Ce fut sans doute dès le milieu de la dynastie chang (XIVe siècle avant J.-C.) que les colons chinois commencèrent à essaimer par groupes compacts hors de la Grande Plaine pour aller créer de nouvelles aires de défrichement au milieu des « Barbares » qu'ils soumettaient, assimilaient ou se conciliaient. Le processus ne dut pas être sensiblement différent de celui qui a marqué au XIXe siècle l'empiétement des labours chinois sur la « terre des herbes » mongole, au XXᵉ siècle leur empiétement sur la forêt mandchourienne. Cette première expansion chinoise fut dirigée au sud vers le bassin du Yang-tseu, alors presque tout entier couvert de forêts, au nord vers les terrasses de terre jaune du Chan-si, au nord-ouest vers la vallée encaissée de la Wei, au Chen-si, également taillée dans la terre jaune. Aux approches du Yang-tseu, les laboureurs chinois rencontraient des peuplades restées demi-sauvages (bien que sans doute de même race qu'eux) qui vivaient de chasse et de pêche et que leur exemple amena progressivement à la vie agricole. Il en allait de même au nord-ouest. De ce côté s'établit une maison de hardis pionniers, celle des Tcheou, qui se rattachait symboliquement au demi-dieu agricole, le Prince-Millet, et qui entreprit le défrichement et l'ensemencement de la riche plaine alluviale taillée dans le lœss et « saupoudrée » de lœss où s'éleva depuis la ville de Si-ngan, ou Tch'ang-ngan, capitale du Chen-si. Terre si fertile en millet et en blé qu'on a pu la comparer à un Canada. Des premiers seigneurs de la famille Tcheou qui s'y établirent, les vieilles annales nous disent avec une sobre énergie qu'avant tout « ils s'appliquaient à labourer et à semer ». Mais ces laboureurs étaient des soldats-laboureurs en raison de la lutte perpétuelle qu'ils se voyaient obligés de mener contre les tribus barbares au milieu desquelles ils s'étaient établis. Les colons de ce Far West chinois menaient en effet la rude existence de tous les pionniers placés dans des conditions analogues. Leur obstination à faire de la terre arable au détriment des clans de chasseurs demi-nomades qui erraient sur les terrasses environnantes fut payée par bien des mauvais jours. Les vieilles annales nous les montrent obligés par moments de reculer devant la ruée des sauvages et redescendant alors des plateaux de lœss vers la vallée de la Wei, « les guerriers aidant les vieillards et soutenant les faibles ».

À ce rude métier de défenseurs des Marches et de pionniers des hautes terres, les seigneurs Tcheou s'aguerrirent. Au milieu du XIᵉ siècle avant J.-C., celui d'entre eux que l'histoire connaîtra sous le nom de Wou-wang profita de l'impopularité où était tombé le dernier roi chang, Cheou-sin, que ses cruautés et ses débauches avaient rendu odieux. Il se révolta et tailla en pièces l'armée royale. Cheou-sin, rentré en fuyard dans son palais, se suicida dramatiquement : « Il monta sur la Terrasse du Cerf, il se para de ses perles et de ses jades et se jeta dans les flammes. » Wou-wang fit dans la capitale une entrée triomphale. « Il saisit le Grand Étendard Blanc. Les seigneurs vinrent se prosterner devant lui. Il pénétra dans le lieu où gisait le cadavre de Cheou-sin et descendit de son char ; avec son poignard il frappa le cadavre ; avec la Grande Hache Jaune il lui trancha la tête, puis, cette tête, il la suspendit au Grand Étendard Blanc. »

C'était la victoire des gens des Marches, des rudes pionniers des hautes vallées du Grand Ouest sur la cour luxueuse et sur les riches agriculteurs de la plaine centrale. Ainsi promus à la royauté, les Tcheou eurent pendant près de trois siècles encore la sagesse de conserver leur résidence dans cette haute vallée de la Wei d'où ils tiraient leur force et d'où ils dominaient la Grande Plaine. L'art de cette époque (X^e et IXe siècles), bien isolé par l'archéologue suédois Karlgren (1935), est caractérisé par des bronzes d'un style plus rude que le style précédent, avec un rythme de lignes (ou de motifs de « dragons ») d'un géométrisme sévère, parfois un peu lourd[1]. Si nous nous en rapportons à ces indices, la civilisation matérielle des premiers Tcheou semble bien, comme on pouvait d'ailleurs s'y attendre, marquer une certaine régression sur le luxe et les éblouissantes créations artistiques des Chang.

Une catastrophe mit fin à la puissance des Tcheou. En 771 leur capitale fut surprise et pillée par les Barbares de l'Ouest. La dynastie, abandonnant le séjour des Marches, se replia sur la région de Lo-yang, l'actuel Ho-nan, au centre de la Chine de ce temps, au seuil de la Grande Plaine. Elle

---

1. Plusieurs formes de bronzes apparaissent à cette époque, comme le *tchong*, ou cloche chinoise, et le *yi*, sorte de « saucière » à pieds de bovidé. Elles correspondent bien à la définition que nous donnons ci-dessus du style proprement tcheou. Voir les illustrations de notre catalogue, *L'Évolution des bronzes chinois archaïques, op. cit.*

s'y trouva évidemment beaucoup plus en sécurité, mais elle perdit du coup son caractère guerrier et ses princes tombèrent très vite au niveau de simples rois fainéants, tandis que tout le pouvoir passait aux seigneurs féodaux.

CHAPITRE III

Féodalité et chevalerie

La Chine archaïque, du VIIIe au IIIe siècle avant J.-C., pourrait fournir à nos médiévistes des matériaux pour une étude comparée du régime féodal à travers l'histoire. Dans la société chinoise de ce temps comme dans la France du Xe siècle, la disparition du pouvoir royal entraîna en effet des institutions assez analogues. Le morcellement des seigneuries fut d'abord poussé aussi loin puis, ici aussi, un certain nombre de grandes baronnies préparèrent le regroupement territorial.

Nous n'énumérerons pas ici tous ces États féodaux chinois, mais il convient de faire remarquer que dans la plupart des cas leur formation se modelait sur les données géographiques. Les provinces chinoises actuelles, souvent aussi grandes que plusieurs de nos États européens, correspondent, comme ces derniers, à des unités permanentes qui s'imposent et reparaissent toujours à travers les vicissitudes de l'histoire. Ce sont ces grandes unités régionales qui se manifestent déjà dans les principautés archaïques. Au nord-ouest, par exemple, l'actuel Chen-si, dans la vallée de la Wei creusée en plein lœss et qui domine de haut la plaine du Ho-nan, s'était affirmé dès l'aube de la période historique : nous avons vu que, de cette Marche de l'Ouest, les princes Tcheou étaient partis à la conquête de la royauté. Le rôle de seigneurs des Marches qu'ils désertèrent par la suite y fut repris par leurs vassaux, les comtes de Ts'in, qui fondèrent au Chen-si une baronnie également destinée à une fortune retentissante. Sur les terrasses de terre jaune du Chan-si se fonda une autre principauté qui profita de sa situation surplombante par rapport à la Grande Plaine pour obtenir et conserver assez longtemps l'hégémonie. Une troisième principauté hégémonique s'était fondée à l'est, au Chan-tong, province bien individualisée entre le massif sacré du T'ai-chan et sa presqu'île rocheuse, son « Armorique » terminale. Sur le moyen Yang-tseu, au Hou-pei, cuvette coupée de lacs et alors couverte de forêts, des tribus barbares gagnées par l'exemple de la civilisation chinoise se sinisèrent spontanément et fondèrent un quatrième grand État. Mais ce n'étaient là que les baronnies les plus puissantes. Si nous voulions énumérer toutes les autres, nées au hasard des partages féodaux dans le cadre plus modeste des sous-divisions régionales, c'est une soixantaine de fiefs qu'il nous faudrait passer en revue.

Nous n'entrerons pas non plus dans le détail des luttes entre ces diverses principautés. Il serait aussi fastidieux que celui des querelles féodales dans la France du xie siècle et n'intéresse que la géographie historique[1]. Ce qui importe ici, c'est le milieu même, c'est la société de ce temps, équivalent de notre société chevaleresque.

L'époque où nous sommes arrivés est en effet celle de la « chevalerie chinoise ». La guerre de ce temps reste une guerre chevaleresque, conduite par l'arme noble par excellence, la charrerie. Ces chars de guerre archaïques nous sont bien connus, non seulement par les anciennes annales mais aussi par les reproductions que nous en donnent les bas-reliefs han popularisés parmi nous par les estampages de la mission Chavannes. Le char est attelé de quatre chevaux, deux au timon, les deux autres tirant « en aile » par des courroies. Ce sont des coursiers courts, ramassés et musclés, à

---

1. Contentons-nous de signaler que pendant la première moitié du viie siècle avant J.-C. l'hégémonie fut revendiquée et jusqu'à un certain point exercée par la principauté établie au Chan-tong, dont nous parlions plus haut (principauté de Ts'i). Puis, entre 635 et 573 et même 512, elle fut détenue par la principauté fondée au Chan-si (principauté de Tsin). Pour le détail de ces luttes, nous renvoyons à notre volume sur *L'Asie orientale. Histoire générale*, t. X, Presses universitaires de France, 1941.

l'encolure épaisse et renflée, grassement nourris et pleins de feu. Les mors sont ornés de clochettes. Les chars, étroits et courts, sont formés d'une caisse ouverte à l'arrière et montée sur deux roues. Le char chinois, comme le char assyrien, porte trois hommes : au milieu le conducteur, à droite le lancier, à gauche l'archer. Tous trois sont vêtus d'une cuirasse, de brassards et de genouillères faits en peau de bœuf vernissée. La lance du lancier est armée d'un crochet pour harponner l'ennemi, les arcs ont des extrémités d'ivoire. Les boucliers des trois compagnons sont peints de couleurs vives, le vernis de leurs armes brille au soleil, tandis qu'à l'avant-garde, à l'arrière-garde et en flanc-garde flottent des étendards portant les Bêtes symboliques des Quatre Directions : l'Oiseau Rouge du midi, la Tortue Noire du nord, le Tigre Blanc de l'ouest, le Dragon Vert de l'est.

L'armée de la seigneurie envahit-elle une principauté voisine ? Le seigneur de celle-ci, par bravade et défi, lui envoie un convoi de vivres. Mais le défi parfois est sanglant : les barons dépêchent à leur adversaire des braves qui se coupent la gorge devant lui. Ou bien un char de guerre vient à toute allure insulter les portes de la cité adverse. Puis c'est la mêlée des chars, à la manière assyrienne. « Les mille équipages se heurtent, fanion contre fanion et honneur contre honneur. » Comme dans l'épopée homérique, les guerriers des deux armées, dès qu'ils se reconnaissent, échangent, du haut de leurs chars, « des politesses hautaines ». Parfois, avant la lutte, ils échangent encore une coupe de boisson, parfois même leurs armes. Le combat entre de tels partenaires doit se conformer en principe à de sévères règles de courtoisie. L'adversaire en mauvaise posture est épargné s'il a fait preuve de bravoure ou s'il sait s'adresser à son vainqueur en chevalier. Comme plus tard dans le Japon des *samurai*, « le prestige se gagne au moyen de gestes généreux ». C'est déjà l'équivalent du *bushidô*, le code de l'honneur chevaleresque, avec des paladins qui, avant de tirer à leur tour, s'exposent, impassibles, aux flèches de l'adversaire, avec des écuyers qui se font délibérément tuer pour honorer le blason de leur seigneur. Plus d'un passage du *Tso-tchouan* est, à cet égard, digne de l'épopée, comme celui où le chef des chars du prince de Tsin, percé de flèches, ne cesse de faire résonner le tambour, « car celui qui a revêtu la cuirasse doit aller fermement jusqu'à la mort » : « la roue de gauche du char est devenue pourpre de mon sang. Seigneur, ai-je osé dire que j'avais mal[1] ? »

En temps de paix, le même idéal pénètre le gentilhomme. La ceinture garnie d'une breloque de jades « au tintement harmonieux », il vient, à la cour de son seigneur, prendre part aux nobles joutes du tir à l'arc, jeu courtois rythmé par des airs de musique, coupé de beaux saluts, « réglé comme un ballet ».

Cet idéal chevaleresque de loyauté envers le seigneur comme envers l'adversaire, ce souci de probité militaire, ce code de courtoisie nobiliaire traduit en temps de paix dans la « religion de l'étiquette », autant de leçons qui devaient laisser des traces profondes dans l'âme chinoise. La morale confucéenne en a tiré une partie de son enseignement.

---

1. D'après Granet.

CHAPITRE IV

Les sages d'autrefois

La philosophie chinoise, comme la philosophie indienne et la philosophie grecque, représente un des aspects originaux de la pensée humaine.

La spéculation philosophique en Chine, on l'a vu, sort peut-être de très anciennes conceptions naturalistes nées au spectacle de l'alternance des saisons. Ce serait devant le rythme saisonnier que la pensée chinoise de l'époque archaïque aurait été amenée à classer les choses selon deux catégories générales, le *yin* et le *yang*, qui représentaient l'obscurité et la lumière, l'humidité et la chaleur et, par analogie, la terre et le ciel, la rétraction et l'expansion, le genre féminin et le genre masculin, principes dont l'opposition et l'alternance, mais aussi l'interdépendance ou, mieux encore, la mutation, expliquaient le processus des choses et toute la vie de l'univers. À ces deux principes opposés s'en superposa bientôt un troisième, le *tao*, qui était comme la loi même de leur solidarité, de leur interdépendance et de leur enchaînement sans fin.

Ces conceptions naturalistes qui plongent dans les premières classifications de la mentalité primitive furent suivies de notions plus élaborées, sorties des écoles de devins[1]. Les devins, dont le rôle était fort considérable dans la société

---

1. La Chine archaïque a connu deux modes de divination : par l'écaille de tortue (fissures de l'écaille au contact du feu) et par l'achillée. Ce sont les diverses dispositions possibles des tiges d'achillée qui ont donné naissance à la théorie des *hexagrammes* dont nous parlons plus bas.

chinoise archaïque, imaginèrent pour la commodité de leurs opérations, au-dessus du monde sensible, un monde abstrait commandant le précédent, un peu comme dans la philosophie grecque le commandent les Idées platoniciennes ; mais chez les devins chinois il s'agissait d'abstractions géométriques, savoir les différentes combinaisons que peut former tout un système de lignes brisées ou continues, ordonnées en « trigrammes » et « hexagrammes » et qui par la suite symbolisèrent les diverses combinaisons du *yin* et du *yang*, c'est-à-dire, ici encore, les divers aspects de l'univers, les diverses éventualités de l'avenir. Ajoutons à cet ensemble les notions purement chinoises sur la valeur qualitative des nombres[1] et nous aurons présentes à l'esprit les conceptions très particulières qui ont servi de point de départ à toute l'évolution ultérieure de la philosophie de l'Extrême-Orient.

Ce fut dans ce milieu intellectuel que vécut Confucius, en chinois K'ong fou-tseu, « maître K'ong » (dates traditionnelles : 551-479 avant J.-C.). Né d'une famille noble mais pauvre dans la principauté de Lou, province actuelle du Chan-tong, il dut un moment s'en éloigner pour fréquenter les cours voisines, puis y revint fonder une école de sagesse. En raison du caractère moral de son enseignement on l'a comparé à Socrate. De fait, ils ont ce point commun de n'avoir pas laissé d'écrits. Nous sommes obligés de reconstituer la physionomie de Socrate d'après les images — parfois divergentes — que nous en ont laissées Platon et Xénophon. Plus délicat encore, peut-être, est le travail en ce qui concerne Confucius. Les entretiens que nous possédons de lui et qui contiennent ses aphorismes ne nous sont parvenus que dans une édition remaniée, postérieure d'environ cinq cents ans à sa mort. Toutefois on doit reconnaître que de ce texte semble se dégager l'esquisse d'une personnalité attachante, avec des mouvements charmants de sensibilité et

---

1. Le nombre 1 = l'eau = le nord = la couleur noire. 2 = le feu = le sud = le rouge. 3 = le bois = l'est = le vert. 4 = le métal = l'ouest = le blanc. 5 = la terre = le centre = le jaune. L'animal symbolique du nord est la tortue *noire*, celui du sud l'oiseau *rouge*, celui de l'est le dragon *vert*, celui de l'ouest le tigre *blanc*.

une spontanéité de réplique que n'auraient pu inventer de toutes pièces des panégyristes conventionnels.

Pour autant que nous puissions de la sorte suivre la démarche de sa pensée, nous constatons que Confucius ne cherche nullement à innover. À la manière des vieilles écoles de scribes auxquelles il se rattache, son enseignement se présente comme un commentaire de la tradition des anciens. On retrouvera donc chez lui le respect dû au Ciel, c'est-à-dire à l'ordre cosmique, les notions classiques du *yin* et du *yang*, la notion supérieure du *tao* avec le doublet *tao-tö* (« le *tao* et la vertu ») que nous reverrons avec un sens différent dans le vocabulaire de ses rivaux, les taoïstes, mais qui chez lui traduit surtout un idéal de perfectionnement moral. Avec tous les sages de son école, Confucius prêche la piété filiale et la piété envers les mânes, c'est-à-dire le culte des ancêtres. Mais en dépit de ce traditionalisme, quelques anecdotes nous montrent qu'il ne se considérait pas comme lié par les formules rituelles ; tout au contraire, ce qu'il paraît avoir avant tout prisé, c'est la pureté de l'intention, la sincérité du cœur. Sa doctrine se présente essentiellement comme une doctrine d'action, son enseignement comme une morale agissante. « C'est en tant que directeur de conscience qu'il semble avoir mérité son prestige. »

Le « confucéisme » se résume dans la notion du *jen*, notion qui implique à la fois un sentiment d'humanité envers autrui et un sentiment de dignité humaine envers soi-même, bref le respect de soi et des autres avec toutes les vertus secondes que cet idéal commande : magnanimité, bonne foi, bienfaisance. Dans les relations extérieures, le *jen* se traduit par le contrôle constant de soi-même, par le respect des rites et par une politesse formelle qui ne fait, comme on l'a dit, que manifester la politesse du cœur. Nous retrouvons là la haute courtoisie qui, dans la classe noble, sous l'empire de l'idéal chevaleresque, inspirait l'étiquette féodale.

Comme l'enseignement socratique, le confucéisme tend à apprendre avant tout à l'homme à se connaître lui-même pour se perfectionner. Comme Socrate renoncera aux recherches des philosophes ioniens sur l'origine du monde, Confucius — sans d'ailleurs être aucunement agnostique —

se refuse à scruter le mystère de la destinée, à discourir sur les esprits, à « parler des prodiges ». « Ce qu'on sait, savoir qu'on le sait. Ce qu'on ignore, savoir qu'on l'ignore, professait-il. Tu ne sais rien de la vie ; que peux-tu savoir de la mort ? » D'autre part, cet enseignement tout orienté vers le perfectionnement de l'homme ne distingue pas la morale individuelle de la morale civique ou sociale. Le but de Confucius reste le bon gouvernement du peuple, assuré, comme dans tous les systèmes chinois, par l'accord des vertus du prince avec l'ordre du Ciel. « C'est la vertu du souverain, l'influence surnaturelle qu'il tient de sa charge, du mandat céleste, qui fait la bonne ou la mauvaise conduite du peuple. » Par l'accent donné à ces maximes, Confucius méritera de devenir par la suite le sage type, le docteur par excellence de l'école des lettrés officiels.

Si nous devions résumer en une seule formule l'esprit du confucéisme, nous dirions que c'est un civisme en communion, mieux encore : en collaboration avec l'ordre cosmique.

Le continuateur de Confucius qui montra le plus d'originalité fut Mo-tseu (fin du Ve siècle avant J.-C., premières années du IVe). Par un coup d'aile hardi, cet illustre penseur se rapprocha singulièrement du théisme. Au lieu du Ciel impersonnel de ses prédécesseurs, il invoqua le Seigneur d'En-Haut, dieu personnel, tout-puissant, omniscient et essentiellement moral : « Le grand motif de se bien conduire, ce doit être la crainte du Seigneur d'En-Haut, lui qui voit tout ce qui se fait dans les bois, les vallées, les retraites obscures où ne pénètre aucun regard humain. C'est à lui qu'il faut tâcher de plaire. Or il veut le bien et hait le mal. Il aime la justice et hait l'iniquité. Tout pouvoir sur terre lui est subordonné et doit s'exercer selon ses vues. Il veut que le prince soit bienfaisant pour le peuple et que tous les hommes s'aiment les uns les autres parce que lui, il aime tous les hommes. »

De son théisme, Mo-tseu tire en effet une morale d'une remarquable élévation. Chez lui, l'altruisme de Confucius devient l'amour universel poussé jusqu'au sacrifice de soi-même : « Tuer un homme pour sauver le monde, ce n'est pas agir pour le bien du monde. S'immoler soi-même pour le bien du monde, voilà qui est bien agir ! » Dans le même sens, Mo-tseu condamne énergiquement les guerres féodales. Et, pour finir, cette maxime où se résume toute sa pensée : « La science consiste dans l'adoration du Ciel et l'amour des hommes. »

Tout autre fut l'école taoïste.

Les origines de cette école remontent aux spéculations des devins préhistoriques sur les notions de *yin*, de *yang* et de *tao* dont nous avons parlé précédemment[1]. Elles se rattachent aussi aux pratiques d'autosuggestion des anciens sorciers et sorcières dont les danses frénétiques aboutissaient à des états de transe et d'extase capables de capter l'attention et de retenir la présence des dieux. Il y a d'ailleurs loin de ces pratiques sauvages, tout empreintes encore de la magie primitive, à la pensée, si élevée, des « pères du taoïsme », et la tradition orthodoxe veut ignorer ces troubles hérédités. D'après elle, le taoïsme philosophique aurait été fondé par un sage, Lao-tseu, sur lequel nous ne savons rien de positif et qui, selon la légende, aurait vécu vers la fin du Ve siècle avant J.-C. Nous n'en savons pas davantage sur le deuxième sage taoïste, Lie-tseu. Au contraire, le troisième d'entre eux, Tchouang-tseu, est effectivement attesté comme ayant vécu dans la seconde moitié du IVe siècle : il serait mort vers 320.

Des antiques recettes de sorcellerie qui lui ont donné naissance, le taoïsme a conservé des pratiques très curieuses sur le contrôle de la respiration, ou plutôt une véritable « gymnastique respiratoire » qui devait amener l'initié à un état d'extase et de lévitation, toutes méthodes qui ne sont pas particulières à la Chine archaïque puisqu'on les retrouve chez les *yogi* indiens. Mais ces procédés d'autosuggestion sont ici ennoblis par une pratique de la vie mystique qui — toujours comme dans le yoga indien — devait « rendre l'âme vide de toute autre chose que de sa pure essence ». Le saint taoïste parvenait ainsi à une sorte d'état extatique permanent, « état de grâce magique qui était aussi l'état de nature ».

---

1. Voir page 12.

Les textes taoïques nous révèlent les étapes successives de la voie mystique ainsi comprise : « Depuis que j'écoute vos instructions, déclare dans le livre de Tchouang-tseu un disciple du sage, j'ai d'abord appris à considérer mon moi comme un objet extérieur, puis je n'ai plus su si j'étais mort ou vivant. » Et de même dans un autre passage : « Après avoir vu l'Unique [le *tao*], il [le disciple] put arriver à l'état où il n'y a ni présent ni passé, puis à celui où l'on n'est ni mort ni vivant. » Le Livre de Lie-tseu analyse avec plus de précision ces états contemplatifs, maintenus au sein même du tourbillon des choses parce que en communion avec lui : « Mon cœur se concentra, mon corps se dispersa. Toutes mes sensations furent pareilles. Je n'eus plus la sensation de ce sur quoi mon corps était appuyé ni où posaient mes pieds. Au gré du vent j'allais à l'est et à l'ouest comme une feuille d'arbre, comme une tige desséchée, tant qu'à la fin je ne savais plus si c'était le vent qui me portait ou moi qui portais le vent. »

Cette ascèse intellectuelle dote le taoïste de pouvoirs inouïs. « Arrivé, écrit excellemment Granet, à n'être plus qu'une puissance pure, impondérable, invulnérable, entièrement autonome, le saint va se jouant en toute liberté à travers les éléments. »

Dans sa transcendance, enseigne Tchouang-tseu, le sage est au-dessus des contingences : « Que la foudre tombe des montagnes, que l'ouragan bouleverse l'océan, il ne s'inquiète pas. Il se fait porter par l'air et les nuées, il chevauche le soleil et la lune, il s'ébat par-delà l'espace ! » Comme un pur esprit il traverse toute matière, car pour lui toute matière est comme poreuse. Le livre de Tchouang-tseu s'ouvre sur le mythe platonicien du grand oiseau céleste s'élevant ainsi à la recherche du *tao*. « Le grand oiseau s'élève sur le vent jusqu'à une hauteur de 90 000 stades. Ce qu'il voit de là-haut dans l'azur, sont-ce des troupes de chevaux sauvages lancés au galop ? Est-ce la matière originelle qui voltige en poussière d'atomes ? Sont-ce les souffles qui donnent naissance aux êtres ? Est-ce l'azur qui est le ciel lui-même, ou n'est-ce que la couleur du lointain infini ? » Dans ce vol planétaire sur les ailes du grand oiseau mythique, dans cette aspiration éperdue à atteindre d'un seul coup d'aile la force innomée qui meut les mondes, Tchouang-tseu se sent maître de l'univers.

Mais pour s'unir ainsi à l'essence de la Nature, pour ainsi s'associer à l'Élan cosmique, le taoïste doit abolir en lui la raison raisonnante, « vomir son intelligence ». « Que tes yeux, enseigne Tchouang-tseu, n'aient plus rien à voir, tes oreilles plus rien à entendre, ton cœur plus rien à savoir. » La société, la civilisation ne sont que conventions. Le taoïste doit les rejeter. Comme le disciple de Jean-Jacques Rousseau, il doit retourner à l'état de nature, vivre dans l'intimité des bêtes sauvages et libres. Pour retrouver en soi l'homme naturel, il n'y a en effet qu'à dépouiller le civilisé. Là réside le secret de longévité, recherché par toute l'école : pour prolonger indéfiniment notre vie, il nous suffit de conserver en paix, sans interventions artificielles, notre élan vital. Dans la pratique quotidienne, la sagesse taoïste consiste essentiellement dans le refus de toute agitation inutile : « Sans franchir ton seuil, dit Lao-tseu, tu peux connaître l'empire entier : sans regarder par la fenêtre, tu peux posséder le *tao* céleste. »

En approfondissant l'antique notion du *tao*, le taoïsme a donné à la pensée chinoise une métaphysique. Métaphysique d'une remarquable puissance, encore qu'échappant à toute tentative de définition trop précise. Le *tao*, c'est la substance cosmique avant toute spécification. « Avant le temps et de tout temps, dit Lao-tseu, fut un Être existant de lui-même, éternel, infini, complet, omniprésent. Impossible de le nommer, car les termes humains ne s'appliquent qu'aux êtres sensibles. Or l'Être primordial est essentiellement non sensible. En dehors de cet être, avant l'origine, il n'y eut rien. On l'appelle néant de forme, ou mystère, ou *tao*. » Rien de ce qui est n'est en dehors de lui. « Il pénètre tout, confirme Tchouang-tseu. Il est dans cette fourmi ; plus bas encore : dans cette brique ; plus bas encore : dans cet excrément. » Substance unique dont le *yin* et le *yang* ne sont que les modes, continu cosmique qui permet leur éternelle réversibilité, il reste un pur inconnaissable, un pur ineffable : « Le *tao* qui peut être nommé n'est pas le *tao* véritable[1]. » On ne peut le définir que négativement. C'est ce qu'expriment les quatre vers, si souvent cités, du Livre de Lao-tseu :

> Ô grand carré qui n'as pas d'angles,
> Grand vase jamais achevé,
> Grande voix qui ne formes pas de paroles,
> Grande apparence sans forme !

Mais on se tromperait radicalement en prenant ce monisme pour un monisme statique. C'est le dynamisme même. Comme l'ont fait observer Maspero et Granet, le *tao* est moins conçu comme un être que comme une force. Il est tout jaillissement et élan vital. Il est « la spontanéité qui meut les mondes » ou, mieux encore, « le principe permanent de l'universelle spontanéité », l'élan cosmique identique à l'élan vital.

Par un curieux renversement, ce monisme absolu aboutit à un relativisme radical. Si « les dix mille êtres » ne sont qu'un, ils sont interchangeables et interréversibles. Le sage lui-même, ayant dépouillé son nom, sa personnalité, son moi individuel, s'identifie à tout le reste de l'univers. « Comment, écrit Tchouang-tseu, savons-nous si le moi est ce que nous appelons le moi ? Jadis moi, Tchouang-tseu, je rêvai que j'étais un papillon, un papillon qui voltigeait, et je me sentais heureux. Je ne savais pas que j'étais Tchouang-tseu. Soudain je m'éveillai et je fus moi-même, le vrai Tchouang-tseu. Et je ne sus plus si j'étais Tchouang-tseu rêvant qu'il était un papillon, ou un papillon rêvant qu'il était Tchouang-tseu. » Ou bien la scène shakespearienne où Lie-tseu, montrant un crâne ramassé sur le bord du chemin, murmure, Hamlet chinois : « Moi et ce crâne, nous savons qu'il n'y a pas véritablement de vie, pas véritablement de mort. » Avant l'image de Renan sur le « point de vue de Sirius », Tchouang-tseu, pour établir son relativisme universel, nous a invités à envisager les choses d'un observatoire analogue :

---

1. D'où l'inutilité, en ces matières, de la raison raisonnante : « Ceux qui voudraient obtenir le *tao* par l'étude, dit Tchouang-tseu, cherchent ce que l'étude ne donne pas. Ceux qui voudraient l'obtenir par le raisonnement cherchent ce que le raisonnement ne donne pas. »

« Si tu montes dans le char du soleil... » De ces hauteurs « le moi et autrui », nous dirions le sujet et l'objet, sont identiques : « un centenaire n'est pas vieux, un mort-né n'est pas jeune, un ciron vaut une montagne, un brin d'herbe vaut l'univers. »

Ce relativisme, ou plutôt cette universelle réversibilité, aboutit à une attitude de détachement, de quiétude, d'acceptation sereine devant toutes les vicissitudes humaines. « Ô monde, dira Marc Aurèle, tout ce que tu m'apportes est pour moi un bien. » — « Quand nous avons compris, dit de même Tchouang-tseu, que la terre et le ciel sont un grand creuset et le Créateur un grand fondeur, où irions-nous qui ne fût bon pour nous ? » — « Ô mon maître, ô mon maître, s'écrie encore Tchouang-tseu s'adressant au *tao*, tu anéantis toute chose sans être cruel, tu fais largesse aux dix mille générations sans être bon. » La dernière leçon du taoïsme sera cette leçon d'indifférence.

Une philosophie particulière est celle de Yang-tseu, lequel vivait vers le milieu du IVe siècle avant J.-C. Nous sommes ici dans la terrible époque des Royaumes Combattants. La guerre règne en permanence avec d'effroyables tueries, le massacre en masse des populations civiles. Aussi la vision que Yang-tseu nous a laissée de ces siècles de fer est-elle une vision désespérée, cynique aussi. Son enseignement est un fatalisme pessimiste avec, dans l'amertume, un accent personnel qui rappelle notre Lucrèce. « Cent ans sont l'extrême limite de la vie humaine. L'enfance portée sur les bras et la décrépitude radoteuse en occupent la moitié. La maladie et la douleur, les pertes et les peines, les craintes et les inquiétudes remplissent le reste. Qu'est-ce que la vie de l'homme, quel en est le plaisir ? Morts, les hommes ne sont qu'une pourriture puante. Mais que serait la vie éternelle ! »

Si le spectacle du réel décevait profondément les penseurs, il fut une école qui l'accepta résolument, celle des légistes, qui, dans cette société de fer, cherchèrent à établir une doctrine de l'État indépendante de la morale. Prenant l'homme tel qu'il est, avec ses vices, les légistes établirent sur ces bases essentiellement empiriques une théorie du bon gouvernement. Les lois devaient, même sous des princes personnellement médiocres, assurer le salut de l'État, voire le bien du peuple, et cela par le jeu alterné des « deux poignées », savoir les châtiments et les récompenses. La politique est une technique ; le critère de la valeur des lois n'est pas leur qualité morale théorique, c'est leur efficacité pratique. Le principal à cet égard est que les lois ne soient pas désarmées : « Ce qui permet aux tigres de triompher des chiens, ce sont leurs griffes et leurs crocs. »

Mencius (Meng-tseu), qui vécut entre 372 et 288 environ, est un moraliste de l'école confucéenne. Il enseigne une doctrine de juste milieu, également éloignée de l'individualisme égoïste de Yang-tseu et de la totale immolation de soi prêchée par Mo-tseu. Il ne proteste pas moins contre la dureté de l'école des légistes. En somme, il revient à l'humanitarisme confucéen en l'équilibrant par une théorie plus réaliste de la justice. Une place particulière est faite ici à l'éducation : « L'excellence du cœur résulte de la culture d'un germe de bonté, telle une semence d'orge qui profite d'un bon sol et d'une année heureuse. » Mais cette doctrine modérée ne devait avoir son plein succès que plus tard, à l'époque du calme gouvernement des Han. Pour le moment, l'époque des Royaumes Combattants était à ses plus terribles heures et tout le réalisme des légistes n'était pas de trop pour les leçons que leur demandaient aventuriers et tyrans.

CHAPITRE V

Par le fer et par le feu

Du chaos féodal s'étaient finalement dégagées quelques grandes principautés qui absorbèrent les seigneuries secondaires et qui s'engagèrent bientôt dans des luttes à mort, chacune luttant contre toutes les autres pour savoir laquelle réaliserait à son profit l'unité du territoire chinois[1]. À partir de 335 avant J.-C., les princes territoriaux les plus importants, sans plus se soucier des rois fainéants de la dynastie tcheou, assumèrent eux-mêmes le titre royal comme, dans le monde grec, après la mort d'Alexandre, ses lieutenants, les diadoques, devaient le faire en 305. L'époque des Royaumes Combattants[2] battait son plein.

Avec les Royaumes Combattants l'ancienne guerre de chevalerie fit place à une guerre d'aventuriers sans pitié ni loyauté, puis à des guerres de masse où toute la population d'un pays était lancée contre les populations voisines. L'arme noble par excellence, l'arme des beaux tournois à la manière de notre *Iliade*, la charrerie, commença à faire place à l'arme des attaques brusquées et des incursions en trombe, à la cavalerie proprement dite. Cette révolution dans l'art militaire fut entreprise en 307 avant J.-C. par un roi de l'État

---

1. Dans l'ensemble, nous l'avons vu, ces principautés correspondaient en gros aux principales provinces chinoises actuelles, du moins à celles du bassin du fleuve Jaune et de la rive septentrionale du Yang-tseu. Rappelons d'ailleurs qu'à l'échelle où nous sommes les provinces chinoises égalent souvent en étendue nombre d'États européens.
2. En chinois, *Tchan kouo* (V^e-IIIe siècle).

de Tchao, dans le nord de l'actuelle province de Chan-si. Ayant à lutter contre les Huns de la Mongolie, il s'était aperçu que ce qui faisait la supériorité de ces nomades, c'étaient leurs archers montés dont la mobilité et les rapides évolutions surprenaient toujours la lourde charrerie chinoise. Leur empruntant leur tactique, il créa à leur exemple des corps d'archers à cheval. Son voisin et rival, le roi de Ts'in (dans l'actuel Chen-si), fit mieux encore : il se donna non seulement une cavalerie, mais aussi des corps de fantassins équipés à la légère, armée en quelque sorte « nationale » par laquelle il remplaça les lentes levées féodales. En même temps apparaissait la poliorcétique avec l'invention de machines de siège, de tours roulantes et de catapultes qui constituèrent une véritable « artillerie ». Mais la courtoisie de la guerre féodale était bien révolue. Les luttes entre Royaumes Combattants devenaient inexpiables. Au lieu de tirer noblement rançon des prisonniers, les vainqueurs, désormais, les faisaient exécuter en masse. Les soldats du royaume de Ts'in, le plus belliqueux de tous ces États rivaux, ne recevaient leur solde que sur présentation de têtes coupées. Dans les villes prises d'assaut, voire prises par capitulation, la population tout entière, femmes, vieillards, enfants, était le plus souvent égorgée. Remettant en honneur les pratiques cannibales de l'humanité primitive, les chefs, pour « accroître leur prestige », n'hésitaient pas à jeter l'ennemi vaincu dans des chaudières bouillantes et à boire cet horrible bouillon humain, mieux encore, à obliger à en boire les parents de leur victime.

Parmi les Royaumes Combattants, le Ts'in, l'actuel Chen-si, jouissait d'ailleurs par sa position géographique d'une situation privilégiée. De la haute vallée de la Wei, il surplombait les riches plaines du Ho-nan, enjeu de toutes ces compétitions. C'est ce qu'indique en termes saisissants l'Hérodote de la Chine, le vieil historien Sseu-ma Ts'ien (mort vers 80 avant J.-C.) : « Le pays de Ts'in est un État que sa configuration même prédestinait à la victoire. Rendu difficile d'accès par la ceinture que forment autour de lui le fleuve Jaune et les montagnes, il est suspendu à mille *li* au-dessus du reste de l'empire. Avec 20 000 hommes il peut tenir tête à un million d'hommes armés de la lance. La disposition de son territoire est si avantageuse que, lorsqu'il déverse ses soldats sur les seigneurs, il est comme un homme qui lancerait de l'eau d'une cruche du haut d'une maison élevée. » Ajoutons à ces avantages géographiques les qualités militaires de la race, race de pionniers et de soldats-laboureurs en ces Marches extrêmes du Far West chinois. Pour mettre à profit ces divers dons naturels, une dynastie locale réaliste et dure qui discerna de bonne heure le vice secret des dynasties rivales : l'émiettement du domaine princier en sous-fiefs et tenures au profit des compagnons du chef. Évitant cette cause d'affaiblissement, les rois de Ts'in surent récompenser leurs fidèles sans morceler le domaine royal. Enfin ils s'entourèrent d'une école de légistes — nous avons fait allusion à cette catégorie de « philosophes » — qui, pour asseoir l'autorité royale et justifier la conquête, élaborèrent de toutes pièces une théorie absolutiste du Prince et de l'État.

Il ne faudrait pas négliger non plus les durs ministres-régents qui, pendant les minorités, assurèrent plus virilement encore que les rois eux-mêmes la continuité de la politique royale : tel cet extraordinaire Wei Yang, dont l'annaliste nous dit laconiquement, sous la rubrique de 359, « qu'il encouragea le labourage et les semailles et augmenta dans l'armée les récompenses comme les punitions : le peuple en souffrit d'abord, mais l'État y trouva son avantage ». Le Richelieu chinois fut d'ailleurs mal payé de ses services. Un nouveau roi, qu'il avait jadis morigéné comme prince héritier, le fit « écarteler entre des chars ». Un pareil supplice pour un aussi haut personnage montre la rigueur des lois de Ts'in. À tous les degrés de la hiérarchie elles étaient impitoyables : « Ceux qui font quelque critique sont mis à mort avec toute leur parenté. Ceux qui tiennent des conciliabules, on abandonne leurs corps sur la place publique. » Du moins une discipline stricte fut-elle ainsi imposée à l'ensemble de la population.

Sous de tels chefs, la conquête, par le royaume de Ts'in, des autres royaumes de la Chine de ce temps — le bassin du fleuve Jaune, la vallée du Yang-tseu — demanda malgré tout un siècle et demi[1]. Seules les annales des rois d'Assyrie, les Sennachérib et les Assourbanipal, étalent un tel luxe d'atrocités. En 331, Ts'in fait prisonnière l'armée de Wei et décapite 80 000 hommes. En 318 Ts'in disperse la coalition de Wei, de Han et de Tchao qu'avaient aidés les Huns, et coupe 82 000 têtes. En 312 Ts'in bat Tch'ou et coupe 80 000 têtes. En 307 on se contente d'un tableau de 60 000 têtes. Mais avec l'avènement du roi Tchao-siang (il régnera sur le Ts'in de 306 à 251), les fêtes seront plus somptueuses. En 293 il bat Han et Wei et s'offre pour commencer un butin de 240 000 têtes. En 275, campagne contre Wei : 40 000 têtes seulement. En 274, nouvelle expédition contre le même adversaire : cette fois, 150 000 têtes. En 260, grand succès sur le Tchao : « bien qu'on eût promis la vie sauve aux ennemis, on en décapita plus de 400 000 ». Une terreur grandissante s'emparait des autres royaumes chinois. Il n'était plus de décennie où Ts'in, « la bête féroce de Ts'in », n'amputât l'un d'entre eux. Ce fut alors que monta sur le trône de ce même Ts'in le prince qui allait mener à bien l'œuvre de ses prédécesseurs, l'unificateur de la terre chinoise, le futur Ts'in Che Houang-ti.

---

1. Nous n'entrerons pas ici dans la géographie historique de ces royaumes féodaux, que nous avons étudiée ailleurs (*L'Asie orientale, op. cit.*). Rappelons seulement que tandis que le royaume de Ts'in correspondait à l'actuelle province de Chen-si, les royaumes de Tchao et de Wei correspondaient en principe au Chan-si, le royaume de Ts'i au Chan-tong, le royaume de Han au « centre-nord » du Ho-nan, et le royaume de Tch'ou au Hou-pei. Nous avons analysé dans l'ouvrage précité les guerres de ces divers États jusqu'à la fin des Royaumes Combattants. Pour le détail des faits nous nous permettons de renvoyer à ce volume.

CHAPITRE VI

Le césar chinois

Lorsque, en 246 avant J.-C., le fondateur du césarisme chinois, qui ne s'appelait encore que le roi Tcheng, monta sur le trône du Ts'in, il n'avait que treize ans. Sa jeunesse laissa quelque répit aux autres royaumes chinois, mais le sursis devait être de courte durée. « C'était, dit un de ses conseillers, un homme au nez proéminent, aux yeux larges, à la poitrine d'oiseau de proie, à la voix de chacal, avec le cœur d'un tigre ou d'un loup. » Il avait vingt-cinq ans lorsque, en 234, un de ses généraux, vainqueur du royaume rival de Tchao, dans l'actuel Chan-si, lui offrit le trophée colossal de 100 000 têtes coupées. Les autres princes se sentirent perdus. Seul l'assassinat du jeune roi pouvait les sauver. L'un d'eux organisa le meurtre (la scène nous a été transmise par un bas-relief du Chan-tong, estampé par la mission Chavannes), mais le roi y échappa et ce fut l'assassin qui fut coupé en morceaux. Dès lors, les conquêtes se succédèrent à une allure foudroyante. Entre 230 et 221 tous les autres royaumes chinois, correspondant aux provinces actuelles du Chan-si et du Ho-nan, du Ho-pei et du Chan-tong, du Hou-pei et du Ngan-houei, furent successivement annexés. En 221 toute la Chine de ce temps était unifiée sous l'autorité du roi de Ts'in. Celui-ci prit le titre impérial d'Auguste Seigneur *(Houang-ti)* et c'est sous ce nom de Premier Auguste Seigneur Ts'in, en chinois Ts'in Che Houang-ti, qu'il est connu dans l'histoire.

L'Empire chinois était fondé en même temps qu'était réalisée l'unité chinoise. Il devait, sous des dynasties diverses, durer pendant deux mille cent trente-trois ans (de 221 avant J.-C. à 1912 de notre ère).

L'unification territoriale de la Chine par Che Houang-ti fut suivie d'un travail d'unification politique et sociale, intellectuelle aussi, qui n'est pas la partie la moins remarquable de son œuvre. Personnalité hors de pair, le césar chinois ne fut pas seulement un conquérant, mais aussi un administrateur de génie. La centralisation militaire et civile créée par ses prédécesseurs dans leur royaume du Chen-si, il l'étendit à l'empire entier. Par des échanges en masse de populations, il sut briser les régionalismes les plus obstinés. Son césarisme autoritaire en finit avec une féodalité qui semblait inhérente à la société chinoise. Loin de créer, comme l'espéraient ses généraux, et en leur faveur, une féodalité nouvelle, il divisa l'empire en trente-six commanderies directement administrées chacune par un gouverneur civil, un gouverneur militaire et un surintendant. Son ministre Li Sseu unifia les caractères d'écriture, réforme d'une importance capitale pour l'avenir en raison des différences de dialectes à travers lesquels l'identité de l'écriture est souvent, de Pékin à Canton, le seul truchement commun. De même, « il unifia les lois et les règles, les mesures de pesanteur et les mesures de longueur ; les chars eurent des essieux de dimensions identiques ». Cette dernière mesure se réfère à la création d'un système de routes impériales de largeur uniforme (larges de cinquante pas), plantées d'arbres et surélevées contre les inondations.

À l'instigation de son ministre Li Sseu, le césar chinois ordonna en 213 avant J.-C. la destruction des livres classiques, notamment de tous ceux de l'école confucéenne, mesure qui à travers les siècles a voué sa mémoire à l'exécration des lettrés. En réalité les lettrés, traditionnellement attachés au culte du passé féodal, se faisaient consciemment ou non les défenseurs du régime que Che Houang-ti venait d'abolir. Pour en finir avec leur opposition sournoise, l'empereur « proscrivit les livres », mesure radicale qui, du reste, ne dut pas être aussi générale qu'on l'a dit puisque finalement les « classiques » ont survécu. Laissons donc protester les lettrés. Seule l'œuvre de Che Houang-ti compte, et cette œuvre égale en importance et dépasse singulièrement en durée celles d'Alexandre ou de César. Au pays territorialement le plus morcelé, socialement le plus féodal, son césarisme sut en une vingtaine d'années imposer une centralisation assez forte pour durer vingt et un siècles. En somme, un des plus puissants génies à qui il ait été donné de repétrir une humanité.

Les inscriptions que le césar chinois fit graver aux quatre coins de son empire prouvent qu'il était conscient de la grandeur historique de son œuvre. « Il a réuni pour la première fois le monde », dit magnifiquement l'inscription du T'ai-chan. « Il a renversé et détruit les remparts intérieurs », dit l'inscription de Kie-che. « Il a réglé et égalisé les lois, les mesures et les étalons qui servent à tous les êtres, dit la stèle de Lang-ya ; il a mis l'ordre dans la terre orientale, il a supprimé les batailles » — formule d'une *Pax Sinica* équivalente, pour l'Extrême-Asie, à ce que sera la *Pax Romana* pour le monde méditerranéen. Et plus loin, dans le même sens : « Les têtes noires [c'est-à-dire les Chinois] jouissent du calme et du repos ; les armes ne sont plus nécessaires ; chacun est tranquille dans sa demeure. Le Souverain Empereur a pacifié à la ronde les quatre extrémités du monde », formule qui, elle aussi, évoque un *orbis sinicus* se suffisant à lui-même et analogue à l'*orbis romanus*.

Les inscriptions rupestres de Che Houang-ti commémoraient ses voyages. La Chine une fois unifiée, il avait en effet tenu à en parcourir lui-même les principales régions. On le vit ainsi faire l'ascension de la montagne sacrée du T'ai-chan pour s'y entretenir avec les esprits célestes, puis aller contempler l'océan du haut de la terrasse de Lang-ya, d'où il essaya d'entrer en communication avec les génies de la mer, habitants des îles mystérieuses où se lève le soleil...

Une des préoccupations de Che Houang-ti fut de mettre la Chine à l'abri des incursions des nomades turco-mongols. Ces Barbares, alors connus sous le nom de Huns, erraient sur les frontières de l'empire du côté de la Mongolie. Pour les contenir, les anciens princes chinois avaient construit des murailles partielles en divers points des Marches du Nord.

En 215, Che Houang-ti fit réunir en une ligne de défense continue ces anciens éléments de fortification. Ce fut la Grande Muraille, qui courut depuis la passe de Chan-haikouan, sur le golfe de Petchili, jusqu'aux sources de la Wei, au Kan-sou, dans les Marches du Nord-Ouest.

Jusqu'à cette époque le territoire chinois ne comprenait, on l'a vu, que le bassin du fleuve Jaune et la vallée du Yangtseu. La Chine méridionale actuelle, notamment la région cantonaise, restait allogène et barbare. En 214, Che Houang-ti y envoya une armée qui occupa Canton et commença la sinisation du pays. À cet effet l'empereur fit faire des rafles de gens sans aveu et les envoya peupler les nouvelles provinces, depuis l'embouchure du Yang-tseu jusqu'à Canton. L'histoire de la colonisation européenne nous montrerait maintes fois appliqué ce système de la « peuplade » au moyen de *convicts*.

Le césar chinois mourut en 210 avant J.-C. Il fut enterré, conformément à sa volonté, près du village actuel de Sinfong, au Chen-si, sous un tumulus énorme, haut de quarante-huit mètres au-dessus de l'embase, de près de soixante au-dessus de la limite antérieure des travaux de terrassement, véritable montagne d'un demi-million de mètres cubes, construite de main d'homme. On mura dans sa tombe une partie de ses femmes et les ouvriers qui y avaient transporté ses trésors.

La période ascensionnelle du royaume de Ts'in à l'époque des Royaumes Combattants[1], depuis la seconde moitié du VIe siècle avant J.-C., et la brève apothéose impériale de cette maison sous Che Houang-ti (221-210), virent se développer dans l'art des bronzes un style propre, profondément novateur. Ce style, appelé naguère « art ts'in » et aujourd'hui « art des Royaumes Combattants », est caractérisé par la

---

1. Nous restons ici fidèle à la terminologie consacrée. En réalité, l'expression française « Royaumes » Combattants appliquée à l'art de cette période paraît défectueuse puisque les principautés en question ne se sont arrogé le titre *royal* qu'à partir de 335 avant J.-C., alors que le style des bronzes dont il s'agit remonterait, d'après Karlgren, au milieu du VIIe siècle. Il faudrait, pour être exact, dire, comme en anglais et en allemand, art des « États » Combattants, ainsi que le veut d'ailleurs l'expression chinoise *Tchan-kouo*.

« libération de la ronde-bosse » dans les représentations d'animaux couchés au flanc des vases, comme on peut le voir par les célèbres bronzes de Li-yu, aujourd'hui au Louvre. Il est caractérisé surtout par un décor nouveau, avec des entrelacements et des chevauchements de lignes, de boucles, de crochets, de tresses, de spirales et de méandres donnant l'impression d'un fourmillement et d'une danse en mouvement perpétuel. Le même rythme trépidant entraîne les dragons en forme de lézards qui, déjà opposés, mais dans un mouvement encore assez lent, sur le décor des bronzes tcheou, s'enlèvent ici en une sarabande effrénée. Il anime également les scènes de chasse qui servent de décor aux derniers de ces bronzes en transition vers le han. Notons que ce style, bien que logiquement dérivé de celui de l'époque tcheou, peut avoir été influencé par un art voisin qui apparaît alors pour la première fois aux frontières septentrionales de la Chine : l'art des steppes.

À l'époque qui nous occupe, l'immense zone de steppes qui s'étend depuis la Russie méridionale, sur les rives septentrionales de la mer Noire, jusqu'à la Muraille de Chine à travers le sud de la Sibérie et la Mongolie, était occupée par des nomades de races diverses — Scythes de race aryenne en Russie, Huns de race turco-mongole en Mongolie —, mais qui tous transhumaient à la suite de leurs troupeaux. Scythes ou Huns, tous ces cavaliers de la steppe possédaient un art particulier, représenté surtout par des plaques de bronze avec des combats d'animaux — fauves et équidés, rapaces et cervidés — curieusement tourmentés et contorsionnés en une stylisation toute de mouvement. Nous avons vu par ailleurs qu'en 307 avant J.-C. les Chinois, pour lutter à armes égales contre les Huns de Mongolie, créèrent à leur exemple des corps d'archers montés. Du coup ils empruntèrent aux Huns une partie de leur costume — le pantalon du cavalier, qui remplaça la robe de l'homme de char —, une partie aussi de leur équipement, notamment les appliques et agrafes de bronze. Or avec ces plaques et ces boucles nous voyons apparaître en Chine des motifs animaliers stylisés dont le rythme est en rapport assez étroit avec l'art des steppes tout en appartenant au style chinois des Royaumes Combattants et de l'époque ts'in dont il a pu favoriser l'éclosion. Le fait, comme on le voit, est intéressant puisqu'il nous permet de déceler certains contacts de l'art chinois non seulement avec l'art animalier des Huns de la Mongolie et avec celui des bronzes sibériens (région de Minoussinsk), mais même, par cet intermédiaire, avec l'art scythe de la Russie méridionale, ce dernier bien connu par ailleurs pour ses relations avec l'art grec...

Quoi qu'il en soit de ces rapprochements archéologiques, qui n'en sont du reste qu'à leur début, la Chine, à l'époque où nous sommes arrivés, allait de toute façon entrer dans le courant de l'histoire mondiale. L'empire unitaire créé par Che Houang-ti allait, sous la dynastie suivante, être appelé à connaître le monde indien, l'Iran et le monde romain.

CHAPITRE VII

De l'empire militaire à l'empire traditionnel

La monarchie absolue créée par Ts'in Che Houang-ti ne se comprenait qu'avec un homme fort. Or le fils et successeur du césar chinois se trouva être un adolescent incapable. Au bout de trois ans de désordres, il dut se suicider au milieu de la révolte générale. Le pays retomba dans la plus affreuse anarchie et les chefs d'armées s'arrachèrent les diverses provinces.

Les historiens chinois se sont plu à opposer le caractère des deux principaux capitaines qui se disputaient ainsi le pouvoir, Lieou Pang et Hiang Yu : Hiang Yu, géant brutal aux allures de soudard ; Lieou Pang, type de Chinois politique, rusé et adroitement généreux, encore que, lui aussi, aventurier sans passé. De Lieou Pang surtout ils nous ont laissé un portrait haut en couleur. « C'était un homme au nez proéminent, au front de dragon, avec une belle barbe. Sur la cuisse gauche il portait soixante-douze points noirs » — signe, évidemment, de sa grandeur future. « Bien que fort pauvre, il aimait le vin et les femmes. » On nous apprend qu'il allait boire chez une vieille marchande, la dame Wang ; soit générosité, soit vantardise, il offrait toujours de payer le vin au-dessus du prix fixé ; en réalité il n'achetait qu'à crédit. Il est vrai qu'un jour que, parfaitement ivre, il s'était endormi dans la boutique, la vieille crut voir au-dessus de lui planer un dragon, nouveau présage d'une haute destinée : plus que jamais elle donna son vin à crédit.

Abandonnant la vie de paysan, Lieou Pang avait de bonne

heure pris du service comme officier de police dans une circonscription rurale. À ce point de sa carrière sa biographie continue à nous conter sur lui de joviales anecdotes, comme le jour où, invité par le préfet du district à verser en « cadeau » mille pièces de monnaie, il s'en tira en payant d'audace — sans remettre un liard. C'était le temps où, dans la ruine de l'Empire ts'in, tout aventurier pouvait faire fortune. Lieou Pang commença par se constituer une troupe, d'assez curieuse façon du reste : un jour qu'il était chargé d'escorter une colonne de condamnés, il trouva plus avisé de les délier de leurs chaînes et de se mettre à leur tête comme chef de bande. « Il aspergea de sang son tambour, prit le rouge comme emblème de ses étendards » et se tailla un fief au Kiang-sou, sa patrie. En 207 il marcha sur la province impériale, le Chen-si, et, tout de suite, sut s'attacher la population par son humanité. Au contraire, son rival, Hiang Yu, qui occupa peu après le Chen-si sur ses traces, ravagea épouvantablement le pays. Hiang Yu, s'étant emparé du père de Lieou Pang, menaça, si ce dernier ne se soumettait pas, de « faire bouillir » le vieillard. Lieou Pang ne se laissa pas intimider pour si peu. À cette horrible menace il répondit sur le ton le plus aimable : « Hiang Yu et moi, nous avons été naguère frères d'armes. Mon père est donc devenu le sien. S'il veut absolument faire bouillir *notre père*, qu'il n'oublie pas de m'en réserver une tasse de bouillon ! » Interloqué par un tel sang-froid, Hiang Yu ne tarda pas à relâcher son captif.

Bientôt, du reste, l'adresse de Lieou Pang eut acculé son adversaire au désastre final. Dans une furieuse bataille livrée sur la rivière Houai, Hiang Yu fit des prodiges de valeur, traversa plusieurs fois avec sa cavalerie les rangs ennemis et abattit de sa main un des lieutenants de Lieou Pang ; mais percé de dix blessures, il se vit encerclé par des forces supérieures ; parmi ses poursuivants il reconnut un de ses anciens compagnons d'armes : « Je sais que ma tête est mise à prix, lui cria-t-il. Tiens, prends-la ! » Et il se trancha la gorge (203).

Lieou Pang n'avait plus de rival. Le soldat de fortune se retrouvait empereur ! Par un dénouement imprévu, c'était pour ce fils de paysan qu'avaient travaillé trente-sept générations de princes de Ts'in ; c'était finalement pour lui que Ts'in Che Houang-ti avait créé le césarisme chinois. L'heureux aventurier se trouvait en moins de cinq ans l'héritier inattendu de cette longue suite d'orgueilleux féodaux, le bénéficiaire de l'œuvre accomplie par l'homme de génie qui avait créé de toutes pièces la centralisation impériale et l'unité chinoise. Les débuts de son règne furent d'ailleurs modestes, difficiles même. Pour récompenser les autres condottieri qui l'avaient aidé à monter sur le trône, il dut leur accorder de larges fiefs, les nommer rois provinciaux, semblant ainsi rétablir en leur faveur la féodalité abolie par Ts'in Che Houang-ti. Mais ce qu'il donnait d'une main, il le reprenait de l'autre : les rois locaux qu'il avait été obligé de créer, il profitait du moindre prétexte pour les déplacer comme de simples préfets ou pour les acculer à la révolte et les supprimer. Finalement, la nouvelle féodalité des Han, domestiquée et dépourvue de toute autorité administrative, devait rester une simple noblesse de cour qui n'entrava en rien le pouvoir absolu de l'empereur.

Cet homme heureux devait bénéficier de ce qui, pour un fondateur de dynastie, est encore la meilleure fortune : une lignée de descendants qui conserva l'empire pendant quatre siècles. Il n'était pas, à l'origine, de pouvoir plus discutable et précaire que le sien. Il ne devait pas y avoir, par la suite, de légitimité plus sûre que celle qui put se réclamer de lui parce que sa dynastie, celle des Han, devait durer de 202 avant J.-C. à 220 de notre ère et marquer si fortement le destin du peuple chinois que celui-ci aujourd'hui encore se glorifie de ce nom : « les Fils des Han ».

Nul cependant ne fut moins enivré de sa fortune que ce fondateur de dynastie. Au faîte des honneurs, il n'oublia jamais la simplicité de ses origines : « C'est en étant vêtu d'habits de toile et en tenant en main une épée de trois pieds de long que je me suis emparé de l'empire ! » Il ne se plaisait réellement qu'auprès des petites gens de son pays natal, l'actuel Kiang-sou (province de Nankin), avec lesquels il aimait évoquer le temps de sa jeunesse. Cependant il dut s'en séparer pour aller résider dans sa nouvelle capitale de Tch'ang-ngan (l'actuel Si-ngan), dans la province de Chen-si,

De l'empire militaire à l'empire traditionnel / 51

qui était la terre impériale par excellence. Avant de quitter sa province natale, il donna un grand banquet populaire. « Il y invita tous ceux, jeunes et vieux, qu'il avait autrefois connus et fit circuler le vin. Avec eux il but et dansa. Les vieillards, les matrones et les anciens amis de Lieou Pang passèrent plusieurs jours à se réjouir et à boire. Ils se racontaient les événements passés pour en rire et pour s'en amuser. » Avant de se séparer d'eux, l'empereur ne put retenir ses larmes : « Le voyageur s'afflige en pensant à sa terre natale ; quoique je doive aller résider dans l'Ouest, mon âme, après ma mort, se plaira encore à penser à votre pays. »

En même temps qu'avec les villageois, ses compatriotes, Lieou Pang s'attardait parmi ses soldats, dont il partageait les goûts. Quant aux lettrés confucéens, s'il ne les persécuta pas systématiquement comme l'avait fait Ts'in Che Houang-ti, il les méprisait profondément et les criblait de sarcasmes. Ceux d'entre eux qui lui rebattaient les oreilles avec les textes classiques, les *Odes* et les *Annales*, se faisaient vertement rabrouer : « J'ai conquis l'empire à cheval ! Que me font vos *Odes* et vos *Annales* ? » Du reste ce n'était guère le moment de démilitariser l'empire. En 200 l'empereur se laissa cerner par les Huns sur un plateau près de P'ing-tch'eng, dans le nord du Chan-si. Pendant sept jours le gros de l'armée ne put lui faire passer de vivres. Il s'en tira par une ruse, en faisant tenir au roi des Huns le portrait d'une beauté chinoise. Deux ans plus tard il se résigna en effet à envoyer au chef barbare une des jolies filles de son harem. Les poètes ne cesseront depuis de plaindre la pauvre « perdrix chinoise » livrée en mariage à l'« oiseau sauvage du Nord ».

Lieou Pang englobait les médecins dans le mépris général où il tenait tous les lettrés. Souffrant d'une blessure de guerre, il refusa d'accepter leurs soins. La plaie s'envenima et il mourut à Tch'ang-ngan, âgé seulement de cinquante-deux ans, le 1er juin 195.

Le fondateur des Han laissait le trône à l'un de ses fils, un adolescent trop jeune pour gouverner. Le pouvoir fut exercé par la mère du jeune homme, l'impératrice douairière Lu, femme d'une énergie farouche dont les conseils avaient jadis aidé Lieou Pang à assurer sa fortune. Un moment, Lu avait dû disputer sa place à une concubine plus jeune qui, dans les dernières années du règne de Lieou Pang, avait fait figure de favorite. À peine l'empereur décédé, Lu tira de sa rivale une vengeance atroce. Elle lui fit couper les mains et les pieds, arracher les yeux, brûler les oreilles puis, après avoir administré à la malheureuse une drogue stupéfiante, elle la jeta, « truie humaine », dans la porcherie du palais, où on la nourrissait de détritus. L'Agrippine chinoise redoutait encore un jeune prince que le défunt souverain avait eu d'une troisième concubine. Au cours d'un banquet elle lui prépara la mort de Britannicus. Mais le petit empereur, qui n'était pas averti du dessein formé contre son demi-frère, avança le premier la main pour vider la coupe empoisonnée. L'impératrice n'eut que le temps de bondir de son siège et de renverser le fatal breuvage. Inutile d'ajouter que la victime, miraculeusement échappée à la mort, se hâta de fuir cette dangereuse maison.

La douairière profita de son autorité pour placer les gens de son propre clan à toutes les avenues du pouvoir. Mais dès le lendemain de sa mort, dans un nouveau drame de palais, ils furent collectivement égorgés par les princes impériaux (180 avant J.-C.).

À travers ces secousses, la dynastie han prenait chaque jour plus d'autorité et, si l'on peut dire, de « légitimité ». Peut-être ses premiers souverains — exception faite de Lieou Pang — furent-ils des personnages sans grand éclat. Comme nos premiers Capétiens directs, ils eurent l'avantage non seulement de durer, mais de représenter excellemment les principes sur lesquels était fondé le système religieux et moral de leur temps. Le mieux connu d'entre eux, l'empereur Hiao-wen (180-157), parle comme un lettré de l'école confucéenne, ayant sans cesse à la bouche « la sainte intelligence de l'Empereur d'En-Haut », « l'influence surnaturelle du Ciel et de la Terre », le culte des ancêtres et l'importance de l'agriculture, « la bénédiction des dieux de la terre et des moissons », le régime patriarcal que les lettrés confucéens projetaient dans le mirage des siècles mythiques.

Ne sourions pas trop de ces déclamations vertueuses. Leur

De l'empire militaire à l'empire traditionnel / 53

répétition même nous montre que l'absolutisme impérial, le brutal césarisme créé par Ts'in Che Houang-ti et maintenu par Lieou Pang, était en train d'obtenir le ralliement des lettrés, adhésion qui le consacrait au point de vue traditionaliste puisqu'elle ne tendait à rien de moins qu'à le rattacher, par-delà les siècles de fer, aux saints et aux sages de l'âge d'or.

CHAPITRE VIII

Pax Sinica

La plus forte personnalité de la dynastie des Han fut l'empereur Wou-ti. Ce prince bénéficia d'ailleurs d'un règne exceptionnellement long. Monté sur le trône à seize ans, il l'occupa pendant cinquante-trois années (140-87). Doué d'une activité prodigieuse, d'une vigueur extraordinaire, il se dépensait sans compter. On le voyait, comme autrefois les vieux monarques assyriens, forcer les fauves au milieu des hautes herbes, au péril de sa vie et pour le plus grand effroi de son entourage. Remarquablement intelligent, plein de conceptions novatrices et hardies, ayant le goût de l'autocratie, il savait cependant écouter. Ce fut ainsi que, dès le début de son règne, il s'entoura de lettrés confucéens dont il sollicitait ostensiblement les conseils. Les lettrés, nous l'avons vu, étaient longtemps restés à l'égard du césarisme chinois dans une opposition boudeuse qu'expliquait assez la persécution de Ts'in Che Houang-ti contre les « livres », qu'expliquaient aussi les sarcasmes de Lieou Pang. Comment interpréter les avances que leur prodiguait maintenant Wou-ti — Wou-ti dans lequel, précisément, semblaient revivre la fougue, le tempérament absolutiste du premier et tout le réalisme politique du second ? Certes, nul moins que lui ne pouvait se laisser prendre aux théories utopiques dont les lettrés étaient les inlassables défenseurs. Seulement ils servaient, sans le savoir, sa politique contre la noblesse. La classe des lettrés — le futur mandarinat qui commençait alors à s'organiser en tant que tel — permettait au grand empereur de faire pièce à l'aristocratie terrienne, à la nouvelle féodalité de cadets impériaux que Lieou Pang avait laissée se reconstituer. Reléguant toute cette noblesse dans des honneurs vides, il la remplaça à la tête des affaires par des fils du peuple signalés pour leur savoir, comme il la remplaçait à la tête des armées par des capitaines de basse extraction. Par ce détour, le futur mandarinat permit au césarisme chinois d'achever son œuvre de nivellement. De surcroît, Wou-ti prit une mesure radicale pour réduire l'importance des apanages : sous couleur de s'intéresser à la situation des cadets, il obligea, à chaque décès, les princes apanagés à partager indistinctement leur fief entre tous leurs enfants sans aucune constitution de majorat. Comme notre code Napoléon, cette législation égalitaire eut vite fait, au bout de deux ou trois générations, de morceler, d'appauvrir et d'annihiler la propriété féodale.

Dans le domaine extérieur, l'empereur Wou-ti entreprit la conquête de l'Asie connue des Chinois de son temps, et tout d'abord de la haute Asie.

De la Grande Muraille de Chine à la taïga sibérienne, la haute Asie subissait la domination des Huns, ancêtres des Turcs et des Mongols de notre Moyen Âge. Leurs diverses hordes se partageaient les steppes mongoles, aussi bien la partie de la Mongolie située au nord du Gobi oriental et qui est aujourd'hui connue sous le nom de Mongolie-Extérieure, que la « terre des herbes » qui s'étend à la lisière méridionale du Gobi et que nous appelons Mongolie-Intérieure. Ces pâtres nomades, dont les troupeaux constituaient toute la richesse, transhumaient à leur suite, à la recherche de nouveaux pâturages, en dressant de loin en loin l'agglomération temporaire de leurs yourtes de feutre. Tels que les décriront au Ve siècle de notre ère les écrivains latins, tels nous les montrent déjà les vieilles annales chinoises, qui font également d'eux les Barbares types avec leur tête trop grosse aux traits à peine élaborés mais aux yeux de braise, avec leur buste massif, charpenté pour résister aux nuits glaciales comme aux journées torrides du Gobi, avec leurs jambes arquées par l'usage perpétuel du cheval. Cavaliers-nés et archers incomparables, ils constituaient pour le paysan chinois des Marches septentrionales — nord du Ho-pei, du Chan-si et du Chen-si — les plus redoutables des voisins. La sécheresse avait-elle tari les points d'eau et brûlé l'herbe de la steppe ? Le Hun dont le troupeau avait péri se jetait sur les cultures. Il apparaissait à l'improviste, razziait et tuait, puis disparaissait avec son butin de l'autre côté des solitudes avant que les garnisons chinoises aient eu le temps de se concerter.

Avant d'entreprendre la grande guerre contre les Huns, l'empereur Wou-ti, pour les encercler, conçut une politique vraiment « mondiale ». À l'autre extrémité de l'Asie centrale, dans les steppes de l'actuel Turkestan russe, vivaient d'autres nomades, scythes semble-t-il ceux-là, que les Huns avaient naguère chassés du Gobi. Wou-ti leur envoya un émissaire qui les rejoignit aux confins de la Sogdiane et de la Bactriane, c'est-à-dire au seuil des royaumes grecs successeurs d'Alexandre le Grand en ces régions. Il proposait à ces Scythes de prendre les Huns à revers du côté de l'ouest, tandis que lui-même attaquerait par la Mongolie. L'offre ayant été déclinée, il commença seul les opérations. En 128 avant J.-C., son lieutenant Wei Ts'ing — un ancien pâtre qui comme archer et comme cavalier pouvait rivaliser avec les Huns eux-mêmes — conduisit à travers le Gobi mongol un contre-rezzou qui poussa jusqu'à l'Onghin, surprit l'ennemi et « coupa des têtes ». Ce système des contre-razzia qui retournait contre les Huns leur tactique séculaire se compléta par la création de colonies militaires, c'est-à-dire de camps de soldats-laboureurs analogues à ceux de l'Empire romain et destinés à la fois à protéger le *limes* et à accroître les terres cultivées chinoises aux dépens de la « terre des herbes » hunnique. Ces colonies jalonnèrent notamment la grande boucle du fleuve Jaune, en englobant désormais dans l'empire la steppe des Ordos, ce coin de Gobi que la boucle du fleuve a inclus dans les limites virtuelles de la Chine et qui, aux heures de défaillance, a toujours servi de point de concentration aux nomades pour attaquer les provinces du Nord.

Plus remarquable encore que Wei Ts'ing était son neveu Houo K'iu-ping. Il n'avait qu'une vingtaine d'années lorsqu'il réorganisa — toujours sur le modèle hunnique — la cavalerie légère chinoise. En 121 avant J.-C., avec dix mille de ses cavaliers, il enleva aux Huns le Kan-sou occidental, c'est-à-dire le point de départ de la Route de la soie. En 119, son oncle Wei Ts'ing et lui conduisirent avec cinquante mille chevaux un raid foudroyant en haute Mongolie. Wei Ts'ing, avec la colonne de gauche, pénétra jusqu'au cours inférieur de l'Onghin, surprit le roi des Huns et lui infligea un complet désastre au milieu d'une tempête qui rabattait le sable du Gobi dans les yeux des Barbares. Quant à Houo K'iu-ping, avec la colonne de droite, il traversa complètement le Gobi oriental et atteignit la haute Toula, vers les contreforts orientaux des monts Khanghaï où, après s'être emparé de quatre-vingts chefs hunniques, il fit des sacrifices solennels aux esprits, symbole de la prise de possession de la haute Mongolie par les armes chinoises. Le jeune héros mourut peu après son retour (117). Sur la tombe de ce grand cavalier, à Hien-yang, près de Tch'ang-ngan, on dressa une puissante sculpture en ronde bosse, étudiée en 1914 par l'amiral Lartigue, et qui représente un cheval chinois foulant aux pieds un Barbare.

Mais les expéditions chinoises dans les sauvages districts de la haute Mongolie ne représentaient que des raids punitifs ou préventifs. C'était du côté de l'Asie centrale que la Chine regardait de préférence. Là, dans l'actuel Turkestan chinois, vivaient des populations sédentaires que les découvertes récentes nous ont montrées appartenir à la famille indo-européenne. Les oasis qui s'y échelonnaient en double arc de cercle au nord et au sud du Tarim étaient les étapes naturelles de la route des caravanes qui allait mettre en communication l'Empire chinois et le monde gréco-romain. Dès 108 avant J.-C. nous voyons les lieutenants de l'empereur Wou-ti imposer la suzeraineté chinoise à deux des principales oasis de cette région, celle du Lob-nor et celle de Tourfan. En 102 un des capitaines chinois, Li Kouang-li, dans une marche d'une audace inouïe, poussa avec plus de soixante mille hommes jusqu'au seuil de l'actuel Turkestan russe, jusqu'en Ferghâna. Le but de cette expédition est significatif. Pour lutter contre la redoutable cavalerie des

Huns, les Chinois, en dépit des magnifiques exploits d'un Houo K'iu-ping ou d'un Wei Ts'ing, se sentaient mal à l'aise. Les Huns, indépendamment de leurs qualités de cavaliers-nés, disposaient en effet du petit cheval de Mongolie, dont l'endurance et le feu sont proverbiaux. Les Chinois, moins bons cavaliers, n'avaient à leur opposer qu'un coursier de taille semblable mais beaucoup moins résistant. Or l'Iran, la Transoxiane et le Ferghâna étaient la patrie d'une race de grands coursiers analogues à nos anglo-arabes et dont les qualités ont été célébrées, sous la rubrique des « étalons niséens », par les historiens grecs. Ce fut pour se procurer cette race et acquérir pour leur remonte une supériorité décisive sur les cavaliers huns que les Chinois obligèrent, en 102 avant J.-C., le Ferghâna à verser en tribut annuel un contingent donné d'étalons. Ajoutons que le fait a laissé sa trace dans l'histoire de l'art. Alors que les bas-reliefs funéraires han du Chan-tong et du Ho-nan nous présentent surtout l'ancien cheval chinois trapu, sorte de poney-percheron à la croupe et au poitrail massifs, les terres cuites de même époque en Chine et en Corée nous montrent un coursier beaucoup plus élégant, proche du modèle grec et qui sans doute n'est autre que le cheval importé de Transoxiane en 102.

Cependant en Mongolie les Huns n'avaient pas désarmé, et vers la fin du règne de Wou-ti les Chinois eurent à se repentir de leur excessive confiance à ce sujet. En 99 un jeune capitaine chinois nommé Li Ling se fit fort de conduire une colonne de cinq mille fantassins de la Grande Muraille au cœur du pays mongol. Sorti de Chine par l'Etzin-gol, il s'enfonça dans le Gobi, marchant droit vers le nord en direction de l'Onghin et des monts Khanghaï. Mais il se vit bientôt entouré par la cavalerie des Huns, dont les masses tourbillonnantes criblaient de flèches sa petite troupe. Il comprit son imprudence, fit décapiter toutes les ribaudes que les soldats avaient cachées dans les fourgons et qui retardaient sa marche, et battit en retraite, poursuivi par le harcèlement des nomades. Après avoir perdu le tiers de son effectif, épuisé ses flèches et abandonné ses chariots, il était parvenu à une cinquantaine de kilomètres de la frontière lorsqu'il fut cerné dans une gorge d'où, pendant la nuit, les Huns faisaient rouler sur les siens d'énormes quartiers de roche. Quatre cents Chinois seulement parvinrent à s'échapper. Tout le reste fut fait prisonnier, y compris le téméraire Li Ling.

Malgré la fureur qui saisit à cette nouvelle l'empereur Wou-ti, il y a loin de cet insuccès à un désastre de Varus. La sécurité du *limes* ne fut même pas remise en question. Tout au plus renonça-t-on pour quelque temps au système des contre-razzia en Mongolie. Le plus grave est que cet épisode servit de prétexte aux lettrés confucéens pour protester contre la politique d'armements et d'expansion et réclamer le retour à une attitude purement défensive : « Quelque grand que soit un pays, s'il aime la guerre il périra. Les armes sont des instruments néfastes. Les territoires qu'on arrache aux Huns sont impropres à la culture. Du reste, ces brutes sont inassimilables. Il n'y a qu'à les ignorer et à les laisser paître leurs troupeaux dans leurs solitudes. » Nous retrouverons régulièrement au long de l'histoire chinoise ces déclamations d'intellectuels qui correspondent à la doctrine permanente du mandarinat. Elles finiront à la longue par avoir raison du tempérament guerrier de la Chine antique. Le jour viendra où la carrière des armes, déconsidérée par les intellectuels, sera réputée un métier inférieur et où toute guerre préventive sera rendue impossible par le pacifisme utopique des mêmes milieux.

Avec des souverains comme Wou-ti ces déclamations ne portaient guère. Non content de tracer le cadre de l'expansion chinoise en Asie centrale, il accomplit une œuvre encore plus importante : il rattacha définitivement à l'empire la Chine du Sud.

Nous avons vu que durant toute la période archaïque le territoire chinois s'était pratiquement limité à ce qui est ajourd'hui la Chine du Nord et la Chine centrale, c'est-à-dire au bassin du fleuve Jaune et au bassin septentrional du Yang-tseu. La Chine méridionale actuelle restait, au même titre que l'Indochine, une terre étrangère : terre de montagnes ou tout au moins de collines boisées contrastant avec les basses plaines alluviales comme avec les terrasses de lœss de la Chine primitive. Ts'in Che Houang-ti, on l'a vu, avait, là comme en tout, donné l'impulsion décisive en accomplissant un voyage d'inspection jusqu'à Tch'ang-cha, au cœur de l'actuel Hou-nan, et en envoyant un corps expéditionnaire occuper la région cantonaise. Mais après sa mort les chefs de cette armée se déclarèrent indépendants, fondant à Canton un royaume sino-indigène qui attira dans son orbite les Annamites de l'actuel Tonkin. En 111 avant J.-C., l'empereur Wou-ti mit fin à cette dissidence et Canton fut définitivement annexé à la Chine, événement d'une portée incalculable pour la suite de l'histoire. L'année suivante, le grand empereur rattacha de même à la Chine la province de Tchö-kiang (au sud de Chang-hai), annexion non moins importante si l'on songe que cette Chine nouvelle, et qui n'était encore qu'une Chine coloniale, deviendra au moment des grandes invasions le dernier rempart de l'empire et la Chine véritable. Enfin, Wou-ti établit la domination chinoise au nord-est sur une partie de la Corée, et au sud-est sur le pays annamite, c'est-à-dire, à cette époque, sur le Tonkin et sur les provinces les plus septentrionales de l'Annam jusqu'au nord de Huê.

Résumons cette œuvre. À l'intérieur le césarisme chinois définitivement stabilisé par le ralliement des lettrés et la ruine des derniers féodaux ; le territoire de la Chine propre définitivement circonscrit jusqu'aux havres du Tchö-kiang et jusqu'à Canton. À l'extérieur le domaine historique de l'impérialisme chinois délimité de même à travers l'Asie centrale jusqu'au Turkestan russe, à travers la péninsule coréenne jusqu'à hauteur de Seoul, à travers l'Indochine jusqu'aux approches de Huê. En vérité, si les Chinois aujourd'hui encore s'honorent du titre de Fils de Han, c'est au grand empereur des années 140-87 qu'ils le doivent. C'était l'époque où les victoires de Marius et de Sylla achevaient d'établir dans le monde méditerranéen la domination romaine. Les armes de Wou-ti avaient établi de même dans l'Asie centrale et orientale une *Pax Sinica*, équivalent extrême-oriental de notre *Pax Romana*.

Le véritable continuateur de ce grand monarque fut son arrière-petit-fils Siuan-ti (73-49 avant J.-C.). Déjà ce prince lucide eut l'occasion de discerner les tendances subversives des lettrés, pacifistes professionnels et adversaires sournois de l'expansion chinoise. « Les Han, s'écriait-il un jour, ont leur code à eux qui est un code de conquérants. Nous ne sommes plus au temps des Tcheou, du gouvernement par la vertu et l'éducation. Les lettrés ne comprennent rien aux besoins divers des époques diverses. Ils disent toujours du bien de l'Antiquité et du mal du présent. Ils éblouissent les simples en faisant miroiter à leurs yeux des mots brillants et vides. Comment donne-t-on des charges à des hommes vivant dans l'utopie et à ce point dépourvus de sens pratique ? »

Et la conquête de l'Asie centrale continua. Sous le règne de ce même Siuan-ti, les armées chinoises occupèrent les points principaux du bassin du Tarim, l'actuel Turkestan chinois : Tourfan, Qarachahr, Yarkand, etc. Plus au nord la politique chinoise obtint un succès décisif : en attisant les querelles entre deux prétendants huns, elle provoqua la scission de l'empire hunnique. L'un des chefs huns, celui qui devait rester maître de la Mongolie, rechercha l'appui de la Chine, se reconnut vassal et, comme tel, vint en 51 avant J.-C. — l'année de la soumission définitive de la Gaule par Jules César — « battre du front » à la cour de Tch'ang-ngan devant l'empereur Siuan-ti. Son rival évincé partit dans les steppes du Qazakistan (Turkestan russe), fonder un nouveau royaume hunnique à l'ouest du lac Balkhach, mais en 35 avant J.-C. une armée chinoise vint l'y relancer, l'y rejoignit, surprit ses campements et le décapita. Cette action hardie arrêta net l'expansion des Huns de l'Ouest et par contrecoup sauva sans doute pour plus de quatre siècles notre Europe : ce ne sera en effet qu'en 374 de notre ère que ces mêmes Huns occidentaux, regroupés autour de la famille d'Attila, reprendront leur marche conquérante à travers le monde germanique et le monde romain...

CHAPITRE IX

Triomphe des lettrés

Nous venons d'évoquer le parallélisme entre la formation de l'Empire romain et celle de l'empire des Han. Il faut que la conquête romaine ait été bien solide pour n'avoir pas été remise en question par la guerre civile qui, du passage du Rubicon à la bataille d'Actium, sévit de manière à peu près permanente dans le monde latin (49-31 avant J.-C.). De même, la Chine des Han subit quelques années plus tard une crise si grave que la dynastie faillit y disparaître, mais à laquelle la domination chinoise en Asie devait finalement résister.

La décadence de la première branche des Han vint évidemment de l'atmosphère assez spéciale de la vie de cour. Ce n'est pas en France seulement que les Versailles préparent la chute des dynasties. Ajoutons l'influence croissante des cercles intellectuels, avec leur idéologie sans rapport avec les faits. L'histoire des derniers souverains de cette branche n'est plus qu'un récit d'intrigues entre la camarilla des eunuques et les lettrés, les uns et les autres également incapables d'envisager de haut les données permanentes de la grandeur chinoise. L'empereur Yuan-ti, monté sur le trône à vingt-sept ans, mort à quarante-trois (48-33 avant J.-C.), ne fut qu'un lettré timide et irrésolu qui se laissa chambrer par les eunuques. La dégénérescence s'accrut avec l'empereur Tch'eng-ti (32-7 avant J.-C.), monté sur le trône à dix-neuf ans, mort à quarante-cinq, à la fois lettré et débauché (la nuit, il courait sous le voile de l'anonymat les maisons de plaisir de la capitale, au risque de se faire assommer). L'empereur Ngai-ti, également proclamé à dix-neuf ans et qui régna de 6 avant J.-C. à l'an 1 de notre ère, vécut dans la société des mignons et nomma son Antinoüs généralissime. Ces turpitudes achevèrent de déconsidérer la dynastie. Une vieille impératrice douairière, veuve de Yuan-ti, en profita pour faire confier le pouvoir à son propre neveu, politicien d'une ambition effrénée, le célèbre Wang Mang. Celui-ci maintint encore pendant quelques mois un empereur fantôme, un enfant de neuf ans auquel il fit ensuite boire une coupe de poison, après quoi il se proclama lui-même Fils du Ciel (10 janvier de l'an 9 de notre ère).

Wang Mang, qui usurpa ainsi le pouvoir, n'était pas un ambitieux quelconque. Sans doute l'histoire officielle, écrite plus tard à la louange des Han restaurés, a poursuivi l'usurpateur de sa vindicte. Ce qu'elle ne dit pas, ou tout au moins ce qu'elle essaie de dissimuler, c'est que son règne (années 9 à 22 de notre ère) marqua le triomphe du parti des lettrés. Aussi bien était-il nourri de leur enseignement et partageait-il leurs théories sur le gouvernement patriarcal, le prétendu gouvernement des souverains mythiques et des premiers Tcheou, lequel jouait un peu là-bas le rôle d'une Salente idéale ou encore de l'état de nature cher à notre Rousseau. Wang Mang décréta dans cet esprit une série de réformes, fort intéressantes du reste, car elles correspondaient à une indéniable crise sociale.

Depuis l'avènement du césarisme chinois les *latifundia* s'étaient accrus, la classe des petits propriétaires avait diminué d'autant pour augmenter le nombre des clients et des esclaves. Aux époques de famine en particulier, les pauvres gens vendaient en masse leur patrimoine et se vendaient eux-mêmes comme esclaves, eux et leurs enfants. Wang Mang entendit lutter contre cet asservissement de la population rurale, ramener « le temps où chaque homme possédait cent acres de terre et payait comme impôt à l'État la dîme en nature de ses revenus ». « Depuis lors, ajoutait-il en portant le fer dans la plaie, les puissants ont acquis d'immenses propriétés, tandis que les pauvres n'ont plus un pouce de terrain[1]. De plus on a institué des marchés d'esclaves où l'on vend ceux-ci comme des bœufs et des chevaux, ce qui est manifestement contraire aux volontés du Ciel et de la Terre, lesquels ont donné à l'homme une nature plus noble que celle des animaux. » En conséquence Wang Mang, en l'an 9 de notre ère, reprenant une vieille « utopie » du philosophe Mencius, octroya à chaque famille de huit personnes une propriété de cinq hectares, mais en même temps il obligea les propriétaires des domaines plus vastes à distribuer l'excédent à leurs parents ou à leurs voisins. Du reste, pour empêcher la reconstitution des grands domaines, il déclara en principe l'État seul propriétaire du sol et interdit toute modification à ce statut, donc tout achat ou vente de terres, comme il interdit tout trafic d'esclaves, l'État seul ayant le droit d'en posséder.

L'année suivante (an 10 de notre ère), Wang Mang institua une série de fonctionnaires chargés de réglementer l'économie : surveillants des marchés, pour fixer chaque trimestre le prix maximum de chaque denrée ; « égalisateurs des prix », pour acheter au prix courant les marchandises (grains, soieries et tissus de toile) amenées au marché et qui n'avaient pas trouvé acquéreur ; ces agents gardaient en magasin le stock invendu et le remettaient en vente quand le manque d'une denrée donnée menaçait de faire hausser les prix ; banquiers officiels enfin qui prêtaient au taux (d'ailleurs fort lourd) de 3 % par mois. D'autre part l'impôt fut basé sur la dîme du bénéfice. Indépendamment des agriculteurs, pour lesquels le calcul, à chaque récolte, était facile, on exigea une déclaration de profession des divers métiers — chasseurs et pêcheurs, éleveurs de bestiaux ou de vers à soie, filateurs et tisserands, ouvriers en métaux, marchands, médecins, devins et sorciers —, tous devant également avouer leurs recettes et en reverser le dixième à l'État. Wang Mang procéda aussi à plusieurs refontes successives de la monnaie (d'où la quantité surprenante de pièces qu'on

---

1. Ou, selon l'image chinoise, « on voit les champs des riches s'aligner par cent et par mille, tandis que les pauvres n'ont même plus le terrain suffisant pour planter une aiguille ».

retrouve à son nom), refontes au cours desquelles il ne cessa d'en diminuer le titre légal. À cet effet, il décréta le monopole de l'or et mit l'embargo sur le cuivre.

Ces réformes nous révèlent un esprit hardi, préoccupé de trouver des solutions radicales à la crise de son époque, mais sans doute aussi un intellectuel quelque peu utopiste, plus théoricien que connaisseur d'hommes. Son étatisme tracassier ne tarda pas à provoquer une résistance générale. Le monopole de l'or avait ruiné la noblesse. Le cours forcé des nouvelles émissions monétaires de titre inférieur, joint à l'obligation de reverser pour le même prix à l'État les anciennes monnaies de meilleur aloi, ruinait le commerce. Enfin le monopole de l'État sur les coupes forestières et sur les pêcheries lésait gravement les paysans[1]. L'économie étant désorganisée, dès que survinrent de mauvaises récoltes la famine ravagea les provinces. Des jacqueries éclatèrent, notamment au Chan-tong, pays surpeuplé dont la fertilité naturelle ne résiste pas à quelques mois de sécheresse ou d'inondation et qui, de ce fait, a toujours servi de foyer aux agitations sociales et aux sectes d'illuminés taoïstes. Or, en 3 avant J.-C., le Chan-tong subit une telle sécheresse que les foules affamées se mirent à parcourir le pays en invoquant les divinités taoïques. En 11 de notre ère le fleuve Jaune rompit ses digues, inondant les plaines du Chan-tong et du Ho-pei ; en 14 la famine était telle que les paysans devenaient anthropophages. Un chef de brigands réunit les jacques en bandes organisées, en leur enjoignant, comme signe de reconnaissance, de se peindre les sourcils en rouge. Les Sourcils Rouges, appuyés par la sympathie des populations, défirent les troupes régulières et se trouvèrent bientôt maîtres du bassin inférieur du Houang-ho (18 de notre ère).

Cependant le légitimisme n'était pas mort, la dynastie han avait conservé ses partisans. Devant l'échec des réformes de Wang Mang et dans le désordre produit par la jacquerie des Sourcils Rouges, les légitimistes se soulevèrent. Deux princes han, Lieou Sieou et Lieou Hiuan, se mirent à leur tête, le premier dans la province de Ho-nan, le second dans

---

1. Omer Dubs, *T'oung pao*, livre IV, 1940, p. 219.

la province de Hou-pei. Les deux groupes eurent la sagesse de se réunir en acceptant Lieou Hiuan comme chef (an 22 de notre ère), puis ils marchèrent sur Tch'ang-ngan, la capitale impériale, qui fut emportée. Abandonné des siens, Wang Mang se réfugia dans le parc impérial, au sommet d'une tour construite au milieu d'un étang. Il y fut assassiné et sa tête fut apportée aux princes han. Ainsi finit l'homme qui avait rêvé de changer selon l'idéal des lettrés les bases de la société chinoise (septembre-octobre 22).

L'usurpateur abattu, l'ordre ne se trouva pas encore rétabli. Lieou Hiuan, le prince han au nom duquel s'était faite la restauration, n'était qu'un personnage médiocre qui, une fois au pouvoir, se révéla un incapable. Tout à ses plaisirs, on le vit faire mandarin un bon cuisinier. Or les Sourcils Rouges tenaient toujours les provinces de l'Est et, devant la carence de Lieou Hiuan, marchaient à leur tour sur la capitale. Ils s'en emparèrent sans effort, tandis que Lieou Hiuan prenait la fuite. Maîtres de la grande cité, les jacques la livrèrent au plus affreux pillage. Quant à Lieou Hiuan, qui avait fini par tomber entre leurs mains, ils le firent étrangler.

Restait le second prétendant han, Lieou Sieou, un tout autre homme celui-là, adroit et énergique, chef populaire et bon soldat qui, devant la destruction de Tch'ang-ngan, avait établi son siège à Lo-yang, où il s'était proclamé empereur (an 25 de notre ère). Les Sourcils Rouges, après avoir entièrement pillé Tch'ang-ngan, refluaient vers l'est. L'armée de Lieou Sieou les cerna entre cette ville et Lo-yang, en massacra une infinité et fit prisonnier tout le reste, quatre-vingt mille brigands et ribaudes. D'ailleurs Lieou Sieou, en politique qui savait comment on termine une révolution, enrôla les plus robustes d'entre eux dans ses régiments (an 27). Trois ans après, son administration réparatrice avait déjà obtenu de tels résultats que l'impôt put être ramené du dixième au trentième des récoltes et des bénéfices.

CHAPITRE X

La Route de la soie

La dynastie des Han était restaurée. L'heureux Lieou Sieou, devenu l'empereur Kouang Wou-ti, allait consacrer ses trente-deux années de règne (25-57) à effacer à l'intérieur les maux de la guerre et à rétablir l'hégémonie chinoise dans l'Asie orientale.

Car pendant la période des troubles la Chine avait, bien entendu, perdu la plupart de ses dépendances extérieures. L'exemple était contagieux et certaines possessions, jusque-là fidèles, se trouvèrent le siège de révoltes à retardement. Tel fut, en Indochine, le cas du pays annamite. Celui-ci, à l'époque qui nous occupe, ne comprenait que le Tonkin et la partie septentrionale de l'Annam jusqu'au nord de Huê, les provinces qui forment aujourd'hui le centre et le sud de l'Annam étant alors au pouvoir du peuple malayo-polynésien des Tcham. Ou plutôt, dans cette aire réduite, les Annamites n'occupaient proprement que le delta tonkinois et l'étroite zone littorale du Nord-Annam, car l'Annamite est essentiellement le cultivateur des rizières littorales, habitat et genre de vie qui le distinguent de son congénère le Muong, chasseur des montagnes boisées de l'arrière-pays. Habitat et genre de vie qui, en même temps, rapprochaient les Annamites des Chinois. Aussi la domination chinoise établie dans le pays vers 110 avant J.-C. avait-elle été docilement acceptée : les tombes du Thanh-hoa, explorées depuis 1930 par les missions Goloubev et Jansé, nous montreront pour la période suivante l'association, sur les mêmes sites, de l'outillage « indonésien » des Proto-Annamites et de pièces purement chinoises. Mais en l'an 40 de notre ère, à la suite de maladresses administratives, les Annamites secouèrent le joug à l'appel de deux héroïnes, deux sœurs célèbres dans la légende locale. L'empereur Kouang Wou-ti chargea de les réduire un vieux capitaine nommé Ma Yuan, à qui ses exploits sur cette côte indochinoise, extrême limite des explorations des navigateurs célestes à cette époque, allaient valoir le titre de « pacificateur des flots ». Entré au Tonkin en 42 de notre ère, Ma Yuan au commencement de l'année suivante dompta la révolte annamite. La tradition lui attribue l'érection d'une colonne de bronze au Quangnam (région de Tourane), pour marquer la frontière entre les possessions chinoises et les terres, alors sauvages, du Tchampa.

De l'Indochine, Ma Yuan alla à l'autre extrémité de l'empire repousser les attaques des Huns de Mongolie et d'autres hordes turco-mongoles qui nomadisaient plus à l'est, aux confins mandchouriens, du côté du Grand Khingan (45 de notre ère). Peu après les Huns se divisèrent. En 46 s'était produite en haute Asie une sécheresse telle que pendant trois ans la steppe mongole demeura nue, sans trace de végétation, et que la moitié du bétail, puis des nomades, périt de faim. La discorde, comme toujours chez les Huns, suivit la famine. Ceux d'entre eux qui nomadisaient en Mongolie-Intérieure se révoltèrent contre le chef qui régnait en Mongolie-Extérieure, sur le haut Orkhon, et acceptèrent la suzeraineté chinoise (48). On les établit comme fédérés sur les *limes* des provinces actuelles du Kan-sou, du Chen-si et du Chan-si, dans la boucle des Ordos, pour la garde de la Grande Muraille et du fleuve Jaune. Ces Huns fédérés, ces Huns ripuaires, devaient rester fidèles à la Chine tant que celle-ci sut maintenir sa force, c'est-à-dire pendant plus de deux siècles. À la mort de l'empereur Kouang Wou-ti l'hégémonie chinoise était donc restaurée en Extrême-Orient. Restait à la rétablir de même en Asie centrale. Ce fut l'œuvre du règne suivant, celui du fils de Kouang Wou-ti, l'empereur Ming-ti (58-75). Sous ce règne en effet les

Chinois entreprirent de trancher définitivement le problème du Tarim.

Le bassin du Tarim est, cas fréquent en Asie centrale, un bassin fermé. Les cours d'eau descendus des T'ien-chan ou du Pamir ne tardent pas pour la plupart à s'anémier avant d'avoir pu rejoindre le fleuve et lui-même est déjà agonisant quand il va se perdre dans les marais du Lob-nor. Cependant le sol de son bassin est en principe composé du même lœss que la Chine du Nord, si bien que là où l'irrigation est encore possible l'agriculture et le jardinage voient leurs moindres efforts récompensés. En fait, il s'agit là d'un Nil ou d'un Euphrate moribond dans une Mésopotamie en voie de dessèchement. La vie s'est retirée du cours même du fleuve et de ses affluents. Elle ne subsiste que sur le double arc de cercle montagneux qui entoure le bassin du Tarim, l'arc de cercle du T'ien-chan au nord, l'arc du Mouztagh et de l'Altyn-tagh au sud. Là, aux pentes des monts d'où descendent les cours d'eau encore vivants, se sont réfugiées les cultures, en un chapelet d'oasis s'échelonnant de Kachgar à l'ouest au Lo-bnor à l'est : au nord — après Kachgar — Koutcha et Qarachahr d'où s'écarte vers le nord-est le groupe de Tourfan ; au sud — toujours en partant de l'axe qu'est Kachgar — Yarkand, Khotan, Niva et Miran, cette dernière oasis située aux approches du Lob-nor.

L'intérêt de ce double chapelet d'oasis, c'est qu'il constitue une double ligne d'étapes entre la Chine d'une part, l'Inde, l'Iran et le monde méditerranéen de l'autre. C'est l'intermédiaire indispensable entre l'Extrême-Orient et l'Occident. Aussi les oasis que nous venons de nommer ont-elles de tout temps fait l'objet d'une mise en valeur intensive, avec des travaux d'irrigation qui ont transformé chacune d'elles en autant de cités-jardins où poussent le maïs et le blé, le melon, la pastèque, la pomme, l'abricot, la grenade et le raisin. Les paysans qui cultivent ces oasis ne se rattachent d'ailleurs pas aux nomades altaïques qui les entourent, mais (bien qu'aujourd'hui linguistiquement turcisés) aux autres populations agricoles de l'Asie indo-européenne : de nos jours encore leur type physique n'est pas celui des Turco-Mongols, mais un type très proche de l'iranien, « cheveux et barbe abondants et bruns, peau blanc rosé quand elle n'est pas bronzée par l'air et le soleil, face longue et ovale, nez fin et proéminent, souvent droit, yeux bruns non obliques ». Tels les décrit l'explorateur Fernand Grenard, tels nous les montraient déjà les voyageurs chinois de l'Antiquité ou du haut Moyen Âge.

Les fouilles effectuées dans cette région de 1902 à 1914 par les missions Pelliot, Aurel Stein, Grunwedel, von Lecoq et Otani ont confirmé ces constatations ethnographiques en nous apprenant que jusqu'au IXe siècle de notre ère les gens de Tourfan, de Qarachahr, de Koutcha et de Kachgar ne parlaient pas encore des dialectes turcs, mais bien des langues nettement indo-européennes, sœurs de l'iranien, du sanscrit et de nos langues d'Europe. Il y a là toute une avancée du monde indo-européen qui depuis l'époque de notre Charlemagne s'est effondrée mais qui, du fait de sa situation, jouait alors un rôle considérable, plus considérable même que ne l'aurait laissé supposer la faible importance numérique de cette avant-garde de notre race au cœur du monde jaune.

Ce rôle des oasis du Tarim sur la grande route entre la Chine et l'Occident ne manquait pas d'éveiller l'intérêt des deux grandes puissances militaires de l'Extrême-Orient et de la haute Asie : les Chinois et les uns. Les Huns des hauteurs du Khangaï, les Chinois de leur Marche frontière du Kan-sou surveillaient la double piste des caravanes et prétendaient s'en réserver le contrôle. Déjà, sous la première dynastie des Han, aux environs de l'an 100 avant J.-C., les Chinois avaient imposé leur suzeraineté aux petits royaumes du Tarim, mais là encore les guerres civiles qui avaient marqué en Chine les vingt-cinq premières années de notre ère leur avaient fait reperdre une bonne partie du terrain.

Pour le reconquérir, pour « s'ouvrir les contrées d'Occident », la cour des seconds Han eut la chance de disposer d'une équipe de grands soldats. En 73 de notre ère, deux de ces généraux, Teou Kou et Keng Ping, « le commandant des chevaux rapides », dirigèrent une expédition préalable du côté de la Mongolie, où les Huns du Nord se dérobèrent par la fuite. Pour barrer la route à ces Barbares, une colonie militaire fut établie dans l'oasis de Ha-mi, au cœur du Gobi oriental. En 74, Teou Kou et Keng Ping allèrent attaquer l'oasis de Toufan. « Le roi sortit de la ville, enleva son bonnet et, tenant embrassées les pattes du cheval de Keng Ping, fit sa soumission. »

Le plus hardi de ces capitaines chinois était le général de cavalerie Pan Tch'ao. Il appartenait à une famille fort cultivée. Son frère et sa sœur — une des femmes de lettres les plus célèbres des annales chinoises — sont les auteurs de l'histoire de la première dynastie han. Lui, à la gloire du pinceau préférait celle des armes et par-dessus tout la vie d'aventures dans le Grand Ouest. Aussi bien pensait-il que « celui qui ne pénètre pas dans l'antre du tigre ne prend pas les petits du tigre ». Envoyé en observation avec un détachement dans la région du Lob-nor, il devina à l'attitude fermée du roi local que celui-ci devait être travaillé contre la Chine par quelque émissaire des Huns. Avisant un indigène, il l'interpella à l'improviste : « Il est arrivé un messager des Huns. Où se trouve-t-il ? » L'autre, interloqué, avoua tout. Pan Tch'ao réunit alors ses officiers. Il se mit à boire du vin avec eux. Quand ils furent tous échauffés, il les mit au courant : « Si l'émissaire persuade au roi du Lob-nor de nous livrer aux Huns, nos ossements seront la pâture des loups. Profitons de la nuit pour attaquer à l'improviste les Barbares ! » Mais comment prendre une telle initiative sans obtenir l'assentiment du commissaire civil chinois qui accompagnait l'armée ? L'objection exaspéra Pan Tch'ao : « Notre vie ou notre mort se décide aujourd'hui. Qu'avons-nous besoin d'un vulgaire officier civil ? Si nous l'informons de notre plan, il aura certainement peur, et nos projets seront divulgués. » Et il les entraîna. La nuit était venue. Le vent du désert soufflait en tempête. « Pan Tch'ao ordonna à ses hommes de prendre des tambours et de se cacher derrière les baraquements des Barbares ; il était convenu avec eux que, dès qu'ils verraient les flammes s'élever, ils feraient tous résonner leurs tambours en poussant de grands cris. Le reste de ses gens se dissimula en armes devant les portes. Alors Pan Tch'ao déchaîna l'incendie dans la direction du vent, tandis qu'éclatait le vacarme des cris de guerre et des tambours. Les Barbares furent surpris en pleine confusion. Pan Tch'ao tua de sa propre main trois hommes. Ses soldats en décapitèrent trente, dont l'envoyé des Huns. Quant au reste des Barbares, savoir une centaine, ils périrent carbonisés. » Cela fait, Pan Tch'ao manda auprès de lui le roi du Lob-nor et simplement lui montra la tête du Hun. Le roi, qui avait été sur le point de trahir, rentra en tremblant dans la vassalité de la Chine.

Dans le sud du Tarim, le roi de Khotan prêtait lui aussi l'oreille aux émissaires des Huns. Le fait était non moins grave car, comme le Lob-nor pouvait couper l'arrivée des caravanes, Khotan commandait toute la piste du sud. Pan Tch'ao, avisé, se rendit à l'improviste à Khotan. Le roi le traita avec peu d'égards ; il y était incité par un sorcier local qui avait partie liée avec les Huns. « L'envoyé chinois, déclara le sorcier du roi, possède un cheval bai. Ce cheval, nos dieux veulent que je le leur sacrifie ! » Intimidé, le prince osa réclamer le cheval à Pan Tch'ao. Celui-ci feignit d'y consentir à condition que le sorcier vînt lui-même prendre livraison de l'animal. À peine le sorcier arrivé, Pan Tch'ao le décapita fort proprement et envoya sa tête au roi. Celui-ci se soumit et livra les agents des Huns.

Cependant en 75 une révolte générale contre le protectorat chinois éclata au Tarim. Pan Tch'ao se vit assiégé dans Kachgar tandis que d'autres généraux chinois étaient de même bloqués près de Tourfan. On mangea le cuir des équipements, mais on tint jusqu'au bout. Toutefois la cour de Chine commençait à s'effrayer de ces guerres incessantes. L'empereur Ming-ti venait de mourir, remplacé par son fils Tchang-ti, qui n'avait que vingt ans (75). Ordre fut donné d'évacuer le Tarim. Pan Tch'ao fit mine d'obéir, ou du moins il battit en retraite jusqu'à Khotan, puis il se ravisa et délibérément, en dépit des consignes reçues, revint s'installer à Kachgar, non sans y décapiter ceux qui, dans l'intervalle, avaient fait défection. Pendant ce temps les légions chinoises du Kan-sou reconquéraient sur les Huns la région de Tourfan. « Elles coupèrent trois mille huit cents têtes de Barbares et s'emparèrent de trente-sept mille têtes de bétail. Les Huns du Nord [de Mongolie] s'enfuirent, terrifiés. »

Dans un mémoire adressé au nouvel empereur, Pan Tch'ao s'efforçait de concilier l'esprit timoré de la cour avec sa propre expérience du Grand Ouest. Ces campagnes lointaines que les lettrés condamnaient comme inutiles, le héros chinois montrait que ce n'était que de la défensive bien comprise. Il s'agissait de mettre la terre chinoise à l'abri des périodiques agressions des Huns : « S'emparer des trente-six royaumes de l'Asie centrale, c'est couper le bras droit aux Huns. » Quant à sa méthode, c'était celle d'une véritable politique coloniale : « Se servir des Barbares pour attaquer les Barbares. » De fait, la conquête du Tarim, il la réalisait grâce aux contingents que chaque oasis nouvellement soumise était tenue de lui fournir contre les oasis encore rebelles. Les éléments proprement chinois n'étaient guère représentés que par une poignée d'aventuriers ou de déportés qui venaient se refaire un honneur dans la vie mouvementée des Marches. Et tous vivaient sur le pays qu'ils protégeaient d'ailleurs contre un retour offensif des Huns. « À Yarkand, à Kachgar, expliquait Pan Tch'ao à l'empereur, le sol cultivé est fertile. Les soldats qu'on y cantonnera ne coûteront rien à l'empire. » Et il montrait fort judicieusement la différence entre cette région, où la proximité du Pamir maintient la verdure avec, même, vers le Mouztagh, un arrière-plan de forêts, et le désert caillouteux ou argilo-salin qui s'étend du Lob-nor à la Marche de Touen-houang.

Toute politique coloniale repose sur la connaissance de la psychologie indigène. À ce jeu Pan Tch'ao était passé maître. En 87 le roi de Kachgar, qui venait de se révolter, feint de se soumettre et demande une entrevue à laquelle il se rend avec un fort contingent de cavalerie pour tenter un coup de main. Pan Tch'ao feint à son tour de croire à ses bonnes intentions, lui offre un banquet, puis, quand le vin a circulé, il se saisit du prince et le décapite. Au même instant, les troupes chinoises, se démasquant, se sont jetées sur celles de l'ennemi et les ont massacrées. Devant Yarkand, en 88, n'ayant avec lui qu'une armée inférieure en nombre tant de Chinois que d'auxiliaires khotanais, il feint de battre en retraite pendant la nuit, puis il revient par une marche forcée et « au chant du coq » tombe sur les gens de Yarkand, leur coupe cinq mille têtes et les oblige à se soumettre.

Au nord, en Mongolie, les émules de Pan Tch'ao besognaient non moins ferme. En 91 les légions chinoises poussèrent jusqu'au cœur du pays hunnique, sans doute jusqu'à l'Orkhon, et firent prisonnière toute la famille du roi des Huns. Au Tarim, la grande oasis de Koutcha, perdant tout espoir de secours de ce côté, s'était soumise dès 90. Ne restait plus en état de rébellion que l'oasis suivante, Qarachahr. En 94, avec des auxiliaires de Koutcha et du Lob-nor, Pan Tch'ao marcha sur la ville rebelle. En vain les gens de Qarachahr avaient-ils coupé les ponts sur la rivière du Youldouz. Pan Tch'ao passa la rivière avec de l'eau jusqu'à la ceinture et apparut au milieu des marais devant Qarachahr. Quelques habitants purent s'enfuir sur le lac Baghratch, mais le reste dut se rendre. Le roi du pays fut décapité sur la place même où il avait naguère fait périr un résident chinois. « Pan Tch'ao lâcha ses soldats au pillage. Ils coupèrent plus de cinq mille têtes, ils s'emparèrent de trois cent mille chevaux, bœufs et moutons. » Honoré par la cour du titre de Protecteur Général des contrées d'Occident, le conquérant chinois était un véritable vice-roi de l'Asie centrale. « Il faisait la loi jusqu'aux Pamirs et aux Passages Suspendus », c'est-à-dire jusqu'aux portes de l'Iran et de l'Inde.

Du côté de l'Afghanistan et de l'Inde régnaient les Indo-Scythes, dont nous aurons l'occasion de reparler amplement, car c'est de chez eux, on le verra, que le bouddhisme allait arriver en Chine. L'Iran appartenait aux Parthes Arsacides qui, du fait des conquêtes de Pan Tch'ao, se trouvaient, sinon en contact, comme on l'a dit, avec les Chinois, du moins en relations commerciales avec ceux-ci, comme ils étaient, sur l'Euphrate, les voisins directs de l'Empire romain. Sans doute les Parthes, maîtres, en gros, de l'Iran et de l'Irak actuels, se trouvaient territorialement séparés des conquêtes chinoises par la Transoxiane et par l'Afghanistan indo-scythe. Mais les Romains les menaçaient en Mésopotamie et voici que semblait s'approcher, des versants orientaux du Pamir, la marche des légions chinoises... En l'an 94 de notre ère, les Parthes jugèrent donc sage, « en se servant de nombreux interprètes successifs », d'envoyer à la cour des Han une ambassade avec des cadeaux qui purent être qualifiés de tribut. En 97 Pan Tch'ao chargea un de ses lieutenants, nommé Kan Ying, d'aller établir des relations régulières avec ces mêmes Parthes, et, derrière eux, avec l'Empire romain.

L'Empire romain était déjà assez bien connu des Chinois, qui voyaient en quelque sorte en lui l'équivalent occidental de leur propre domination et qui, dans ce sens, l'appelaient assez curieusement « la Grande Chine [Ta-ts'in] ». Ils connaissaient même les capitales de l'Orient romain, Antioche sous la transcription de Hien-tou, et Alexandrie sous le nom de (Ng)an-tou. Si l'envoyé de Pan Tch'ao avait pu arriver jusque dans l'Empire romain, il y serait parvenu au moment où l'empereur Trajan montait sur le trône, Trajan dont le règne (98-117) allait marquer l'apogée de l'expansion romaine en Asie et qui, au cours d'une campagne mémorable, entrerait en vainqueur dans la capitale parthe, Ctésiphon (116). On peut rêver à l'alliance des légions chinoises et des légions romaines pour un condominium sur l'Orient moyen ou, plus modestement, à un système d'ententes englobant, contre les Parthes, les Romains de Trajan, les Indo-Scythes de Kanichka et les vétérans de Pan Tch'ao. Rêves vains, puisque l'envoyé chinois, Kan Ying, une fois chez les Parthes, se laissa détourner par eux de pousser jusqu'aux frontières romaines. Le fait paraît d'ailleurs significatif et semble montrer combien les Parthes redoutaient précisément l'entente possible entre Rome et la Chine.

Pan Tch'ao prit sa retraite en 102. À son retour dans la capitale, à Lo-yang, il se vit comblé d'honneurs, mais il était épuisé par vingt-neuf ans de campagne et il mourut au bout de quelques mois. Après lui son œuvre subit, comme il était inévitable, de nouvelles secousses. C'est que ses successeurs dans le gouvernement du Tarim, d'honnêtes généraux des garnisons de l'intérieur, ne comprenaient rien à l'ambiance coloniale. Avant de partir, il les avait pourtant prévenus. « Les officiers qui servent dans ces contrées lointaines ne sont pas nécessairement des fils pieux et des petits-fils obéissants [Lyautey dira qu'on ne fait pas des colonies avec des rosières] ; tous ont été déportés ici pour quelque faute et c'est précisément pour cela qu'on les a envoyés servir dans les Marches frontières. D'autre part les Barbares ont une versatilité d'oiseaux ou de bêtes sauvages. Sachez être coulants pour les petites fautes et contentez-vous de tenir la main à la discipline générale. » Ces sages conseils ne furent pas écoutés. Le résultat fut qu'en 106 une révolte générale éclata au Tarim.

De nouveau la cour de Chine se découragea. Les lettrés eurent beau jeu, au nom de leurs vieilles théories pacifistes, de réclamer l'évacuation des colonies, l'abandon du protectorat. Le thème était toujours le même : au temps des premières dynasties — qui, on l'a vu, correspond dans les déclamations des intellectuels chinois à un âge d'or — la Chine n'avait pas de possessions extérieures : « Enfermé dans ses limites propres, le peuple vivait heureux. Pourquoi s'obstiner à entretenir ces garnisons lointaines qui coûtent si cher et qui se montrent impuissantes devant les révoltes périodiques ? » L'avis des lettrés était sur le point de l'emporter dans le conseil quand quelqu'un demanda la parole : c'était le propre fils de Pan Tch'ao, Pan Yong. « Si vous abandonnez le Tarim, vous le livrez aux Huns. C'est leur rendre leur magasin et leur trésor, c'est leur recoller un bras coupé ! Et le jour viendra bientôt où les Barbares insulteront de nouveau les frontières de la Chine propre. Nous reverrons le temps où les portes de nos villes devaient être fermées en plein jour ! » Il entraîna l'adhésion du conseil et en quelques années (123-127) rétablit le protectorat chinois en Asie centrale.

L'établissement du protectorat chinois dans ces régions présente, à l'époque qui nous occupe, une importance considérable pour l'histoire de la civilisation. C'était en effet le moment où, grâce à l'ouverture de cette double route du Tarim — route du nord par le Lob-nor, Qarachahr, Koutcha et Kachgar, route du sud par le Lob-nor, Niya, Khotan, Yarkand et de nouveau Kachgar —, la Chine entrait en rapports commerciaux avec le monde romain. Par là les Chinois expédiaient à l'Asie romaine leurs produits, au premier rang desquels était la soie. La route du Tarim, avec sa double piste, septentrionale et méridionale, était la Route de la soie. La sériciculture, on le sait, remontait en Chine au plus lointain passé. Le *Yu-kong* et le *Tcheou-li*, textes qui datent respectivement des IXe-VIe siècles et du IVe siècle avant J.-C., nous parlent de la soie comme d'une des principales richesses des régions qui correspondent au Chan-tong et au Ho-nan actuels. Sous les Han les rouleaux de soie équivalaient au numéraire dans les échanges officiels avec les cours étrangères.

Or, depuis que le monde gréco-romain avait appris à connaître la soie, il n'était pas de produit plus demandé. Alexandrie et Rome s'en disputaient les arrivages. Lucain nous apprend qu'au cours d'un banquet Cléopâtre, voulant faire à ses hôtes une surprise inouïe, leur apparut resplendissante dans un vêtement de soie. Virgile, dans ses *Géorgiques* (II, vers 120-121), chante les cocons du ver à soie, « ces laines délicates que le Sère enlève aux feuilles de ses arbres ». Ce nom de *Sères* pour désigner les Chinois est d'ailleurs révélateur. Il vient du nom même de la soie (*sseu* en chinois), de sorte que la Chine, pour les Romains, c'était avant tout « le pays de la soie », *Serica*. Tel fut l'engouement de la mode que sous Tibère des lois somptuaires durent interdire aux hommes, pour les réserver à l'usage féminin, les vêtements de soie. Pline et Martial nous parlent encore du commerce des soieries qui se faisait dans le quartier le plus élégant de Rome. Tout ce commerce, on l'a vu, passait nécessairement par l'Empire parthe. Les annales chinoises remarquent à ce sujet que les Parthes entendaient se réserver le monopole des soies de Chine, ce pourquoi ils empêchaient toute communication directe entre la Chine et Rome, comme nous l'avons vu par l'exemple de Kan Ying.

Au Ier siècle de notre ère un commerçant gréco-romain originaire de la Macédoine mais qui paraît avoir eu le centre de ses affaires en Syrie, Maès Titianos, eut l'idée hardie de triompher de cet obstacle en faisant directement reconnaître par ses agents la Route de la soie depuis la Syrie jusqu'en Chine. Le résultat de son enquête nous a été transmis par

Marin de Tyr (vers 110 de notre ère) à travers le géographe Ptolémée (vers 170). L'itinéraire, évidemment parti d'Antioche, traversait l'Euphrate à Hiérapolis (l'actuel Menbidj, à l'est d'Alep), pénétrait dans l'Empire parthe où il passait par Ecbatane (Hamadhan) et Hécatompylos (Châhroud ?), gagnait ensuite Antioche de Margiane (Merv) et aboutissait à Bactres (Balkh), dans l'Empire indo-scythe. De là il tournait au nord « jusqu'à la montée du pays montagneux des *Kômêdoi* », au pied du Pamir, « puis, traversant ces montagnes, il tournait au midi jusqu'au ravin qui s'ouvre dans la plaine » et par où on atteignait le lieu dit la Tour de Pierre *(Lithinos Pyrgos)*, point que Hackin situe à Tach-kourgan, au sud-ouest de Yarkand, tandis qu'Albert Herrmann le place dans la vallée supérieure de l'Alaï, à l'ouest de Kachgar. De là, en tout état de cause, la route décrite par Marin de Tyr et Ptolémée passe par « le pays de *Kasia* » — qui peut (quoi qu'on en ait dit) correspondre à Kachgar (*Kacha* en sanscrit) —, puis par *Issedon Scythica* qui peut être l'oasis de Koutcha, *Damna* qui serait l'oasis de Qarachahr, *Issedon Serica* qui correspondrait à la région du Lob-nor, *Daxata* qui serait la Porte de Jade, c'est-à-dire la porte de la Chine à l'entrée de la Marche de Touen-houang, *Throana* qui serait Touen-houang même, *Thogara* qui pourrait être la ville actuelle de Kan-tcheou, dans la province de Kan-sou par où aujourd'hui encore arrivent en Chine toutes les caravanes de l'Asie centrale, *Sera metropolis* enfin qui peut être la première capitale des Han, la première grande ville chinoise en venant de l'ouest, Tch'ang-ngan, notre Si-nganfou.

La voie de terre, la Route de la soie, n'était pas la seule par laquelle l'empire des Han correspondait avec l'Empire romain. Les géographes alexandrins Marin de Tyr et Ptolémée nous décrivent aussi une route maritime — la future Route des épices — dont la dernière échelle est le port de *Kattigara*, qu'on peut rechercher dans l'actuel Tonkin, du côté de Haïphong. Le *Périple de la mer Érythrée* (90 de notre ère) nous dit de son côté que, en naviguant vers le nord au-delà de la *Chersonèse d'Or* (presqu'île de Malacca), on parvient à une grande ville située à l'intérieur des terres et appelée *Thina*[1], d'où les soies « sériques », les fils de soie et les soieries parviennent jusqu'à Bactres. Il est vraisemblable que, à la date dont il s'agit, la *Thina* du géographe grec, transcription hellénique du nom même de la Chine, correspond à la nouvelle capitale des Han, Lo-yang, notre Ho-nan-fou. Nous savons enfin par les annalistes chinois qu'en 166 de notre ère arriva en Chine un personnage qui se disait envoyé de l'empereur Marc Aurèle (*Antoun* en chinois, transcription très fidèle de Marcus Aurelius *Antoninus*). L'étranger était venu par la voie maritime, « d'au-delà du Je-nan », province chinoise qui correspond à l'Annam septentrional.

Par ces deux routes — la route transcontinentale et la voie maritime — le bouddhisme allait pénétrer en Chine, et c'est là un fait d'une importance capitale pour les destinées de l'Extrême-Orient.

---

1. *Thina* dans le *Périple*, *Thinai* chez Ptolémée.

CHAPITRE XI

Révélation du bouddhisme

Le bouddhisme est une religion essentiellement indienne et qui resta limitée à l'Inde pendant six cents ans. Son fondateur, Çâkyamouni, qui mérita de devenir le Bouddha, c'est-à-dire le sage par excellence, avait vécu dans le bassin oriental du Gange entre 563 et 483 avant J.-C. C'était un jeune noble de la jungle népalaise qui avait renoncé au monde pour mener la vie érémitique. Après de longues macérations il en discerna l'inutilité et sous l'Arbre de la *bodhi*, à Gayâ, au sud de l'actuel Patna, dans le Sud-Bihar actuel, il parvint à l'« illumination ». Il comprit la loi de la douleur universelle : le monde n'était qu'un torrent d'impermanence se résolvant en douleur. Ce pessimisme, disons-le tout de suite, provenait d'une croyance universellement admise dans l'Inde, la croyance à la métempsycose, ou transmigration des âmes. Le spiritualisme occidental nous propose comme récompense la vie éternelle. La vie éternelle que proposaient les doctrines indiennes prenait forme de cauchemar parce que liée aux aléas de la transmigration : naître, souffrir, mourir, renaître pour éternellement souffrir et mourir, c'étaient « les travaux forcés de la vie à éternité ».

À ce cauchemar le Bouddha apportait une solution : pour échapper au cycle éternel des renaissances, au monde de la transmigration, il importait avant tout d'éteindre la « soif du moi » qui provoque les renaissances, d'éteindre le moi, « extinction » qui est proprement le *nirvâna*. Le Bouddha prêchait à cet effet non certes le suicide (qui n'aurait comme résultat que de nous replonger dans les réincarnations les plus affreuses), mais la lutte contre les passions, l'immolation de l'individu à tous les êtres, l'universelle charité, poussée jusqu'au constant sacrifice de nous-même, envers toutes les créatures, hommes ou animaux. Sa doctrine, métaphysiquement négative, aboutissait dans la pratique à une morale toute de renoncement, de chasteté, de charité et de douceur.

Pour comprendre la diffusion immense dont devait par la suite bénéficier le bouddhisme, notons tout de suite l'attirance que ne pouvait manquer d'exercer sur les âmes les plus hautes un tel climat spirituel. Signalons en particulier l'élément de poésie, d'une tendresse franciscaine, que constituèrent pour la littérature et pour l'art les légendes sur les « vies antérieures » *(djâtaka)* du Bouddha au cours de ses pré-incarnations successives sous diverses formes humaines ou animales : le roi des cerfs qui s'immole pour sa harde, le lièvre qui se jette dans le feu pour nourrir un brahmane affamé, le roi des éléphants qui offre ses défenses à son meurtrier, etc.

Le bouddhisme fut prêché du vivant de son fondateur dans les provinces du Gange oriental, dans le Magadha (Sud-Bihar), à Bénarès et dans l'Aoudhe, d'où il devait se répandre progressivement dans le reste de l'Inde. L'Église qu'il avait constituée était une communauté de moines réunis en monastères et autour desquels se groupaient des tiers-ordres de zélateurs laïcs. Bien entendu, la doctrine bouddhique, au cours des cinq siècles qui suivirent, se modifia. Au moralisme un peu froid de son fondateur se superposa une véritable théologie, correspondant du reste aux besoins du cœur humain. Le Bouddha historique, étant nirvâné — c'est-à-dire « éteint » —, se trouvait difficilement accessible à la prière. Le bouddhisme ultérieur obvia à cette difficulté en créant un certain nombre de futurs bouddhas — les *bodhisattva* — qui attendent, en de merveilleux paradis, l'heure de leur incarnation et qui occupent cette attente à sauver les créatures. Certains de ces *bodhisattva* finirent par l'emporter dans la dévotion populaire sur le Bouddha historique. Ce fut le cas de Maitreya, le *bodhisattva* dont l'incarnation est la plus proche et qu'on a appelé, de ce fait, « le messie du bouddhisme » ; le cas d'Avalokitêçvara, dont le nom sanscrit désigne une sorte de Providence bouddhique et qui, sous la figure d'une « madone bouddhique », la « déesse » Kouan-yin, jouera un rôle si considérable dans le bouddhisme chinois ; tel est le cas encore d'un autre bouddha métaphysique, étroitement associé au précédent, Amitâbha (« Lumière infinie ») qui, sous le nom d'A-mi-to, assumera un rôle non moins important dans les sectes piétistes sino-japonaises. La création de ce panthéon, qui paraît s'être définitivement constitué dans l'Inde du Nord aux premiers siècles de notre ère, acheva de donner au bouddhisme sa physionomie historique au moment même où celui-ci allait entreprendre la conversion de l'Extrême-Orient.

À cette conversion les *bodhisattva* nouvellement créés allaient d'ailleurs contribuer pour une bonne part. Ces hautes figures spirituelles, toutes de compassion et de miséricorde, faisaient naître autour d'elles un climat de confiance et de tendresse, un piétisme, une religion du cœur dont l'Asie orientale ne pouvait offrir aucun équivalent. La Chine en particulier (à laquelle le confucéisme et le taoïsme ne proposaient rien de semblable) allait y trouver la révélation d'un nouveau monde spirituel. Et cela aux étages les plus divers de la société. La pensée philosophique devait y découvrir un aliment inépuisable grâce à la métaphysique dont, vers le premier siècle de notre ère, le bouddhisme indien acheva de se couronner. Les systèmes ainsi élaborés enseignaient en général un idéalisme absolu, fondé sur l'irréalité du monde extérieur comme du moi. L'univers ne sera plus qu'un « rien que pensée », un « océan d'idéaux », et nous nous permettrons d'anticiper pour faire remarquer qu'une telle doctrine allait, à certains égards, à la rencontre du vieux taoïsme chinois. Par ailleurs, répétons-le, le sentiment des foules ne pouvait qu'être attiré par les innombrables légendes relatives à chaque bodhisattva, par ces images tendres et merveilleuses qu'on proposait à leur amour, par les vies de saints, « la Légende dorée du bouddhisme », par le chatoiement de ses paradis et de ses enfers, enfin — et ce n'est pas le moins important — par l'art bouddhique lui-même.

Révélation du bouddhisme / 83

Jusqu'à l'ère chrétienne le bouddhisme indien s'était donné un art plein de charme parce que inspiré par le naturalisme éternel de l'Inde. Toutefois, dans ces premières écoles de sculpture proprement indiennes les artistes n'avaient jamais osé *figurer* l'image du Bouddha, pas plus que les musulmans ne représentent celle d'Allah ou de Mahomet. Sans doute même y avait-il là plus qu'une question de respect : une question de logique, car il n'était pas sans quelque contradiction de vouloir ressusciter par l'image Celui qui était définitivement nirvâné, c'est-à-dire « dépersonnalisé ». Jusque dans les scènes de sa vie on remplaçait donc l'image du Bouddha par un certain nombre de symboles conventionnels. Mais quand l'hellénisme se fut implanté dans le nord-ouest de l'Inde, d'abord sous des rois grecs successeurs d'Alexandre le Grand en ces régions, puis sous les rois indo-scythes successeurs des rois grecs et eux aussi nettement philhellènes, le point de vue changea. Les Grecs convertis au bouddhisme éprouvèrent le besoin de représenter réellement le Bouddha. Ils s'inspirèrent à cet effet du type de leur dieu Apollon. Le « premier bouddha » ainsi modelé aux environs de notre ère dans la région de Péchawar, l'ancien Gandhâra, fut un pur Apollon auquel on avait seulement ajouté les caractéristiques rituelles : le point de sagesse entre les deux yeux, l'allongement du lobe des oreilles (à cause des lourds pendants d'oreilles, naguère portés par le Bouddha quand il était prince), enfin le chignon pour le turban à bouffettes, devenu par la suite, quand cette disposition de toilette ne fut plus comprise, une protubérance crânienne.

Ce sont ces bouddhas grecs, au profil purement apollinien, à la draperie purement hellénique, que nous ont livrés par centaines les fouilles pratiquées dans l'ancien Gandhâra et, plus à l'ouest, entre Péchawar et Kaboul, à Hadda (ces dernières abondamment représentées au musée Guimet). Et c'est ce même type de bouddha grec qui se transmettra de siècle en siècle, de proche en proche, à travers toute l'Asie centrale jusqu'en Chine et au Japon, donnant naissance aux innombrables bouddhas de l'Extrême-Orient. Bien entendu, au cours de cet immense voyage à travers l'espace et le temps, le type grec original se modifiera. Il finira par se siniser, mais même alors il conservera souvent dans la rectitude du profil et l'ordonnance de la draperie le lointain souvenir de ses origines helléniques.

Le bouddhisme indien venait de se donner cette iconographie grecque lorsqu'il entreprit la conversion de l'Asie centrale (bassin du Tarim) et de la Chine.

L'évangélisation de la Chine par les missionnaires bouddhistes peut paraître singulièrement tardive. Le Bouddha est mort en 483 avant J.-C. et ce n'est que dans les années 60-70 de notre ère qu'on nous signalera l'existence d'une première communauté bouddhique en Chine. En réalité l'évangélisation de la Chine par les missionnaires bouddhistes a pour la première fois été rendue possible par la coexistence de deux grands faits politiques. D'une part l'Inde du Nord-Ouest et l'Afghanistan (terre alors aussi profondément bouddhique que le bassin du Gange) ont été englobés dans un grand empire, celui des Indo-Scythes originaires de l'Asie centrale et restés de ce fait en rapport avec la politique chinoise, mais qui, une fois installés sur les confins indo-iraniens, dans l'héritage des derniers rois indo-grecs, s'étaient largement ouverts à la fois aux croyances indiennes — au bouddhisme en particulier — et à l'hellénisme. Du plus célèbre des rois indo-scythes, Kanichka (v. 78-110 ou 144-172 ?), peut-être le contemporain de Pan Tch'ao et de Trajan, nous avons de belles monnaies portant l'image du Bouddha, traitée à la grecque avec le nom de celui-ci en caractères grecs : *Boddo*. Or, à l'exception d'une courte brouille en 88 de notre ère parce que les Indo-Scythes avaient voulu intervenir au Tarim, intervention qui fut du reste arrêtée net par Pan Tch'ao, leurs relations avec la Chine des Han étaient excellentes, ce qui garantissait la sécurité des communications entre l'Inde et le protectorat chinois du Tarim.

Car — et c'est le second fait historique qui favorisa la diffusion du bouddhisme à travers l'Asie orientale — on ne saurait exagérer les conséquences « spirituelles » des conquêtes des Han dans la direction de l'ouest. La formation de l'empire « mondial » des Han, son extension jusqu'au Pamir, c'est-à-dire jusqu'aux portes de l'Inde, l'ouverture de la Route de la soie par les armes d'un Pan Tch'ao, cette poussée victorieuse qui faisait de la Chine la voisine directe de l'Empire indo-scythe, c'était là une situation qui ne s'était jamais présentée jusqu'alors et dont la religion universelle qu'était le bouddhisme allait immédiatement bénéficier. De même, et vers la même époque d'ailleurs, la conquête romaine allait rendre possible la propagation du christianisme en Occident. La *Pax Sinica* dans l'Asie orientale eut à cet égard les mêmes conséquences spirituelles que la *Pax Romana* dans le monde méditerranéen.

L'apostolat bouddhique commença naturellement, comme le commandait la géographie, par la région de Khotan, dans la partie méridionale du bassin du Tarim. Il est attesté dans ces parages par des découvertes de sculptures gréco-bouddhiques. À Rawak, au nord-est de Khotan, des bas-reliefs sculptés datant des deux premiers siècles de notre ère, dans la cour d'un ancien *stoûpa* bouddhique, nous offrent des draperies d'une eurythmie purement grecque. Comme nous l'avons annoncé, la route de l'évangélisation bouddhique coïncidait ici avec la route du commerce de la soie. Sur le site de l'ancien Khotan (à Yotqan) et beaucoup plus à l'est, dans la vallée du Niya, on a trouvé des intailles de travail romain représentant des dieux antiques — Pallas Athéné, Zeus, Éros, Héraklès — ou des quadriges classiques. Il semble que la plupart de ces intailles aient pu être taillées sur place « par des lapidaires itinérants, Grecs d'Asie, Syriens ou Bactriens que l'appât du gain ou le goût des voyages avaient attirés jusqu'au pays des Sères ». À Miran, au sud du Lob-nor, un ancien sanctuaire bouddhique du IIIe siècle de notre ère environ nous a livré des fresques qui, l'inspiration bouddhique mise à part, pourraient avoir été trouvées dans l'Asie romaine ou à Pompéi : nous avons la surprise d'y découvrir un Bouddha accompagné de ses moines, des génies ailés, des personnages imberbes coiffés du bonnet phrygien, des joueuses de mandoline, des quadriges, enfin, qui relèvent directement de l'art romain de Syrie. L'une des fresques porte une inscription en caractères indiens qui donne le nom du peintre : *Tita*, et on croit voir dans ce nom une forme indianisée de *Titus*. « Faut-il en conclure, se demande Victor Goloubev, que le peintre est un Eurasien né dans l'Inde ou doit-on voir en lui un artiste formé dans quelque atelier d'Antioche ou de Bactriane ? » En tout cas, rien de plus révélateur que ces peintures bouddhiques et romaines en pleine région du Lob-nor, aux dernières haltes des caravanes avant le premier poste frontière chinois de Touen-houang.

Mais le bassin du Tarim n'était pour les missionnaires bouddhistes venus de l'Inde du Nord-Ouest que le vestibule de la Chine. Dès les années 60-70 de notre ère une première communauté bouddhique se forma à la cour d'un cadet de la dynastie han apanagé dans l'actuelle province de Kiang-sou. Détail intéressant, ce prince était taoïste. De fait, le bouddhisme, quand il fut alors pour la première fois prêché en Chine, apparut aux Chinois comme une secte taoïste. Ainsi pour les Romains le christianisme ne fut-il d'abord qu'une secte juive. Les missionnaires bouddhistes profitèrent consciemment ou non de cet alibi initial dont leur prédication ne pouvait que bénéficier. Ayant à se créer de toutes pièces un vocabulaire pour traduire en langue chinoise et, si je puis dire, en pensée chinoise les concepts indiens, ce fut tout naturellement à la terminologie taoïque qu'ils empruntèrent leurs équivalents ; ce fut d'après cet exemple qu'ils modelèrent leurs néologismes. Un cas analogue devait se présenter au xviie siècle pour les missionnaires jésuites qui, pour rendre les concepts théologiques chrétiens, durent emprunter une partie de leur vocabulaire à celui des lettrés confucéens. Ainsi encore des apologistes chrétiens du iiie siècle empruntant leur terminologie philosophique à Platon et à Philon. Le résultat fut que les premières communautés bouddhiques en Chine furent, selon l'expression d'Henri Maspero, des groupes « d'un taoïsme bouddhisant ».

La plus importante communauté bouddhique fut naturellement celle qui se créa dans la seconde moitié du iie siècle de notre ère à Lo-yang (Ho-nan-fou), la capitale impériale. Le fondateur en fut un Parthe arrivé en Chine en 148 et qui devait mourir en 170. Le fait que parmi les premiers missionnaires bouddhistes en Chine on compte un Parthe peut paraître curieux, mais le cas n'est nullement isolé. Dans les rangs des apôtres du bouddhisme en Chine à cette époque ou dans la première partie du IIIe siècle de notre ère, on trouve d'autres Parthes ou encore des Indo-Scythes, originaires de cet Empire indo-scythe, de culture à la fois indo-iranienne et hellénisante, qui régnait sur l'Afghanistan et l'Inde du Nord-Ouest. La présence de ces Iraniens parmi les communautés bouddhiques nouvellement établies dans l'empire han ne rend que plus intéressante l'introduction du bouddhisme en ce pays, puisque la religion du Bouddha n'apportait pas à l'Extrême-Orient seulement la pensée indienne et l'art grec, mais aussi certaines influences venues de la civilisation du vieil Iran.

Hâtons-nous d'ajouter que, malgré ces succès locaux, le bouddhisme ne bénéficia jamais dans la Chine des Han d'une vogue générale. Le taoïsme, dont les analogies superficielles avec lui avaient d'abord favorisé sa propagande, ne tarda pas à dénoncer cette erreur et poursuivit les missionnaires bouddhistes d'une haine de moines qui ne désarma jamais. Quant aux lettrés confucéens, ils prononcèrent contre « la religion étrangère » une condamnation sans appel : le monachisme bouddhique était antisocial parce qu'il éteignait la famille en laissant péricliter le culte des ancêtres et que le moine bouddhiste, égoïstement préoccupé de son salut individuel, se montrait indifférent au sort de l'État. C'était là une querelle qui devait durer jusqu'aux temps modernes. Confucéens et bouddhistes lutteront d'ailleurs à armes inégales, le confucéisme — au sens le plus large du mot — devant rester la doctrine officielle, une doctrine d'État, tandis que le bouddhisme, même sous les empereurs personnellement favorables à cette religion, ne devait représenter qu'une tendance particulière, une religion de groupes qui, quelque extension qu'elle ait pu prendre à certaines époques de ferveur, demeurait étrangère à la famille chinoise et à l'État chinois.

Sous les Han, en tout cas, le bouddhisme, bien que nullement persécuté, ne devait pas avoir dans l'État chinois plus d'importance que le christianisme dans l'Empire romain à l'époque de Trajan ou de Marc Aurèle.

CHAPITRE XII

Splendeur et décadence des Han

La longue paix des Han valut à la Chine une richesse inouïe. L'histoire de l'art en porte témoignage. L'art des Han est particulièrement intéressant pour nous parce qu'il est l'aboutissement de toute l'évolution artistique des époques antérieures. Et cela à la veille du moment où les influences étrangères, introduites par le bouddhisme, vont bouleverser les données traditionnelles.

Nous avons signalé à leur place chacune des grandes étapes de l'art des bronzes chinois archaïques. Résumons maintenant la courbe de cette évolution. D'abord l'époque chang : période de prodigieuse activité créatrice, avec une puissance de sève, une spontanéité, une variété de motifs depuis lors inégalées. Puis le début des Tcheou : période d'alourdissement et d'appauvrissement des formes comme du décor. Enfin l'âge des Royaumes Combattants et des Ts'in : renouveau d'activité créatrice, avec un décor animé d'un rythme trépidant. Avec les Han les formes se simplifient au point que tel bronze chinois de cette époque rejoint parfois par la pureté de ses lignes la sobriété d'un vase grec. Dans le décor — quand ce décor, en dehors des *t'ao-t'ie* des anneaux d'anse, n'est pas entièrement supprimé —, l'exubérance et l'enchevêtrement des Royaumes Combattants font place à une non moindre simplicité. Toute surcharge disparaît (et il faut se rappeler quelle avait été celle de certains bronzes archaïques). L'élégance des motifs réside désormais dans « la symétrie décorative, les réussites d'un graphisme plein d'adresse et la sobriété de la ronde-bosse ». Le décor en relief se trouve souvent remplacé par les motifs gravés et par des incrustations de turquoise, de malachite, d'or ou d'argent. « Ainsi, écrit Georges Salles, furent réalisées les merveilleuses parures soit géométriques, soit animées de scènes réelles ou fantastiques, figures de monstres, danses de génies, scènes de guerre ou de chasse, toutes surprenantes par leur prodigieux élan. » Les mêmes incrustations de turquoise et de métaux précieux se retrouvent sur les agrafes han (et sans doute déjà sur celles des Royaumes Combattants), ornements vestimentaires dont nous avons signalé plus haut l'origine peut-être hunnique[1]. Par ailleurs, il n'est pas impossible que la technique des incrustations, si répandue en Chine sous les Han, soit, de son côté, une importation venue du monde gréco-iranien.

À l'époque des Royaumes Combattants et à l'époque han apparaissent et se multiplient les miroirs de bronze, de destination magique autant qu'utilitaire, avec le décor caractéristique pour ces deux époques. Les miroirs proprement han présentent ainsi la simplicité géométrique des vases de bronze contemporains, simplicité qui n'exclut nullement l'arrière-fonds d'idées taoïques sur « la puissance magique du miroir ».

Le même décor élégant d'entrelacs, de rinceaux et de spirales que nous remarquons sur les bronzes incrustés et sur les miroirs han se retrouve sur les laques de même époque découverts non seulement dans la Chine propre, mais aussi par les Japonais dans les tombes chinoises de Corée (district de Rakurô, ou Lo-lang), par la mission Kozlov dans la tombe hunnique de Noïn-Oula, près d'Ourga, en Mongolie, et par la mission Hackin (1939) à Bégram, près de Kaboul, en Afghanistan.

Les gravures sur pierre et les bas-reliefs des chambrettes funéraires du Ho-nan et du Chan-tong (mission Chavannes)

---

1. Certaines de ces agrafes sont de purs chefs-d'œuvre, d'une merveilleuse élégance. Voir Solange Lemaître, *Les Agrafes de la collection Coiffard*, revue des Arts asiatiques, septembre 1936, page 132 (Éditions d'art et d'histoire Van Oest).

constituent sans doute la copie « artisanale » et faite au ciseau de fresques de palais aujourd'hui perdues. C'est un art linéaire, graphique, tout de mouvement et de vitesse, qu'il s'agisse de cavalcades et défilés de charrerie ou de rondes fantastiques de déités et de monstres. Art qui, du reste, nous intéresse doublement parce que dans les scènes nobiliaires il cherche à ressusciter sous nos yeux l'histoire de la période archaïque telle que l'imaginaient les lettrés han, et parce que d'autre part les scènes fantastiques évoquent pour nous une mythologie en partie perdue puisque bannie par le confucéisme officiel, mythologie que nous connaîtrions encore plus mal si la survivance n'en avait été conservée dans les légendes taoïques. Nous aurons l'occasion de voir l'action du néotaoïsme à la fin de l'époque han et le rôle que devait jouer le mouvement spirituel en question dans la chute de la dynastie. Les reliefs funéraires du Chan-tong et du Ho-nan nous aident à comprendre la sous-jacence de ce courant qui devait miner la société confucéenne, en apparence si solide, de ce temps.

Sur les piliers funéraires du Sseu-tch'ouan (mission Lartigue et Ségalen), notamment sur le célèbre « pilier de Chen », les hauts-reliefs sculptés présentent des qualités supérieures, dans un style qui se rapproche davantage de notre classicisme gréco-romain. Œuvres d'artistes, en tout cas, et non plus d'artisans. Remarquons par ailleurs que certains reliefs sculptés han, ceux qui par exemple, au Chen-si, représentent des lions (animal inconnu en Chine), semblent inspirés de modèles sinon, comme on l'a dit, purement iraniens, du moins gréco-iraniens. L'influence de la Route de la soie est ici fort possible.

La sculpture en ronde bosse qui semblait avoir disparu de Chine après les marbres chang avait reparu à l'époque des Royaumes Combattants avec les dragons et les animaux (tigres, bovidés, etc.) qui surmontent souvent le couvercle des bronzes de ce temps. Le réalisme sobre de ces figures s'élargit sous les Han. La ronde-bosse, libérée du rôle de motif décoratif, est traitée pour elle-même. Nous voyons apparaître une multitude de figurines funéraires en terre cuite, personnages, animaux, êtres fantastiques, etc. Il s'agit ici, comme dans l'Égypte antique, de substituts des vivants devant permettre au mort de continuer dans la tombe son existence accoutumée. La qualité dominante de cette « petite sculpture », c'est, notamment dans les statuettes d'animaux, le même réalisme rapide et sobre, sans excès de musculature, tout de mouvement.

Si l'art han n'a pas encore subi l'influence du bouddhisme, certaines de ses techniques ont continué à être en liaison avec l'art animalier des steppes, ainsi que le fait s'était déjà produit à l'époque précédente, celle des Royaumes Combattants. Nous avons indiqué les caractéristiques de cet art des steppes, représenté par de petits bronzes d'équipement ou de harnachement (boucles, agrafes, plaques, etc.) décorés de motifs animaliers stylisés (combats d'animaux plus ou moins enchevêtrés, en opposition fréquemment dissymétrique). Nous avons également vu que, en dépit d'un grand nombre de variantes chronologiques et topographiques, l'art des steppes s'étendait du domaine scytho-sarmate de la Russie méridionale aux domaines hunniques de la haute Mongolie et de l'Ordos. La continuité de cet art est marquée par les fouilles de Pasyryk, dans l'Altaï russe qui, pour le début du Ier siècle avant J.-C., nous ont livré des objets d'aspect tant scytho-sarmate que hunnique. Plus intéressant encore est le tumulus de Noïn-Oula, près d'Ourga, en haute Mongolie, qui date des premières années de notre ère. Cette tombe de chef hunnique renfermait en effet côte à côte un laque chinois daté (de l'an 2 avant J.-C.), des soieries chinoises et un magnifique tapis de laine brodé de combats d'animaux du plus pur style des steppes, preuve évidente de la pénétration des deux cultures. Comme contre-épreuve, le musée Cernuschi, sur l'initiative de M. Sagot-Vandel, a acquis en 1941 un bronze han où le thème du combat d'animaux des steppes est traité dans un style purement chinois. Nous avons vu comment au Ier siècle avant J.-C. les Han avaient établi dans l'Ordos une partie des Huns comme barbares fédérés et gardiens du *limes* : dans cette marche frontière de l'Ordos la pénétration réciproque de l'art chinois et de l'art des steppes ne devait plus cesser jusqu'à l'époque gengiskhanide.

L'établissement des Huns fédérés au pied de la Grande Muraille prouvait la confiance que la Chine avait dans sa propre force. Cette confiance était légitime. Jusqu'au IVe siècle ces Huns de l'Ordos se montrèrent des auxiliaires dociles. Quant aux Huns de la haute Mongolie (bassin de l'Orkhon), ils furent vers l'an 150 de notre ère remplacés dans l'hégémonie de la Mongolie orientale par d'autres hordes nomades : les Sien-pei, originaires du Khingan septentrional et qui semblent les ancêtres des Mongols historiques. Bien entendu, les Sien-pei, comme toute nouvelle horde, attaquèrent les frontières de l'Empire chinois ; mais ces attaques, qui se renouvelèrent par intermittence pendant toute la seconde moitié du IIe siècle de notre ère, notamment dans le sud de la Mandchourie, furent chaque fois repoussées. Contrairement à l'Empire romain, l'empire des Han ne devait pas succomber devant les invasions. Sa chute allait être la conséquence d'une crise intérieure assez complexe, à la fois politique, sociale et intellectuelle.

Au point de vue purement politique, la dynastie des Han, à laquelle la restauration de l'an 25 de notre ère semblait avoir rendu une vigueur nouvelle, ne tarda pas à retomber en décadence ou, mieux, en dégénérescence. Ses princes, parvenus tout jeunes au trône, mouraient à la fleur de l'âge, évidemment épuisés par une vie de plaisirs prématurée. Dans le milieu artificiel de la cour, la camarilla devint toute-puissante, l'ascendant des douairières, des concubines et des eunuques prépondérant. Mais à l'heure même où le pouvoir central s'affaiblissait ainsi, l'école des lettrés s'efforçait d'en consolider les assises en donnant définitivement à l'empire et à la société une doctrine officielle. Ce fut en effet à l'époque des seconds Han, en 79 de notre ère, qu'une commission de lettrés fixa le texte, jusque-là quelque peu flottant, des œuvres attribuées à Confucius et à son école, texte qui eut dès lors une valeur canonique. De 175 à 183, pour assurer la pérennité de cette rédaction, on grava le même texte sur une série de stèles en pierre dont l'estampage à de multiples exemplaires équivalait à une préfiguration de l'imprimerie — l'imprimerie chinoise devant d'ailleurs avoir une origine analogue[1]. Cette constitution de la doctrine confucéenne en doctrine canonique eut comme conséquence la constitution de la classe des lettrés en classe organisée. Les lettrés confucéens, forts de se sentir les dépositaires d'une doctrine d'État, tendirent à devenir un corps d'État — le premier corps de l'État — qui chercha à s'assurer le pouvoir à la cour. Ils se heurtèrent à la camarilla représentée par les eunuques, et à la suite de luttes politiques acharnées eurent pour le moment le dessous : plusieurs d'entre eux payèrent noblement de leur vie leur tentative pour arrêter la décadence de la dynastie des Han (175-179).

Vers la même époque les sectes taoïstes commençaient de leur côté à se constituer en « Églises » organisées[2]. Le taoïsme, nous l'avons vu, sortait des vieilles écoles de sorciers dont, malgré l'élévation de sa métaphysique, il ne s'était jamais dégagé. Limité jusque-là à de petits cercles d'illuminés, il allait, vers la fin des Han, voir son recrutement décuplé à la faveur d'une crise sociale grave, du paupérisme qui sévissait dans la classe rurale. Nous avons signalé les premières manifestations de cette crise que les réformes de Wang Mang avaient tenté de résoudre et que l'échec du réformateur avait laissée s'accroître. « Les milieux ruraux du temps des Han, écrit Maspero, étaient constitués en haut par un petit nombre de grands propriétaires riches, pour la plupart fonctionnaires ou descendants de fonctionnaires, et en dessous par un véritable prolétariat de paysans sans terres

---

1. Dans cette première gravure des textes, les caractères, creusés en sens direct, venaient à l'estampage en blanc sur fond noir. La gravure dans le sens « réel » est d'abord apparue non sur les inscriptions, mais (et à partir du début du vi[e] siècle) sur les sceaux. C'est alors qu'on verra fabriquer des sceaux gravés en relief et en sens inverse : « imprimés, ils venaient en noir ou en rouge sur fond blanc ».
2. Le taoïsme primitif était le fait de cénacles sans doute assez fermés, de « petites chapelles » pour initiés, les pères du système taoïste ayant été aux antipodes de toute prédication populaire (leur indifférence envers les foules et notamment envers ce que nous appelons la politique était totale). Ce fut à l'imitation du bouddhisme, encore qu'ils le combattissent âprement, que les néotaoïstes de la fin des Han songèrent à se donner une sorte d'organisation ecclésiastique, laquelle fut amenée à se préoccuper de propagande populaire et de questions politiques et sociales, toutes choses si éloignées des pères de la doctrine (voir plus haut, page 36).

ou petits propriétaires dont les plus heureux cultivaient des lots de terres de villages, tandis que les autres émigraient, se faisaient soldats ou pirates, se louaient comme ouvriers agricoles ou affermaient les terres des grands propriétaires, mais sans jamais, sauf par exception, réussir à sortir définitivement de la misère. » L'heure était favorable aux agitateurs. Une famille de magiciens taoïstes, la famille Tchang, organisa à cet effet du côté du Sseu-tch'ouan et de la vallée supérieure de la Han une société secrète qui, dans la seconde moitié du IIe siècle de notre ère, joua un rôle politique actif[1]. Les Tchang accomplissaient des prodiges, guérissaient les malades, remettaient les péchés et se signalaient à la reconnaissance des populations en se substituant aux autorités défaillantes dans certains travaux d'utilité publique tels que réfection des routes ou réparation des ponts, sans parler de distributions gratuites de riz aux affamés. Au bout de quelques années ils furent suivis par des centaines de milliers d'adeptes, qu'ils armèrent et répartirent en corps de troupes régulièrement commandés et qui se reconnurent au port de turbans jaunes. Puis ils annoncèrent que l'année 184 correspondait, d'après la conjonction des astres, à l'ouverture d'un nouveau *millenium*.

Au signal donné la révolte éclata dans le sud du Ho-pei, les districts avoisinants du Chan-tong et le bassin du Houai-ho. Les pouvoirs publics, complètement surpris, furent partout débordés. La cour dut lever des armées considérables pour reconquérir le pays. Quand les Turbans Jaunes eurent été chassés du Chan-tong, ils se reformèrent dans la vallée de la Han et la révolte ne fut domptée que par la prise de leur dernier réduit, Nan-yang, dans le sud-ouest du Ho-nan (184). Tous les jacques que l'on put prendre

---

1. Un auteur du XIIe siècle, Hong Mai (1123-1202), formule ainsi la loi des révolutions chinoises : « Depuis l'Antiquité, l'apparition ou la cessation des brigandages ont dépendu des famines produites par les inondations ou les sécheresses. Poussés par le froid ou par la faim, les hommes se rassemblent à grands cris pour piller. [...] Quand il y a des dévoyés pratiquant des doctrines de sorcellerie qui alors abusent le peuple et, ayant attendu leur heure, se soulèvent, le mal qu'ils peuvent faire est incalculable » (*J. A.*, 1913, I, p. 344-345).

furent inexorablement mis à mort. Mais après de telles horreurs, la misère était encore pire. Le *Poème des sept tristesses* du poète Wang Ts'an (177-217) nous a tracé un poignant tableau de ces années terribles : « L'anarchie règne dans la capitale de l'Ouest, troublée par les tigres et les loups. [...] Les ossements humains couvrent la plaine. Au bord d'une route, une femme en proie à la famine abandonne son petit enfant dans les herbes. Malgré ses vagissements elle ne le reprend pas. " Moi-même, murmure-t-elle, je ne sais où je vais aller mourir... " Je précipite le pas de mon cheval, je fuis pour ne pas entendre de telles paroles. Une dernière fois je tourne la tête pour contempler la ville de Tch'ang-ngan. Je pense à tant de victimes ; le cœur serré, je soupire longuement[1]. »

---

1. Traduction Sung-nien Hsu.

CHAPITRE XIII

L'épopée des Trois Royaumes

Tandis que la jacquerie des Turbans Jaunes ravageait les provinces, à la cour la camarilla des eunuques séquestrait des régentes sans énergie et des empereurs enfants. En 189 les officiers exaspérés procédèrent dans le palais à un massacre radical des eunuques, mais le général Tong Tcho, que les conjurés avaient appelé à leur aide, en profita pour s'attribuer la dictature. Ce fut le signal de l'anarchie militaire, car la levée de milices provinciales pour combattre les Turbans Jaunes avait amené la constitution d'armées de guerre civile qui n'obéissaient qu'à leurs chefs. Tandis que Tong Tcho s'installait en maître dans la capitale, d'autres généraux s'attribuaient le pouvoir dans les provinces. Tong Tcho, qui n'était qu'un soudard brutal, se montra incapable de dominer cette anarchie. En 190, voulant transporter sa résidence à Tch'ang-ngan, il laissa piller par ses troupes et brûla ensuite le palais impérial de Lo-yang. Les trésors d'art accumulés depuis deux siècles par les Han furent détruits. Mais la tyrannie de Tong Tcho, ses fureurs sanguinaires finirent par lui aliéner ses propres lieutenants, qui l'assassinèrent. Son cadavre fut livré nu à la populace (l'homme était énorme, bouffi de graisse ; on lui passa dans le nombril une mèche de lampe qu'on alluma : elle brûla durant plusieurs jours).

Alors commença une période de confusion pire que tout ce qu'on avait vu jusque-là.

À la faveur des troubles les Huns recommençaient leurs

ravages. La poétesse Ts'ai Yen, capturée par eux, nous a laissé, dans son *Chant de détresse*, un poignant tableau de leurs chevauchées : « Ils massacraient le peuple, les cadavres s'entassaient dans les rues. À l'encolure de leurs chevaux, ils suspendaient les têtes des hommes, ils enlevaient les femmes en croupe de leurs montures. Les prisonniers tournaient la tête vers le pays natal dont ils s'éloignaient chaque jour. Au nombre de dix mille ils reçurent des Barbares l'ordre de se regrouper. Les membres d'une même famille n'osaient échanger leurs impressions. Quelques-uns murmurèrent. Alors les Barbares grondèrent : Tuons-les ! Que leur sang rougisse notre sable ! » Pendant ce temps, à la cour, les factions se disputaient le pouvoir, jusqu'au jour où un des chefs d'armée, Ts'ao Ts'ao, se rendit à Lo-yang à la tête de ses troupes et s'y proclama protecteur de l'empire, le jeune empereur n'étant qu'un jouet entre ses mains, comme précédemment entre les mains de Tong Tcho (196).

À la différence du grossier soldat qu'on venait d'abattre, Ts'ao Ts'ao avait l'étoffe d'un chef. Bon capitaine et entraîneur d'hommes, sans scrupules certes et volontiers brutal, mais politique adroit, il était de surcroît fort lettré, puisque les anthologies nous ont conservé ses poésies, la plupart d'un puissant lyrisme et d'une mâle énergie[1]. Si quelqu'un avait pu refaire l'unité de l'empire, c'était cet homme fort. Mais en huit ans de luttes incessantes (196-204) il ne réussit à se rendre maître que du bassin du fleuve Jaune et des provinces du Nord, qui constituaient, il est vrai, la partie de beaucoup la plus peuplée et la plus riche de l'empire. Dans le bassin du Yang-tseu d'autres chefs d'armées s'étaient taillé des royaumes. L'un d'eux, Souen K'iuan, se rendit indépendant

---

1. Par exemple sa *Chanson brève*, souvent citée, et qui est un chant improvisé à un banquet qu'il donnait aux lettrés de son parti : « Devant le vin on doit chanter. Combien de temps dure la vie humaine ? Elle ressemble à la rosée matinale. Les jours passés sont trop nombreux !... » Plus loin, ce nocturne : « Entouré de lueur argentée, on peut à peine distinguer quelques étoiles. Les pies réveillées volent vers le sud ; autour d'un arbre elles tournent trois fois, sans savoir sur quelle branche se poser. » Et pour finir, cette maxime où se peint le surhomme qu'il fut pour ses contemporains : « Une montagne n'est jamais assez haute, une mer jamais assez profonde ! » (traduction Sung-nien Hsu).

sur le bas Yang-tseu et bientôt presque toute la Chine méridionale reconnut son autorité. C'était d'ailleurs un curieux personnage, épris de doctrines nouvelles et qui accorda sa faveur aux missionnaires bouddhistes.

En même temps, un troisième prétendant, Lieou Pei, entrait en scène. Il était de la plus noble origine : c'était un prince han, mais d'une branche cadette tombée dans une telle pauvreté qu'il gagnait sa vie et faisait vivre sa vieille mère en tressant des sandales de paille. Devant la décadence de ses cousins, les empereurs fainéants de Lo-yang qui n'étaient plus que des jouets entre les mains du dictateur Ts'ao Ts'ao, Lieou Pei sentit bouillonner le sang impérial qui coulait aussi dans ses veines. Il trouva pour l'aider trois compagnons incomparables, trois paladins que l'histoire et la légende, le roman et le théâtre devaient immortaliser par la suite : Kouan Yu d'abord, que la religion populaire canonisera comme dieu de la guerre ; Tchang Fei ensuite, personnage né d'une famille très modeste (c'était un ancien boucher), mais d'une bravoure à toute épreuve : lui et Kouan Yu donneront leur vie pour leur maître ; Tchou-ko Leang enfin, à la fois guerrier et diplomate, qui abandonna ses champs pour se dévouer corps et âme au prétendant, dont il devint le principal conseiller. Ce fut en effet sur le conseil de Tchou-ko Leang que Lieu Pei jeta son dévolu sur la province de Sseu-tch'ouan, où il finit par établir son autorité.

Les luttes que se livrèrent les trois prétendants — Ts'ao Ts'ao, Souen K'iuan et Lieou Pei — jouissent encore aujourd'hui en Chine d'une extraordinaire popularité parce que ici l'histoire a été conservée et amplifiée par la légende. Le *Roman des Trois Royaumes* — qui d'ailleurs ne remonte qu'au XIVe siècle — et les innombrables pièces de théâtre qui en ont été tirées ont conféré à ces luttes la valeur d'une épopée, en ont fait l'équivalent de nos chansons de geste. Voici la bataille de Kiang-ling en 208, au cours de laquelle Lieou Pei, encerclé par l'armée de Ts'ao Ts'ao, arrive avec une poignée de cavaliers à se faire jour à travers les masses ennemies. Puis c'est Tchang Fei qui, une fois son maître sauvé, retourne à l'arrière-garde et, comme notre Bayard, défend à lui seul un pont. « La lance sur l'encolure de son cheval, il criait : C'est moi, Tchang Fei ! Que celui qui veut faire connaissance avec moi s'approche !» Et il tint assez longtemps pour intimider l'ennemi. Un peu plus loin le même Tchang Fei retrouve le jeune fils de son maître Lieou Pei dont les ennemis sont sur le point de s'emparer. Il couche l'enfant sur le pommeau de sa selle, s'enlève au milieu des rangs ennemis et atteint avec son précieux fardeau les bords du Yang-tseu où une barque les reçoit. Cependant Ts'ao Ts'ao avec son armée se préparait à traverser le Yang-tseu pour soumettre la Chine méridionale comme il avait soumis le Nord. Déjà sa flotte se disposait à assurer le passage lorsque Lieou Pei lança sur le fleuve une série de brûlots qui, poussés par le vent, vinrent incendier les navires ennemis. Les flammes se propagèrent jusqu'aux paillotes du camp élevé par Ts'ao Ts'ao sur l'autre rive. Hommes et chevaux périrent en foule dans les flammes ou dans les flots. Le dictateur du Nord dut renoncer à conquérir la Chine du Sud (208).

Le légitimisme han était resté vivace au fond des cœurs. Lieou Pei, qui incarnait ce sentiment, semblait sur le point d'exploiter sa victoire en relançant l'usurpateur jusque dans les provinces du Nord. Mais il avait compté sans le troisième prétendant, Souen K'iuan. Celui-ci, qui avait jusque-là été son allié (ils étaient même devenus beaux-frères), commençait à craindre un triomphe trop complet des légitimistes. À la faveur de la guerre civile, il était en train de se tailler un vaste royaume comprenant les provinces du bas Yang-tseu et la région cantonaise. Craignant pour l'avenir de ses possessions, il abandonna brusquement l'alliance de Lieou Pei pour celle de Ts'ao Ts'ao (217). Cette défection arrêta net la reconquête légitimiste et le vieux compagnon d'armes de Lieou Pei, Kouan Yu, le brave des braves, y trouva la mort. Il guerroyait contre les nordistes quand les gens de Souen K'iuan le prirent à revers : abandonné par ses troupes et battant en retraite avec une poignée de fidèles, il tomba dans une embuscade. Il fut pris et sommairement décapité (219).

Raffermi par ce renversement des alliances, le dictateur du Nord Ts'ao Ts'ao se préparait à franchir le dernier pas en détrônant son souverain, l'empereur fainéant de la dynastie han, lorsqu'il mourut (220). Il laissait le pouvoir à son fils Ts'ao P'ei, héritier de ses ambitions comme de ses talents (c'était, lui aussi, un poète de race). Le premier soin du nouveau maître fut de réaliser le projet paternel. En cette même année 220, il déposa la dynastie han et se proclama empereur à Lo-yang comme fondateur de la dynastie des Wei.

L'usurpation était consommée, tout au moins dans les provinces du Nord, car autour de Lieou Pei le sentiment légitimiste réagit avec vigueur. Il était désormais l'héritier avéré, le représentant qualifié de la dynastie han. Il fut donc, de son côté, et, reconnaissons-le, avec infiniment plus de titres que son rival, proclamé empereur dans ses possessions du Sseu-tch'ouan. Peut-être même, s'il avait profité du sentiment général pour attaquer Ts'ao P'ei avant que celui-ci fût consolidé, eût-il pu refaire l'unité de la Chine et restaurer dans sa personne la dynastie légitime. Mais par point d'honneur chevaleresque il se crut d'abord obligé de venger son fidèle Kouan Yu, mis à mort par le troisième prétendant, le roi du bas Yang-tseu, Souen K'iuan. Ce fut donc contre celui-ci qu'il se tourna, faute qu'historiens, romanciers et dramaturges n'ont cessé de lui reprocher car c'était refaire la coalition de ses ennemis au lieu de les dissocier. De plus il perdit dans cette campagne son autre fidèle, Tchang Fei, que des traîtres tuèrent dans sa tente et dont ils allèrent porter la tête à Souen K'iuan (221). Lieou Pei mourut découragé au retour de cette campagne malheureuse, en chargeant de la tutelle de son fils le magnanime Tchou-ko Leang (223).

La Chine se trouva définitivement partagée en trois royaumes : 1. le royaume fondé par Lieou Pei au Sseutch'ouan, le seul auquel l'histoire reconnaît le caractère impérial parce que Lieou Pei, étant un prince han, se trouvait le seul prétendant légitime ; 2. le royaume — « empire illégitime » — fondé par les usurpateurs de la famille Ts'ao et qui possédait, avec la capitale impériale, Lo-yang, l'ensemble des provinces du Nord ; 3. le royaume fondé par Souen K'iuan sur le bas Yang-tseu (il prit le nom de royaume de Wou et eut à partir de 229 Nankin comme capitale) qui, sauf le Sseu-tch'ouan, engloba à peu près toute la Chine méridionale.

Il est intéressant de constater que cette coupure de la Chine s'opérait suivant des lignes de faille inscrites dans la géographie. L'opposition de la Chine du Nord et de la Chine du Sud est une loi de la nature. Tout les différencie. La première relève encore du climat des steppes, la seconde déjà du climat subtropical ; la première se rattache au socle du Gobi, la seconde à l'Asie des moussons. La Chine du Nord, constituée par la Grande Plaine de lœss et d'alluvions et par les plateaux de lœss qui en forment l'hinterland, est la terre du millet et du blé ; la Chine du Sud, formée d'un moutonnement de hauteurs longtemps boisées et baignées par les pluies de mousson, est la terre du riz et du thé, où le buffle remplace le cheval auprès de l'agriculteur. La première, où le fleuve Jaune reste indompté, se présente comme le pays des transports terrestres. La seconde, où le Yang-tseu constitue une voie navigable d'une merveilleuse efficacité, est le pays des transports par eau. Ajoutons qu'au IIIe siècle de notre ère la différence devait être non moins tranchée au point de vue anthropologique. La Chine du Nord, surpeuplée, avec sa culture intensive, était seule la Chine véritable. La Chine méridionale, exception faite des provinces du bas Yang-tseu, n'était encore qu'une terre de colonisation, une Chine nouvelle, en grande partie toujours boisée, peuplée d'allogènes et où les immigrants chinois établis par les Han restaient à l'état de groupements sporadiques. Même si nous négligeons ici les districts encore à demi barbares, mal peuplés et à peine colonisés de la région cantonaise, il y a lieu de remarquer que les terres du moyen et du bas Yang-tseu, où le nouveau royaume de Wou eut ses capitales — Woutch'ang, Nankin —, bien que déjà mieux sinisées à l'époque qui nous occupe, ne l'étaient au fond que depuis le règne de Ts'in Che Houang-ti, qui, le premier, avait systématiquement travaillé à leur colonisation et à leur assimilation.

Quant au Sseu-tch'ouan, ce n'est pas sans raison que le légitimisme han l'avait choisi comme un inviolable asile. Le Sseu-tch'ouan — « le pays des Quatre-Rivières » — constitue en effet une des unités géographiques les plus fortement accusées du « continent chinois ». Isolé des grands centres historiques de la Chine par d'énormes distances, il l'est aussi par son puissant réseau alpestre, par les chaînes de montagnes qui le défendent au nord et à l'est, comme à l'est également les rapides de Yi-tch'ang le défendent contre les flottilles qui remontent le Yang-tseu. Sa position excentrique l'oblige à se suffire à lui-même, mais la richesse de son sol le lui permet. Au cœur du Sseu-tch'ouan s'étend en effet le fameux bassin Rouge, fait de grès tertiaires tendres, dont l'étendue en terres cultivées est presque égale à celle de la Grande Plaine du Nord-Est. L'altitude de la région, jointe aux avantages d'un climat doux et humide, permet de combiner ici les cultures du Nord et celles du Sud, le riz et le blé. Cette autonomie naturelle du Sseu-tch'ouan a été soulignée par tous les géographes, par tous les économistes, par tous les historiens. Nous la verrons reparaître à tous les tournants de l'histoire chinoise.

En résumé, au moment où le grand empire unitaire des Han se partageait, ce partage s'opérait suivant les données permanentes de la géographie physique et humaine : Chine du Nord et Chine du Sud ; Vieille Chine et Chine Nouvelle ; Chine originelle et Chine coloniale ; et, en marge des deux, excentrique et voué à une vie particulariste, le Sseutch'ouan.

L'époque des Trois Royaumes avait commencé comme une épopée. Les protagonistes, à la première génération, avaient été des héros de chansons de geste. Dès la troisième génération, nous ne voyons plus que de pâles épigones. Dans le Nord, notamment, les rois de Wei de la famille Ts'ao tombèrent dans une dégénérescence rapide. Devenus de simples rois fainéants, ils laissèrent le pouvoir passer à une maison de maires du palais héréditaires, la maison des Sseu-ma. Un de ces maires du palais, l'énergique Sseu-ma Tchao, parut d'ailleurs porter à son apogée la fortune de la dynastie wei, dont il gérait les intérêts : en 263 il détruisit et annexa aux possessions de son maître le royaume han du Sseu-tch'ouan. En réalité cette conquête achevait d'accroître l'autorité du tout-puissant ministre. En 265 son fils et successeur Sseu-ma Yen tira les conséquences de cette situation : il déposa le dernier roi fainéant de la dynastie wei et monta à sa place sur le trône de Lo-yang comme fondateur de la dynastie tsin. En 280 il compléta cette œuvre en annexant le dernier des Trois Royaumes, le royaume wou de Nankin : la Chine méridionale rentra ainsi dans l'unité chinoise. Après soixante ans de morcellement, l'Empire chinois unitaire était donc reconstitué en faveur de la famille Sseu-ma, ou, comme elle s'appelait désormais, de la dynastie tsin. Les jours de la grande Chine des Han semblèrent revenus. En réalité aucune dynastie chinoise ne tomba dans une dégénérescence plus rapide que les Tsin. Leur histoire n'est que celle de parents qui s'entr'égorgent dans des drames de palais atroces, sans qu'aucune idée politique, aucune grandeur vienne relever ces monotones tueries, sans qu'aucune personnalité en émerge.

Ce fut alors que les hordes turco-mongoles envahirent l'empire.

CHAPITRE XIV

Les grandes invasions et le Bas-Empire

Nous avons vu que l'Empire chinois, au moment de sa toute-puissance, avait autorisé certains clans de Huns à s'établir à titre de fédérés dans la grande boucle du fleuve Jaune et le long de la Grande Muraille. Ces Huns fédérés, ces Huns ripuaires, s'étaient pendant longtemps montrés des auxiliaires fidèles. Mais lors des guerres civiles qui marquèrent dans les dernières années du IIe siècle de notre ère l'agonie de la dynastie han, ils profitèrent de l'inattention générale pour commencer leurs empiétements. Franchissant la Grande Muraille sans que personne, dans la carence du pouvoir central, songeât à les en empêcher, ils vinrent établir leurs cantonnements au cœur de la province du Chan-si (195). On était en Chine à la veille de la chute des Han. Le chef des Huns se rappela opportunément qu'une de ses aïeules appartenait à cette illustre maison. Payant d'audace et non sans habileté, il affecta de se réclamer d'elle pour donner à sa famille le nom même de la grande dynastie chinoise. Ainsi la légitimité, éteinte en Chine par une série d'usurpateurs, pourrait-elle renaître sous les yourtes hunniques. En 308, en effet, un de ces chefs huns au nom désormais chinois, Lieou Yuan, dans une grande assemblée tenue à T'ai-yuan, au Chan-si, se proclama solennellement l'héritier légitime des Han et réclama avec hauteur l'« héritage de ses ancêtres », c'est-à-dire l'Empire chinois !

Le fils de Lieou Yuan, Lieou Ts'ong, devait mettre ces menaces à exécution. Comme beaucoup de jeunes Barbares fédérés, il avait été élevé à la cour de Lo-yang et l'histoire nous affirme qu'il y était même devenu un bon lettré chinois. En tout cas ce lettré n'avait pas oublié les qualités militaires de sa race puisqu'il restait capable de bander un arc de trois cents livres, mais de son séjour à la cour impériale il avait retenu de précieuses indications. La pompe du cérémonial et la majesté du vieil empire pouvaient aux yeux des non-initiés dissimuler la dégénérescence de la dynastie, les tares du personnel dirigeant, le caractère vermoulu des institutions, la faiblesse réelle du colosse aux pieds d'argile : l'œil du Hun fédéré avait percé tout cela. En 311 il lança quatre colonnes de cavalerie sur la capitale impériale, Lo-yang, notre Honan-fou. Les Huns entrèrent en trombe dans la ville, coururent au palais et firent l'empereur prisonnier. Le prince impérial fut massacré avec trente mille habitants. Le palais fut livré aux flammes ; on viola les tombes impériales pour en arracher les trésors. Quant à l'empereur, il fut traîné en captivité auprès de Lieou Ts'ong, qui le contraignit à lui servir d'échanson jusqu'au jour où dans un accès de barbarie il le fit exécuter.

Un autre prince de la famille impériale fut alors proclamé à Tch'ang-ngan (Si-ngan-fou, au Chen-si) au milieu des ruines qu'y avait laissées une récente incursion de la cavalerie hunnique. « Dans les ruines de Tch'ang-ngan où il s'assit sur le trône, il restait en tout comme population un peu moins de cent familles. Les herbes et les broussailles avaient tout envahi.» En 316, pendant l'hiver, les Huns reparurent à l'improviste devant la ville. Comme leur armée était toute en cavalerie, incapable d'organiser un siège en règle, elle se mit à tourner sans arrêt autour des murailles. Ce carrousel obstiné finit par avoir les effets du blocus le plus rigoureux : la ville, en proie à la famine, dut se rendre (décembre 316). De nouveau le roi hun Lieou Ts'ong, assis sur son trône, reçut un empereur de Chine prisonnier et « l'obligea à rincer les coupes dans les banquets ». Puis, un jour que devant ce triste spectacle un des captifs chinois s'était permis de verser des larmes, le Hun, furieux, fit exécuter l'infortuné souverain.

Devant cette succession de catastrophes la dynastie impériale des Tsin, abandonnant toute la Chine du Nord à l'invasion, se réfugia à l'abri du Yang-tseu, dans la Chine du Sud, où Nankin allait lui servir de capitale (318). Pendant près de trois siècles (318-589) on allait voir se perpétuer ainsi dans la Chine du Sud une sorte de Bas-Empire qui nous rappellera les tares et aussi la paradoxale vitalité de notre Empire byzantin, Nankin remplaçant là-bas Tch'ang-ngan et Loyang comme chez nous Byzance devait remplacer Rome et Milan.

Durant tout ce temps, dans la Chine du Nord les hordes turco-mongoles se bousculaient et s'entre-détruisaient en un perpétuel écroulement de dominations éphémères. Après la mort de Lieou Ts'ong sa famille fut renversée par un de ses anciens lieutenants, un autre chef hun nommé Che Lei (329). Encore ce Hun illettré prenait-il plaisir à se faire expliquer les classiques chinois, mais ses successeurs allaient combiner la sauvagerie hunnique avec tous les vices d'une civilisation décadente. L'un d'eux, Che Hou (334-349), n'était qu'une brute débauchée que son fils essaya d'assassiner et qui fit exécuter son fils. Ce dernier, Barbe-Bleue tartare, faisait rôtir et servir à table les plus jolies de ses concubines : « De temps en temps il faisait décapiter quelqu'une des filles de son harem, la faisait apprêter et la servait à ses convives, tandis que la tête crue passait à la ronde dans un plat pour prouver qu'on n'avait pas immolé la moins belle. » Contraste fréquent chez ces Barbares pervertis par leur premier contact avec la civilisation, mais capables d'être retournés par la prédication d'un saint : Che Hou fut un des plus zélés protecteurs du bouddhisme.

De fait, le bouddhisme, il faut bien se l'avouer, gagnait aux invasions barbares. Tout d'abord, au milieu des atrocités de ce temps, les âmes meurtries se tournaient naturellement vers les consolations spirituelles dont il était le dispensateur. Puis les grossiers Barbares qu'étaient les Huns ne pouvaient avoir contre lui les irréductibles préventions de lettrés confucéens. En dépit de l'opposition des lettrés, Che Hou publia donc un édit pour autoriser formellement la prédication bouddhique. Telle fut également l'attitude d'un autre roi barbare qui fut un moment maître de toute la Chine du

Nord, le célèbre Fou Kien (357-385). Ou plutôt, le temps commençant à faire son œuvre, il ne s'agit plus ici d'un chef de horde qui ne voit dans les thaumaturges indiens que des chamans d'une classe supérieure pouvant favoriser ses entreprises, mais déjà d'un Barbare en voie d'adaptation, sincèrement rallié à la culture chinoise et qui, en même temps que bouddhiste d'une réelle piété, se montre un administrateur humain et miséricordieux. Néanmoins, malgré la bonne volonté personnelle de quelques chefs, les remous des hordes qui s'entre-détruisaient enlevaient toute consistance aux mesures prises. Nous n'énumérerons pas ici toutes les tribus barbares qui se disputèrent pendant ces terribles décennies le bassin du fleuve Jaune et la région pékinoise. Contentons-nous de dire que la lutte fut circonscrite entre les Huns — sans doute de race « proto-turque » — et les clans de Sien-pei — sans doute de race « proto-mongole » —, les premiers, comme on l'a vu, descendus de l'Ordos, les seconds des confins mandchouriens, au nord-est de Pékin, les uns et les autres ayant tour à tour exercé l'hégémonie dans la Chine du Nord.

Au demeurant, l'installation des nomades au milieu de ces vieilles terres agricoles n'allait pas sans d'incalculables dommages. Non seulement les grandes villes historiques, comme Tch'ang-ngan, sont, on l'a vu, mises à sac, incendiées, dépeuplées, mais, désastre plus durable, les terres, dans les campagnes abandonnées par les paysans, restent en friche. Ainsi vidée de ses habitants, la riche vallée de la Wei, autour de Tch'ang-ngan, est envahie par les loups et les tigres. Le chef barbare qui régnait en 354-357 au Chen-si, Fou Cheng, se voit sollicité par ses sujets chinois terrorisés de les délivrer des fauves. Il refuse, en homme qui se sent plutôt du côté des loups que des cultivateurs : « Ces animaux ont faim. Quand ils seront repus, ils ne mangeront plus personne ! » Sous cet humour féroce on devine la secrète satisfaction du chef barbare : l'invasion du pays par la faune de la steppe en complète l'occupation par les hordes turco-mongoles. Dans ces cantons dépeuplés les rois huns installent d'ailleurs des tribus entières, mesures qui, remarquons-le, n'ont pu manquer d'avoir leur influence sur la composition ethnique actuelle de la Chine du Nord[1].

Tandis que ces désastres s'abattaient sur la Chine du Nord devenue pour deux siècles une simple dépendance de la steppe mongole, la décadence s'accentuait dans l'empire national chinois de Nankin, à la cour des derniers Tsin, ces Byzantins de l'Extrême-Orient. Au début du ve siècle, un soldat de fortune, Lieou Yu, ancien savetier devenu général, rendit au vieil empire une éphémère vitalité. À la suite de succès passagers sur les Barbares, il détrôna les Tsin et se proclama empereur. Mais sa maison, qui occupa le trône de Nankin de 420 à 479, tomba après lui dans une dégénérescence pire que tout ce qu'on avait vu jusque-là. Le troisième empereur de cette maison fut assassiné à l'instigation d'un de ses fils (453). Le parricide fut ensuite mis à mort par son propre frère (454). Le nouvel empereur (454-465), par crainte d'un sort semblable, fit massacrer la plupart des autres princes du sang. Le souverain suivant, qui ne régna que six mois (465) — monté sur le trône à seize ans, assassiné à dix-sept —, fut une manière de Néron qui fit massacrer ses régents, ses proches parents, ses concubines. Il fut bientôt abattu lui-même, mais son oncle et successeur, surnommé le Porc à cause de son obésité, ne fut pas moins sanguinaire, faisant exécuter à son tour ses frères et ses neveux (465-472). En mourant, le Porc légua le trône au fils de son

---

[1]. Nous possédons de cette époque (ve siècle ?) un curieux poème qui conte la vie d'une héroïne nommée Mou-lan, originaire du Chan-tong et qui, prenant l'habit d'homme, fit la guerre sous les drapeaux d'un des chefs barbares qui se disputaient la Chine du Nord. « Au marché de l'Est elle achète une excellente monture, une selle à celui de l'Ouest ; elle acquiert les museroles, les mors et les rênes à la foire du Sud, à celle du Nord une longue cravache. Le matin elle quitte ses parents, le soir elle s'arrête au bord du fleuve Jaune. Le lendemain, au coucher du soleil, elle atteint le mont Noir [Ho-pei]. Au pied du mont Yen, les chevaux des Huns hennissent mélancoliquement. Pour rejoindre le quartier général elle parcourt des milliers de *li*. Les monts et les forts défilent comme s'ils volaient. Dans l'air froid du Nord résonnent les appels des veilleurs. Les rayons glacés se reflètent sur l'armure des soldats » (traduction Sung-nien Hsu). On ne sait s'il s'agit ici d'une fille de colons barbares ou d'une Chinoise ayant pris les habitudes des Huns. L'exemple, en tout cas, est curieux comme montrant la Chine du Nord en train d'adopter les mœurs de la steppe.

mignon. Cet empereur de hasard, gamin précoce (couronné à dix ans, tué à quinze), montra une telle férocité qu'on dut le décapiter en profitant d'une nuit d'ivresse (477). La famille de Lieou Yu était décimée et déshonorée lorsque, en 479, un officier la déposa pour fonder une nouvelle dynastie, celle des Ts'i.

Les Ts'i occupèrent le trône de Nankin de 479 à 502. Très vite la toute-puissance à leur tour les détraqua. Leur histoire, comme celle de la maison précédente, n'est qu'une suite d'assassinats, chacun de ces princes prenant soin de se débarrasser des membres de sa famille jusqu'à ce que quelque parent oublié se débarrasse de lui. C'est aussi le règne des mignons avec, pour empereurs, des éphèbes qu'il faut assassiner à dix-neuf ans pour cause de sadisme et de férocité. En 502 un général, le futur Leang Wou-ti, s'empara du trône et, bien qu'apparenté à la famille impériale, voulut rompre avec cette maison tarée en fondant une dynastie nouvelle, la dynastie Leang.

Leang Wou-ti, qui occupa le trône de Nankin de 502 à 549, fut un assez grand souverain qui ne rompit pas seulement en paroles avec le milieu corrompu de ses prédécesseurs. D'une simplicité de vie qui allait jusqu'à l'austérité, probe et humain, il apportait sur le trône des vertus de soldat, en même temps que le respect des lettres et des lettrés. Tel était à ce moment son goût pour le confucéisme qu'il éleva à Nankin un temple à Confucius et remit en honneur l'étude des classiques. Dans le même esprit il réorganisa et hiérarchisa la classe des mandarins. Il y eut là un effort méritoire, après les abominations des dynasties précédentes, pour ramener dans l'État et dans la famille les idées morales traditionnelles sur lesquelles reposait la société chinoise. Mais bientôt les sympathies de Leang Wou-ti changèrent d'objet et, sous l'influence des moines indiens venus à Nankin par voie de mer, il se convertit au bouddhisme. Il manifesta d'abord son respect pour les doctrines bouddhiques de non-violence *(ahimsâ)* en interdisant d'immoler des animaux dans les sacrifices aux ancêtres, interdiction qui ne manqua pas d'attirer le blâme des lettrés. En 527 il alla plus loin : il fit profession de foi monastique et l'État dut racheter son souverain au clergé. Sa piété bouddhique paraît du reste avoir été fort éclairée et sincère, mais il faut bien concéder aux lettrés, devenus désormais ses censeurs impitoyables, que le bonze en lui finit par faire disparaître l'homme d'État. Dans sa miséricorde bouddhique, il ne pouvait se résoudre, même en cas de complot, à ordonner une exécution capitale. Tombé dans une dévotion quelque peu sénile, il finit par se laisser jouer par un général révolté qui vint à l'improviste l'assiéger dans Nankin. Il mourut à quatre-vingt-six ans dans cet écroulement de sa maison — et de ses illusions. La dynastie leang, affaiblie par ses fautes, ne lui survécut que peu d'années, et celle des Tch'en, qui régna ensuite (557-589), n'eut pas le temps de donner sa mesure : en 589 les souverains de la Chine du Nord prirent Nankin et abolirent le Bas-Empire chinois.

En réalité, pendant la période que nous venons de résumer, l'existence de celui-ci n'avait été qu'une longue décadence. C'est dans le Nord que se faisait l'histoire et c'est cette histoire de la Chine sino-turque du Nord qu'il nous reste maintenant à examiner.

CHAPITRE XV

Une autre sculpture romane : l'art wei

Nous avons vu, pendant tout le cours du IVe siècle, les hordes turco-mongoles se succédant et s'entre-détruisant dans la Chine du Nord en un incessant écroulement de royautés éphémères. De ce chaos sortit enfin une domination durable, celle d'un peuple aussi intéressant pour l'histoire de la civilisation que pour l'histoire de l'art, le peuple tabghatch.

Les Tabghatch (T'o-pa en transcription chinoise) étaient une tribu turque établie depuis le commencement des grandes invasions dans la partie la plus septentrionale de la province de Chan-si. Entre 396 et 439 ils détruisirent ou absorbèrent toutes les autres hordes installées dans la Chine du Nord et réunirent ce pays sous leur domination. Ainsi des Francs survivant aux Burgondes, aux Wisigoths, aux Lombards, et sur leurs ruines fondant l'Empire carolingien. Et de même encore que les Francs surent concilier en eux le germanisme et la latinité, les Tabghatch surent longtemps conserver intacte la force turque tout en faisant progressivement sa part à la tradition chinoise. Ils eurent du reste aux yeux des Chinois le mérite de défendre la Chine du Nord contre de nouveaux envahisseurs éventuels, en l'espèce contre la horde mongole des Avars, alors maîtresse du Gobi. Pendant tout le ve siècle ils allèrent, en une suite d'expéditions préventives et de contre-razzia foudroyantes, relancer ces nomades en pleine Mongolie.

Le roi tabghatch T'o-pa Tao, qui fonda définitivement la

grandeur de sa maison (424-452), passa sa vie à mener cette double lutte : au nord, campagnes dans le Gobi pour mettre la terre chinoise à l'abri de nouvelles invasions de nomades ; au midi, pression incessante au détriment du Bas-Empire chinois de Nankin. Dans un curieux discours que les annalistes nous ont transmis, il évoquait lui-même à ce sujet sa double supériorité de demi-Chinois par rapport aux Barbares et de demi-Barbare par rapport aux Chinois : « Les Chinois [c'est-à-dire les gens du Bas-Empire, à Nankin] sont fantassins et nous sommes cavaliers : que peut un troupeau de poulains et de génisses contre un tigre ou contre une bande de loups ? Quant aux nomades [les Avars], en été ils font paître leurs troupeaux au nord du Gobi, puis en hiver ils viennent razzier sur nos frontières. Mais il suffit d'aller les attaquer dans leurs steppes au printemps. À ce moment leurs chevaux ne sont bons à rien, les étalons sont occupés des cavales et les juments des poulains. Il n'y a qu'à les surprendre en cette saison, à leur couper l'accès des herbages et des points d'eau et en quelques jours on les a à merci ! »
Ainsi fit-il en 425 : cinq colonnes de cavalerie légère traversèrent le Gobi du sud au nord ; aucun convoi ne retardait la chevauchée, chaque cavalier portant pour quinze jours de vivres. Les Avars, entièrement surpris, furent rejetés de la steppe mongole dans les montagnes du Baïkal ou de l'Orkhon. Nouveau raid en 429, conduit par T'o-pa Tao en personne. De nouveau surpris et bousculés, les nomades durent livrer par centaines de mille leurs chevaux et leurs chariots, leurs bœufs et leurs moutons. Rappelons que ce sont les derniers descendants de ces mêmes Avars que près de quatre siècles plus tard un autre défenseur de la civilisation, notre Charlemagne, devait exterminer en Hongrie.

Comme Charlemagne harmonisant la culture germanique et la culture latine, T'o-pa Tao travailla à harmoniser les croyances turques de sa race et les données de la pensée chinoise. Le *Tèngri*, le dieu-Ciel des tribus altaïques, se ramenait assez facilement au *T'ien*, au Ciel que le confucéisme plaçait au sommet de sa théologie. Les Altaïques avaient également une déesse-Terre, des divinités des sources et des sommets qui pouvaient assez vite concorder avec les déités du naturisme chinois. Ainsi les Romains assimilant à leurs dieux les dieux des nations voisines. Mais T'o-pa Tao poussa plus loin que ses prédécesseurs en abandonnant ceux des cultes altaïques qui ne réussissaient pas à cadrer avec les cultes « confucéens ». Toutefois, s'il travailla ainsi à une assez large sinisation de son peuple, il ne permit pas à celui-ci de perdre ses vertus guerrières. Ce fut ainsi qu'il refusa d'abandonner les campements de ses aïeux, à l'extrême frontière du Chan-si, à l'orée de la steppe, pour les capitales historiques de la Chine, Lo-yang et Tch'ang-ngan, conquises par ses armes. Il maintint aussi la barbare et prudente coutume ancestrale qui voulait qu'avant l'avènement d'un nouveau roi tabghatch la mère de celui-ci fût mise à mort afin d'éviter les rancunes et les ambitions de la future douairière ou de son clan. Enfin, à la différence de tant d'autres chefs barbares, il redouta l'influence amollissante du bouddhisme et l'extension du célibat monastique. En 438 il promulgua contre les moines bouddhistes un édit de laïcisation renforcé en 444 et 446 par de véritables mesures de persécution. La malice des annalistes confucéens veut que l'édit de 446 ait été dû à la découverte d'alcool et de femmes dans un des monastères les plus réputés. Mais le grief majeur dont les lettrés poursuivaient la grande religion indienne était plus grave : le monachisme bouddhique « supprimait la famille », éteignait par contrecoup le culte des ancêtres et, de surcroît (l'argument devait porter près d'un soldat comme T'o-pa Tao), permettait d'esquiver le service militaire.

La persécution cessa après la mort de T'o-pa Tao, avec l'avènement de son petit-fils T'o-pa Tsouen (ou T'o-pa Siun) en 452. T'o-pa Hong, qui régna ensuite sur les Tabghatch (466-471), s'avéra franchement bouddhiste. En 471 il abdiqua en faveur de son fils — un enfant de cinq ans — et se fit moine. « Il se retira dans une pagode construite dans le parc royal et y vécut en communauté avec des bonzes contemplatifs, refusant d'apprendre autre chose que les événements d'une gravité exceptionnelle. » Le jeune roi, son fils — que les histoires occidentales connaissent sous le nom de T'o-pa Hong II (471-499) —, montra une non moindre sympathie pour la grande religion indienne. Ce fut sous cette influence qu'il humanisa la rude législation des vieux Tabghatch. Les mutilations furent remplacées par des peines d'emprisonnement. La charité bouddhique envers toutes les créatures fit même supprimer ou considérablement réduire en nombre les victimes animales immolées dans les sacrifices au Ciel, à la Terre, aux Ancêtres ou aux génies. Le même roi acheva la sinisation de son peuple en portant en 494 sa capitale de P'ing-tch'eng (dans l'extrême nord du Chan-si) à Lo-yang, la vieille capitale historique du Ho-nan, et en imposant aux officiers tabghatch l'usage de la langue et du costume chinois à la place de leur dialecte et de leurs vêtements nationaux, c'est-à-dire turcs.

De 515 à 528 le royaume tabghatch fut gouverné par la reine douairière Hou. Cette héritière des vieux chefs barbares est le dernier grand « roi » de la dynastie. Femme énergique et sans scrupules, elle ne recula, pour garder le pouvoir, devant aucun crime. Redoutant une ancienne rivale qu'elle avait obligée à entrer au couvent, elle l'y fit assassiner. Elle faisait exécuter de même ceux de ses amants qui avaient cessé de lui plaire. En 528, son fils commençant à se lasser de subir la tutelle de ces favoris, elle l'empoisonna, mais les officiers indignés se révoltèrent. Se sentant perdue, la terrible reine coupa sa chevelure et courut prononcer ses vœux dans une bonzerie. Les insurgés l'en tirèrent et la précipitèrent dans le fleuve Jaune. En dépit de ses crimes, Hou, comme les rois ses prédécesseurs, s'était montrée — les époques barbares ont de ces contradictions et le cœur humain a de ces paradoxes — une bouddhiste fort dévote... Les célèbres cryptes bouddhiques de Long-men lui doivent une partie de leurs aménagements et ce fut elle qui envoya en mission dans l'Inde le pèlerin Song Yun (518-521).

Les siècles de fer sont souvent des siècles de foi. C'est aux Tabghatch — aux Wei, comme les dénomme leur appellation dynastique chinoise — qu'est due la plus grande sculpture religieuse qu'ait possédée la Chine, celle des grottes bouddhiques de Yun-kang, dans le nord du Chan-si (452-515), et de Long-men, près de Lo-yang, au Ho-nan (depuis 494).

Une autre sculpture romane : l'art wei / 115

On l'a dit, il s'agit ici, avec six et huit siècles d'avance, de l'équivalent extrême-oriental de notre sculpture romane et gothique. Le point de départ, gréco-bouddhique en Chine, gallo-romain chez nous, est d'ailleurs analogue. Et de même que les imagiers romans ou gothiques devaient adapter les traditions de la plastique gréco-romaine à des fins purement spirituelles, l'art wei ne veut se rappeler la science gandhârienne de la draperie et l'apollinisme des visages qu'afin de mieux rendre la pure spiritualité bouddhique. Celle-ci commande tout. La plastique quand elle subsiste, la draperie quand elle n'a pas été schématisée en grandes cassures anguleuses ou en petites ondes arrondies, le charme humain des visages quand ils ne sont pas entièrement émaciés, tout cela n'est qu'en fonction de la pensée métaphysique. Rien ne subsiste ici qui ne soit religiosité, ferveur, foi sans alliage. Tel bodhisattva de Yun-kang n'est plus que la Méditation. Tel autre bouddha du même sanctuaire, au sourire suraigu comme celui d'un ange de Reims, ne traduit plus que le détachement des choses périssables avec, peut-être sans l'avoir cherché, une secrète ironie, une ironie d'ailleurs pleine d'indulgence devant le spectacle de l'universelle vanité et de la folie universelle. Mais le plus souvent cette ironie transcendante paraît s'apaiser pour ne plus laisser transparaître, avec la plénitude du recueillement, que l'immense paix de la Délivrance.

Il n'est pas impossible de tracer la courbe d'évolution de l'art de Yun-kang. À l'origine, l'influence gréco-bouddhique, venue de l'Afghanistan avec les missionnaires gandhâriens si nombreux à la cour des rois tabghatch. C'est ainsi que les statues colossales de bouddhas qui dominent l'ensemble des grottes rappellent par leur facture sommaire les bouddhas géants de Bâmiyân, en Afghanistan. Plus remarquable est la manière dont se dégagent des leçons de la plastique gandhârienne les statues de moindre dimension qui peuplent les niches de la falaise. Ces figures minces, allongées, souvent anguleuses, avec une draperie aux plis nerveux, mais qui conservent une simplicité apaisante et une grâce juvénile, nous apportent ce que la sculpture purement « formelle » du Gandhâra n'avait pu nous donner : un art de pure spiritualité. « Les formes, écrit en ce sens Hackin, empreintes d'une aimable gravité, témoignent d'une adaptation rapide de l'art aux exigences de la foi ; elles expriment une haute qualité de vie spirituelle ; discrètement leur apparence plastique s'est atténuée et cesse de solliciter l'attention, et le sourire, si tendrement humain, reste la seule concession faite au monde par le Bienheureux. » Il y a là une harmonie qui d'ailleurs n'a pas été atteinte du premier coup. D'après Sirèn, l'évolution de la sculpture de Yun-kang irait de la sécheresse la plus mystique à une réhabilitation relative des formes : « En atteignant sa maturité, l'art de Yun-kang semble se départir quelque peu de sa stylisation archaïque. Les formes acquièrent plus de rondeur et de plénitude, les plis du manteau deviennent moins raides, l'arabesque des lignes a plus de souplesse, néanmoins les personnages gardent un aspect relativement sévère, je ne sais quel air d'introspection et de détachement qui les classe à un rang élevé dans la sculpture religieuse. »

La sculpture des grottes de Long-men continue celle de Yun-kang. Souvent même, comme dans plusieurs niches datées, par exemple, de 509 et de 523, le mysticisme et la stylisation l'emportent encore. Ces figures allongées, rigides, à l'immobile sourire, à la draperie durement cassée en grands plis secs ou puérilement apaisée en petites ondes, restent aux antipodes de toute préoccupation plastique. Sous l'immense nimbe en pointe qui les entoure de sa haute flamme, ce ne sont plus des êtres matériels, c'est la stylisation du manteau monastique. Ce hiératisme même confère aux bodhisattvas de Long-men — j'entends ceux du VIe siècle, de l'époque proprement wei — un caractère de mysticisme saisissant. Il est permis ici d'évoquer l'art roman, à condition toutefois de s'entendre sur cette comparaison *dont l'intérêt réside surtout dans un point de vue de « philosophie comparée », pour le recoupement et la confrontation des valeurs humaines.* Si, à travers l'espace et le temps, l'art wei et l'art roman s'apparentent, c'est que tous deux dérivent du canon classique, mais du canon classique débarrassé de ses poncifs, rénové par un grand élan mystique et appelé désormais — répétons-le — à traduire, au lieu de la beauté des corps, des valeurs purement spirituelles. Il y a de l'art gréco-bouddhique à l'art de Yun-kang et de Long-men la même distance que de l'art romain à l'art de nos cathédrales.

Les époques sont rares qui ont atteint au grand art religieux. L'époque wei est de celles-là.

CHAPITRE XVI

Yang-ti, Fils du Ciel

Les Tabghatch étaient maintenant trop profondément sinisés, trop complètement fondus dans la masse chinoise pour ne pas tomber en décadence. En 534 leur dynastie se divisa en deux branches qui se partagèrent la Chine du Nord, puis chacune de ces deux maisons fut remplacée par ses maires du palais respectifs. En 581 les deux royaumes furent réunis par un ministre énergique, Yang Kien, qui fonda une nouvelle dynastie, la dynastie souei. En 589 Yang Kien compléta son œuvre en faisant la conquête du Bas-Empire de Nankin, c'est-à-dire de toute la Chine méridionale. Après un morcellement de deux cent soixante et onze ans (318-589), la Chine recouvrait enfin son unité. L'antique métropole des Han, Tch'ang-ngan (Si-ngan-fou, au Chen-si), redevint capitale.

Yang Kien, le nouvel empereur « pan-chinois », apportait sur le trône de solides qualités. Assez peu lettré, c'était un administrateur ponctuel, examinant tout par lui-même. Méfiant et économe, il poursuivit sévèrement les fonctionnaires prévaricateurs. Par des moyens parfois peu sympathiques, il ramena un ordre strict dans la société et dans l'État. À l'extérieur il recueillit le bénéfice du regroupement chinois.

Depuis le milieu du vi[e] siècle, un grand événement s'était produit en haute Asie : la fondation de l'Empire turc. C'est en effet vers cette époque que les Turcs nous apparaissent pour la première fois (du moins sous leur nom historique, puisque nous avons eu déjà l'occasion de signaler plusieurs peuples vraisemblablement de même race comme les anciens Huns et, plus récemment, les Tabghatch eux-mêmes). Ce nom de Turcs qui, en langue turque, signifie « les forts », désigne sans doute une tribu d'origine hunnique originaire des monts Khanghaï, en haute Mongolie. Pendant la première moitié du VIe siècle de notre ère ces Turcs étaient encore subordonnés aux Avars, horde mongole maîtresse, on l'a vu, du Gobi et de la haute Mongolie. En 552 les Turcs se révoltèrent contre les Avars, les écrasèrent et les chassèrent de la Mongolie. Une partie des vaincus s'enfuirent jusqu'en Europe, où ils allèrent fonder en Hongrie un khanat qui terrorisa Byzance et qui, deux siècles et demi après, fut détruit par Charlemagne.

Les Turcs devinrent ainsi maîtres de toute la Mongolie, où leurs chefs, qui portaient le titre de *qaghan*, c'est-à-dire de grands-khans, eurent leur résidence dans la région du haut Orkhon, près de l'actuel Qaraqoroum. En 565 les Turcs doublèrent leurs possessions en enlevant à la horde mongole des Hephthalites le Turkestan occidental ou Turkestan russe actuel (Tachkend, Boukhârâ, Samarkand). Ils contrôlèrent alors toute la haute Asie, depuis la Grande Muraille de Chine jusqu'aux frontières de la Perse. L'inscription turque de Kocho-Tsaïdam, de 732, en Mongolie, chante en un magnifique poème ces immenses conquêtes : « Quand le ciel bleu en haut et la sombre terre en bas furent créés, entre les deux furent créés les fils des hommes. Au-dessus des fils des hommes s'élevèrent les qaghan mes ancêtres. Après être devenus maîtres, ils gouvernèrent l'empire et les institutions du peuple turc. Aux quatre coins du monde ils avaient beaucoup d'ennemis, mais, faisant des expéditions avec des armées, ils asservirent et pacifièrent beaucoup de peuples aux quatre coins du monde. Ils leur firent baisser la tête et ployer le genou. Ils nous firent nous établir depuis les monts Kinghan à l'est jusqu'aux portes de fer à l'ouest. Si loin entre ces deux points extrêmes s'étendaient en souverains les Turcs bleus ! » Il est vrai que presque aussitôt cet immense empire se divisa entre deux branches de la famille royale turque : d'une part le khanat des Turcs orientaux, qui conserva son siège sur l'Orkhon et posséda la Mongolie, d'autre part le khanat des Turcs occidentaux, qui eut son siège autour du lac Issyq-koul et qui posséda le Turkestan occidental. Le premier guerroya contre la Chine, le second contre la Perse sassanide.

La diplomatie de l'empereur Yang Kien, dès qu'il eut restauré à son profit l'unité chinoise, s'attacha à attiser les discordes entre Turcs occidentaux et Turcs orientaux. À sa mort, en 604, les Turcs, paralysés par leurs guerres civiles, laissaient la Chine rétablir sa suprématie diplomatique en Asie centrale.

Le fils de Yang Kien, l'empereur Yang-ti, fut un grand souverain, ou plutôt son règne fut un grand règne (605-616). L'homme en effet était inégal, fantasque, partagé entre périodes d'activité dévorante et périodes de découragement et d'inertie. Tel, avec tous ses défauts et ses vices, il eut un vif sentiment de la grandeur impériale retrouvée, une conscience très haute de la mission dominatrice de la Chine en Asie.

Nul plus que lui n'aima le luxe et le faste. À la capitale de son père, Tch'ang-ngan, il en ajouta une autre, Lo-yang. « Il en embellit les environs d'un parc de cent vingt kilomètres de tour avec un lac artificiel de neuf kilomètres, duquel émergeaient les trois îles des Immortels, couvertes de pavillons magnifiques. Le long d'une voie d'eau qui débouchait dans le lac il fit bâtir seize villas pour ses favorites. On y abordait en barque. Tout le raffinement de luxe de l'époque se déployait dans ces demeures et dans les jardins qui les entouraient. En automne, quand tombaient les feuilles des érables, on garnissait arbres et arbustes de feuilles et de fleurs en étoffes chatoyantes. Le lac était aussi orné non seulement de lotus, mais de fleurs de lotus artificielles qu'on renouvelait sans cesse. Le plaisir de l'empereur était de naviguer sur le lac ou de courir le parc à cheval, durant les nuits de clair de lune, avec une bande de jolies filles qui faisaient des vers et chantaient des chansons. » Mais à côté de ces aménagements de magnificence, Yang-ti fit procéder à des grands travaux d'utilité publique. Ce fut ainsi qu'il fit creuser un premier « canal impérial » entre Lo-yang (Ho-nan-fou) et l'embouchure du Yang-tseu.

À l'extérieur, Yang-ti continua la politique paternelle en attisant les discordes entre les chefs turcs, ce qui lui permit de jouer le rôle d'arbitre entre leurs divers khanats. Le prestige chinois était si bien restauré qu'en 608 l'empereur fit à la frontière du Kan-sou une tournée triomphale au cours de laquelle il reçut l'hommage de plusieurs oasis de l'ouest, notamment des gens de Tourfan. Yang-ti fut moins heureux du côté de la Corée. Il dirigea contre ce pays trois grandes expéditions, en 612, 613 et 614. Toutes trois échouèrent. La retraite de l'armée impériale tourna au désastre. Pour rétablir le prestige chinois, notamment envers les Turcs, Yang-ti fit une tournée d'inspection le long de la Grande Muraille, sur la lisière du Gobi. Il y fut surpris par une attaque des Turcs, qui le tinrent un mois assiégé dans une place frontière, et ne s'échappa qu'avec peine (615).

Yang-ti avait fatigué le peuple par sa fiscalité, ses constructions, les excès de la corvée. Dès 616 la révolte était générale. Le Xerxès chinois, comme on l'a appelé à propos du désastre de Corée, finit comme le Sardanapale de la légende. En cette même année 616, il se retira sur le bas Yang-tseu, à Kiang-tou, l'actuel Yang-tcheou, où il chercha à oublier la catastrophe dans une vie de plaisirs. En avril 618 ses gardes du corps firent irruption dans le palais, massacrèrent sous ses yeux son fils préféré — le sang rejaillit jusque sur le manteau impérial —, puis un des leurs étrangla l'infortuné monarque. Il n'avait que cinquante ans.

L'histoire est sévère pour les deux empereurs souei. Elle oublie qu'ils ont restauré l'unité de la Chine et commencé la restauration de l'hégémonie chinoise en Asie centrale. En réalité ils ont été éclipsés par leurs successeurs, les empereurs t'ang. Ceux-ci allaient en effet mener à bien l'œuvre entreprise par Yang Kien et Yang-ti et refaire de la Chine l'arbitre de l'Asie orientale.

CHAPITRE XVII

T'ai-tsong le Grand

La chute de la dynastie souei semblait devoir précipiter la Chine dans une nouvelle période de morcellement et d'anarchie. Dans chaque province surgissaient des chefs militaires qui se disputaient le pays. Ce fut alors qu'apparut le guerrier de génie qui de ses puissantes mains allait restaurer l'empire et imposer pour trois siècles un cours nouveau à l'histoire et à la civilisation chinoises.

Il s'appelait Li Che-min. Son père, Li Yuan, comte de T'ang et gouverneur d'une circonscription militaire au Chan-si, était un gentilhomme de bonne race, un général estimé, un fonctionnaire honnête autant que pouvait l'être un personnage de son importance, un esprit timoré craignant toujours de se compromettre et conservant assez de loyalisme pour ne rompre un serment qu'à la dernière extrémité. Du reste, tout plein de sagesse confucéenne et de doctes maximes. Li Che-min aussi, malgré sa jeunesse (il était né en 597 et avait donc un peu plus de vingt ans), avait été nourri de réminiscences historiques et de belles sentences. Mais l'habitude de la vie des camps — car le fief de son père était une sorte de Marche en alerte perpétuelle devant les razzia turques —, l'habitude aussi de la vie de cour — cette cour des Souei, la plus magnifique, la plus corrompue et la plus fantasque qu'on ait vue en Extrême-Orient —, avaient appris au jeune homme à se servir de la sagesse confucéenne plutôt qu'à se laisser asservir par elle. Quoi qu'il fasse par la suite (et nous verrons sur sa conduite de singulières ombres), il saura toujours avoir la morale de son côté. Avec cela une vitalité prodigieuse, une sûreté presque infaillible de décision, la ruse et la bravoure, l'audace et le bon sens s'équilibrant parfaitement en lui en faisaient l'homme complet pour un Chinois de son temps.

L'empire, on l'a vu, était en pleine anarchie militaire. L'empereur Yang-ti, retiré à Yang-tcheou, vers l'estuaire du fleuve Bleu, y menait une vie d'abdication et de débauches tandis que ses généraux se disputaient les provinces. Le jeune Li Che-min, assuré d'une solide clientèle militaire dans ses domaines du Chan-si, fort de relations d'amitié personnelle avec plusieurs khans turcs, ayant en outre noué de précieuses intrigues avec divers fonctionnaires du palais, rongeait son frein devant le loyalisme anachronique de son père. Pour forcer la main à ce dernier, il eut recours à un procédé bien chinois. Il avait lié partie avec un eunuque du palais impérial. À l'instigation de Li Che-min, l'eunuque offrit à Li Yuan une fille destinée au souverain. La jeune recluse devait être jolie car, sans réfléchir, le digne Li Yuan accepta le dangereux cadeau. Après quoi Li Che-min fit remarquer à son père que leur famille venait de se mettre au ban de l'empire, l'enlèvement d'une fille du palais étant, en droit, puni de mort. Li Yuan en fut atterré, mais qu'y faire ? Il était trop tard pour reculer. Il convoqua ses fidèles et mobilisa les troupes de son gouvernement à T'ai-yuan, sa résidence, capitale de l'actuel Chan-si, non sans calmer ses propres scrupules en annonçant qu'il ne prenait les armes que par loyalisme, pour délivrer l'empereur des autres prétendants.

C'était tout ce que demandait Li Che-min. Comme il avait su se ménager des complicités jusque dans le harem impérial, il s'était par sa rondeur militaire concilié la sympathie des Turcs et ces dangereux voisins avaient mis à sa disposition cinq cents mercenaires d'élite et deux mille chevaux. En même temps sa sœur, une jeune héroïne qui monte à cheval aussi bien que lui, vend ses bijoux et avec l'argent réalisé enrôle dix mille hommes qu'elle lui amène. Li Che-min dispose bientôt de soixante mille soldats éprouvés dont il partage les fatigues, qu'il sait fanatiser par son exemple et qui lui seront dévoués jusqu'à la mort. Pendant plus de quatre ans (618-622) il va, province par province, armée par armée, ordonner le chaos chinois.

Tout d'abord les scrupules de son père sont apaisés par les circonstances. Là-bas, sur le Yang-tseu, les prétoriens, profitant du désordre général, ont assassiné Yang-ti, l'empereur légitime. Sur quoi le comte de T'ang se déclare le vengeur de la dynastie et assume à ce titre, au nom d'un dernier Souei, la lieutenance générale de l'empire, en attendant, quelques mois plus tard, à l'instigation de Li Che-min, de déposer ce souverain fantôme et de se proclamer lui-même empereur (618).

La capitale impériale, Tch'ang-ngan, notre Si-ngan-fou, qui dans l'histoire chinoise joue un peu le même rôle que Rome dans l'histoire d'Occident, avait la première ouvert ses portes (618). Les T'ang n'étaient-ils pas originaires de cette province du Chen-si où, depuis le premier césar chinois, se sont toujours levées les grandes dynasties ? Puis Li Che-min vint assiéger la seconde capitale, Lo-yang, notre Ho-nan-fou, où commandait un des plus redoutables rivaux de son père. Entreprise difficile, car la ville était particulièrement forte et les autres prétendants, que le succès des T'ang commençait à inquiéter, n'allaient pas manquer de la secourir. Le jeune héros emmenait avec lui un de ses adversaires de la veille, Yu-tche King-te, qu'il avait gagné à sa cause après l'avoir fait prisonnier et auquel, malgré les conseils de méfiance des siens, il avait, avec sa générosité coutumière, donné un commandement.

En arrivant en vue de la place, Li Che-min alla en reconnaître les abords avec un parti de huit cents cavaliers, mais la garnison l'aperçut, fit une sortie et enveloppa la petite troupe. Comme, le sabre à la main, il tâchait de s'ouvrir un passage, un officier ennemi le reconnut et fonça sur lui, la pique basse. Le futur empereur allait payer sa témérité de sa vie lorsque King-te, qui ne le perdait pas de vue, abattit l'assaillant. À ce moment les bataillons t'ang entrèrent en ligne et tirèrent leur chef de ce mauvais pas. Cependant une armée ennemie, commandée par un des prétendants, descendait du Ho-pei pour dégager Lo-yang.

Tandis qu'elle n'est encore qu'à quelques milles de la place, Li Che-min, prenant avec lui l'élite de sa cavalerie, part au petit jour, galope jusqu'au camp ennemi, y pénètre par surprise et sabre tout jusqu'à la tente du général qui, au milieu du désordre des siens, est blessé d'un coup de pique et capturé. Quelques jours plus tard Lo-yang capitulait.

Li Che-min revint triompher à Tch'ang-ngan (621). Les annalistes chinois nous peignent avec une couleur qui sort de leurs habitudes ce retour du jeune vainqueur. Ils nous le montrent traversant lentement les rues de la capitale sur un coursier richement harnaché, revêtu de sa cotte d'armes et d'une cuirasse d'or, ayant le casque en tête, l'arc en écharpe, le carquois garni de flèches sur l'épaule et le sabre à la main. Les prétendants vaincus marchaient des deux côtés de son cheval, près de l'étrier. Et cette description de l'*Histoire des T'ang* prend à nos yeux un relief extraordinaire depuis que les récentes découvertes archéologiques nous permettent de l'évoquer directement. Nous connaissons par les terres cuites funéraires toute cette cavalerie t'ang piaffante et caracolante. Nous connaissons même, avec leur portrait, leur nom et leurs états de service, les montures préférées de Li Che-min, ces robustes chevaux à crinière tressée qu'il a fait sculpter en relief à Li-ts'iuan-hien sur les dalles de sa tombe. Détail plus précis encore : le coursier qui participa au triomphe à Tch'ang-ngan fut sans doute Rosée d'automne, qui est célébré comme le bon compagnon du maître lors de la conquête du Ho-nan. Quant à l'armure du conquérant, nous en voyons chaque jour la réplique exacte sur les robustes épaules des guerriers ou des *lokapâla* dans les portraits funéraires ou les statues bouddhiques de nos collections.

L'unité chinoise se trouvait refaite. Il n'était que temps. Les Turcs arrivaient.

L'anarchie militaire au sein de laquelle se débattait la Chine avait paru aux Turcs une occasion excellente pour intervenir. Le khan des Turcs orientaux, El-qaghan, et son neveu Toloui avaient pris la tête d'une grande chevauchée qui balaya les postes frontières et pénétra jusqu'aux faubourgs de la capitale impériale, Tch'ang-ngan. Le vieux Li

Yuan s'affolait, parlait d'évacuer la capitale. Li Che-min le laissa dire et se porta en avant avec cent cavaliers d'élite pour relever le défi des Turcs. Payant d'audace, il les aborde, pénètre dans leurs rangs et se met à les haranguer : « La dynastie des T'ang ne doit rien aux Turcs. Pourquoi envahissez-vous nos États ? Me voici prêt à me mesurer avec votre khan ! » En même temps il faisait personnellement appel à certains chefs comme Toloui, avec lesquels le liait une ancienne camaraderie militaire, et réveillait chez eux le sentiment de la fraternité d'armes. Une si ferme contenance, jointe à une telle connaissance de l'âme turque, intimida ces esprits mobiles de Barbares. Les chefs de hordes se concertèrent quelque temps, puis tournèrent bride. Quelques heures après, une pluie diluvienne s'abattait sur la région. Aussitôt Li Che-min assembla ses capitaines : « Camarades, lui fait dire son biographe, c'est le moment de donner nos preuves. Toute la plaine n'est plus qu'une mer. La nuit va tomber et sera des plus obscures. Il faut marcher : les Turcs ne sont à craindre que quand ils peuvent tirer des flèches. Courons à eux, le sabre et la pique à la main, nous les enfoncerons avant qu'ils se soient mis en état de défense ! » Ainsi fut fait. Au petit jour le camp turc fut enlevé et la cavalerie chinoise sabra jusqu'à la tente du khan. Celui-ci demanda à traiter et se retira en Mongolie (624).

Le jeune héros s'affirmait de plus en plus comme le soutien de l'empire. Ses deux frères, jaloux de sa gloire, résolurent de se défaire de lui. Son père lui-même, qui lui devait le trône, prit insensiblement ombrage de sa popularité et l'écarta des affaires. Alors commença un de ces drames sauvages dont la Cité interdite offre d'aussi fréquents exemples que le Palais sacré de Constantinople : ne croirait-on pas lire une page de l'*Épopée byzantine* quand on suit dans l'*Histoire des T'ang* le récit de ces tragiques journées ? Dans un banquet qu'ils lui offrent pour fêter ces victoires, les frères de Li Che-min le font empoisonner. Il prend du contre-poison. Alors ils l'attendent avec des spadassins près d'une porte du palais. Mais un traître l'avertit — toute cette histoire est belle de trahisons autant que de sang et de déclamations vertueuses — et Li Che-min prend les devants. Prévenant les desseins de l'adversaire, ses fidèles appostent des reîtres aux endroits convenables. À l'heure où le guet-apens contre lui se prépare, il marche à l'ennemi, le même dans cette guerre d'assassinats que sur le champ de bataille. « Il endossa sa cuirasse, mit son casque, prit son carquois et ses flèches et sortit pour se rendre au palais. » D'aussi loin que ses deux frères l'aperçurent, ils lui décochèrent une volée de flèches. Mais ils le manquèrent, tandis que Li Che-min à sa première flèche abattit l'un d'eux. Le second fut tué par le lieutenant de Li Che-min. À ce moment les soldats placés en embuscade par ce dernier parurent et, dit l'*Histoire des T'ang*, « personne n'osa plus remuer ». Cependant, continue l'annaliste, comme les serviteurs du palais et la populace elle-même commençaient à s'attrouper, Li Che-min ôta son casque, se fit connaître et devant les cadavres sanglants de ses deux frères harangua la foule : « Mes enfants, ne craignez pas pour moi. Ceux qui voulaient m'assassiner sont morts ! » Alors un des fidèles de Li Che-min, King-te, coupa la tête des deux princes et la montra au peuple.

Restait à annoncer l'exécution à l'empereur, dont la partialité en faveur des deux victimes avait toujours été évidente. Li Che-min en chargea King-te. Celui-ci, au mépris des règles les plus sacrées de l'étiquette, pénétra tout armé dans l'appartement de l'empereur, les mains peut-être encore rouges du sang des princes. À travers le récit officiel des annales on entrevoit ce qui dut se passer, belle scène d'hypocrisie confucéenne où les meurtriers, tout chauds du combat, se mettent à débiter des maximes morales et n'ont qu'un souci : rentrer dans la légalité en sauvant la face.

En apprenant la nouvelle, le vieil empereur n'avait pu réprimer sa colère et ses sanglots. Son premier mouvement fut pour exiger une enquête sévère. Il ne comprenait pas encore qu'il n'était plus le maître. Discrètement, un de ses courtisans le rappela à la réalité. « Il n'y a plus d'enquête à faire. [...] De quelque manière que la chose se soit passée, vos deux fils morts sont coupables et Li Che-min est innocent. » Paroles dignes de Tacite et qui complètent l'accent de ce drame néronien. Du reste, les mêmes courtisans découvraient maintenant des crimes monstrueux à la charge des victimes : les deux princes massacrés n'avaient-ils pas noué des intrigues avec plusieurs des femmes de leur père ? C'était plus qu'il n'en fallait pour légitimer leur exécution !

Li Che-min se faisait annoncer. Quand le fratricide se présenta, en donnant d'ailleurs toutes les marques de la plus émouvante piété filiale, le vieux monarque l'embrassa en pleurant et le félicita même d'avoir sauvé leur famille. Ce fut une scène attendrissante. « L'empereur, écrit imperturbablement l'annaliste officiel, avait toujours hésité entre ses fils. La mort des deux aînés mit fin à ses perplexités, et son ancienne affection pour Li Che-min reprit tous ses droits dans son cœur. Dès qu'il le vit à ses pieds dans la posture du criminel qui semble demander grâce, il ne put retenir ses larmes. Il le releva, l'embrassa et l'assura que, loin de le croire coupable, il était persuadé que Li Che-min n'avait agi qu'en état de légitime défense. » Cela dit, l'empereur abdiqua, comme on s'y attendait, en faveur de son fils, non sans de nouvelles scènes édifiantes : conformément à l'étiquette, Li Che-min refuse le trône ; en vain l'assemblée des grands, à l'unanimité, se prononce-t-elle en faveur du maître de l'heure ; il refuse encore et, « se jetant aux genoux de son père, le supplie avec larmes de garder le pouvoir jusqu'à sa mort ». Mais le vieillard ordonne et Li Che-min, en fidèle sujet, doit obéir. Il se laisse donc forcer la main et monte enfin sur le trône. C'était le 4 septembre 626. Pour éteindre toute vendetta et achever de pacifier l'empire, le nouveau monarque fit mourir sans tarder ses belles-sœurs et tous ses neveux. Quant à l'ancien empereur, il se retira dans un de ses palais où, nous affirme-t-on, « il vécut dans la jouissance de tous les honneurs et des plaisirs tranquilles, sans que son fils lui donnât jamais la moindre occasion de regretter la démarche qu'il avait faite en abdiquant ».

Cependant ce drame de palais avait rendu l'espoir aux Turcs. À peine le nouvel empereur était-il sur le trône que cent mille cavaliers turcs, sortis de la haute Mongolie, traversèrent le Gobi et coururent jusqu'à Tch'ang-ngan. Le 23 septembre 626, leurs escadrons apparurent devant le pont de Pien, face à la porte nord de la ville. Les courtisans, cette fois encore, suppliaient le jeune souverain d'abandonner une capitale aussi exposée. Mais Li Che-min — que nous appellerons désormais de son nom canonique, l'empereur T'ai-tsong — n'était pas homme à se laisser intimider. Insolemment, le khan turc, El-qaghan, avait envoyé un des siens réclamer le tribut, faute de quoi un million de nomades viendraient saccager la capitale. T'ai-tsong répondit en menaçant de faire trancher la tête de l'ambassadeur. Il payait d'audace, car il semble n'avoir eu à ce moment à Tch'ang-ngan qu'assez peu de troupes. Pour donner le change, il ordonna de les faire sortir par diverses portes et de les déployer au pied des murailles, tandis que lui-même avec une poignée de cavaliers prendrait les devants et irait à son habitude reconnaître l'armée ennemie. Malgré les représentations de ses compagnons il s'avança ainsi le long du cours de la Wei, face aux escadrons turcs, à la merci de la première flèche. C'est qu'il pénétrait mieux que les siens la psychologie des nomades. « Les Turcs me connaissent, lui fait dire son biographe. Ils ont appris à me craindre. Ma vue seule leur inspirera de la terreur et, en voyant défiler mes troupes, ils les croiront bien plus nombreuses qu'elles ne sont en réalité.» Il continua donc à chevaucher vers l'ennemi « avec la même confiance que s'il fût allé visiter son camp ». À sa vue « les Turcs, frappés de cet air de grandeur et d'intrépidité qui était répandu sur toute sa personne, descendirent de cheval et le saluèrent à la manière de leur pays ». Au même moment l'armée chinoise se déployait derrière lui dans la plaine, faisant briller au soleil ses armures et ses étendards. T'ai-tsong s'avança encore vers le camp des Turcs puis, tenant son cheval par la bride, il fit signe à l'armée chinoise de reculer et de rester en ordre de bataille.

L'empereur, élevant la voix, appela les deux khans turcs, El-qaghan et Toloui, pour leur proposer un combat singulier, selon la mode des guerriers de la steppe : « Li Che-min, devenu empereur, n'a pas oublié de se servir de ses armes ! » Et au nom de l'honneur militaire, leur parlant leur langage et faisant appel à leur sentiment de guerriers, il leur reprocha violemment d'avoir rompu les trêves et trahi leur serment. Bravés en face, subjugués par tant de bravoure et d'ailleurs surpris par le déploiement de la cavalerie chinoise, les khans turcs demandèrent la paix. Elle fut conclue le lendemain, sur le pont même de la Wei, après le sacrifice traditionnel d'un cheval blanc. Cette fois les Turcs avaient compris la leçon. Ils ne devaient plus revenir.

Pour éviter le retour de semblables alertes, on conseillait à T'ai-tsong de renforcer la Grande Muraille. Il sourit : « Qu'est-il besoin de fortifier les frontières ? » De fait, des discordes intérieures, des révoltes savamment entretenues par lui minaient l'autorité des Turcs de l'Orkhon. Sur une imprudente provocation d'El-qaghan, T'ai-tsong, en 630, lança contre lui toute l'armée chinoise. Les impériaux rejoignirent le qaghan dans la Mongolie-Intérieure, au nord du Chan-si, surprirent son campement près de Kouei-houa-tch'eng et dispersèrent ses hordes, puis le relancèrent lui-même en haute Mongolie vers l'Orkhon et le Kèrulèn et le forcèrent à se réfugier chez une tribu qui le leur livra. Pour cinquante ans (630-682) le khanat des Turcs orientaux fut soumis à la Chine.

L'*Histoire des T'ang* nous décrit avec complaisance le spectacle grandiose des chefs turcs prosternés aux pieds de T'ai-tsong. L'empereur voulut les voir tous ensemble en audience publique, les ennemis vaincus de la veille comme les khans ralliés de longue date. « Arrivés dans la salle d'audience, ils firent les cérémonies respectueuses en frappant la terre du front à trois reprises différentes et trois fois à chaque reprise. » Le grand-khan El-qaghan fut traité en prisonnier de guerre et ne prit rang qu'après les chefs des hordes loyalistes. Du reste, après cette humiliation, la subtile politique impériale devait lui accorder son pardon et, tout en le maintenant dans une demi-captivité, lui attribuer un palais à la cour.

Tout l'ancien khanat des Turcs orientaux, c'est-à-dire l'actuelle Mongolie, fut rattaché à l'Empire chinois (630). « Les fils des nobles turcs, dit l'inscription turque de Kocho-Tsaïdam, devinrent esclaves du peuple chinois, leurs pures filles devinrent serves. Les nobles des Turcs abandonnèrent leurs titres turcs et, recevant des titres chinois, ils se soumirent au qaghan chinois et pendant cinquante ans lui vouèrent leur travail et leur force. Pour lui, vers le soleil levant comme à l'ouest jusqu'aux Portes de Fer [au Turkestan], ils firent des expéditions. Mais au qaghan chinois ils livraient leur empire et leurs institutions. »

Avec de tels auxiliaires, T'ai-tsong, après avoir écrasé les Turcs de la Mongolie, devait, au cours des vingt années qui suivirent, faire entrer dans sa clientèle les Turcs du Turkestan et les oasis indo-européennes du Gobi. Avec lui une Chine inattendue, une Chine d'épopée, se révéla à l'Asie surprise. Loin de composer avec les Barbares et d'acheter à prix d'or leur retraite, il les fit trembler à son tour. L'art réaliste de ce temps, le puissant art animalier et militaire des reliefs, des statues et des terres cuites funéraires, avec sa vigueur presque excessive (voyez les *lokapâla* athlétiques de Long-men), avec son goût de l'accent allant jusqu'à la violence caricaturale, exprime bien cet état d'esprit. Il n'est pas jusqu'à la céramique t'ang aux couleurs un peu brutales, en jaune orange et vert franc, qui ne soit révélatrice des goûts de l'époque.

Confrontant un jour son œuvre à celle des grands conquérants du temps jadis, T'ai-tsong devait évoquer le nom du plus illustre empereur de l'antiquité chinoise, Han Wou-ti. Par-delà les invasions barbares du IVe siècle, la Chine des Han se trouvait en effet ressuscitée et la chevauchée des Han allait même se voir dépassée par celle des T'ang. Même Pan Tch'ao, le contemporain et l'émule de notre Trajan, le conquérant de la Kachgarie antique, n'avait pas eu à son actif autant de troupeaux razziés, de hordes rompues, de milliers de têtes coupées que n'en compteront les généraux des T'ang. C'est que dans l'intervalle la Chine, ployée durant trois siècles sous les invasions barbares, a absorbé le sang des hordes victorieuses ; elle s'en est nourrie et fortifiée et elle retourne maintenant contre les gens de la steppe, en y ajoutant l'immense supériorité de sa civilisation millénaire, la force qu'elle a tirée d'eux.

Regardons dans nos collections de statuettes funéraires ce peuple de cavaliers ou de fantassins, coiffés du bonnet des auxiliaires turcs ou du casque des légionnaires t'ang, frustes visages toujours à demi tartares, traits durcis jusqu'à la grimace. Les voici rudement campés dans leur armure de cuir bouilli, renforcée, pour le plastron et la dossière, de plaques de métal — pansière de cuir ou d'écailles métalliques, grand bouclier rond ou rectangulaire orné de figures de monstres —, prêts pour la traversée du Gobi ou l'escalade du Khangaï. Même dans les œuvres bouddhiques, comme les statues ou les peintures représentant les gardiens de temples *(lokapâla)* ou le génie-gardien Vadjrapâni, nous trouvons ces armures de crustacés, cet aspect formidable et hargneux. Et toute cette cavalerie t'ang qui, dans nos terres cuites funéraires, piaffe, hennit et s'ébroue encore d'impatience en attendant les raids annoncés vers Kachgar ou Koutcha ! Les Turcs occidentaux eux-mêmes, qui font trembler l'Empire sassanide, qui inquiéteront plus tard la jeune puissance arabe, ploieront devant cette cavalerie si semblable à la leur. On la verra s'abattre en trombe sur leurs campements, brûler leurs chariots, disperser leurs yourtes de feutre jusqu'aux gorges du Tarbagataï, les relancer jusque sur la steppe plate des Kirghiz.

Les Turcs de Mongolie une fois abattus, T'ai-tsong put en effet s'occuper des Turcs du Turkestan. Ceux-ci étaient encore unis sous le sceptre d'un puissant souverain, T'ong le Yabghou, qui régnait depuis l'Altaï jusqu'à la mer d'Aral (il résidait en été dans les monts T'ien-chan et en hiver près du « lac chaud », l'Issyq-koul) et qui nous est assez bien connu par la description que nous a laissée de lui le pèlerin bouddhiste Hiuan-tsang. Ce fut aux environs de Toqmaq, à l'ouest de l'Issyq-koul, dans l'actuel Kirghizistan, que le pèlerin, au commencement de 630, rencontra le khan et son immense cavalerie, la horde se déplaçant alors en direction de l'ouest. « Tous étaient montés sur des chevaux ou des chameaux et vêtus de fourrures ou de laine, portant de longues lances, des bannières et des arcs droits. Leur multitude s'étendait tellement loin que l'œil n'en pouvait découvrir la fin. » L'empereur T'ai-tsong, qui pensait « qu'il faut s'unir à ceux qui sont loin contre ceux qui sont proches », avait ménagé ces hordes de l'Ouest, du moins tant qu'il avait eu sur les bras celles de Mongolie. Mais en cette même année 630, celle précisément où il venait de soumettre la Mongolie, le hasard — un hasard peut-être sollicité — le servit à point nommé : le khan du Turkestan, dont la puissance avait tellement impressionné le pèlerin, fut assassiné dans des circonstances assez mystérieuses et aussitôt son royaume se morcela en plusieurs groupes de tribus ennemies. Ainsi disparut le khanat des Turcs occidentaux comme venait de disparaître celui des Turcs de Mongolie... Celles des tribus qui voulurent résister furent écrasées isolément en 642 par un corps expéditionnaire chinois dans les environs d'Ouroumtsi. Les autres acceptèrent l'hégémonie chinoise.

Ayant annihilé les Turcs, l'empereur T'ai-tsong pouvait rétablir le protectorat chinois sur le bassin du Tarim.

Pour comprendre le rôle considérable joué au haut Moyen Âge par les oasis, aujourd'hui si misérables, du bassin du Tarim, il faut nous rappeler ce que nous en disions déjà pour l'époque han. Au point de vue ethnique tout d'abord : une partie au moins de ces oasis, Tourfan, Qarachahr, Koutcha, étaient habitées par des populations parlant des dialectes indo-européens, proches parents non seulement des langues aryennes d'Asie (iranien et sanscrit), mais aussi de nos langues d'Europe (slave, italo-celtique, etc.), sans parler de l'« iranien oriental » parlé dans la région de Kachgar. Au point de vue culturel ensuite : du IIIe au VIIIe siècle de notre ère, l'actuel « Turkestan chinois » fut, du fait de l'évangélisation bouddhique, une province de l'Inde extérieure où la littérature et la philosophie sanscrites ou prakrites étaient aussi honorées que sur les bords du Gange. Pour la même raison — le bouddhisme, nous l'avons vu, s'étant donné une iconographie alexandrine —, ce pays fut au point de vue artistique une conquête posthume d'Alexandre. Tandis que la Grèce était défunte à Byzance, son influence artistique, désormais indissolublement liée au dogme bouddhique, continuait jusqu'en plein VIIe siècle de notre ère à se faire posthumément sentir depuis Kachgar jusqu'à Tourfan et au Lobnor ; et peut-être même pourrions-nous, à travers la Kachgarie, suivre cette influence posthume jusque dans le libre classicisme de certains miroirs d'époque t'ang[1]. Ainsi la lumière d'une étoile morte depuis des siècles continue-t-elle à nous parvenir à travers l'espace et le temps. Mais aujourd'hui, de cette brillante activité commerciale, religieuse et artistique, rien ne subsiste. La saharification, dans le bassin du Tarim, a achevé de tuer la terre, comme l'islam a éteint les anciens foyers de culture bouddhique. Il y a là — souvenons-nous, civilisations, que nous sommes mortelles ! — tout un pan de l'édifice humain qui s'est effondré, mais sans lequel, naguère, n'aurait pas été possible le passage du monde indo-européen au monde chinois...

L'époque à laquelle nous sommes arrivés est précisément celle où nous possédons une description vivante des oasis du Tarim grâce au récit que nous a laissé de son passage le pèlerin chinois Hiuan-tsang (années 629-630 au voyage d'aller, et 644 au retour). C'est la période aussi à laquelle se réfèrent pour une bonne part les trouvailles archéologiques effectuées dans la région de 1902 à 1914.

À l'époque que nous révèlent ces fouilles, l'art du bassin du Tarim provient directement des ateliers bouddhiques de l'Afghanistan, avec le double courant gréco-indien et irano-bouddhique que nous avons déjà signalé. La découverte par J. Hackin, Mme Hackin et Jean Carl des stucs de Fondoukistan, entre Kaboul et Bâmiyân, stucs datés par des monnaies du roi sassanide Khosroès II (590-628), est à cet égard révélatrice. En effet ces stucs montrent l'art bouddhique de l'Afghanistan reproduisant toujours des modèles helléniques pour les types de bouddhas, mais y associant des modèles purement hindous pour les types féminins et des modèles perses sassanides pour les types masculins laïcs. Or c'est exactement cette association que nous restituent les fresques des grottes bouddhiques de Qyzyl, près de Koutcha, dans la

---

1. Beaucoup de miroirs chinois d'époque t'ang continuent simplement la tradition indigène des Six Dynasties. Mais certains d'entre eux, avec leur galop de chevaux, de cerfs et de lions se poursuivant dans un décor de rinceaux et de grappes de raisin, semblent bien trahir des réminiscences gréco-romaines ou, par instants, iraniennes. Toutefois il ne peut s'agir ici aussi, à une telle date, que de l'influence d'« antiques attardés », *Spätantike* !

partie septentrionale du bassin du Tarim, fresques dont Hackin situe la première période entre 450 et 650 et la seconde entre 650 et 750. L'ensemble nous prouve que, si la civilisation spirituelle d'une oasis comme Koutcha était alors, grâce au bouddhisme, nettement indienne, sa civilisation matérielle accusait une influence perse sassanide considérable. De fait les seigneurs laïcs et, ici, les princesses elles-mêmes, révèlent l'imitation directe des modèles iraniens. Rien ne saurait montrer mieux le rôle de ces oasis caravanières, non seulement comme étapes du pèlerinage entre la Chine et l'Inde, mais aussi comme haltes commerciales entre la Chine et l'Iran. Et ce que nous disons des fresques de Qyzyl est également vrai des stucs de Chortchouq, près de Qarachahr, des stucs et des fresques du groupe de Tourfan — ceci pour le nord du Tarim — et, pour le Sud, des peintures de Dandan Oïliq, dans la région de Khotan.

La Chine des T'ang, qui aspirait à la domination de la haute Asie, ne pouvait se désintéresser des oasis du Tarim, dont le protectorat lui était indispensable pour contrôler la route des caravanes vers l'Iran et l'Inde. L'empereur T'ai-tsong espérait les attirer pacifiquement dans son orbite. L'oasis la plus voisine était celle de Tourfan. C'était aussi celle qui subissait le plus directement l'influence de la culture chinoise, comme le prouvent les fresques bouddhiques de la région, où le style t'ang se mêle aux copies indiennes et iraniennes, comme le prouve également la nationalité de la dynastie régnante, qui était chinoise d'origine. En 629 le bouddhiste chinois Hiuan-tsang, traversant Tourfan pour se rendre en pèlerinage dans l'Inde, avait reçu du roi local un accueil empressé (si empressé qu'il avait eu toutes les peines du monde à s'arracher à cette hospitalité pour reprendre sa route). Le même roi vint l'année suivante rendre hommage à l'empereur T'ai-tsong. Mais en 640 il commit la folie de s'allier à des révoltés turcs pour couper la route des caravanes entre la Chine, l'Inde et l'Iran. Il comptait pour se protéger sur les sables du Gobi. Un corps de cavalerie chinoise franchit le désert et apparut à l'improviste devant Tourfan. À la nouvelle de ce raid, le roi était mort de saisissement. Les Chinois mirent le siège devant la ville. Déjà une grêle de pierres s'abattait sur l'oasis. Le nouveau roi, un tout jeune homme, vint se présenter au camp impérial. « Avant que ses explications fussent devenues d'une humilité complète, un des généraux chinois se leva et dit : " Il faut d'abord prendre la ville ; qu'est-il besoin de discuter avec cet enfant ? Qu'on donne le signal et qu'on marche à l'assaut ! " Le jeune roi, trempé de sueur, se prosterna à terre et accepta tout. Les généraux chinois le firent prisonnier et vinrent l'offrir à T'ai-tsong dans la grande salle d'honneur. On célébra le rite des libations de retour et pendant trois jours on fit des distributions de vin. » L'épée ornée de joyaux du roi de Tourfan fut donnée par l'empereur au condottiere turc A-che-na Chö-eul.

Les gens de Qarachahr — l'oasis qui suivait celle de Tourfan sur la piste de l'ouest — avaient aidé la Chine à écraser les Tourfanais, leurs frères ennemis. Tourfan une fois annexé, ils prirent peur et s'allièrent aux Turcs dissidents. T'ai-tsong envoya dans le Gobi une nouvelle armée conduite par Kouo Hiao-k'o, guerrier plein de ressources. « Le site de Qarachahr avait un pourtour de dix-sept kilomètres. Il était protégé sur les quatre côtés par les monts des T'ien-chan et par le lac Baghratch ; aussi les habitants étaient-ils convaincus qu'ils ne pourraient être surpris. Mais Kouo Hiao-k'o, s'avançant à marches forcées, franchit la rivière et arriva de nuit au pied des remparts. Il attendit le point du jour pour donner l'assaut au milieu des cris de la multitude. Les tambours et les cornes sonnèrent à grand bruit et les soldats des T'ang se donnèrent libre carrière. Les habitants furent saisis de panique. On coupa mille têtes. » De sa capitale, T'ai-tsong avait tout dirigé. « Un jour l'empereur dit aux ministres qui se trouvaient à ses côtés : " Kouo Hiao-k'o est parti pour Qarachahr le onzième jour du huitième mois, il a pu arriver à la seconde décade et doit avoir détruit ce royaume le vingt-deuxième jour ; ses envoyés vont arriver. " Soudain on vit apparaître le courrier qui annonçait la victoire » (644).

La plus prospère des cités indo-européennes du Tarim était l'oasis de Koutcha, dont les fresques bouddhiques nous ont montré la civilisation raffinée. Le roi de Koutcha, qui portait dans le dialecte indo-européen local le nom de Swarnatep, « le Dieu d'or », avait en 630 fait le meilleur accueil au pèlerin chinois Hiuan-tsang et reconnu la suzeraineté des T'ang, mais en 644 il avait fait volte-face pour s'allier aux Qarachahris contre l'empire. Il mourut peu après, remplacé par son jeune frère connu en sanscrit bouddhique sous le nom de Haripouchpa, « Fleur divine » (646). Le nouveau roi, sentant venir l'orage, se hâta d'envoyer à la cour des protestations de dévouement (647). Trop tard. Le condottiere turc au service de la Chine, A-che-na Chö-eul, partait pour l'ouest avec une armée de réguliers chinois et de mercenaires tartares.

Les habitants de Koutcha attendaient l'attaque du côté du sud-est, à la sortie du Gobi. Elle vint par le nord-ouest, A-che-na Chö-eul ayant suivi la piste qui mène d'Ouroumtsi au petit Youldouz, du côté des T'ien-chan. À la place de leurs alliés qarachahris, les Koutchéens terrifiés virent les escadrons chinois se déployer dans le désert pierreux qui s'étend au nord de la ville. Une ruse de guerre acheva leur défaite. Le roi Haripouchpa étant sorti des murailles au-devant des envahisseurs, les Chinois, suivant la tactique des vieilles guerres mongoles, feignirent de céder, attirèrent la brillante chevalerie koutchéenne dans le désert et l'y détruisirent. Ce fut le Crécy et l'Azincourt des beaux seigneurs que nous admirions tout à l'heure aux fresques bouddhiques de Qyzyl. A-che-na Chö-eul, le sabreur turc à la solde de l'empire, entra en vainqueur à Koutcha et, comme le roi « Fleur divine » s'était réfugié avec les débris de son armée dans le bourg de Yaqa-ariq, il l'y relança et après quarante jours de siège emporta la place. À Koutcha, A-che-na Chö-eul coupa onze mille têtes. « Les contrées d'Occident furent saisies de terreur. »

Ce fut la fin de l'indépendance pour la cité indo-européenne du Gobi, la fin d'un monde charmant et raffiné, survivant attardé des races d'autrefois. La brillante civilisation qu'évoquent pour nous les fresques bouddhiques de Qyzyl ne se relèvera jamais entièrement de la catastrophe. Les recherches, sur place, de J. Hackin, marquent pour cette date de 648-650 une coupure entre les deux styles de peinture de Qyzyl, le second cherchant à compenser par des couleurs plus vives la diminution du modelé, et bien que s'y fasse encore sentir une nouvelle vague d'influences perses sassanides : en réalité il s'agit ici d'un sassanide posthume, des réfugiés perses, après la conquête de leur pays par les Arabes en 652, étant venus abriter des « Coblentz sassanides » dans le nouveau protectorat chinois du Tarim.

Après les oasis septentrionales du Tarim, les oasis du Sud. De ce côté, le roi de Khotan avait dès 632 accepté la suzeraineté de l'empereur T'ai-tsong. En 635 il avait envoyé son propre fils servir dans la garde impériale. Mais ces preuves de bonne volonté ne parurent pas suffisantes. En 648, quand les Chinois eurent écrasé Koutcha, ils éprouvèrent le besoin de se subordonner plus étroitement les oasis méridionales. « Après ce coup, les contrées d'Occident sont frappées de terreur. C'est le moment de prendre de la cavalerie légère et d'aller passer le licou au roi de Khotan ! » Aussitôt dit, aussitôt exécuté. Les escadrons chinois tombèrent à l'improviste sur l'oasis de Khotan. Le roi de Khotan tremblait. Le général chinois « lui exposa le prestige et la puissance surnaturelle des T'ang et l'exhorta à venir se présenter au Fils du Ciel ». Le roi s'exécuta. Il ne devait d'ailleurs pas y perdre puisque, après un séjour de plusieurs mois à la cour de Tch'ang-ngan, on lui permit de rentrer chez lui avec une robe d'honneur et cinq mille pièces de soie.

Chez les Tibétains, jusque-là entièrement barbares, un chef énergique était en train d'organiser dans la région de Lhassa une royauté régulière. Après avoir guerroyé contre la Chine, il entra dans la clientèle des T'ang et obtint de l'empereur T'ai-tsong la main d'une infante chinoise (641). Ce fut ainsi que la civilisation commença à s'infiltrer chez ces sauvages montagnards. Dans l'Inde même, T'ai-tsong envoya une ambassade à l'empereur nord-indien Harcha (643). Mais le meilleur ambassadeur pour la Chine fut encore l'illustre pèlerin Hiuan-tsang, qui, parti de Tch'ang-ngan en 629, n'y revint qu'en 644, après avoir parcouru de part en part l'Asie centrale et l'Inde. Nous avons fait allusion à son itinéraire d'aller par Tourfan, Qarachahr, Koutcha, les T'ien-chan, l'Issyq-koul, Toqmaq, Samarkand,

Balkh et la vallée de Kaboul, et à son voyage de retour par le Pamir, Kachgar, Yarkand, Khotan, le Lob-nor et Touen-houang. Cet itinéraire, remarquons-le, n'était autre que l'antique Route de la soie avec sa double piste, au nord et au sud de Tarim. C'est ainsi que la paix des T'ang rouvrait de la Chine à l'Iran et à l'Inde les routes transcontinentales en partie obstruées depuis la chute des Han. Les armées de T'ai-tsong furent même amenées à suivre dans cette direction les pas des pèlerins. Une ambassade chinoise ayant été attaquée pendant un voyage en Inde, l'ambassadeur chinois Wang Hiuan-ts'ö alla demander des renforts aux chefs tibétains et népalais vassaux de l'empire, puis, avec leurs contingents, redescendit dans l'Inde, où il tira vengeance de ses agresseurs (647). Il ramena ceux-ci enchaînés à la cour de Tch'ang-ngan.

À la suite de ces conquêtes, l'autorité directe de la Chine atteignait le Pamir. On comprend le légitime orgueil de T'ai-tsong. « Ceux qui ont jadis soumis les Barbares, lui fait dire sa biographie, ce sont seulement Ts'in Che Houang-ti et Han Wou-ti. Mais en prenant en main mon épée de trois pieds de long, j'ai subjugué les Deux Cents Royaumes, imposé silence aux Quatre Mers et les Barbares lointains sont venus se soumettre les uns après les autres ! »

Cette extension de la puissance chinoise vers l'Inde et l'Iran ne pouvait manquer d'avoir des conséquences dans le domaine spirituel.

Depuis la fin de la maison des Tabghatch, le bouddhisme, qu'ils avaient à la fin favorisé avant tant de zèle, avait subi de nombreuses attaques. En 574 une des éphémères maisons royales qui leur avaient succédé dans la Chine du Nord avait porté un édit de prescription contre la « religion étrangère », de même d'ailleurs que contre le taoïsme, mais au bout de six ans cette persécution avait pris fin. Les deux empereurs souei, d'abord « confucéens » orthodoxes (toute dynastie qui se fonde a besoin, pour établir sa légitimité, de l'appui du mandarinat), avaient ensuite montré plus de sympathie au bouddhisme. Quant au rude soldat qu'était l'empereur T'ai-tsong, il n'avait, à son avènement, que des préventions contre la religion d'abdication et de renoncement apportée de l'Inde. « L'empereur Leang Wou-ti, remarquait-il, a si bien prêché le bouddhisme à ses officiers que ceux-ci n'ont pas su monter à cheval pour le défendre contre les révoltés. » Au reste il englobait dans la même réprobation le « non-agir » des taoïstes : « L'empereur Yuan-ti expliquait à ses gens les textes de Lao-tseu. Il aurait mieux fait de marcher contre les Barbares qui envahissaient l'empire ! » Le confident de T'ai-tsong en ces matières, un vieux lettré qui avait proprement le bouddhisme en horreur, lui remit un placet encore célèbre de nos jours et où tenaient tous les griefs du confucéisme d'État contre les moines de Çâkyamouni. Il faut citer cette page qui éclaire bien la lutte des idées en Chine : « Le bouddhisme, dit en substance ce pamphlet, est d'abord venu par la voie du Tarim sous une forme étrangère qui ne pouvait être encore que peu nocive. Mais ensuite, depuis les Han, on a traduit en chinois les Écritures indiennes. Leur diffusion sape la fidélité dynastique et la piété filiale. Les jeunes gens embrassent la vie monastique pour se soustraire aux charges publiques. Ils se rasent la tête, vivent de quêtes et refusent les prosternations dues à leur prince et à leurs propres parents. » Du reste, « la doctrine du Bouddha est remplie d'extravagances et d'absurdités. Ses disciples passent leur vie dans l'oisiveté sans se donner aucune peine. S'ils portent un habit différent du nôtre, c'est pour influencer les pouvoirs publics et se délivrer de tout souci. Par ces rêveries ils font courir les simples après une félicité chimérique et leur inspirent du mépris pour nos lois et les sages institutions des anciens ». Et plus loin : « Cette secte compte aujourd'hui plus de cent mille bonzes et autant de bonzesses voués au célibat. Il serait de l'intérêt de l'État de les marier ensemble. Ils formeraient cent mille familles et donneraient de futurs soldats. » Nous retrouverons jusqu'à nos jours ces accusations contre le caractère antisocial, anticivique et antinational du monachisme indien. Il y a là les éléments d'un véritable anticléricalisme qui est devenu une tradition chez les lettrés confucéens, c'est-à-dire dans la presque totalité du mandarinat.

Dès l'année de son avènement (626), l'empereur T'ai-tsong, qui partageait cette manière de voir, diminua considérablement le nombre des moines et des monastères. Mais l'établissement de la domination chinoise sur un pays aussi profondément bouddhiste que le bassin du Tarim et l'établissement de relations politiques suivies avec l'Inde elle-même ne manquèrent pas de modifier à la longue les tendances de l'empereur. C'est ce qui ressort du récit de Hiuan-tsang. Quand le célèbre docteur bouddhiste avait sollicité en 629 l'autorisation de partir en pèlerinage vers la Terre sainte du Gange, les autorités impériales lui avaient refusé les passeports nécessaires. Il avait dû franchir le *limes* en cachette, en évitant le poste frontière de Touen-houang, et s'engager sans guide au milieu du désert de Gobi, où il avait failli périr dès les premières étapes. Cependant le prestige chinois autant que la piété bouddhique des dynastes locaux l'avaient ensuite protégé pendant la traversée du bassin du Tarim et il avait pu, à travers le Turkestan et l'Afghanistan, parvenir dans l'Inde. Là, il avait reçu l'accueil le plus empressé non seulement de ses coreligionnaires mais même des princes hindouistes curieux d'entendre le voyageur venu de Chine pour étudier parmi eux la philosophie sanscrite.

Hiuan-tsang, en effet (d'où l'intérêt qu'il présente pour l'histoire générale), n'est pas seulement un bouddhiste dévot, poussé par le désir de contempler dans le bassin du Gange les lieux saints témoins de la nativité, de la prédication et de la mort du Bouddha. C'est aussi un philosophe hors pair qui a approfondi les divers systèmes métaphysiques du brahmanisme et du bouddhisme. Le système auquel il s'est arrêté, celui qu'il a exposé dans une synthèse d'une remarquable profondeur, est celui de l'idéalisme absolu, un peu à la manière de Berkeley et de Fichte, comportant ici la négation du moi personnel comme du monde extérieur ou plutôt leur réduction commune à ce qu'il appelle le « rien-que-pensée » ou, si l'on préfère, le « plan des idéaux ». Philosophie nuancée qui oscille, on le voit, du subjectivisme au monisme, mais sans pouvoir se définir proprement par aucune de ces deux attitudes intellectuelles, puisque, à la différence du monisme, elle nie toute notion de substance, et qu'à la différence de notre subjectivisme elle nie le moi, du moins le moi substantiel.

En réalité, c'était bien plus que le système ainsi défini que des traducteurs comme Hiuan-tsang révélaient à la Chine. C'était tout un trésor de concepts, de points de vue, de constructions métaphysiques ou de dissociations intellectuelles. C'était tout l'héritage de la pensée indienne, c'était toute la virtualité de la pensée indo-européenne que de tels systèmes traduisaient « en pensée chinoise ». C'était l'héritage d'un monde — le nôtre — qui était ainsi rendu accessible aux sujets des T'ang. En dépit de l'opposition des lettrés confucéens il y eut là une « invasion d'idées-forces » qui ne put être arrêtée. La preuve en est qu'à l'époque song le néoconfucéisme d'un Tchou Hi en sera, sans le savoir, pénétré. Il y a là une « transfusion mentale » qui ne peut être comparée qu'à la brusque invasion des systèmes occidentaux au XXe siècle. Avouons du reste, en ce qui concerne Hiuan-tsang, que l'œuvre la plus étonnante de l'illustre pèlerin n'est peut-être pas la traversée du Gobi et des T'ien-chan, du Pamir et de l'Hindou-kouch, cette extraordinaire randonnée qui l'égale aux plus grands explorateurs modernes ; c'est à notre avis l'exploration de ce monde inconnu de la pensée indienne, de cette forêt exubérante, en apparence inextricable, à travers laquelle il s'est tracé des cheminements sûrs ; c'est le travail prodigieux par lequel, après de nombreux devanciers sans doute, mais mieux que tout autre, il a achevé, pour traduire les concepts métaphysiques indiens les plus complexes, les plus délicats et les plus nuancés, de créer un vocabulaire chinois adéquat et cela avec l'outil imparfait que constituaient les caractères — au bref, presque une langue nouvelle. Ici encore, seuls les missionnaires catholiques qui ont eu à traduire en caractères chinois notre philosophie thomiste peuvent apprécier à son mérite un tel effort.

Mais Hiuan-tsang n'est pas seulement le pèlerin plein de piété et le traducteur de cette somme métaphysique dont la puissance nous étonne. C'est encore un des explorateurs les plus avisés, un des géographes les plus précis que nous connaissions. Le récit de son voyage est le relevé, pays par pays, kilomètre par kilomètre, de la géographie physique, politique, économique de l'Asie centrale et de l'Inde dans la première moitié du VIIe siècle. On y trouve le tableau de la vie agricole et commerciale de toutes les contrées parcourues depuis la frontière chinoise jusqu'aux approches de la Perse, depuis l'Afghanistan jusqu'à l'Assam et à la pointe du Dékhan. Un tableau aussi des langues (il y a inclus un résumé de la grammaire sanscrite), des institutions et des mœurs (il a un aperçu du système des castes), des superstitions, des religions et des philosophies des divers peuples traversés. Enfin un rapport fort précis des dominations politiques et du caractère des différents souverains.

Ce dernier point de vue dut être particulièrement précieux pour la « politique mondiale » qui était devenue celle de T'ai-tsong. Nous avons vu qu'en 629 il avait voulu s'opposer au départ du pèlerin. Quand celui-ci fut de retour en Chine en 644, l'empereur lui réserva l'accueil le plus flatteur et le plus amical. Il interrogea longuement le voyageur sur la situation des royaumes indiens et fut si satisfait de ses réponses qu'il eût voulu lui confier les fonctions de ministre. Hiuan-tsang, tout à la rédaction de ses ouvrages religieux ou philosophiques, déclina cette offre. Du moins se fixa-t-il à Tch'ang-ngan, au couvent de la Grande Bienfaisance, qu'on était en train d'achever et d'où T'ai-tsong, qui l'avait pris en amitié, le faisait souvent appeler au palais pour converser avec lui. La consécration de ce monastère donna lieu à une procession solennelle sur le passage de laquelle l'empereur, par affection pour Hiuan-tsang, consentit à apparaître. La biographie de notre saint nous décrit le magnifique cortège formé à cette occasion autour des bannières et des statues bouddhiques rapportées de l'Inde. Les découvertes archéologiques récentes confirment ce qui nous est dit ici au sujet des origines indiennes d'une partie de la sculpture bouddhique chinoise à l'époque qui nous occupe. Déjà pour une période sensiblement concordante, en tout cas t'ang, les grottes du T'ien-long-chan, dans le nord du Chan-si, nous avaient livré des statues de bodhisattva directement imitées de l'art indien goupta, avec une douceur de modelé, un charme plastique, un fondu qui ne laissent pas de surprendre en terre chinoise : toute l'esthétique indienne, avec son inhérente sensualité tropicale, est de nouveau ici présente. Du reste, la réhabilitation de la plastique dès l'époque souei et le début des T'ang est générale. La sculpture bouddhique, abandonnant la sécheresse de l'« art roman chinois », restitue progressivement sa valeur au modelé. Nul doute que cette réhabilitation ne se soit en partie effectuée devant l'exemple des modèles indiens rapportés par les pèlerins comme Hiuan-tsang.

L'extension de l'empire des T'ang jusqu'aux confins indo-iraniens ne provoquait pas seulement un contact plus étroit avec l'Inde bouddhique. Par la même voie arrivait de l'Iran et de la Transoxiane le christianisme, en l'espèce le christianisme nestorien. En 635 on vit ainsi arriver à Tch'ang-ngan un prêtre nestorien connu sous le nom d'A-lo-pen, ce qui est la transcription chinoise du titre syriaque de *rabban*. En 638 ce missionnaire construisit une église dans la capitale. L'inscription syro-chinoise de 781 célébrera cet événement ainsi que la bienveillance de l'empereur T'ai-tsong pour le christianisme[1].

Après vingt-trois années d'un des règnes les plus glorieux de l'histoire chinoise, T'ai-tsong mourut à cinquante-trois ans, dans son palais de Tch'ang-ngan, le 10 juillet 649. Il fut enterré près de là, à Li-ts'iuan-hien. Il avait fait sculpter autour de sa tombe la statue des rois vaincus et aussi l'image

---

1. L'expansion chinoise en Asie centrale, aux confins de l'Inde et de l'Iran, eut également sa répercussion dans le domaine économique. Ce fut, par exemple, à l'époque des T'ang et à l'imitation des Indiens que les Chinois apprirent à fabriquer du sucre avec la canne à sucre (et l'on sait l'importance acquise de nos jours par les plantations de canne à sucre du Sseu-tch'ouan et de la région cantonaise). De même pour le vin de raisin. Dès l'époque des premiers Han, la Chine, on l'a vu, était entrée en relations étroites avec les oasis de la Kachgarie (Tourfan, Qarachahr, Koutcha) et avec le Ferghâna, tous pays célèbres pour leurs raisins. D'après la tradition, le raisin aurait été ainsi introduit en Chine vers 125 avant J.-C. Néanmoins, ce ne fut qu'à partir des T'ang, au VIIe siècle, que les Chinois, sans doute à l'exemple des viticulteurs de Tourfan, se mirent à fabriquer du vin de raisin à côté des vins de riz, de millet ou d'autres grains, immémorialement connus chez eux. Quant au thé, plante du Sud, l'usage en était connu dans la Chine du Nord dès l'époque tcheou, mais sous les Han il restait encore une boisson de luxe, réservée aux hautes classes et à la classe moyenne. Ce ne fut que sous les T'ang, au VIIIe siècle, que le thé devint une boisson vraiment nationale, accessible à tous.

de ses chevaux de guerre. Tel était le dévouement de ses vétérans que l'un d'eux, le vieux capitaine turc A-che-na Chö-eul, voulait se tuer sur sa dépouille, à la vieille manière tartare, « pour garder la tombe de l'empereur[1] ».

1. Ce sont ces vétérans du grand empereur qu'au siècle suivant le poète Li T'ai-po a immortalisés dans ses vers sur « les enfants de la frontière » :
> Les enfants de la frontière
> Pendant toute leur vie ignorent la littérature.
> Ils ne savent que chasser et monter à cheval.
> L'automne vient, les herbes croissent, les chevaux deviennent gras ;
> Ils sautent alors sur leurs montures et les laissent galoper.
> Que leurs gestes sont agiles et leur air dédaigneux !
> Ils font claquer leur fouet et chantent à haute voix.
> Faucon au poing, à moitié ivres, ils vont chasser.
> Ils tendent leur arc et atteignent toujours leur but :
> D'une seule flèche ils abattent deux oiseaux !

(Traduction Sung-nien Hsu.)

CHAPITRE XVIII

Drames à la cour des T'ang

L'empereur Kao-tsong, fils de T'ai-tsong le Grand, n'avait que vingt-deux ans quand il monta sur le trône. Il devait régner trente-trois ans (650-683). C'était un homme appliqué, plein de bonne volonté, naturellement bienveillant quoique, on le verra, d'une navrante faiblesse de caractère. Sa piété se manifesta envers tous les cultes. Il alla, sur la montagne sacrée du T'ai-chan, offrir des sacrifices au Souverain Seigneur de l'Auguste Ciel ; il accomplit un pèlerinage à la tombe de Confucius, un autre aux plus anciens « temples » taoïstes. D'après le témoignage de la stèle syro-chinoise de Tch'ang-ngan, il protégea le christianisme nestorien. Sous son règne, au moins au début et grâce aux vétérans de son père, l'expansion chinoise continua. T'ai-tsong le Grand, pas plus que l'empereur Yang-ti, n'avait réussi à conquérir la Corée. Kao-tsong y parvint. De 660 à 665, ses généraux soumirent un des trois royaumes coréens, le Paiktchei, situé sur la côte sud-ouest de la péninsule. En 668 ils s'emparèrent de même du principal de ces royaumes, la Corée propre, situé au nord-ouest de Seoul. Le troisième royaume coréen, le Sinra, situé sur la côte orientale, ayant spontanément reconnu la suzeraineté chinoise, toute la péninsule entra dans l'orbite de la Chine. Au Turkestan l'empire eut à réprimer une révolte des tribus de Turcs occidentaux qui nomadisaient au nord-est de l'Issyq-koul. Le général chinois Sou Ting-fang marcha au seuil de l'hiver contre les rebelles. « L'hiver approchait, le sol était couvert de neige : nul chez les Turcs ne soupçonnait que les Chinois pussent s'engager en une telle saison dans ces solitudes désolées. » Sou Ting-fang surprit les nomades sur la rivière Borotala, affluent de l'Ebinor, en Dzoungarie, puis les battit encore sur la rivière Tchou, à l'ouest de l'Issyq-koul, et força leur khan à s'enfuir à Tachkend, où on le livra à la Chine (657). Les Turcs occidentaux acceptèrent comme khans des clients de l'empire. L'empereur Kao-tsong semblait avoir parachevé l'œuvre paternelle lorsque brusquement la situation changea. À partir de 665 les Turcs occidentaux se révoltèrent définitivement contre lui. En 670 les Tibétains, peuple alors à peu près sauvage, firent irruption dans le bassin du Tarim et enlevèrent aux Chinois ce qu'on appelait les Quatre Garnisons, Koutcha, Qarachahr, Kachgar et Khotan. Événement plus grave encore, le khanat des Turcs orientaux, le khanat de Mongolie qui avait son centre sur le haut Orkhon et que l'empereur T'ai-tsong avait détruit en 630, se reconstitua sous un descendant de l'ancienne famille royale turque, le qaghan Qoutlough. Les mauvais jours recommençaient. Pendant trente-neuf ans (682-721) les Turcs de Mongolie allaient de nouveau, « pareils aux loups », venir ravager du côté de la Grande Muraille les terres des Chinois, « pareils aux moutons ».

En même temps, à l'intérieur, le règne de Kao-tsong finissait lamentablement du fait de l'impératrice Wou Tsö-t'ien.

Wou Tsö-t'ien était une ancienne favorite de l'empereur T'ai-tsong. Entrée au harem à quatorze ans, en 637, elle y avait brillé autant par son esprit que par sa beauté. Lorsque l'empereur Kao-tsong n'était encore que prince héritier, il l'avait aperçue dans le troupeau des femmes de son père et depuis ce jour il l'avait aimée en silence. À la mort de T'ai-tsong les dames du harem avaient dû couper leur chevelure et entrer au couvent. Dès que le deuil officiel fut terminé, Kao-tsong, devenu Fils du Ciel, fit sortir la jeune femme de sa retraite et lui rendit sa place à la cour. Mais un rôle subalterne ne suffisait pas à l'ambitieuse concubine. Selon l'image de son ennemi, le poète Lo Pin-wang, « ses sourcils arqués comme des antennes de papillon ne consentaient pas à céder aux autres femmes. Se cachant derrière sa manche, elle s'appliquait à calomnier. Son charme de renarde avait le pouvoir particulier d'ensorceler le maître ». Pour parvenir à ses fins, elle n'hésita point à commettre le crime le plus monstrueux : elle étrangla de ses propres mains l'enfant qu'elle venait d'avoir de l'empereur et fit accuser de ce forfait l'impératrice légitime.

Les annales des T'ang nous ont raconté ce drame qui rappelle Tacite avec, en plus, toute une mise en scène de politesse hypocrite. À la naissance de l'enfant — une fille —, l'impératrice était venue rendre visite à Wou Tsö-t'ien. Elle caressa l'enfant, la prit dans ses bras, félicita la jeune mère. Dès qu'elle fut partie. Wou Tsö-t'ien étouffa le nouveau-né puis le replaça dans son berceau. On annonçait l'arrivée de l'empereur. Wou Tsö-t'ien reçut celui-ci avec un visage rayonnant de joie et découvrit le berceau pour lui montrer leur fille. Horreur, ce n'était qu'un petit cadavre ! Éclatant en sanglots, elle se garda bien d'accuser directement celle qu'elle voulait perdre. À la fin, pressée de questions, elle se contenta d'incriminer ses suivantes. Naturellement celles-ci, pour se disculper, rappelèrent la visite faite quelques instants auparavant par l'impératrice. La scène avait été si habilement machinée que Kao-tsong fut convaincu de la culpabilité de cette dernière. Il la dégrada et éleva à la place Wou Tsö-t'ien (655). Malgré l'opposition des vieux compagnons de son père, il tomba bientôt entièrement sous le joug de sa nouvelle épouse. Pareille à l'Agrippine antique, celle-ci assistait derrière un rideau aux délibérations du conseil. Comme Kao-tsong continuait à visiter en secret l'impératrice répudiée, Wou Tsö-t'ien fit couper à la malheureuse les mains et les pieds.

À partir de 660 ce fut Wou Tsö-t'ien qui dirigea au nom du faible Kao-tsong toutes les affaires de l'État. Grâce au système de délation qu'elle avait établi, elle put, au gré de ses jalousies et de ses vengeances, terroriser impunément la cour et décimer jusqu'à la famille impériale des T'ang. Après avoir fait périr les mandarins qui lui résistaient, elle obligeait leurs filles ou leurs veuves à lui servir d'esclaves. Le lamentable empereur connaissait l'innocence des victimes, mais n'osait réagir. Seulement le remords rongeait sa santé ; peut-être son affaiblissement était-il d'ailleurs aidé par les soins de son épouse. Les annalistes nous disent en effet que dans les derniers temps « sa tête enfla et il devint comme aveugle. Son médecin offrit de ponctionner les parties tuméfiées. Wou Tsö-t'ien s'écria que porter les mains sur le visage impérial était un crime de lèse-majesté qui méritait la mort. Le médecin tint bon et pratiqua les ponctions, sur quoi la vue de l'empereur se dégagea. [...] L'impératrice, feignant d'être ravie, courut chercher cent pièces de soie qu'elle offrit elle-même par brassées au médecin. Mais un mois plus tard on apprit que l'empereur était retombé soudainement malade et qu'il venait de décéder sans témoins » (27 décembre 683). Sous le nom de leur fils, Wou Tsö-t'ien allait pendant vingt-deux ans rester maîtresse absolue de l'empire (683-705).

Femme supérieure d'ailleurs, autrement entendue que son malheureux époux à la pratique des affaires. Sous son énergique impulsion la machine administrative des T'ang continua à fonctionner et, malgré les tragédies de sérail, les vétérans continrent presque partout les Barbares. Ce fut même sous le gouvernement de Wou Tsö-t'ien qu'au Tarim la Chine recouvra les Quatre Garnisons, Koutcha, Qarachahr, Kachgar et Khotan (692). Il est vrai qu'elle fut moins heureuse contre les Turcs de Mongolie qui vinrent presque chaque année en de brusques razzia piller le *limes* du Kansou, du Chen-si, du Chan-si et du Ho-pei. « En ce temps-là, dit l'inscription turque de Kocho-Tsaïdam, les esclaves chez nous étaient eux-mêmes devenus propriétaires d'esclaves, tellement nous avions fait d'expéditions victorieuses ! »

Mais à l'intérieur Wou Tsö-t'ien ne rencontrait pas d'obstacle. Tout pliait devant cette femme indomptable. Son audace alla jusqu'à déposer son propre fils, le jeune Tchong-tsong (684), et finalement jusqu'à se faire proclamer elle-même « empereur » (690). En vain les princes du sang, honteux de se voir gouvernés par l'ancienne concubine, s'étaient-ils révoltés à l'appel du poète Lo Pin-wang. Ils avaient été écrasés et leurs têtes apportées à l'impératrice. Cependant Wou Tsö-t'ien comprenait la nécessité de se concilier les Turcs de Mongolie, pour mettre fin à leurs razzia tout d'abord, pour avoir leur appui contre ses ennemis ensuite. Elle envoya une ambassade à leur qaghan Bèktchor, en demandant pour son propre neveu la fille de ce chef. Le Turc refusa avec hauteur : il destinait sa fille non au neveu de l'usurpatrice, mais à l'empereur légitime écarté par cette dernière. Se posant en arbitre entre les coteries de la cour impériale, il se déclarait le défenseur de la légitimité et menaçait, si les T'ang n'étaient pas restaurés, de venir procéder à cette restauration à la tête de ses hordes. Wou Tsöt'ien prit peur. Elle affecta de reconnaître les droits de Tchong-tsong. En réalité elle continua à gouverner seule.

Maîtresse du pouvoir, elle y satisfaisait tous ses caprices. Bien que plus que mûre, elle prit pour favori un jeune bonze qu'elle fit aussitôt nommer supérieur d'un des principaux couvents de Lo-yang, « avec licence d'entrer au palais à toute heure du jour et de la nuit ». Du reste, et en dehors des qualités personnelles de son jeune chapelain, le bouddhisme intéressait beaucoup la vieille douairière. Chez cette femme extraordinaire la religiosité voisinait avec tous les sursauts de la cruauté et de la luxure. Elle manifestait par passades une grande dévotion. C'est ainsi qu'on la vit, de 672 à 675, faire sculpter aux grottes de Long-men, au sud de Lo-yang, le célèbre grand bouddha rupestre avec son entourage de bodhisattvas, de moines et de rois-gardiens. Et sans doute de telles œuvres, justement parce qu'elles ont remplacé le mysticisme et l'idéalisme de jadis par une violence réaliste quelque peu choquante, nous éclairent sur le genre de bouddhisme que pouvait goûter Wou Tsö-t'ien. Elles n'en témoignent pas moins de l'éclatante protection que la souveraine accordait à la foi. Cette protection se manifesta notamment à l'égard du pèlerin bouddhiste Yi-tsing — Yi-tsing était un moine du Ho-pei qui, en 671, s'était embarqué pour l'Inde *via* Sumatra. Après vingt-quatre ans de séjour aux sanctuaires bouddhiques de l'Inde et de l'Inde extérieure, il revint, toujours par la voie maritime, en 695, avec un grand nombre de textes sanscrits. À son arrivée à Lo-yang, Wou Tsö-t'ien se porta à sa rencontre avec un immense cortège et mit tout à sa disposition pour l'aider dans le travail de traductions auquel il consacra le reste de sa vie.

Cependant le règne de Wou Tsö-t'ien touchait à sa fin.

Devant le mécontentement de l'opinion publique, devant aussi, on l'a vu, une menace d'intervention turque, elle s'était décidée à restaurer, nominalement tout au moins, l'empereur Tchong-tsong. En réalité, elle continuait à gouverner seule avec ses nouveaux favoris, les frères Tchang. Mais un complot se tramait contre elle. Une nuit de l'an 705 les conjurés envahirent en armes le palais. Ils rencontrèrent le timide Tchong-tsong, l'empereur sans pouvoir, l'acclamèrent, l'entraînèrent de force dans les appartements de Wou Tsö-t'ien. La vieille impératrice, réveillée dans son sommeil, seule et sans défense, ses favoris égorgés à ses pieds, tint encore tête à la révolte. Elle essaya une dernière fois d'intimider Tchong-tsong et peut-être y serait-elle parvenue si les conjurés lui en avaient laissé le temps. Mais ils lui mirent le poignard sur la gorge et l'obligèrent à abdiquer (22 février 705). Elle mourut de dépit quelques mois plus tard. Elle avait quatre-vingt-un ans.

L'empereur Tchong-tsong, replacé à la tête des affaires, se montra l'homme bon et faible que nous connaissons. Son plus grand délassement était d'aller s'entretenir avec le moine bouddhiste Yi-tsing, tandis que celui-ci traduisait en chinois les Écritures sanscrites rapportées de l'Inde. Tchong-tsong se rappelait d'ailleurs que jadis, lorsqu'il était persécuté par son affreuse mère, il avait longuement invoqué le bodhisattva, le bon médecin des corps et des âmes, et que sa prière avait été exaucée. Replacé sur le trône par les événements de 705, il ne voulut pas se montrer ingrat envers ses célestes protecteurs. Aussi mandait-il fréquemment au palais les plus saints religieux de la capitale, notamment Yi-tsing, qui passa auprès de lui l'été de 707. L'empereur se rendait même dans le couvent du pèlerin, s'asseyait sur sa natte et participait de sa propre main à la traduction des Écritures indiennes.

Mais l'affectueuse collaboration du saint moine et du doux empereur allait être bientôt interrompue par un nouveau drame de palais. La femme de Tchong-tsong, la jeune impératrice Wei, était déplorablement légère. Elle avait pris pour amant un des neveux de la défunte impératrice Wou Tsö-t'ien, le beau Wou San-sseu. Tchong-tsong abusé ne s'apercevait de rien. En vain un jeune prince du sang, exaspéré de ces turpitudes, poignarda-t-il Wou San-sseu (707). L'empereur désavoua le justicier. Finalement la Messaline chinoise, que ce fantôme d'époux gênait encore, l'empoisonna pour régner seule (3 juillet 710). Mais elle n'avait pas la terrible autorité de Wou Tsö-t'ien. Son crime, aussitôt connu, provoqua la révolte des membres de la famille impériale conduits par le jeune prince Li Long-ki. Le 25 juillet, pendant la nuit, les conjurés, renouvelant le drame de 705, envahirent le palais et abattirent l'impératrice à coups de flèches. Sa tête fut plantée sur une pique et jetée à la foule. Li Long-ki fit alors nommer empereur son propre père, Jouei-tsong.

Pendant ce temps les Turcs de Mongolie et leur redoutable khan, Bèk-tchor, continuaient leurs ravages. En 706 le neveu de Bèk-tchor, Kul-tégin, avait remporté sur les Chinois une grande victoire près de Ning-hia, au Kan-sou : « Nous luttâmes contre les Chinois, dit l'inscription funéraire de Kul-tégin. D'abord Kul-tégin monta le cheval gris Tadiking-tchour et attaqua. Ce cheval fut tué là. Alors il monta le cheval gris Ichpara-Yamatar et attaqua. Et ce cheval aussi fut tué. Enfin il monta le cheval bai Kedimlig et pour la troisième fois conduisit la charge. Droit dans son armure, il atteignit de ses flèches plus de cent ennemis. Son attaque est dans le souvenir de beaucoup d'entre vous, ô nobles Turcs. Et cette armée chinoise, nous l'anéantîmes là ! »

L'empereur Jouei-tsong avait de grandes qualités morales, mais il ne se sentait pas la vigueur nécessaire pour redresser la situation au-dedans et à l'extérieur. Ne sachant que faire, il consulta un philosophe taoïste. Celui-ci lui conseilla la pratique de l'inertie cosmique selon la pure doctrine de Lao-tseu. « En quoi consiste la perfection du gouvernment ? Dans l'inaction ! Laissez aller les choses et le monde se gouvernera de lui-même. » Jouei-tsong préféra remettre le pouvoir à son fils, le prince Li Long-ki, celui-là même qui avait exécuté l'impératrice Wei et dont la brillante activité annonçait un grand règne. Le 8 septembre 712, il abdiqua en faveur de Li Long-ki. Sous le nom de Hiuan-tsong, celui-ci allait fournir un des plus grands règnes de l'histoire chinoise (712-756).

CHAPITRE XIX

Un grand siècle :
au temps du poète Li T'ai-po

L'empereur Hiuan-tsong, à son avènement, n'avait que vingt-huit ans. Il était actif, courageux de sa personne — il l'avait prouvé dans la dramatique nuit du 25 juillet 710 —, avec un sentiment très vif de ses devoirs, de la grandeur de sa maison, du rôle impérial de la Chine en Asie. Son règne (712-756) fut un des grands règnes, son siècle fut à bien des égards le « Grand Siècle » de l'histoire chinoise. Rarement autant de talents se trouvèrent groupés. Fort lettré, poète et musicien lui-même, Hiuan-tsong protégea personnellement les lettres et s'entoura d'une pléiade de poètes. Ce fut de son temps que vécurent les deux plus grands lyriques de la Chine, Li T'ai-po (701-762) et Tou Fou (712-770).

Alors que la poésie chinoise, faite en partie d'allusions littéraires, nous échappe trop souvent, les lyriques t'ang nous semblent plus accessibles parce que les sentiments qu'ils évoquent participent d'un humanisme universel. Peut-être ce caractère provient-il des sources multiples auxquelles le lyrisme t'ang a puisé. Si nous en analysons les éléments, nous y retrouvons à la fois la grande rêverie cosmique du vieux taoïsme, faite d'un élan éperdu vers le divin, et la mélancolie bouddhique devant l'écoulement universel des choses. Cette double inspiration se marque parfois à quelques vers de distance dans les poèmes de Li T'ai-po :

    Le fleuve Jaune coule vers l'océan de l'Est,
    Le soleil descend vers la mer de l'Ouest.

> Comme le temps l'eau fuit pour toujours.
> Ils ne suspendent jamais leur course !
> . . . .
> Que ne puis-je monter sur un dragon céleste
> Pour respirer l'essence du soleil et de la lune
> Afin d'être immortel[1] !

Parfois un vers de Li T'ai-po[2] livre à lui seul toute l'âme de l'enseignement bouddhique sur l'impermanence universelle :

> Les flots passent les uns après les autres, et se poursuivent éternel-
> [lement.

Quelquefois le ton est plus âpre, plus désespéré, comme dans ce *solvet saeclum* du même poète, qui se termine sur un *vanitas vanitatum* :

> Le soleil et la lune s'éteindront
> La terre retournera en cendre.
> Toi, parce que tu ne vivras pas mille ans,
> Pourquoi te plaindre que la vie soit courte ?

Et encore :

> Vivre, c'est voyager,
> Mourir, c'est retourner au sol.
> L'univers ressemble à une auberge,
> Les années qui s'écoulent, à de la poussière.
> On se plaint en pensant au passé.
> On se plaindrait davantage si on songeait à l'avenir !

Voici enfin, toujours chez Li T'ai-po, notre thème romantique « Jeter l'ancre un seul jour » :

> Le voyageur sur la mer profite d'un vent favorable,
> Il lève l'ancre et part pour de lointains pays.

1. Traduction Sung-nien Hsu.
2. Les poésies de Li T'ai-po et celles de Tou Fou que nous citons ici sont toutes empruntées aux traductions de M. Sung-nien Hsu, notamment dans son *Anthologie de la littérature chinoise*, Paris, Delagrave, collection « Pallas », 1933.

> Comme l'oiseau qui traverse des nuages innombrables,
> Son sillage ne laisse aucun souvenir.

D'autres poèmes de Li T'ai-po sont d'inspiration nettement taoïste :

> Je jouerai sur le *k'in* l'air de la forêt de pins agitée.
> En levant ma coupe j'inviterai la lune.
> Le vent et la lune seront mes amis éternels.
> Mes semblables d'ici-bas ne sont que des amis éphémères.

Enfin, par-delà le taoïsme même, cette extraordinaire envolée au symbole transparent, à propos du vieux mythe de l'oiseau rock :

> L'oiseau rock monte, monte.
> Ses mouvements ébranlent les quatre coins de la terre.
> Soudain, au sein du firmament
> Son vol se rompt, ses ailes sont épuisées, il tombe,
> Mais le vent provoqué par le battement de ses ailes
> Troublera mille et mille siècles encore !

Quand ils ne s'élèvent pas à ces hauteurs, les poètes t'ang se contentent de nous donner de la terre et des eaux, des monts et des lointains une vision qui est proprement *la création du paysage*. Voyez déjà le distique célèbre de Wang Po (648-675) :

> Les nuages bas volent avec le canard sauvage solitaire,
> L'eau automnale se confond avec le ciel sans fin.

Du peintre Wang Wei (699-759), ce vers qui est une peinture :

> Les pluies se succèdent sans trêve. Forêt déserte. La fumée de la
> [ferme s'élève avec peine.

Chez Li T'ai-po ces larges visions d'espace abondent, traitées dans une manière impressionniste très pénétrante. Voici une « marine », le lac Tong-t'ing :

> De bon matin j'erre sur les bords du lac Tong-t'ing.
> Je promène mes regards et nul obstacle ne barre l'horizon.

Le lac étend son eau dormante et limpide.
C'est bien un paysage d'automne
D'aspect glacial et mélancolique.
Cependant l'atmosphère est claire.
Les montagnes bleues se confondent avec les forêts.
Une voile apparaît peu à peu à l'horizon lointain
Et des oiseaux s'envolent dans l'aube.
La brise se lève sur la rive du côté de Tch'ang-cha
Et le givre blanchit les champs.

Vision d'espace, en montagne :

Les oiseaux ne dépassent pas le sommet de la montagne
Qu'enveloppe le ciel immense.
Je monte sur le sommet pour contempler la vision grandiose.
Là-bas le grand fleuve coule et ne revient pas
Et l'aquilon pourchasse les nuages sur dix mille *li*.

Crépuscule :

Au crépuscule je passe au pied de la montagne bleue.
La lune semble me suivre.
Je tourne la tête et regarde le chemin parcouru.
Une brume légère voile le feuillage.

Nocturne :

Une lueur argentée pénètre dans ma chambre
Jusque devant mon lit.
Je la prends pour du givre.
Je lève la tête, j'aperçois la lune qui se pose sur la colline.
Je baisse la tête et pense à mon pays natal.

Bien entendu, l'inspiration bouddhique ou taoïque ne manque pas de se manifester avec le thème, classique dans la poésie comme dans l'art, de la « visite à l'ermitage ». Voici, toujours de Li T'ai-po, l'ermitage bouddhique :

Le bonze du Sseu-tch'ouan possède une mandoline ;
Il descend vers l'ouest de la montagne
Et joue en mon honneur.
Les sons vibrants ressemblent au bruissement d'une forêt de pins
[agités.

Comme s'il était lavé dans l'eau de la rivière,
Mon cœur se trouve purifié.
La mélodie s'unit au tintement de la cloche lointaine.
Insensiblement le crépuscule tombe
Et les montagnes s'estompent dans le brouillard léger.

Et, du même auteur, la visite à l'ermitage taoïste :

Des aboiements lointains se mêlent au chuchotement du ruisseau.
La pluie légère ravive le rose de la fleur de pêcher.
Parfois on entrevoit la silhouette d'une biche craintive.
Une rivière se déroule, caressante ;
La cloche lointaine ne trouble pas son murmure.
De-ci, de-là, quelques pointes de bambous percent le brouillard
[bleuâtre.
Une cascade écumeuse se suspend au flanc du mont.
Je vous rends visite, mais je ne vous rencontre pas.
Mélancolique, je reviens en m'appuyant de temps en temps contre
[les pins robustes.

Mais il y aurait injustice à ne pas citer à côté de Li T'ai-po son émule et ami, l'autre grand poète t'ang, Tou Fou. Lui aussi est un paysagiste, comme le prouve cette vision d'automne :

Dans le clair automne nul obstacle ne limite le regard.
À l'horizon s'élève une brume légère.
La rivière lointaine se confond avec le ciel.
Une cité isolée s'enfonce dans le brouillard laiteux.
La brise fait tomber encore de rares feuilles.
Le soleil descend derrière la colline serpentante.
Comme la grue solitaire rentre tard !
Déjà dans le crépuscule les corbeaux se pressent vers la forêt.

Mais Li T'ai-po et Tou Fou n'ont pas été seulement de grands lyriques. L'amitié de l'empereur Hiuan-tsong a fait d'eux des poètes de cour. Ils ont chanté la vie inimitable au palais de Tch'ang-ngan, le charme de la favorite impériale, la belle Yang Kouei-fei. Cette femme, aussi célèbre par son esprit que par sa beauté et qui devait être à la fois « la Pompadour et la Marie-Antoinette de la Chine », était la maîtresse d'un des fils de Hiuan-tsong lorsque l'empereur s'éprit d'elle, la sépara de son fils et en fit sa bien-aimée. C'est elle que célèbre Li T'ai-po sous l'allusion à l'hirondelle :

> Le prince choisit les jeunes femmes qui l'accompagneront.
> Parmi les concurrentes qui se pressent de toutes parts
> Quelle est la plus jolie ?
> C'est l'hirondelle volante qui loge dans le palais.

Et un peu plus loin, cet hommage délicat :

> Lorsqu'elle termine son chant et sa danse,
> Je crains qu'elle ne se transforme en un nuage multicolore.
> Et ne monte au ciel.

Un autre pème de Li T'ai-po composé à la demande de l'empereur nous dit de la favorite :

> Le nuage ressemble à sa robe
> Et la fleur à son visage.

Tou Fou a célébré lui aussi

> Les déesses dont le corps de jade est entouré d'un nuage de
> [parfums.

Voici, de lui, une « promenade à la cour » :

> Sur les bords de la rivière de Tch'ang-ngan se promènent les belles.
> Démarche onduleuse, esprit lointain, elles vont, sérieuses et
> [naturelles.
> Leurs robes de soie sont brodées de dragons d'or et de licornes
> [d'argent.
> Des fleurs d'émeraude cachent leurs tempes.
> Parmi elles, sous de larges parasols s'abritent les sœurs de Yang
> [Kouei-fei.

Plus tard, après la dispersion de ces Trianons chinois et le massacre de la favorite, Tou Fou se rappellera la vision d'une de ces fêtes de cour avec son cortège d'amazones :

> La première des dames du palais [Yang Kouei-fei]
> Accompagnait l'empereur dans la même voiture.

Devant eux chevauchaient ses sœurs à elle, portant l'arc et le
[carquois.
Leurs montures étaient blanches avec des mors précieux.
Soudain l'une d'elles, renversant le buste en arrière, visa le ciel.
Elle riait, mais d'une seule flèche elle transperça deux oiseaux.

À la génération suivante un autre poète célèbre, Po Kiu-yi (772-846), évoquera à son tour ces fêtes galantes dans le *Chant des regrets sans fin* :

Dans la famille Yang une jeune fille naquit.
Un jour elle fut choisie pour demeurer aux côtés du souverain.
Au frais printemps elle fut autorisée à se baigner dans l'étang du
[palais.
Avec l'eau tiède et claire de la source elle lavait sa peau lisse
[comme la glace.
Les suivantes la soutenaient, flexible et lasse.
C'était la première fois qu'elle recevait les faveurs impériales.
Au-dessus de son visage de fleur les bandeaux de ses cheveux
relevés en forme de nuage étaient ornés d'une épingle d'or et de
[perle.
Sous la tiède mousseline, brodée de fleurs de lotus, elle reposait
[pendant les nuits printanières,
Mais les nuits étaient trop courtes et le soleil se levait trop tôt.
Alors l'empereur ne donna plus d'audiences matinales.
Les plaisirs, les festins ne lui laissaient aucun loisir.
Jour et nuit pour elle seule les amusements et la joie jamais ne
[s'interrompaient.
Dans le palais vivaient trois mille femmes
Mais les faveurs impériales se reportaient sur un seul corps.
À l'intérieur de la Maison d'Or, câline, elle terminait sa toilette et
[attendait la nuit.
Ou bien dans le Pavillon de Jade s'achevaient des festins dont la
[griserie s'accordait à l'ivresse du printemps.
Elle chantait et dansait doucement et les instruments ralentissaient
[alors leur rythme.
Toute la journée le souverain la contemplait sans pouvoir s'en
[rassasier[1].

À défaut de la peinture laïque t'ang dont, exception faite de quelques portraits de donatrices sur les fresques ou

---

1. Traduction Sung-nien Hsu.

bannières de Touen-houang, il nous reste peu de chose, on peut, pour évoquer ces jeux élégants à la cour de Hiuan-tsong, venir voir évoluer le petit peuple des figurines t'ang — musiciennes et danseuses, grandes dames et suivantes, amazones et joueuses de polo —, aujourd'hui si nombreuses parmi les terres cuites de nos musées. La légère polychromie qui avive leur teint et nuance leurs écharpes ajoute encore à la grâce de leurs attitudes. Autant qu'un vers de Li T'ai-po et de Tou Fou, elles ressuscitent pour nous le temps de la vie inimitable au palais de Tch'ang-ngan[1]. De même la cavalerie t'ang, piaffante et sellée, les auxiliaires barbares au type ethnique si accusé, voire les rois-gardiens bouddhiques, redisent dans nos collections les jours de l'épopée chinoise en Asie depuis T'ai-tsong jusqu'à Hiuan-tsong[2].

En effet la vie de cour n'empêchait nullement Hiuan-tsong de poursuivre en Asie la politique d'expansion de son grand aïeul. Dès les premières années de son règne il eut la chance de se voir débarrassé de son principal ennemi, Bèk-tchor, roi des Turcs de Mongolie, qui fut massacré dans une révolte et dont la tête fut envoyée à la cour de Chine (716). Le neveu et successeur de Bèk-tchor, Bilgäqaghan (« le Grand-Khan sage »), fit sincèrement la paix avec l'empire (721-722). Des relations amicales s'établirent entre la brillante cour de Tch'ang-ngan et la cour barbare du haut Orkhon, avec une déférence marquée de la seconde envers la première. En 743-744 le khanat des Turcs de Mongolie fut d'ailleurs renversé par la révolte de tribus congénères. À sa place une de ces tribus — donc également turque —, celle des Ouighour, s'arrogea l'empire de la Mongolie avec, pour centre, la même région du haut Orkhon où les Ouighour eurent leur capitale au site actuel de Qarabalghasoun — « la ville noire » —, près de l'actuel Qaraqoroum. Les Ouighour,

---

1. On trouvera une bonne collection de ces statuettes en terre cuite t'ang — les « tanagras chinoises », comme on les a appelées — au musée Cernuschi.
2. Voir au musée Cernuschi plusieurs terres cuites t'ang représentant des types de Barbares, et au musée Guimet les puissants « rois gardiens » bouddhiques en armure de guerre, rapportés de Touen-houang par la mission Pelliot.

nous le verrons par la suite, devaient se montrer les alliés fidèles de la dynastie des T'ang.

Du côté des Turcs occidentaux ou Turcs du Turkestan russe actuel (Sémiretchié et Syr-darya), les Chinois avaient remporté à Toqmaq en 714 une victoire d'un grand retentissement qui ramena dans la clientèle impériale une partie des tribus. En 736, en 744, nous voyons encore les généraux impériaux abattre divers khans turcs rebelles du Sémiretchié (bassin de l'Ili, au sud du lac Balkhach). En 748 on élève — signe visible de l'extension de l'Empire t'ang au Turkestan occidental — un temple chinois à Toqmaq, à l'ouest de l'Issyq-koul. Au Tarim, les petits royaumes de Qarachahr, Koutcha, Khotan et Kachgar, si longtemps indociles, étaient redevenus des vassaux fidèles. Ces vieilles populations indo-européennes du Tarim trouvaient en effet dans le protectorat chinois une défense indispensable contre de nouveaux envahisseurs, les Tibétains et les Arabes. Nous avons vu qu'en 670 les quatre villes avaient été conquises par les Tibétains et que la Chine n'avait pu les délivrer qu'en 692. Nul doute qu'elles ne préférassent la suzeraineté des T'ang à la domination de ces bandes tibétaines encore presque entièrement sauvages. Quant aux Arabes, depuis qu'en 652 ils avaient détruit l'Empire sassanide et soumis la Perse, ils avaient poussé leurs conquêtes jusqu'en Transoxiane : en 709 ils avaient imposé leur suzeraineté aux rois de Boukhârâ et de Samarkand. En 712-714 ils atteignirent Tachkend et pénétrèrent en Ferghâna. Le roi du Ferghâna se réfugia en Kachgarie, où il implora l'aide des garnisons chinoises[1]. Sa requête fut immédiatement acceptée. Dès 715 une armée chinoise entra au Ferghâna et le rétablit sur son trône en chassant les postes arabes. Les rois de Boukhârâ et de Samarkand essayèrent d'obtenir une intervention analogue, ainsi que le roi du Tokharestan ou Bactriane (pays de Balkh en Afghanistan). De 718 à 731 on voit tous ces princes envoyer sans cesse leurs déclarations de vassalité à la cour de Chine. L'empereur Hiuan-tsong répondait en leur confé-

---

1. Je me conforme à l'orthographe courante de nos atlas. En réalité, il faudrait écrire *Kâchghar*, *Kâchgharie*, comme on écrit *Ferghâna*.

rant des diplômes d'investiture et en les faisant aider contre les Arabes par les tribus turques soumises à sa suzeraineté, mais il hésita toujours à envoyer si loin un corps expéditionnaire chinois. En revanche il intervint de l'autre côté du Pamir.

C'est que de ce côté il s'agissait d'arrêter l'expansion tibétaine. Les Tibétains, la Chine les retrouvait maintenant partout. Elle était notamment obligée de soutenir contre eux une guerre de frontière épuisante dans la sauvage région du Koukou-nor. À l'autre extrémité du Tibet, les Tibétains menaçaient les petits royaumes au sud du Pamir, sur le versant indien du massif : le Wakhan, Gilgit et le Baltistan, par où passait la route la plus directe entre le protectorat chinois du Tarim et l'Inde. Or la Chine des T'ang, unie au monde indien par les liens du commerce et du pèlerinage bouddhique, tenait essentiellement à la liberté du passage à travers ces hautes vallées pamiriennes. Les Tibétains ayant imposé leur suzeraineté à Gilgit, le général impérial Kao Sien-tche, un Coréen au service de la Chine et qui était gouverneur en second de Koutcha, franchit en 747 le Pamir par la passe de Kilik ou le col de Baroghil, et établit à Gilgit le protectorat chinois. En 749, le roi du Tokharestan (Balkh, au nord de l'Hindou-kouch) ayant demandé l'aide des Chinois contre un petit chef montagnard allié des Tibétains et qui interceptait les communications entre Gilgit et le Cachemire, Kao Sien-tche franchit de nouveau le Pamir et nettoya une fois de plus la région (750). En même temps le râdja du Cachemire d'une part, le châh du Kapiça — c'est-à-dire de Kaboul — de l'autre, se montraient les fidèles alliés de la cour de Chine, qui leur envoya à diverses reprises des brevets d'investiture.

Installée sur les T'ien-chan et le Pamir, maîtresse à Tachkend, au Ferghâna et à Gilgit, protectrice du Cachemire, protectrice de Balkh et de Kaboul, c'est-à-dire de la meilleure partie de l'actuel Afghanistan, invoquée contre les Arabes par les gens de Boukhârâ et de Samarkand, la Chine avait une situation incomparable en Asie. De sa résidence de Koutcha, Kao Sien-tche faisait figure de vice-roi chinois de l'Asie centrale.

Brusquement tout s'effondra, et du fait de ce même Kao Sien-tche qui avait porté si loin les armes chinoises. Le roi turc de Tachkend, dans l'actuel Turkestan russe, avait toujours été un vassal fidèle de la Chine, dont il était la sentinelle avancée contre les Arabes. Or en 750 Kao Sientche, pour s'approprier ses trésors, inventa contre lui un grief imaginaire, se rendit chez lui avec une armée et le décapita. Cet acte de violence provoqua la révolte des Turcs occidentaux. Le fils de la victime implora l'aide des Arabes, qui s'empressèrent d'envoyer à son secours leurs garnisons de Boukhârâ et de Samarkand. En juillet 751, Kao Sien-tche fut encerclé et écrasé sur les bords du Talas, près de l'actuel Aoulié-Ata, par les forces turco-arabes coalisées. Les Arabes ramenèrent à Samarkand des milliers de captifs chinois. Cette journée historique décida du sort de l'Asie centrale ou tout au moins du Turkestan : au lieu de devenir chinois, comme la tournure des événements semblait l'annoncer, il allait devenir musulman.

Peut-être cependant le désastre chinois du Talas aurait-il pu être réparé, mais il allait devenir irrémédiable parce qu'il coïncida avec un affaissement général de la puissance militaire des T'ang. En cette même année 751, au Yun-nan, près du lac de Ta-li, les Nan-tchao, indigènes de race lolo, taillèrent en pièces une armée impériale et, toujours en cette année de malheur, à l'ouest du Leao-ho, dans l'actuel Jehol, la horde mongole des Kitat défit le général chinois Ngan Lou-chan.

En réalité la Chine était épuisée par son effort militaire. L'opinion publique était lasse de ces expéditions lointaines dont elle ne comprenait pas l'intérêt, lasse surtout de la conscription. Les poètes de cour eux-mêmes, comme Li T'ai-po, ne nous ont rien laissé ignorer de cet état d'esprit :

La Grande Muraille qui sépare la Chine du grand désert
Serpente jusqu'à l'infini.
De part et d'autre de la frontière
Aucune ville ne subsiste plus aujourd'hui.
Çà et là quelques ossements humains épars
Semblent exprimer leur haine éternelle.
Arrachés à leurs foyers, trois cent soixante mille hommes

Pleurent en disant adieu à leur famille.
Puisque c'est l'ordre du prince, on doit obéir,
Mais comment pourra-t-on encore cultiver les champs ?

C'est surtout chez Tou Fou que se manifeste cette lassitude, bien qu'il déguise sa critique en la transposant à l'époque des Han. Voici, sur ce thème, la « chanson des chars de guerre », qui date précisément de 752.

Les chars de guerre s'avancent en grinçant,
Les chevaux les traînent en hennissant.
Les soldats portent au flanc leurs arcs et leurs flèches.
Leurs parents, leurs épouses leur font cortège.
Tous, retenant les êtres chers par leurs vêtements,
Tentent de barrer la route à la colonne et sanglotent.
Hélas, les mobilisations se succèdent.
À l'âge de quinze ans on part dans le Nord pour garder le fleuve
[Jaune.
À l'âge de quarante ans on est soldat-laboureur dans l'Ouest.
Âgé, cheveux blancs, à peine de retour, on est de nouveau mobilisé.
À la frontière le sang coule à flots.
Mais l'ambition guerrière de l'empereur n'est jamais satisfaite.
Et pourtant les champs cultivés sont abandonnés et chaque village
[est envahi par les ronces.
Et tandis qu'on mobilise partout pour les confins occidentaux,
Le sous-préfet taxe oppressivement les récoltes.
Comment pourrait-on le payer ?
Oh ! vraiment, avoir des garçons est un malheur.
Ne voyez-vous pas qu'autour du Koukou-nor
Les squelettes blanchis restent exposés depuis l'Antiquité ?
Les mânes des morts récents expriment leurs regrets, les mânes des
[anciens pleurent ;
Par temps sombre et pluvieux ils poussent des cris aigus.

Sous la rubrique de l'année suivante (753), la critique de Tou Fou se fait plus directe :

Tristes, tristes, les soldats quittent leur pays natal.
Ils vont au-delà de Tourfan
Où les attend le filet du malheur.
Le souverain possède déjà un vaste empire.
Pourquoi pense-t-il encore à l'étendre ?

Voici les recrues arrivées en haute Asie :

Il neige, l'armée pénètre dans les hautes montagnes.
Le sentier est périlleux ; de peur de glisser on s'accroche de rocher
[en rocher.
Les doigts gelés glissent contre la glace épaisse de plusieurs
[couches.
Ici on est loin du sol des Han.
Quand se contentera-t-on de construire une muraille contre les
[Barbares, quand retournera-t-on au pays natal?

Le pis est que Tou Fou compare la misère du peuple au luxe de la cour, en particulier aux richesses accumulées par la famille de la favorite :

À la cour on distribue des rouleaux de soie
Que les femmes pauvres ont tissés.
Pour les leur arracher et les offrir à l'empereur on a fait battre de
[verges leurs maris.
De plus, j'ai entendu dire que tous les plats d'or du palais impérial
Émigrent peu à peu dans la famille de la favorite.
Au palais il y a telle abondance qu'on laisse se corrompre les
[viandes et s'aigrir les vins
Cependant que dans la rue les gens meurent de misère et de
[froid[1].

Le milieu était prêt pour une révolte. Elle vint du côté où on l'eût attendue le moins, d'un général de cour, Ngan Lou-chan. Ce personnage était un aventurier tartare au service de la Chine. L'empereur et la belle Yang Kouei-fei s'étaient engoués de lui au point d'en faire leur favori. Mais Ngan Lou-chan, au courant de la désaffection dont les souverains étaient l'objet, leva brusquement l'étendard de la révolte en 755 dans son gouvernement militaire du Leao-tong. En quelques semaines il traversa le Ho-pei, descendit sur Lo-yang, s'en empara et marcha sur Tch'ang-ngan, la capitale impériale. À son approche l'empereur Hiuan-tsong s'enfuit pendant la nuit vers le Sseu-tch'ouan avec Yang Kouei-fei, les deux sœurs de celle-ci et un sien cousin dont elle avait fait un

1. Traduction Sung-nien Hsu.

ministre. En cours de route, les soldats de l'escorte, manquant de vivres, se mutinèrent. Ils massacrèrent le ministre, cousin de Yang Kouei-fei, piquèrent sa tête sur une lance et vinrent la présenter à l'empereur. Ils coururent ensuite égorger de même les deux sœurs de la favorite. Effrayé par leurs clameurs, l'empereur sortit et essaya de les calmer par de bonnes paroles, mais les mutins exigeaient maintenant la tête de Yang Kouei-fei elle-même. Hiuan-tsong, assiégé par l'émeute, laissa emmener la malheureuse, qui fut étranglée par les soldats ; satisfaits, ceux-ci reformèrent alors leurs rangs.

Tou Fou, qui avait naguère célébré Yang Kouei-fei au temps de sa splendeur, devait en un poignant poème pleurer sa fin tragique :

Où sont donc maintenant ces prunelles brillantes et ces dents
[nacrées ?
Le sang souille l'âme qui ne reviendra jamais.
Le souverain et sa favorite ne se reverront plus.

À la génération suivante, le poète Po Kiu-yi (772-846), dans le *Chant des regrets sans fin*, chantera à son tour cette fin dramatique :

Voici que le roulement des tambours militaires a fait trembler le
[sol.
Il coupe net le *Chant de la jupe diaprée*.
La fumée et la poussière s'élèvent aux neuf portes du Palais.
Mille voitures s'enfuient vers le sud-ouest.
Les drapeaux impériaux flottent, puis s'immobilisent.
On n'a encore franchi qu'une centaine de *li* à l'ouest de la
[capitale
Et soudain les six légions de la Garde s'insurgent et ne veulent plus
[avancer.
C'est alors qu'au milieu des cavaliers périt la belle aux sourcils de
[papillon.
Ses ornements en forme de fleurs jonchaient le sol et nul ne les
[ramassa.
Nul ne ramassa l'ornement de sa coiffure, le moineau d'or orné de
[plumes de martin-pêcheur, ni son épingle à cheveux en jade.
L'empereur, cachant son visage, n'avait pu la sauver.

Il tourna la tête, regarda encore. Ses larmes coulaient avec du sang...
Hélas, le ciel et la terre passeront, tandis que ses regrets seront [éternels[1].

Pendant ce temps, Ngan Lou-chan occupait Tchang-ngan, la capitale impériale (18 juillet 756). Le lamentable Hiuan-tsong continua sa fuite vers le Sseu-tch'ouan, ce qui était une abdication. Son fils Sou-tsong alla se mettre à la tête des forces loyalistes dans la région de Ning-hia, au Kan-sou, sur la frontière nord-ouest de la Chine, où ses soldats le proclamèrent empereur (12 août 756).

Sou-tsong, prince actif et plein de bonne volonté, dut consacrer tout son règne (756-762) à la reconquête de la Chine sur les rebelles. Il fut secondé dans cette tâche par un grand soldat, Kouo Tseu-yi, modèle de loyauté militaire et de dévouement dynastique auquel plus qu'à tout autre la maison des T'ang allait devoir sa restauration. Pour se procurer des renforts, Sou-tsong s'adressa aux Turcs, auprès desquels, depuis T'ai-tsong, le prestige de la dynastie t'ang restait considérable. La plus puissante des nations turques, celle des Ouighour, pour lors, on l'a vu, maîtresse de la haute Mongolie, lui envoya des contingents grâce auxquels les impériaux purent reprendre aux rebelles Tch'ang-ngan et Lo-yang (757). Mais la révolte était loin d'être étouffée, et Sou-tsong mourut à la peine (mai 762). Les rebelles s'emparèrent même une seconde fois de Lo-yang. Pour les en chasser définitivement, pour en finir avec eux, il fallut l'intervention du roi des Ouighour en personne, descendu de Mongolie avec sa cavalerie (novembre 762).

Au cours de cette campagne le roi, ou qaghan, des Ouighour fit en Chine la connaissance d'un prêtre manichéen. Le manichéisme, on le sait, était une religion mixte fondée

---

1. Traduction Sung-nien Hsu. On songe, devant la chute dramatique de l'empereur vieilli, que ce même Hiuan-tsong a écrit le *Chant des marionnettes*, souvent cité dans les anthologies : « On sculpte dans le bois des marionnettes en forme de vieillards ; on les manie avec des fils ; avec leur peau plissée et leurs cheveux blancs elles ressemblent à des vieillards véritables. Mais une fois la comédie achevée, toutes retombent immobiles. Tels les êtres humains qui traversent la vie comme un songe » (traduction Sung-nien Hsu).

en Perse au IIIe siècle avec des éléments empruntés partie au mazdéisme indigène, partie au christianisme. À la suite de cette rencontre, le prince ouighour se convertit au manichéisme et en fit la religion d'État de son peuple. Curieuse destinée que celle de cette doctrine qui, après avoir failli entraîner l'adhésion de saint Augustin, faisait maintenant la conquête de la Mongolie. Il faut d'ailleurs reconnaître que le manichéisme contribua à adoucir les mœurs des Ouighour. Par ailleurs il propagea chez eux un art en grande partie emprunté, comme ses dogmes, à l'Iran. Les fresques et miniatures manichéennes de la région de Tourfan (entre 800 et 840 environ) se trouvent être en réalité les premières peintures persanes parvenues jusqu'à nous.

La dynastie des T'ang n'avait rien à refuser à ces rois ouighour qui l'avaient sauvée et restaurée : elle leur accorda même à diverses reprises la main d'infantes chinoises. Les Ouighour profitèrent de leur influence pour protéger le manichéisme en Chine. À leur demande, la cour de Tch'ang-ngan dut autoriser la création de temples manichéens dans plusieurs grandes villes. Cette protection dura autant que la domination ouighoure. Quand cette dernière s'effondra en Mongolie sous les coups des Turcs Kirghiz en 840, les communautés manichéennes de Chine se virent du jour au lendemain proscrites.

Le christianisme sous sa forme nestorienne bénéficia au contraire de la faveur à peu près constante des T'ang. Nous avons signalé la construction d'une première église nestorienne à Tch'ang-ngan en 638. La même année, l'empereur T'ai-tsong le Grand prit en faveur de la communauté un édit qui fait le plus grand honneur à l'esprit de tolérance de la dynastie : « La vraie loi [religieuse] n'a pas qu'un seul nom. Les saints n'ont pas de résidence fixe. Ils parcourent le monde, répandant la religion, exhortant le peuple et secourant en secret la multitude. A-lo-pen, homme d'une grande vertu, est venu du royaume éloigné de Ta-ts'in pour nous offrir des livres sacrés contenant une nouvelle doctrine dont il nous a expliqué le sens. En parcourant ces livres, en examinant cette doctrine, on la trouve profonde, merveilleuse et parfaite, particulièrement profitable à l'homme. » L'inscription qui relate ces faits fut gravée à Tch'ang-ngan en 781, avec une double légende, syriaque et chinoise. Ce texte célèbre commence par un résumé du dogme chrétien (la « religion radieuse ») et continue par le récit des faveurs accordées à la communauté nestorienne par les empereurs t'ang depuis T'ai-tsong le Grand, notamment par Hiuan-tsong, qui orna l'église de Tch'ang-ngan d'une inscription élogieuse tracée de sa propre main. Le nestorianisme ne devait avoir à souffrir qu'en 845, lorsqu'il fut englobé dans une persécution déclenchée contre le bouddhisme.

Mais manichéisme et nestorianisme n'étaient que des doctrines peu répandues, pratiquement réservées aux résidents iraniens ou turcs. En fait, la lutte des idées restait circonscrite entre « confucéens », taoïstes et bouddhistes. Dans la seconde moitié du règne de Hiuan-tsong, prince qui avait fini par se laisser grandement influencer par les taoïstes, les livres taoïques furent pour la première fois réunis en 745 en une collection unique, base du futur canon de la doctrine. De même, en 837 on procéda à la gravure en creux, sur pierre, du texte des neuf traités du canon confucéen : les lettrés purent ainsi estamper à volonté ce texte, ce qui, on l'a dit, équivalait à une première ébauche d'« imprimerie ». Enfin, nous avons vu que, en ce qui concerne le bouddhisme, les pèlerins comme Hiuan-tsang et Yi-tsing ramenèrent de l'Inde en Chine des bibliothèques entières de textes sanscrits que l'on traduisit aussitôt en langue chinoise[1]. L'énorme somme du *Tripitaka* chinois atteste l'importance de cet effort.

Au nom de la vieille sagesse confucéenne, les lettrés protestaient avec énergie contre la vague de mysticisme qui déferlait à la fois avec le bouddhisme et avec le taoïsme. L'empereur Hien-tsong, partagé entre ces deux croyances, reçut en grande pompe en 819 des reliques du Bouddha. Il en fut blâmé par un des plus célèbres lettrés t'ang, l'écrivain Han Yu, dans un placet véhément, souvent cité aujourd'hui encore : « Le Bouddha n'était qu'un Barbare qui ne connaissait pas notre langue et ignorait jusqu'à la coupe de nos

---

1. Rappelons que le voyage de Hiuan-tsang eut lieu entre 630 et 644 et celui de Yi-tsing entre 671 et 695.

vêtements. » Esprit honnête et courageux, un peu étroit peut-être, Han Yu rangeait dans la même réprobation bouddhisme et taoïsme, également condamnés par lui comme antisociaux et anticiviques. « Les uns et les autres prétendent gouverner leur cœur, mais ils rejettent le pays et la famille, ils éteignent les lois naturelles, ils sont fils et ne considèrent pas leur père comme père, ils sont sujets et ne considèrent pas leur prince comme prince, ils sont hommes et ne travaillent pas. » Nous retrouverons tout au long de l'histoire chinoise ces attaques des lettrés contre le monachisme et l'oisiveté bouddhiques, contre la passivité ou l'alchimie et la sorcellerie taoïques. Toutefois, confucéisme et taoïsme pouvaient, le cas échéant, s'unir contre la « religion étrangère », contre le bouddhisme. C'est ce qui arriva en 845, lorsque l'empereur Wou-tsong, qui était personnellement adonné au taoïsme, promulgua contre les bouddhistes un édit où il reprenait tous les arguments de Han Yu. Il laïcisa un grand nombre de moines et fit fermer 4 600 bonzeries et pagodes. Mais son deuxième successeur, Yi-tsong (860-873), fut un bouddhiste pieux sous lequel les bonzes recouvrèrent toute leur influence.

Le bouddhisme d'ailleurs était en train de prendre définitivement pied en Chine, précisément parce qu'il y devenait chinois.

Le bouddhisme tardif, tel qu'à l'époque des T'ang il était apporté de l'Inde du Nord en Chine à travers le bassin du Tarim, était une forme très évoluée de l'antique religion indienne, presque une religion nouvelle. On a déjà vu[1] qu'à la doctrine, somme toute assez simple, prêchée par le Bouddha historique, s'étaient superposées dans l'Inde même, à partir du commencement de notre ère, une métaphysique et une mythologie inattendues. Cette transformation était l'œuvre des écoles dites du Mahâyâna ou Grand Véhicule du salut. Une partie d'entre elles professaient au point de vue philosophique un idéalisme absolu, ou plus exactement un monisme idéaliste un peu analogue au système de Fichte et qui, dissolvant à la fois le moi et le monde extérieur, ne laissait finalement subsister que le « rien-que-pensée », le

---

1. Voir page 81.

« monde des idéaux ». Tel était, on l'a vu, le système rapporté de l'Inde par le pèlerin Hiuan-tsang. Des conceptions assez semblables formaient la trame d'un autre système fondé dans les dernières années du vi^e siècle de notre ère par un bouddhiste chinois sur le mont T'ien-t'ai, au Tchö-kiang. La « doctrine du T'ien-t'ai » retrouvait, dans l'écoulement universel qui, selon le bouddhisme, constitue le monde, l'essence universelle dont la conquête permettra au fidèle de parvenir à la bouddhéité. On aboutissait ainsi à une sorte de monisme mystique dans lequel il ne serait pas difficile de déceler des infiltrations taoïstes : l'essence universelle du T'ien-t'ai se présente comme une réplique du *tao* tel que nous l'avons plus haut défini[1]. Une autre secte bouddhique, dite de la contemplation (*dhyâna* en sanscrit, *tch'an* en chinois), s'attachait également par la voie intuitive à découvrir au fond du cœur l'essence de la bouddhéité. Et sans doute cette replongée intérieure, cet affouillement mystique peuvent-ils se réclamer de toute l'ascèse des *yogi* indiens, aussi bien brahmanistes que bouddhistes. Il n'en est pas moins vrai que nous nous sentons ici encore pénétrés, comme en une insensible osmose, de concepts taoïques. La contemplation du *Tch'an* ne se différencie guère de l'extase taoïste telle que nous avons essayé de la définir. Mais si le vieux taoïsme indigène influençait ainsi l'évolution du bouddhisme, la réciproque n'était pas moins vraie. À l'imitation du bouddhisme, le taoïsme s'efforçait maintenant de s'organiser en Église et ses sages se groupaient en communautés sur le modèle des couvents indiens.

Ce qui dans le bouddhisme attirait le plus les foules chinoises, c'était sans doute sa mythologie, c'étaient les nombreuses « dévotions » auxquelles elle donnait lieu et tout d'abord le culte des *bodhisattva*, ces êtres surnaturels créés pour suppléer le Bouddha historique. Une telle création s'imposait. Une religion a besoin de s'assurer de célestes protecteurs à qui puissent s'adresser les supplications des fidèles. Or le bouddhisme avait exclu toute notion d'Absolu ; et comment prier le Bouddha historique, dont la

---

1. Voir page 4.

personnalité (toute la doctrine bouddhique réside dans cette affirmation) est entrée dans le *nirvâna*, c'est-à-dire dans l'extinction définitive ? Aussi, à partir des environs de notre ère, le bouddhisme du Grand Véhicule fit-il, dans l'Inde même, une place considérable à un véritable messie, le *bodhisattva* Maitreya (Mi-lo-fo en chinois), qui doit s'incarner à son tour et, comme l'a fait jadis le Bouddha Çâkyamouni, sauver à nouveau le monde. Pendant les six premiers siècles de notre ère environ, la piété des foules se tourna vers ce messie qui, en Chine, joue encore un assez grand rôle dans l'iconographie wei, à Yun-kang et à Long-men. Puis, le messie tardant à apparaître, le messianisme insensiblement diminua. La piété populaire se porta vers un autre bodhisattva, vers Avalokitêçvara, sorte de Providence bouddhique (son nom signifie en sanscrit : « Celui qui regarde d'en haut »). Par une curieuse métamorphose, ce bodhisattva sembla, en Chine, revêtir une apparence féminine : Avalokitêçvara devint la « déesse » Kouan-yin, sorte de madone toute de mansuétude et de compassion qui sauve les âmes, les retire des enfers et les fait renaître à ses pieds, dans le lotus mystique, en de merveilleux paradis. Kouan-yin partagea ce rôle avec une autre divinité, le *dhyâni-bouddha* (bouddha mystique) Amitâbha (A-mi-to), qui est considéré comme son père spirituel et dont elle porte l'image dans ses cheveux. La dévotion à Amitâbha, l'amidisme, donnera naissance à une religion du cœur, à un culte nettement personnel, à un véritable piétisme ; mieux encore : à un quiétisme fait d'une confiance sans limite en la bonté du bodhisattva puisque un seul regard de compassion de celui-ci, comme une seule invocation à lui adressée du fond du cœur, suffit à nous sauver.

Cette religion personnelle, toute de tendresse et de confiance, valut sans doute plus d'adeptes au bouddhisme dans la masse du peuple chinois que les spéculations des philosophes. Ni le confucéisme ni le taoïsme ne pouvaient présenter rien de pareil. La déesse Kouan-yin fut adoptée par les foules au point de prendre place dans le panthéon populaire à côté des divinités taoïques ou confucéennes, adoptée par le taoïsme lui-même. À ce titre elle occupe aujourd'hui encore une place de premier rang dans le syncrétisme de toute provenance qui constitue la religion des foules chinoises.

Les bannières de l'époque des T'ang ou des Cinq Dynasties, rapportées de Touen-houang au musée Guimet par M. Pelliot, nous montrent ces divers cultes bouddhiques en voie d'évolution : le messianisme maitreyen y rivalise avec les paradis d'Avalokitêçvara, et l'Avalokitêçvara indien y devient sous nos yeux la Kouan-yin chinoise. C'est en quoi les fameuses grottes bouddhiques de Touen-houang sont particulièrement intéressantes. Touen-houang n'est pas seulement la plaque tournante où l'on passe de l'art encore indianisant du Tarim à l'art chinois. C'est aussi, tant au point de vue de l'iconographie que du dogme, et après la conquête de la Chine par le bouddhisme, un témoin unique de la contre-annexion du bouddhisme par la Chine.

CHAPITRE XX

Crise sociale et ruine de l'État

La Chine des T'ang ne se remit jamais complètement de la secousse causée par la révolte de Ngan Lou-chan. La restauration impériale qui parut terminer le drame ne réussit point à ramener l'ancienne prospérité. Pendant les troubles la Chine avait perdu, exception faite de l'Annam-Tonkin, toutes ses possessions extérieures. Les huit années de guerre civile (755-763), avec leur bilan de pillages, de destruction de richesses, d'abandon des cultures, provoquèrent une énorme diminution de la population. À la veille de la guerre civile, après cent quarante ans de paix intérieure, le recensement de 754 avait accusé un nombre de familles équivalant à cinquante-deux millions d'habitants. En 839, alors que la Restauration avait eu déjà trois quarts de siècle pour effacer les maux de la guerre civile, le recensement ne donnait plus que trente millions.

Cet appauvrissement démographique s'accompagnait d'une crise économique et sociale sans précédent. À l'époque t'ang, l'État restait théoriquement propriétaire de tout le sol chinois. En réalité, il se contentait d'en être le répartiteur. En arrivant à l'âge d'homme, tout paysan recevait sur les terres du village une concession viagère de trois à six hectares et une « propriété », transmissible à ses descendants, d'un hectare et demi au plus, le tout inaliénable. Ces concessions paysannes avaient comme contreparties l'impôt foncier, la corvée et le service dans la milice. À la mort du concessionnaire, le lot de terrain revenait aux biens communaux en vue d'une nouvelle répartition. Seuls les fonctionnaires pouvaient acquérir de grandes propriétés et, surtout, les conserver héréditairement. Les grands propriétaires ainsi créés faisaient cultiver leurs terres par des ouvriers agricoles payés à l'année. Ces grands domaines étaient soit exploités par des régisseurs, soit loués à des fermiers.

Or la petite propriété paysanne, basée dans chaque village sur la concession viagère de lopins de terre aux cultivateurs, disparut brusquement au milieu du VIIIe siècle. La révolte de Ngan Lou-chan avait, on l'a vu, ruiné les finances impériales, et la répression avait exigé la levée de milices de plus en plus considérables. Les impôts, les corvées, le service militaire devinrent si lourds, écrit Henri Maspero, les dettes des ruraux si pressantes que les paysans, malgré les interdictions, vendirent en masse leurs terres aux grands propriétaires pour se faire fermiers ou ouvriers agricoles, c'est-à-dire pratiquement serfs. La petite propriété disparut ainsi au bénéfice des *latifundia*. À la fin du VIIIe siècle les familles de propriétaires ne représentaient plus que 5 % de la population. Au lieu d'un peuple de paysans aisés, la Chine ne posséda plus qu'une sorte de prolétariat agricole.

Le commerce, de son côté, était ruiné. Pour remplir le trésor vidé par la guerre civile, l'État, dans les années 781-783, avait confisqué une partie des biens des marchands. Tch'ang-ngan, la capitale impériale, qui était le principal centre commercial de la Chine comme point de départ de la Route de la soie et point d'arrivée des caravanes venues de l'Iran et de l'Inde, se trouva, après l'exécution de ces mesures, aussi dévastée qu'après une mise à sac par les Barbares. Les prélèvements fiscaux furent si brutaux qu'ils provoquèrent des émeutes. L'État n'en maintint pas moins un impôt fort lourd sur les achats, ventes, opérations commerciales et transactions de toute sorte. Nous savons par exemple qu'en 793 le thé venant de Sseu-tch'ouan subissait encore une taxe de 10 %.

Il y avait là, rassemblés, tous les éléments d'une révolution. Elle commença à la fin de l'année 874. Le principal promoteur en fut un lettré aigri nommé Houang Tch'ao, à qui une injustice flagrante avait donné une mentalité de déclassé, personnage fort intelligent d'ailleurs et d'une énergie sans scrupules. La révolte éclata aux confins du Ho-pei méridional et du Chan-tong, région qui, des Turbans Jaunes aux Boxers, a toujours été le point de départ de tous les mouvements analogues. Il s'agit, on l'a vu, d'un pays surpeuplé, de « villages à l'étroit », dans une basse plaine de lœss et d'alluvions où aucun pouce de terrain n'est perdu, mais exposée tour à tour à la sécheresse ou à des inondations qui font périr les récoltes et provoquent de terribles famines. Le mouvement de 874 se présente en effet comme une jacquerie, un soulèvement de malheureux qui s'organisent en Grandes Compagnies pour se livrer au pillage. Pour combattre la révolte, le gouvernement prit une mesure qui n'aboutit qu'à la favoriser et à la rendre générale : il ordonna à la population de s'armer contre les rebelles et lui en fournit les moyens. Aussitôt armés, les paysans que les excès de l'impôt avaient obligés à vendre leurs terres et les boutiquiers également ruinés par le fisc s'empressèrent de se joindre à la jacquerie.

Houang Tch'ao amalgama tous ces éléments et, en quelques mois, une partie du Chan-tong, puis la riche plaine de K'ai-fong, au Ho-nan, furent épouvantablement ravagées. De là il conduisit ses bandes piller les grands ports de la Chine méridionale, Fou-tcheou (878) et Canton (879). Canton était une des plus grandes places de commerce de ce temps, « le port où abordaient les plus grands navires étrangers, l'entrepôt de tout le trafic maritime ». Les géographes arabes, qui la connaissent sous le nom de Khânfoû, nous apprennent qu'elle renfermait une très importante colonie de marchands arabes et persans de toute confession — musulmans, nestoriens, manichéens et juifs —, établis pour l'exportation de la soie, des porcelaines, du thé, de l'aloès, du camphre et des autres produits du « Çinistân ». Devant l'arrivée des bandes de Houang Tch'ao, les Cantonais fermèrent leurs portes, et il dut entreprendre un siège en règle. Houang Tch'ao offrit la paix si la cour le nommait gouverneur de Canton. Les ministres refusèrent, « ne voulant pas livrer à un rebelle les immenses richesses que renfermait la ville ». Il la prit d'assaut, massacra toute la population, y compris la colonie arabe, et pilla de fond en comble les entrepôts. « De plus il coupa les mûriers de tout ce pays, de sorte qu'il n'y eut plus, pour longtemps, de soie à expédier dans l'empire arabe » (automne de 879). Cependant les jacques de Houang Tch'ao, originaires des provinces septentrionales, souffraient du climat tropical de Canton ; la malaria les décimait. Il les ramena vers le nord et s'empara des capitales impériales, Lo-yang et Tch'ang-ngan, où tout fut saccagé et massacré (22 décembre 880, 15 janvier 881), pendant que la cour s'enfuyait — une fois de plus — au Sseu-tch'ouan.

Dans cette extrémité, la dynastie t'ang fit appel à une horde turque, dite la horde du désert de sable — Tchöl en turc, Cha-t'o en chinois. Les Cha-t'o, originaires en effet du Gobi, avaient été établis comme fédérés dans la boucle des Ordos. À la faveur de la guerre civile, ils venaient de s'installer dans la partie septentrionale du Chan-si (878). Leur chef, Li K'o-yong, n'avait que vingt-huit ans. C'est une des figures les plus sympathiques de son temps. La bravoure et la loyauté de ce Turc contrastent avec les tares des autres protagonistes du drame où sombrait la Chine des T'ang. Ce fut à lui que la cour s'adressa pour la sauver des révoltés. Il accepta et dès lors voua à la famille des T'ang une fidélité qui ne se démentit jamais. Ses cavaliers (qu'on appelait les Corbeaux de Li K'o-yong parce qu'ils portaient un uniforme noir) descendirent du Chan-si sur Tch'ang-ngan. Là, les troupes de Houang Tch'ao fondaient à vue d'œil : les jacques, après le pillage de la capitale, ne songeaient qu'à mettre leur butin en sécurité et désertaient les uns après les autres pour regagner leurs villages. Au commencement de 883, Li K'o-yong chassa leurs dernières bandes et rappela l'empereur. La cour revint donc dans la capitale. « Les herbes et les broussailles poussaient dans les rues désertes où les lièvres et les renards avaient établi leur gîte ». Houang Tch'ao se réfugia au Chan-tong, où il fut tué. Son principal lieutenant, Tchou Wen, s'était rallié à temps à la cause impériale et avait obtenu pour prix de ce ralliement un fief important au Ho-nan autour de K'ai-fong. Quant à Li K'o-yong, le sauveur de la dynastie, il reçut de même la province du Chan-si, à laquelle il ajouta peu après le nord du Ho-pei.

En réalité, ce n'étaient là que les exemples les plus marquants du lotissement général de l'empire. À la faveur de la guerre civile et de l'armement des milices locales, gouverneurs de provinces et commandants d'armées s'étaient rendus pratiquement indépendants : une féodalité héréditaire s'installait partout, comme chez nous à la même époque (et dans des circonstances un peu analogues), lors de la chute de l'Empire carolingien. Toute la Chine du Sud se trouva bientôt partagée de la sorte entre sept dynasties provinciales, tandis que dans le Nord le pouvoir était disputé entre le chef turc Li K'o-yong et le capitaine de bandits Tchou Wen.

Ce fut Tchou Wen qui l'emporta. Li K'o-yong était entravé par ses scrupules loyalistes : ce Turc chevaleresque ne voulait pas violer le serment de fidélité qu'il avait prêté à la dynastie des T'ang. De telles considérations n'embarrassaient guère Tchou Wen. L'ancien capitaine d'écorcheurs chercha même à se défaire de son rival en l'attirant dans un guet-apens : il l'invita à un banquet, l'enivra, puis le fit assaillir par une bande d'assassins. Les compagnons de Li K'o-yong le réveillèrent en lui versant de l'eau fraîche sur le visage et purent le faire échapper en le descendant du haut du rempart par une corde. Tchou Wen ne traitait d'ailleurs pas ses propres soldats avec moins de brutalité : il leur faisait tatouer sur la face le numéro de leur régiment, de sorte que tout déserteur, facilement reconnu, était aussitôt décapité. Ayant attiré dans son fief du Ho-nan la famille impériale, il fit assassiner l'empereur (22 septembre 904) ; un peu plus tard, il réunit les frères de la victime dans un banquet à l'issue duquel il les massacra tous, au nombre de huit (905). Il avait mis sur le trône un dernier prince t'ang, âgé de treize ans. Le 12 mai 907, il déposa cet enfant (il le fit exécuter neuf mois après) et se proclama lui-même empereur.

Pour un demi-siècle le monde chinois retombait dans l'anarchie. Nous avons vu que sept dynasties provinciales s'étaient partagé la Chine du Sud. Dans le domaine impérial, réduit aux provinces du Nord, avec le Ho-nan comme centre, la maison de Tchou Wen ne garda le pouvoir que seize ans.

Elle en fut chassée par la famille de Li K'o-yong, mais celle-ci ne régna à son tour que treize ans (923-936), remplacée ensuite par une autre famille de même origine, c'est-à-dire turque comme elle-même. Encore les Turcs en question, les Cha-t'o, étaient-ils maintenant tout à fait sinisés. Mais voici qu'apparaissait dans la région de Pékin une horde restée purement barbare et qui allait réclamer sa part du lotissement chinois : les Kitat.

Les Kitat[1] étaient un peuple de race mongole qui nomadisait aux confins de la Mandchourie méridionale et de la Chine, dans le bassin du Charamurèn, entre Leao-yang et Dolon-nor, au nord-est de Pékin. L'occasion d'intervenir dans les affaires chinoises leur fut offerte par les Chinois eux-mêmes. En 936 un général chinois, Che King-t'ang, révolté contre la cour impériale, fit appel à eux. Leur khan, Ye-liu Tö-kouang, descendit au Ho-pei avec 50 000 cavaliers et aida Che King-t'ang à s'installer à K'ai-fong comme fondateur d'une nouvelle dynastie impériale. Pour prix de leur intervention, les Kitat se firent céder par leur protégé l'extrême nord du Ho-pei, y compris l'actuel Pékin, et l'extrême nord du Chan-si, y compris Ta-t'ong (936). C'était l'installation des Barbares à l'intérieur de la Grande Muraille, dans ces Marches du Nord d'où ils pouvaient contrôler à leur gré toute la politique chinoise. La trahison de Che King-t'ang ouvrait la première brèche dans l'intégrité du territoire chinois, brèche qui ira ensuite s'élargissant et par où toutes les hordes s'engouffreront pour conquérir toute la Chine du Nord au XIIe siècle, toute la Chine au XIIIe. Pékin, occupé par Ye-liu Tö-kouang, passera de la horde mongole des Kitat à la horde tongouse des Djurtchèt, puis des Djurtchèt aux Mongols Gengiskhanides, et restera ainsi au pouvoir des tribus tartares de 936 à 1368.

Du reste, les conséquences de l'occupation de Pékin par les Kitat ne tardèrent pas à se faire sentir au détriment de

---

1. En mongol, *Kitan* au singulier, *Kitat* au pluriel. En chinois, *K'i-tan*. En turc, en persan et en arabe, *Khitaï*. C'est par ce nom que les Turcs (et à leur suite les Russes) ont depuis désigné la Chine. À leur exemple, c'est par ce même nom *(Cathay)* que Marco Polo désignera la Chine du Nord.

ceux-là mêmes qui l'avaient livré. Le successeur de Che King-t'ang, ayant voulu s'affranchir de l'onéreuse protection des Kitat, attira sur lui une nouvelle invasion. Le 25 janvier 947, le khan kitan Ye-liu Tö-kouang fit son entrée dans K'ai-fong, la capitale impériale. Il ne reprit le chemin de Pékin qu'après avoir consciencieusement saccagé la ville et en traînant à sa suite toute la cour chinoise prisonnière. Après le départ des Kitat, une nouvelle maison chinoise monta sur le trône de K'ai-fong, sans d'ailleurs pouvoir le conserver plus de quatre ans (947-951). Lorsqu'une grande dynastie impériale, celle des Song, y accéda à son tour (février 960), le morcellement était encore accru par la création d'un nouveau royaume chinois dissident établi au Chan-si avec T'ai-yuan pour capitale. Si l'on se rappelle que la Chine du Sud avait déjà été partagée entre sept royaumes indépendants, cela faisait huit États provinciaux sécessionnistes en face de l'Empire pratiquement réduit au Chen-si, au Ho-nan, au nord du Ngan-houei, au Chan-tong et au sud du Ho-pei[1].

---

1. Sans parler du pays annamite (Tonkin et nord de l'Annam actuel), qui avait profité du morcellement chinois pour secouer la domination chinoise en 939.

CHAPITRE XXI

Les Song et le problème des réformes

La dynastie des Song est une dynastie selon le cœur du peuple chinois. Non qu'ils aient renouvelé en Asie les conquêtes des Han et des T'ang. Tout au contraire, ils ne réussirent pas à chasser les Tartares des portions du territoire national que ceux-ci détenaient encore et dans la seconde moitié de leur règne ils durent abandonner à ces mêmes Tartares toute la Chine du Nord. Mais les lettrés chinois n'ont jamais prisé la gloire des armes à l'égal de la culture ; leur tournure d'esprit classique, sans doute aussi leur jalousie de classe à l'égard de l'élément militaire, les poussaient à dénigrer systématiquement au nom de la philosophie toute politique guerrière, quitte, lorsque leurs théories antimilitaristes avaient provoqué l'invasion, à opposer aux armes victorieuses une protestation impuissante et un patriotisme tardif. La lecture du *T'ong kien kang mou*, l'histoire générale de la Chine écrite précisément par le représentant le plus qualifié des intellectuels song, est caractéristique à cet égard. En revanche, la dynastie song ne pouvait que mériter leur sympathie par son goût pour la culture classique, les spéculations philosophiques, l'érudition, l'archéologie, le dilettantisme.

Reconnaissons du reste qu'il n'a pas tenu aux fondateurs de la dynastie song que celle-ci ne recommençât la glorieuse carrière des Han et des T'ang. Le premier d'entre eux, Tchao K'ouang-yin, reste, en tout état de cause, une des figures les plus sympathiques de l'histoire chinoise. Avant son avènement il était général au service de la dynastie précédente. Le souverain venait de mourir, ne laissant qu'un enfant de sept ans. Or on était en pleine guerre contre les redoutables Kitat, guerre que Tchao K'ouang-yin conduisait avec bonheur. L'armée, qui sentait la nécessité de voir un homme fort assumer le pouvoir, força la main à son général. Un jour, à l'aube, les soldats entourèrent la tente de Tchao K'ouang-yin. Réveillé en sursaut, il se vit environné de ses officiers qui, sabre au clair, lui déclarèrent qu'ils le nommaient empereur. Avant qu'il eût pu leur répondre, il fut revêtu par eux de la robe impériale jaune, enlevé sur leurs épaules, hissé à cheval et entraîné au milieu des troupes qui, l'acclamant, se formèrent en colonne et s'ébranlèrent en direction de la capitale. Mais au bout de quelques minutes, « tirant sur la bride de son cheval », il commanda de faire halte et harangua les soldats : « M'obéirez-vous ? Si vous ne voulez pas m'obéir, moi je ne veux pas être votre empereur ! » Sautant à bas de leurs chevaux, tous les chefs crièrent qu'ils lui obéiraient. « En ce cas, leur dit Tchao K'ouang-yin, écoutez-moi bien. Vous n'attenterez pas à la vie de l'impératrice douairière et du petit empereur, mes anciens maîtres ! Vous ne molesterez pas les ministres, mes anciens collègues ! Vous ne pillerez ni le trésor, ni les magasins, ni les arsenaux impériaux ! Si vous manquez à quelqu'un de ces points, je ne vous épargnerai pas ! » Tous le lui jurèrent et l'armée reprit sa marche dans un ordre parfait. Le lendemain elle entrait dans K'ai-fong, la capitale. Tchao K'ouang-yin assura non seulement la sécurité, mais encore le bien-être de l'enfant impérial et de la douairière, après quoi il monta sur le trône (février 960).

Son règne ne devait pas démentir ces prémices. Administrateur humain et habile, esprit pondéré, il pansa les plaies de trois quarts de siècle de guerres civiles et refit presque entièrement l'unité chinoise. En quinze ans de règne il soumit l'un après l'autre les divers royaumes provinciaux qui se partageaient la Chine du Sud (prise de Canton en 971 et de Nankin en 975). Ce qui est particulièrement remarquable, c'est qu'en dépit du fait de guerre ces conquêtes ne s'accompagnèrent d'aucune violence civile. Les généraux impériaux avaient ordre, aussitôt les villes prises, d'y proclamer une amnistie totale. Quant aux princes dont le territoire faisait ainsi retour au domaine impérial, Tchao K'ouang-yin non seulement ne les molestait pas, mais les pensionnait et les attachait à sa cour. L'ex-roi de Nankin avait résisté le plus longtemps. L'empereur se contenta, non sans humour, de le créer « marquis récalcitrant » (975).

C'était par un *pronunciamento* militaire que Tchao K'ouang-yin était monté sur le trône, comme d'ailleurs toutes les dynasties précédentes l'avaient fait depuis la chute des T'ang. Mais, une fois au pouvoir, il résolut de mettre fin à ces pratiques. Il réunit les chefs d'armées, ses anciens compagnons d'armes, et, au cours d'un banquet amical, il obtint d'eux sans menaces, par la seule persuasion, que dans l'intérêt de l'État ils renonçassent à leurs commandements, en échange de quoi il les combla de terres et de richesses. Ainsi prit fin le régime des coups d'État militaires qui depuis plus d'un demi-siècle épuisait la Chine ; ainsi fut enfin restauré l'« empire civil ».

Tchao K'ouang-yin montra la même sagesse jusqu'au bout. Sentant venir sa fin, il estima que son fils était trop jeune pour assumer le pouvoir. Il fit appeler son frère, détacha la hache d'armes suspendue près du lit impérial et la lui remit comme insigne de l'autorité en lui recommandant d'être à son tour un bon empereur ; puis il expira (novembre 976).

Le nouvel empereur, T'ai-tsong[1] (976-997), acheva l'œuvre fraternelle en réunissant à l'empire le dernier royaume provincial, celui du Chan-si, dont la capitale, T'ai-yuan, fut prise après un long siège et malgré l'intervention des Kitat (juin 979). Il entreprit alors d'arracher aux Kitat eux-mêmes les territoires que ceux-ci détenaient à l'intérieur de la Grande Muraille : Ta-t'ong et Pékin. En juillet 979 il marcha sur Pékin, dont il commença le siège, mais il fut défait par les Kitat au nord-ouest de la ville et dut battre précipitamment en retraite. En 986 il recommença la guerre,

---

1. Ne pas confondre avec l'empereur de même nom qui avait illustré la dynastie des T'ang.

mais cette fois il ne put même pas arriver jusqu'à Pékin. Entre Pékin et Pao-ting il subit un véritable désastre. Les Kitat lancés à sa poursuite coururent jusque dans le sud du Ho-pei. Sous le règne de son fils Tchen-tsong (998-1022), les Kitat firent en 1004 une nouvelle invasion dans la partie chinoise du Ho-pei. Ils arrivèrent jusqu'au fleuve Jaune, en face de la capitale impériale, K'ai-fong. Dans cette ville, les courtisans s'affolaient, conseillaient à l'empereur de se retirer à l'abri du Yang-tseu, à Nankin, voire au Sseu-tch'ouan. Tchen-tsong s'y refusa. Au nord du fleuve Jaune, vis-à-vis de K'ai-fong, la petite place chinoise de Chen-tcheou tenait toujours et sa résistance arrêtait les Kitat dans leur descente vers la capitale[1]. Courageusement l'empereur s'y transporta. Sa ferme attitude électrisa les défenseurs et en imposa aux Kitat. Ceux-ci se décidèrent dans cette même ville de Chentcheou à signer la paix en évacuant leurs récentes conquêtes dans le sud du Ho-pei et en se contentant, comme par le passé, de la possession de Pékin et de Ta-t'ong (1004). Il est vrai qu'au cours de cette lutte les embarras de l'empire avaient été mis à profit par un peuple de race tibétaine, les Tangout, qui, aux environs de l'an mille, s'étaient rendus maîtres de l'Ordos, de l'Alachan et du Kan-sou, où ils fondèrent un royaume indépendant, le royaume de Si-Hia.

Le retentissant échec des deux tentatives des impériaux pour recouvrer Pékin sur les Kitat et la création, dans les Marches du Nord-Ouest, du nouveau royaume barbare des Tangout dégoûtèrent la dynastie Song de la politique guerrière. Satisfaite d'avoir arrêté la contre-attaque des Kitat, elle se résigna à laisser en la possession de ceux-ci la Marche de Pékin[2] et la Marche de Ta-t'ong, à laisser de même aux Tangout l'Ordos et le Kan-sou. En ce qui concerne notamment Pékin, il faut noter que le sacrifice était beaucoup moins considérable qu'il ne nous le paraît aujourd'hui. Pékin, indépendamment de sa situation excentrique, n'était

---

1. Le Chen-tcheou des Song correspond à l'actuel site de Chen-yuan, près de P'ou-yang, à une trentaine de kilomètres au nord du cours actuel du fleuve Jaune, dans l'extrême sud du Ho-pei.
2. La frontière entre la Chine et les Kitat passa de ce côté entre Pékin (aux Kitat) et Pao-ting (aux Chinois).

alors qu'une ville provinciale fort secondaire, une ville frontière qui n'avait jusque-là joué aucun rôle et dont l'importance, au contraire, date précisément du jour où elle devint capitale des Kitat. Si nous nous plaçons au point de vue des Chinois du XIe siècle, en renonçant à Pékin et à Ta-t'ong d'une part, au Kan-sou de l'autre, ils sacrifiaient peu de chose. Ces trois Marches extrêmes mises à part, les Song conservaient toute la Chine historique. Pendant plus d'un siècle ils allaient pouvoir s'y consacrer à leur goût pour les lettres, l'art, les controverses intellectuelles. L'époque song fut par excellence celle des grandes discussions d'idées, principalement de la querelle des « conservateurs » et des « réformistes ».

Cette controverse, du reste, n'était pas un simple passe-temps d'intellectuels. La crise économique et sociale qui avait provoqué la chute des T'ang avait abouti à l'asservissement général de la population rurale, les petits propriétaires ayant dû, comme nous l'avons indiqué, vendre leurs terres pour entrer comme fermiers ou comme manouvriers au service des possesseurs de *latifundia*. Un écrivain célèbre de ce temps, Sou Siun (1009-1066), nous a laissé le tableau de cette situation : « Les champs ne sont pas la propriété de ceux qui les cultivent et ceux qui possèdent les champs ne les cultivent pas. Les champs des cultivateurs dépendent des riches. Les gens riches ont des terres étendues, de vastes propriétés ; leurs parcelles se touchent, ils font venir des émigrants et leur en partagent la culture. La cravache et le bâton activent les corvées, le maître les traite comme des esclaves. [...] Des produits des champs il prend la moitié : il n'y a qu'un propriétaire et il y a dix cultivateurs, en sorte que le propriétaire, accumulant de jour en jour sa moitié, arrive à la richesse et à la puissance, et le cultivateur, vivant au jour le jour de sa moitié, parvient à la misère et à la faim. Et il n'y a aucun recours[1]. » Un texte de 1308 dira de même que, sous la dynastie song, « le propriétaire considérait la vie et la mort des fermiers comme un brin d'herbe ».

---

1. Traduction Henri Maspero, dans *Le Servage*, université libre de Bruxelles, 1937, p. 294-295.

Un poème de Wang Yu-tch'eng (mort en 1001) nous trace un tableau poignant de la misère des campagnes par temps de famine, avec les cortèges de paysans déracinés, obligés d'émigrer droit devant eux :

> C'est la famine...
> Les aliments font partout défaut.
> Aucune fumée ne s'élève des cheminées.
> Sur la route, une bande de mendiants passe.
> C'est une famille, un vieillard avec sa vieille qui est malade.
> Trois enfants conduits par un homme suivent en pleurant.
> Un litre de grain comme provision et pas cent sapèques pour [viatique !
> Ils sont partis de Tch'ang-ngan l'an dernier, poussés par la famine.
> La mère des enfants est morte et on l'a enfouie en terre étrangère.
> Ils cherchent maintenant à regagner le jardin qui les faisait vivre.
> Hâves, amaigris, sans force et sans appui.
> J'ai bien peur qu'un jour de pluie ou de neige
> [leurs cadavres ne restent dans quelque vallée[1].

Certes, il s'agit là d'un tableau qui n'est pas particulier à l'époque song. Les années de famine reviennent périodiquement dans l'histoire chinoise avec leur cortège de misères. Mais il est certain que, le problème agraire n'ayant pas reçu de solution, la misère des paysans semblait sans remède. Par ailleurs les finances publiques se trouvaient désorganisées par la disparition de la petite propriété, disparition qui bouleversait de fond en comble l'assiette de l'impôt. De surcroît, ruinées par un siècle de coups d'État et de guerres civiles, elles étaient dans une situation lamentable[2].

Les Song, dont l'avènement après tant de guerres civiles se présentait comme une restauration générale des valeurs traditionnelles, se préoccupèrent tout d'abord de donner à cette restauration des bases intellectuelles définitives. Dès

---

1. Traduction Wieger.
2. En 1065, à la veille des réformes de Wang Ngan-che, les dépenses ordinaires de l'État, de l'aveu de l'*Histoire des Song*, s'élèveront à 120 343 174 sapèques, plus 11 521 278 sapèques de dépenses extraordinaires, tandis que les recettes n'atteindront que 110 138 400 sapèques. Selon la remarque de M. Tcheou Hoan, l'État chinois sera à la veille de la faillite quand Wang Ngan-che entreprendra la refonte du système financier.

son accession au trône, le fondateur de la dynastie, le sage Tchao K'ouang-yin, s'était appuyé sur la classe des lettrés confucéens *(jou)*, parmi lesquels lui et ses successeurs recrutèrent leur personnel administratif. Pour fournir ce recrutement, ils rétablirent ou réformèrent le système des examens publics, qui reçut alors sa forme définitive. L'empereur Jen-tsong (1025-1063) compléta ces mesures en créant des écoles de lettrés dans les principales villes, une école impériale supérieure dans la capitale et en refondant le programme des examens publics avec trois matières principales : style administratif, narration et poésie. Enfin il confia de hautes charges aux deux lettrés les plus éminents de son époque, Ngeou-yang Sieou (1007-1072) et Sseu-ma Kouang (1019-1086), tous deux connus comme historiens et le premier également comme poète.

Mais les lettrés n'avaient pas tardé à se diviser. Bien que se réclamant tous de l'orthodoxie confucéenne, ils différaient sur son interprétation comme sur la solution à donner à la crise économique et sociale de leur temps. Deux partis s'étaient formés parmi eux, le parti conservateur et le parti novateur, ou réformiste. Sous le règne de l'empereur Chen-tsong (1068-1085), les réformistes arrivèrent au pouvoir dans la personne du célèbre Wang Ngan-che.

À la vérité, bien avant lui les réformes étaient déjà « dans l'air ». Déjà, sous l'empereur Jen-tsong (1023-1063), on avait en 1057 créé des « greniers de bienfaisance » *(kouang-houei)* pour les distributions de grains aux vieillards, aux enfants, aux pauvres et aux malades. L'empereur Ying-tsong (1064-1067), souverain de tendances conservatrices cependant, avait consacré un million de sapèques à la dotation des « greniers régulateurs » *(tchang-p'ing)* : dans les années de récolte excédentaire et de chute des prix, ces greniers achetaient du grain à un taux supérieur à celui du marché ; dans les années de mauvaise récolte, quand la spéculation faisait monter les prix, ils cédaient le grain à un taux inférieur. Ces magasins d'État avaient donc pour double mission de constituer des réserves de grain pour les jours de disette et, en toute circonstance, d'équilibrer les prix en brisant la spéculation.

Mais Wang Ngan-che allait vite dépasser ces modestes essais.

Wang Ngan-che (1019-1086) est une des figures les plus intéressantes de l'histoire chinoise[1]. Nul de son vivant n'a été plus attaqué. On lui reprochait son entêtement de doctrinaire, ses vêtements négligés, son visage mal lavé qui faisaient contraste avec la tenue des autres lettrés. De nos jours au contraire on l'a porté aux nues. On en a fait non seulement un « socialiste d'État », mais un démocrate, un précurseur de Sun Yat-sen et du Kouo-min-tang. En réalité, ses réformes semblent avoir été surtout dictées par des préoccupations fiscales. Il s'agissait d'aider le peuple à produire davantage pour que l'État pût s'enrichir de l'enrichissement général. Ce fut dans ce double but — améliorer le sort du peuple en enrichissant l'État — que Wang Ngan-che fit instituer en 1069 une commission permanente des réformes qu'il présida. Et aussitôt la refonte du régime économique commença. Wang Ngan-che établit un budget des recettes et des dépenses de l'État suivant un programme fixe qu'on ne devait dépasser sous aucun prétexte et qui réduisait les dépenses de 40 %.

L'agriculture était, de beaucoup, la grande richesse de la Chine. Pour en augmenter le rendement, Wang Ngan-che résolut de soustraire les paysans à la misère — cette misère dont nous avons vu plus haut un tableau si précis — et aux saisies de leurs créanciers. À cet effet l'État consentit aux paysans des prêts sur récolte[2]. Ces avances leur étaient faites au printemps. À l'automne, après la récolte, les prêts, augmentés d'un intérêt, étaient restitués à l'État par les bénéficiaires. Par ailleurs les campagnards se plaignaient d'être victimes de l'arbitraire des fonctionnaires pour l'exécution des corvées. Wang Ngan-che supprima la corvée et la remplaça par une taxe annuelle qui constitua un fonds sur lequel furent payés les travaux publics. Innovation fort importante,

---

1. Il est intéressant de constater que le fameux réformateur se trouvait être un Chinois du Sud : il était né le 3 octobre 1019 dans le district de Lintch'ouan, au Kiang-si.
2. En chinois *ts'ing-miao*. L'institution en remonte à septembre 1067 (*cf.* Tcheou Hoan, *Le Prêt sur récolte*, Paris, 1930).

car la taxe ainsi créée n'était autre que la première apparition de l'impôt personnel. Dans le même esprit le cadastre fut complètement refondu, refonte rendue indispensable par la transformation agraire du IXe siècle. Dans la Chine ancienne l'impôt foncier avait porté sur la propriété paysanne, la propriété de village dont nous avons plus haut montré l'économie. Depuis qu'au IXe siècle la petite propriété avait disparu au profit des grands domaines, il fallait trouver autre chose. C'est à quoi pourvut Wang Ngan-che en procédant, non certes, comme on l'a prétendu, à une redistribution de la propriété, mais à une redistribution du cadastre. En 1073 il divisa tout le territoire en carrés d'un *li* (576 mètres) de côté, carrés destinés à établir l'assiette du nouvel impôt foncier. Comme le fait remarquer Henri Maspero, ce fut là une réforme purement fiscale, sans aucun caractère « social » : « Les propriétés subsistèrent comme auparavant, sans aucune relation avec ces divisions fiscales nouvelles ; les propriétaires dont les biens se trouvaient en tout ou en partie sur le même carré payaient une part de l'impôt du carré proportionnelle à l'étendue de ce qui leur appartenait. » Le régime de la propriété foncière resta celui des *latifundia* (même un réformateur comme Wang Nganche ne songea point à y porter atteinte), mais l'empire fut doté d'un plan cadastral précis et commode.

L'étatisme, cependant, triomphait. À partir de 1074 tout propriétaire fut tenu de faire la déclaration de tout ce qu'il possédait, « y compris les porcs et les poules ». Le commerce était d'ailleurs, lui aussi, réglementé. Tous les produits furent tarifés par les mandarins, qui fixèrent le cours forcé du marché. L'État stocka les produits invendus. Les impôts furent d'autre part payés en nature. Les mandarins, devenus de la sorte magasiniers officiels, conservaient ces denrées pour les redistribuer à titre d'avances au moment des semailles ou en cas de disette. « Le but de ces mesures était de maintenir des prix raisonnables et de briser la spéculation en empêchant toute hausse illicite comme toute dépréciation exagérée des produits. » Mais ici encore le but dernier était fiscal. Les marchandises en magasin furent frappées d'un impôt annuel de 20 % garanti par ces mêmes marchandises et par le bâtiment qui les abritait. Le délai de paiement écoulé, l'impôt était augmenté de 2 %. Mais en même temps, et de même qu'il avait institué le prêt sur les moissons, Wang Ngan-che, dès 1071-1072, avait créé le prêt d'État sur la propriété pour favoriser les entreprises commerciales. Plus précisément, « un tribunal spécialement créé pour l'organisation du commerce sur les marchés » *(che-yi wou)* put consentir aux commerçants des avances sur hypothèques.

Wang Ngan-che était un lettré. Mais il estimait que le programme des examens n'était bon qu'à former des pédants et non des administrateurs. En 1071 il en bannit les compositions littéraires où le style l'emportait sur les idées et toute la littérature proprement dite. Le programme comporta désormais l'interprétation des classiques confucéens d'après l'exégèse nouvelle du réformateur, des narrations et des pièces administratives, les candidats devant être jugés beaucoup plus d'après leurs idées personnelles et leurs connaissances pratiques que par les grâces de leur style.

Ces réformes dans le domaine littéraire bien plus encore que ses innovations économiques valurent à Wang Ngan-che l'opposition la plus violente de la majeure partie du mandarinat. Sa nouvelle interprétation des livres canoniques dans le sens de ses idées parut aux confucéens conservateurs une manière de sacrilège. Toutes ses réformes furent tournées en dérision et l'histoire chinoise ultérieure n'allait être qu'un long pamphlet contre lui. Avouons d'ailleurs qu'il nous est difficile de nous faire une opinion puisque ce sont en effet ses adversaires triomphants qui ont écrit son histoire. Il semble cependant que sa réforme agraire ait eu pour conséquence une diminution du prix de la vie. À son propre témoignage et tant que sa législation resta en vigueur, « le riz était devenu aussi bon marché que l'eau ». Un de ses poèmes (car, comme tous les lettrés de son temps, il était aussi poète), d'une sincérité assez émouvante, nous montre d'ailleurs quel sentiment profondément humain animait en lui l'économiste :

Quelqu'un manque-t-il d'argent pour le mariage ou les funérailles ?
Je lui en prête pour dissiper son inquiétude.
Quelqu'un a-t-il une récolte insuffisante ?
Je lui donne tous les grains que je possède pour l'aider à vivre.

Les Song et le problème des réformes / 191

Si la moisson est en abondance, je la recueille.
Si la moisson n'est pas suffisante, je distribue tout ce que je possède
[pour qu'on puisse travailler.
De nos jours on ne s'en occupe pas, mais moi je suis résolu à répri-
[mer les accapareurs[1].

Il n'en est pas moins vrai que les réformes, peut-être appliquées avec trop de rigidité, soulevèrent une opposition d'autant plus formidable qu'elle se traduisait par la force d'inertie. L'emmagasinement des produits par les fonctionnaires eût exigé une administration incorruptible, ce qui, paraît-il, n'était point le cas. Il n'était pas jusqu'aux avances de semailles aux paysans qui ne se tournassent contre l'intention du législateur. Trop souvent les paysans à qui l'avance avait été consentie ne la remboursaient pas et se voyaient, de ce fait, expropriés par le fisc. Le chef du parti conservateur, l'historien Sseu-ma Kouang, avait beau jeu de critiquer là-dessus tout le système : « Rien de plus spécieux, rien de plus beau en théorie, rien de plus préjudiciable à l'État dans la réalité. On prête des grains au peuple, et il commence par en consommer une partie. On lui prête des grains, et il les vend et son activité cesse : il devient paresseux. » À quoi Wang Ngan-che répondait : « Les lettrés ne veulent marcher que sur des routes battues par leurs ancêtres : qu'on leur en offre de plus sûres, de plus utiles, de plus commodes, ils ne daignent même pas faire un pas pour s'assurer si elles sont telles ! »

Mais le grief le plus sérieux qu'on pût formuler contre les réformes de Wang Ngan-che était que l'État n'accordait aux paysans la fameuse avance sur récolte que moyennant un intérêt de 20 %. Sans doute était-ce là un taux relativement modéré par rapport aux 50 % d'intérêt dans les prêts consentis par des particuliers. Il n'en est pas moins vrai que les ruraux s'endettaient ainsi dans des conditions singulièrement onéreuses. Pour peu que la récolte fût mauvaise ou que, sans souci du lendemain, comme le prédisait Sseu-ma Kouang, ils eussent gaspillé les sommes prêtées, ils n'avaient effectivement le choix, à l'heure du remboursement, qu'entre

1. Traduction Tcheou Hoan.

l'expropriation et la fuite. Danger d'autant plus grand que, si les malheureux ne savaient guère résister à la tentation de cette brusque avance de fonds, les fonctionnaires locaux, eux, se trouvaient personnellement intéressés à les y faire succomber. En effet l'intérêt de 20 % qui accompagnait le prêt sur récolte constituait une des meilleures sources de revenus pour les finances provinciales. L'administration se trouvait donc amenée à employer tous les moyens de pression en son pouvoir pour persuader au paysan de s'endetter. Le prêt sur récolte prenait, en dépit des intentions de Wang Ngan-che, les allures odieuses d'un véritable surimpôt extorqué à la simplicité ou à la misère des cultivateurs. L'État réformiste se conduisait en véritable usurier. Au fond, Wang Ngan-che se trouvait en porte à faux entre son humanitarisme, son désir généreux de venir en aide au peuple, et la nécessité où il se voyait de relever les finances de l'État. Ses adversaires, les conservateurs, ne manquaient pas d'adresse lorsqu'ils opposaient à son système du prêt sur récolte la pratique, plus modeste mais plus sûre, des « greniers régulateurs », tels que nous les avons définis plus haut.

La mort de l'empereur Chen-tsong en avril 1085 et l'avènement de son fils, qui n'avait que quinze ans, sous la régence de l'impératrice douairière Kao, amenèrent la disgrâce des réformistes et le retour au pouvoir des conservateurs dirigés par Sseu-ma Kouang. Wang Ngan-che mourut peu après, suivi dans la tombe par Sseu-ma Kouang lui-même (1086)[1].

---

1. Wang Ngan-che avait eu pour beau-frère le poète Wang Ling, dont je citerai un poignant poème sur la douleur :

> Les morts sont morts, c'est irrévocable.
> Les regretter ne sert à rien.
> Et cependant les vivants ne cessent pas
> De soupirer en pensant aux morts.
> On a toujours pleuré ainsi sur cette terre
> Et il continuera à en être ainsi.
> Cassée, la corde plaintive se remonte sans cesse,
> Le chant douloureux se répète toujours.
> Ce sont les yeux de l'homme qui pleurent,
> Mais les larmes montent de son cœur.
> Il les arrête un instant en se contraignant,
> Mais n'arrivera pas à en tarir la source profonde.
>
> (Traduction Wieger.)

Après Sseu-ma Kouang, la principale personnalité du parti conservateur fut le poète Sou Che, ou Sou Tong-p'o (1036-1101), dont l'action semble avoir été heureuse. Ayant une compréhension intime du peuple, des manières de voir et des véritables aspirations des petites gens, il chercha à abaisser les barrières qui séparaient les sujets du trône, à rompre l'isolement dangereux de la cour : « Aux époques de bon gouvernement, disait-il, le plus humble sujet doit être libre de faire connaître à l'empereur ses doléances. » Cependant sa franchise ne tarda pas à faire disgracier Sou Che, et l'impératrice régente, qui favorisait les conservateurs, étant à son tour décédée en 1093, le jeune empereur Tche-tsong rappela les réformistes. Le souverain suivant, Houei-tsong, dont nous verrons plus loin la dramatique destinée (1100-1125), revint aux conservateurs (1106), puis rendit sa confiance aux réformistes (1112). Mais sans doute s'agissait-il désormais moins du sort même des réformes que de luttes de personnes entre politiciens des deux partis. Du reste, en dépit des querelles politiques, la paix des Song produisait ses bienfaisants résultats. On a vu que le recensement de 845 avait donné pour l'empire une trentaine de millions d'habitants. Celui de 1083 accusa près de quatre-vingt-dix millions, non sans doute que la région du Nord, la Vieille Chine, déjà fort peuplée, ait été le siège d'une augmentation très considérable, mais parce que la partie méridionale de l'empire, la Nouvelle Chine, systématiquement colonisée depuis les Han, commençait à acquérir une densité suffisante.

Il était temps, d'ailleurs, que cette colonisation s'achevât. La politique de l'empereur Houei-tsong, en provoquant l'invasion des provinces du Nord par les Barbares, allait de nouveau amener le Sud à servir de refuge à l'indépendance chinoise.

CHAPITRE XXII

Un rêveur couronné : l'empereur Houei-tsong

L'empereur Houei-tsong, monté sur le trône de K'ai-fong à l'âge de dix-neuf ans en février-mars 1100, fut un des souverains les plus cultivés qu'ait possédés la Chine. Esthète et archéologue, grand collectionneur et critique d'art, il fut lui-même un peintre de talent. Il présidait en personne les réunions du *T'ou-houa-yuan*, académie de peinture dont les membres, vêtus de violet et portant des insignes d'or et de jade, jouissaient du privilège d'être admis dans les appartements privés du souverain. Houei-tsong proposait lui-même aux peintres les sujets de concours et jugeait les candidats. Nous connaissons quelques-uns de ces thèmes, qui montrent bien le goût impérial : « Les bambous enveloppent l'auberge près du pont » ; ou bien : « Une barque restant toute la journée sans emploi, personne ne désirant passer la rivière » ; et encore : « La promenade d'un faisan dans le parc du palais ». Personnellement, l'empereur était spécialisé dans les peintures d'oiseaux et de fleurs, et il est possible que certaines des œuvres à lui attribuées dans les collections japonaises soient effectivement de son pinceau. Il avait d'autre part réuni dans son palais de K'ai-fong une collection unique de peintures anciennes (plus de six mille noms !) dont nous avons encore le catalogue.

Houei-tsong n'était pas moins épris de spéculations religieuses. Depuis un siècle un renouveau religieux se manifestait dans les diverses confessions chinoises. Chez les bouddhistes c'était l'amidisme, ou culte du *dhyâni-bouddha*

Amitâbha. Véritable religion nouvelle dans le sein de la vieille religion indienne, l'amidisme, nous l'avons vu, apportait aux foules chinoises l'équivalent d'un théisme ; mieux encore : un piétisme, un quiétisme accessibles à tous les hommes de bonne volonté, une religion du cœur telle que jusque-là l'Asie orientale n'avait rien connu de pareil. L'âme fidèle n'avait qu'à se confier sans réserve à la miséricorde d'Amitâbha et, sauvée par sa grâce, elle renaissait à ses pieds dans un ineffable au-delà, dans un véritable paradis *(soukhâvatî)*, la « Terre de pureté », parmi les bienheureux. Les portraits d'*arhat* (*lo-han* en chinois), c'est-à-dire de saints bouddhiques, que nous a laissés le peintre Li Long-mien (1040-1106), avec leurs longs visages ascétiques d'une si étrange intellectualité, nous montrent à quel point le bouddhisme avait pénétré l'âme chinoise, puisque ces thèmes essentiellement indiens étaient maintenant entièrement sinisés.

Vers la même époque le taoïsme évolua, lui aussi, en un théisme analogue en créant le culte d'une divinité transcendante, le « Pur Auguste », littéralement l'« Auguste de Jade » (le jade étant en Chine symbole de pureté). À la vérité, ce dieu suprême était de naissance quelque peu tardive : c'est exactement en 1012 de notre ère qu'il s'était pour la première fois manifesté en révélant son existence à l'un des prédécesseurs de Houei-tsong, l'empereur Tchen-tsong. Houei-tsong à son tour lui manifesta une grande dévotion. Depuis longtemps le monarque cherchait à entrer personnellement en rapport avec les Génies et les Immortels du panthéon taoïste lorsque ses vœux furent exaucés : un jour d'hiver qu'il se promenait dans la campagne près de K'aifong — c'était en décembre 1113 —, il aperçut à l'horizon un « palais céleste » dont les constructions féeriques flottaient dans les airs « au-dessus des nuages ». C'était, à n'en pas douter, le séjour même des Immortels, « et cela donnait envie de passer de la poussière de ce monde à cette île des bienheureux ». C'est cette vision béatifique qu'au témoignage des contemporains Houei-tsong aurait cherché à reproduire dans un de ses tableaux.

Selon la remarque du père Wieger, Houei-tsong semble

d'ailleurs avoir conçu une sorte de syncrétisme confucéotaoïste où, de surcroît, le bouddhisme devait trouver sa place. Le dieu suprême du néotaoïsme, l'« Auguste de Jade » auquel il avait voué un culte officiel, fut par lui déclaré identique au « Souverain d'En-haut », à l'« Auguste Ciel » des lettrés confucéens, et il incorpora au panthéon ainsi présidé les divers bouddhas et bodhisattvas venus du ciel indien.

Les intellectuels devraient apporter le plus grand soin à ne jamais se mêler de politique, singulièrement de politique étrangère. Le rêveur couronné qu'était Houei-tsong aurait achevé de couler des jours heureux en rassemblant des œuvres d'art, en peignant des cailles ou des pruniers en fleur et en fusionnant cultes et divinités. Pour son malheur et celui de son pays, il se lança dans la grande politique et y commit une faute irréparable : pour récupérer Pékin sur les Kitat, il s'allia contre eux aux Djurtchèt, peuple tongous parent des Mandchous qui habitait les forêts du Nord-Est mandchourien et la future « province maritime » russe.

C'était une folie. Depuis un siècle, les Kitat, en grande partie sinisés, satisfaits de posséder, en plus de l'actuel Leaotong, de l'actuel Tchakhar et de l'actuel Jehol, les deux Marches de Pékin et de Ta-t'ong, étaient devenus pour l'Empire song des voisins assagis et pacifiques. Au contraire, les Djurtchèt restaient encore des demi-sauvages dont on venait voir avec curiosité les danses farouches, au milieu de leurs clairières, devant leur khan assis sur douze peaux de tigre. La Chine avait tout à perdre au remplacement des premiers par les seconds. Mais Houei-tsong, tout à son désir de réussir, en recouvrant Pékin, là où ses ancêtres avaient échoué, se persuada que les Djurtchèt vainqueurs se contenteraient des confins de la Mongolie-Intérieure et de la Mandchourie. Il conclut donc un pacte avec leur khan Agouda, qui, en 1114, prit les Kitat à revers en Mandchourie. Tout marcha d'abord selon ses vœux. Les Kitat furent écrasés, et en 1122 Pékin, leur dernière place, tomba aux mains des Djurtchèt. Mais ce fut alors que pour la cour de Chine commencèrent les difficultés.

L'ancien royaume kitat était maintenant tout entier au

Un rêveur couronné : l'empereur Houei-tsong / 197

pouvoir des redoutables Djurtchèt et ceux-ci devenaient les voisins immédiats de l'Empire song. Conformément aux termes de leur ancien traité, l'empereur Houei-tsong leur demanda de lui remettre Pékin. Ils y consentirent, d'assez mauvaise grâce du reste. La prudence commandait de s'en tenir là. Houei-tsong, au contraire, prétendit encore se faire céder par eux plusieurs places entre Pékin et la Grande Muraille. Ne les obtenant pas, il fomenta en sous-main dans cette région des révoltes de la population chinoise contre le vainqueur.

Ce fut la guerre, une guerre en vue de laquelle la cour de K'ai-fong n'avait rien préparé. Non seulement les Djurtchèt s'adjugèrent Pékin, mais en quelques mois leur cavalerie, lancée en trombe, descendit à travers le sud du Ho-pei, balayant toute la Grande Plaine jusqu'au fleuve Jaune. À K'ai-fong la cour tremblait. Mais au lieu de se mettre à la tête des troupes, l'incurable intellectuel qu'était Houei-tsong procéda à un changement de ministère. Il chassa les réformistes, rappela les conservateurs au pouvoir et, conformément au désir de ces derniers, rétablit l'ancien programme des examens en rendant sa place d'honneur à la littérature... Pendant ce temps, les Djurtchèt avaient traversé le fleuve Jaune et commencé le blocus de K'ai-fong. Éperdu, Houei-tsong capitula (fin 1126). Avec son fils aîné, toute sa suite, tous ses trésors, il fut déporté au fond du pays djurtchèt, dans le nord de la Mandchourie (début de 1127).

L'empereur dilettante, le collectionneur raffiné devait mourir sans avoir revu sa patrie, neuf ans plus tard, âgé de cinquante-quatre ans seulement, en quelque clairière de la forêt mandchourienne, parmi les chasseurs vêtus de peaux de bêtes...

Cependant un fils cadet de Houei-tsong avait échappé à la catastrophe. Ce jeune homme (il avait vingt et un ans), qui devait porter le nom de règne de Kao-tsong, fut proclamé empereur dans le Sud, à Nankin, à l'abri de la barrière du Yang-tseu (mai-juin 1127). Pendant ce temps les Djurtchèt achevaient la conquête de la Chine du Nord ; puis ils atteignirent le Yang-tseu, qu'ils franchirent avec deux armées, l'une au Hou-pei, près du lac Po-yang, l'autre sur le cours inférieur du fleuve. La première poussa jusqu'au sud de la province de Kiang-si. La seconde surprit Nankin et courut jusqu'au port de Ning-po, sur la côte du Tchö-kiang (1129-1130). Cependant ces colonnes, tout en cavalerie, arrêtées par des difficultés de remonte et dangereusement hasardées dans un pays coupé de collines, de rivières et de rizières, durent bientôt songer au retour. Elles avaient maintenant à retraverser le Yang-tseu, large comme un bras de mer et que leur barraient les jonques chinoises. Elles réussirent enfin à opérer leur passage à l'est de Nankin et rentrèrent au Ho-nan. Le Sud étant alors débarrassé d'envahisseurs, l'empereur Kao-tsong vint en 1132 s'établir à Hang-tcheou, le chef-lieu actuel de la province du Tchö-kiang, ville qui allait rester jusqu'à la conquête mongole la capitale de l'Empire song.

Les généraux chinois profitèrent de l'essoufflement des Djurtchèt pour récupérer diverses places (1134). Le plus vaillant d'entre eux, Yo Fei, déjà vainqueur en plusieurs rencontres, allait en 1138 marcher sur K'ai-fong et sans doute rendre à l'empire son ancienne capitale, quand un ministre jaloux de ses succès l'obligea à s'arrêter, puis le fit incarcérer sous un prétexte imaginaire et finalement supprimer dans sa prison. Du reste, l'empereur Kao-tsong, personnage indolent et faible, était fatigué de la guerre. En cette même année 1138, il conclut la paix avec les Djurtchèt en leur abandonnant tous les territoires qu'ils occupaient, c'est-à-dire toute la Chine du Nord, tout le bassin du fleuve Jaune, et même, plus au sud, tout le pays jusqu'au fleuve Houai. Les Song conservaient la Chine du Sud, c'est-à-dire le bassin du Yang-tseu et la région foukiénaise et cantonaise avec, comme on l'a dit, pour capitale la ville de Hang-tcheou, au Tchö-kiang.

Dans la Chine du Nord, les Djurtchèt ne tardèrent pas à se siniser. Leurs rois prirent le nom dynastique chinois de Kin, ou Rois d'Or, et c'est sous ce nom de Kin qu'ils sont connus de l'histoire classique et que nous les désignerons désormais. À partir de 1153 les « Kin », qui avaient jusque-là conservé leur résidence royale en Mandchourie, transférèrent — signe visible de leur sinisation — leur capitale à Pékin.

CHAPITRE XXIII

La douceur de vivre

La dynastie des Song, ayant renoncé à l'espoir de reconquérir la Chine du Nord, ne songea plus, dans son empire désormais restreint aux provinces méridionales, qu'à retrouver l'atmosphère de poésie et d'art des palais de K'ai-fong, la douceur de vivre. Deux courtes guerres contre les Kin, en 1161 et 1206, ne troublèrent qu'épisodiquement la paix. En dépit des énormes pertes territoriales subies par l'empire, la catastrophe de 1126 ne sembla elle-même qu'un simple épisode. Dans tous les domaines la délicate civilisation des Song, fleur de la culture chinoise, continuait. Le moment est venu d'en évoquer l'art et la poésie. Nous commencerons par un retour sur l'époque de K'ai-fong (960-1126) pour passer ensuite à celle de Hang-tcheou (1132-1276).

Sur la conception du paysage chez les Song dès l'époque de K'ai-fong, nous possédons un document précieux, le traité sur « les monts et les eaux » *(chan-chouei)* du peintre Kouo Hi (né vers 1020). On y voit quels observateurs de la nature furent déjà les maîtres du XIe siècle. « Les nuées et les vapeurs des paysages, remarque ce texte, ne sont pas identiques dans les quatre saisons. Au printemps elles sont légères et diffuses, en été riches et denses, en automne dispersées et minces, en hiver sombres et sauvages. Quand les tableaux savent rendre ces effets, les nuées et les vapeurs ont un air de vie. La brume qui entoure les montagnes n'est pas la même aux quatre saisons. Les montagnes du printemps sont légères, séduisantes, souriantes, pour ainsi dire. Les montagnes de l'été ont une couleur d'un bleu-vert qui semble s'étaler sur elles. Les montagnes de l'automne sont gaies et proprettes, comme si on venait de les repeindre. Les montagnes de l'hiver sont tristes et calmes, comme si elles dormaient. » Et plus loin : « Le grand mont majestueux règne sur les montagnes moindres qui l'entourent. Les crêtes et les mamelons, les bois et les ravins proches ou lointains, grands ou petits, le reconnaissent pour maître. Son aspect est celui d'un empereur trônant au milieu des princes assemblés. » « Les pins élancés et droits sont chefs parmi les arbres. Ils soutiennent les plantes rampantes et grimpantes qui se confient à eux comme à des maîtres. » Kouo Hi enseigne encore que les montagnes changent d'aspect et pour ainsi dire de personnalité suivant la distance. « Chaque distance amène une différence, les formes en varient à chaque pas. Une seule montagne peut réunir en elle les formes et les aspects de plusieurs centaines de monts. » Elles varient aussi d'âme avec la saison — montagnes de printemps, voilées de brumes cotonneuses, « et les gens sont heureux » ; montagnes d'été avec leurs arbres ombreux, « et les gens sont satisfaits » ; montagnes d'automne, claires et pures avec les feuilles qui tombent, « et les gens sont calmes » ; montagnes d'hiver, couvertes de nuages sombres et balayées par la tempête, « et les gens sont silencieux et solitaires[1] ».

On remarquera que le traité de Kouo Hi est purement et simplement le commentaire de l'idée — retrouvée bien plus tard chez nous — que le paysage est un état d'âme.

Un des sujets sur lesquels insiste le maître song est l'importance, en montagne, des jeux d'ombre et de lumière, l'importance surtout des interpositions de brumes. « Les formes de la montagne dépendent du soleil et de l'ombre. Les endroits de la montagne qu'enveloppent le brouillard et les vapeurs doivent rester voilés, ceux qu'ils n'atteignent pas resteront seuls visibles. » Et enfin cette maxime : « Les mon-

---

1. Sirèn, *Histoire de la peinture chinoise*, Éditions d'art et d'histoire Van Oest, t. II, p. 19-20.

tagnes sans brumes ni nuages sont comme un printemps sans fleurs. » Nous savons par les historiens chinois que Kouo Hi peignait en effet d'après ces maximes « les vieux pins, les rivières sinueuses, les corniches surplombantes, les gorges profondes, les pics élevés, les falaises escarpées, en partie cachées par les nuages et les bancs de brouillard ou estompées par la brume ». Les peintures à lui attribuées dans les collections japonaises nous donnent au moins une idée de sa manière. Effets d'hiver : « la neige s'entasse dans les crevasses et la glace encombre la rivière, là où le bac fait passer les voyageurs grelottants ». Effets de printemps : « les vagues clapotent, les montagnes se perdent dans une brume légère ». Soirées d'automne, son sujet favori : « le ciel s'éclaircit après l'averse, les oies sauvages traversent l'espace en longues files qui paraissent rejoindre les chaînes de montagnes lointaines[1] ». Ce sont des paysages analogues que nous a laissés l'autre grand peintre de K'ai-fong, Mi Fei (1051-1107). Nul n'a mieux rendu que lui le faciès caractéristique des « plis siniens » tel que le décrivent les modernes géographes, tel que le reproduisent ses peintures : « moutonnement de collines boisées et de montagnes aux sommets arrondis qui percent à travers des bancs de brume cotonneuse ».

Les poèmes song, pour une grande partie, ne sont pas autre chose que la transposition littéraire des chefs-d'œuvre de la peinture. Le poète Ngeou-yang Sieou (1007-1072), qui vécut à l'époque de K'ai-fong (il fut un des chefs du parti conservateur), nous dit par exemple dans son « chant des montagnes lointaines » :

Une teinte uniforme couvre montagnes proches et montagnes
[lointaines.
On a marché toute la journée, mais la montagne est toujours là, en
[face de nous.
Constamment varie l'aspect des pics et des collines,
Mais le voyageur passe sans connaître leur nom.

---

1. Sirèn, *loc. cit.*, t. II, p. 15.

Ou bien cette marine :

Sur la rivière glacée fond la neige entassée depuis quelques jours.
Les bords commencent à dégeler.
Au crépuscule tout le monde rentre chez soi.
Alors les mouettes viennent se poser sur les barques des pêcheurs.

Et cette autre marine, sur le thème du pêcheur :

Le vent traîne le fil de la longue canne à pêche.
Coiffé d'un chapeau de paille et habillé d'un manteau d'herbes, le
                             [pêcheur se cache parmi les roseaux.
Dans la fine pluie de printemps on le perd de vue
Et le brouillard montant de l'eau cache la montagne d'en face[1].

Le même Ngeou-yang Sieou nous a laissé, cette fois en prose, d'autres impressions non moins pénétrantes, musicales celles-là, sur les bruits de l'automne : « Une nuit je lisais quand j'entendis un son qui venait du sud-ouest. Au début quelque chose semblait tomber, comme tombent une à une les gouttes d'eau avec un bruit faible et triste. Puis une bourrasque de vent s'éleva soudain, s'élança, s'emporta et se mit à claquer comme les flots mutinés dans la nuit, comme l'orage subitement déchaîné. C'était comme si des guerriers marchaient en silence vers l'ennemi : ni appels ni ordres, seulement le bruit sourd de la marche des hommes et des chevaux. J'envoyai mon jeune domestique se rendre compte au dehors de ce que c'était. Il revint, me disant : Les étoiles et la lune sont claires et sereines, la Voie lactée est au ciel. Nulle part on n'entend de son humain. Le son est parmi les arbres. C'est le son de l'automne[2]. »

L'autre grand poète song, Sou Che, appelé aussi Sou Tong-p'o (1036-1101), et qui, lui aussi, fut à l'époque de K'ai-fong un des chefs du parti traditionaliste, nous a laissé à son tour des notations dignes des vieux maîtres t'ang. Son « excursion à la Falaise Rouge », sur les bords du Yang-tseu, au Hou-pei, est un des morceaux les plus célèbres de la littérature chinoise : « Le vent était à peine perceptible, les vagues ne se soulevaient pas. [...] Peu après, la lune apparut

1. Traduction Sung-nien Hsu.
2. Traduction Margouliès.

au-dessus des montagnes de l'est et commença son voyage hésitant parmi les constellations. La rosée blanche s'étendait sur le fleuve ; l'eau scintillante se confondait avec le ciel. En laissant notre barque dériver à sa guise, nous voguions sur l'immensité. On eût dit que nous voguions dans le vide, montés sur le vent. [...] Nous étions légers comme si nous avions quitté le monde et que nous fussions libres de tout support, tel un homme parvenu à l'état d'Immortel et qui plane dans l'espace. [...] Un des invités savait jouer de la flûte. Les sons soupiraient comme une plainte ou une passion, comme des pleurs ou des lamentations, et l'écho se prolongeait, ondulant sans s'interrompre, comme un fil de soie. [...] Un d'entre nous dit : " Nous sommes des passagers d'un jour entre le ciel et la terre. Ah ! être le Yang-tseu qui ne s'épuise jamais ! S'unir à un Immortel, s'envoler avec lui, saisir la lune brillante et durer éternellement ! " Je répondis : " Mais connaissez-vous l'eau et la lune ? Cette eau qui s'en va ainsi, elle n'est jamais partie. Cette lune, tantôt pleine et tantôt diminuée, finalement elle n'augmente ni ne diminue. Car, si nous considérons les choses du point de vue de ce qui change, alors le ciel et la terre passent en un instant ; mais si nous les considérons du point de vue de ce qui demeure, alors les êtres et nous-mêmes, rien n'a de fin[1]. " »

    Tel était l'héritage que les Song, en abandonnant à l'invasion les provinces du Nord, apportaient avec eux dans la Chine du Sud.

    Il n'y périclita point. Hang-tcheou, la nouvelle capitale (elle devait le rester de 1132 à 1276), éclipsa bientôt le souvenir de K'ai-fong. Elle aussi devint une ville-musée. En y transportant sa résidence, l'empereur Kao-tsong (1127-1162) y regroupa les artistes qui avaient brillé à la cour de son père, à K'ai-fong, et bientôt il put y reconstituer l'académie de peinture. On le vit, comme l'avait fait Houei-tsong, conférer lui-même aux plus grands artistes les insignes de la Ceinture d'Or et les héberger dans son palais. Il se plaisait à calligraphier de sa main d'anciens poèmes dont il leur confiait ensuite l'illustration. Son petit-fils, l'empereur Ning-tsong

---

1. Traduction Margouliès.

(1195-1224), devait être également un grand amateur de peinture, qui conféra la Ceinture d'Or non seulement à des maîtres de l'école officielle des lettrés, mais encore à plusieurs artistes de l'école indépendante, c'est-à-dire bouddhique. Les textes de ce temps nous montrent avec quel amour Kao-tsong et Ning-tsong faisaient décorer par les membres de l'académie impériale les palais et les pavillons dont ils couvraient maintenant Hang-tcheou.

La ville se prêtait à ce rôle. Elle était située dans une position admirable, bien faite pour séduire ces artistes-nés qu'étaient les derniers Song. Baignée à l'est par le Ts'ien-t'ang près du point où le fleuve se jette dans la baie de Hang-tcheou, et de l'autre côté par le lac Occidental (Si-hou), c'est, comme Venise, une cité des eaux. Marco Polo, qui l'a aimée parce qu'elle lui rappelait sa patrie, s'émerveilla de ses embarcations innombrables, de ses ponts de pierre, de son lac dont les îlots boisés et les rives verdoyantes abritaient une multitude de pavillons, de kiosques, de pagodes et de palais. À l'horizon se dressait le rideau des montagnes aux vallées profondes, aux pics curieusement découpés, pleines d'ermitages bouddhiques, qu'ont immortalisées peintres et poètes, car il n'est pas un de ces paysages de la région de Hang-tcheou qui n'ait été depuis longtemps « classé » par les vieux maîtres song. La cour impériale donnait l'exemple. L'empereur Kao-tsong avait fait construire dans la montagne, au-dessus du lac Occidental, un grand et magnifique pavillon que le peintre Siao Tchao décora d'un vaste panorama de sommets et de rivières, « si bien qu'on ne savait si c'était une peinture qu'on contemplait ou si c'était le paysage voisin ». Mais ce n'était pas seulement Hang-tcheou, c'étaient tous les paysages du Tchö-kiang qui allaient renouveler l'inspiration artistique. Province privilégiée par la variété de ses aspects. Au nord, de l'embouchure du Yang-tseu à Hang-tcheou, une zone côtière de polders, des « paysages hollandais[1] », avec une plaine maritime haute à peine d'un ou deux mètres, s'étendant à perte de vue et coupée en tous sens d'innombrables canaux. Au sud, à partir

---

1. L'expression est déjà dans le géographe Karl Ritter.

de Hang-tcheou jusqu'au Fou-kien et au-delà, une côte à rias avec des baies aux contours découpés se ramifiant entre des montagnes de granite aux escarpements inattendus, des falaises déchiquetées, des prairies hérissées de blocs de porphyre[1]. Les géographes ont depuis longtemps montré l'analogie de ces formations avec celles qui bordent la mer Intérieure, au Japon. Il ne faudra donc pas nous étonner si les paysagistes japonais (à partir du xve siècle) présentent avec les maîtres de Hang-tcheou d'évidentes affinités. Sans doute les premiers ont-ils copié les seconds, mais ils ont copié aussi les sites de leur propre pays et le fait suffit pour expliquer la ressemblance avec certains paysages du Tchö-kiang.

Mais ces éléments matériels, chez les maîtres de Hang-tcheou, ne sont que pour nous transporter sur le plan de la pure spiritualité. En dépit du dessin le plus sûr qui fût jamais, le monde des formes dans cette école n'est plus, selon la formule bouddhique, qu'« un monde de rosée », une écharpe de buées à travers laquelle les pics les plus vertigineux ne se dressent qu'en apparitions irréelles. Paysages noyés de brume et perdus de lointains, poignants comme un visage. Et c'est bien le visage du monde que les maîtres de Hang-tcheou ont voulu traduire sous son aspect le plus général ; ou plutôt ils ont voulu rendre sa signification profonde, car la matérialité des formes n'est indiquée que pour nous suggérer ce qui se cache par-delà. Plus cette face de terre et d'eau, de vallées et de montagnes sera estompée de brumes et simplifiée par l'éloignement, mieux l'esprit se laissera deviner au travers. D'où la composition habituelle du lavis. Au premier plan, volontairement à peine ébauchés, quelques arbres au tronc tordu, une masure, une barque sur la rive qui tout de suite s'imprécise, car le brouillard qui noie la vallée se fond avec le flot. À l'horizon, à des distances impossibles à évaluer, les interpositions de brume nous ayant fait perdre pied avec le réel, des chaînes de montagnes

---

1. Les Japonais ont publié de bien intéressantes comparaisons entre d'une part les peintures les plus célèbres de l'époque song, d'autre part des photographies des côtes ou des montagnes du Tchö-kiang et du Fou-kien : la fidélité des maîtres song à la nature qu'ils avaient sous les yeux est frappante. Voir plus loin, les sources du paysage song, p. 348.

dont la ligne vaporeuse nous paraît suspendue dans les airs. Paysages où l'enveloppe de vapeurs d'eau, en séparant les plans, en voilant à demi les formes concrètes des choses proches, ne laisse finalement subsister que l'espace pur dans l'idéalité des lointains.

Parmi les maîtres de cette école, quelques noms s'imposent, car ils comptent parmi les plus grands de tous les temps : Ma Yuan, dont l'activité est attestée à partir de 1190 et qui dut mourir avant le milieu du XIIIe siècle, et son fils Ma Lin, puis Hia Kouei, qui, comme Ma Yuan, travaillait sous le règne de l'empereur Ning-tsong (1195-1224), et enfin Leang K'ai et Mou-k'i, qui vivaient entre 1200 et 1270.

De Ma Yuan les collections japonaises et américaines estiment posséder quelques lavis originaux. Voici, au musée de Boston, un paysage au début du printemps : « dans le fond, de hautes collines ; à leur pied, un village voilé par la brume ; une nappe d'eau enjambée par un pont et, tout au premier plan, deux saules aux branches grêles et frémissantes ; on sent l'air du matin effleurer les arbres ; la brume va se dissiper ; nul mouvement, nul bruit ; le printemps hésite à venir[1] ». À la collection Mitsui, un pêcheur solitaire, tendant sa ligne dans sa barque, sur un lac, l'hiver : la barque perdue au milieu de l'immensité du lac sans rivage visible ; rien que l'eau immobile et l'homme attentif à sa besogne. À la collection Iwasaki, un paysage de pluie : au premier plan, barque amarrée, rochers et grands arbres, puis interposition de brume et enfin, à l'arrière-plan, pics estompés. À la collection Kuroda, un poète, sous un pin en surplomb au flanc de la montagne, regarde la lune monter dans le ciel. De Ma Lin, le célèbre « paysage du soir » de la collection Nezu : « les hauteurs de la côte émergent seules de la brume, un vol d'hirondelles emporte notre imagination dans l'espace ». Le musée Guimet possède une copie de Ma Lin, « les génies se réunissant au-dessus de la mer », romantique évocation d'une demeure de rêve surgie au milieu de rochers abrupts et dont la haute terrasse domine un brumeux paysage d'océan et de récifs traversé par des oiseaux.

---

1. Sirèn, *loc. cit.*, t. II, p. 81.

Hia Kouei est sans doute représenté par des œuvres originales dans les collections Kawasaki et Iwasaki et au Musée national de Pékin. Le *kakemono* de la première collection évoque en quelques traits de pinceau une bourrasque en montagne : « Dans une gorge, un coup de vent rabat les arbres au-dessus d'un pavillon couvert de chaume ; les feuilles s'éparpillent ; un bonhomme qui franchit la passerelle sous son parapluie lutte contre le grain, un autre s'est réfugié dans un pavillon ; derrière l'averse qui cache le paysage perce la crête d'une colline où quelques arbustes sont furieusement secoués par la rafale, le tout indiqué avec la force et la rapidité de l'ouragan[1]. » La peinture de la collection Iwasaki attribuée à Hia Kouei est une marine, baie ou rivière avec une barque amarrée derrière une pointe de terre ; quelques herbes d'eau sur la droite, quelques arbres traités par taches et petits coups de pinceau, suivant le procédé de l'artiste ; au fond l'entrevision d'un horizon de montagnes ; impression de largeur dans les étendues d'eau, l'envol de la chaîne lointaine ; eau et lumière fondues ensemble, en contraste avec les « crayonnages » des premiers plans. Enfin le rouleau de l'ancien musée de Pékin est un long panorama où tout s'harmonise dans l'atmosphère : « rives rocheuses, montagnes où les pins poussent dru, arbres tordus et penchés, huttes nichées dans les buissons, ponts de bambou reliant les promontoires, nappe d'eau qui parfois passe dans les défilés, en forme de baies profondes, et ailleurs s'élargit en un bras de mer dont on n'aperçoit pas l'autre bord et où les jonques lointaines se perdent dans la brume. Tout cela exprimé par le simple lavis... ».

Ces divers paysagistes appartenaient aux cercles de lettrés « confucéens », à l'académie impériale de Hang-tcheou. Un autre groupe est formé par les artistes d'inspiration bouddhique, comme Leang K'ai et Mou-k'i, dont il nous reste maintenant à parler.

Ils professaient le bouddhisme contemplatif de l'école *tch'an* que nous avons étudiée plus haut et peignaient dans les temples et ermitages de cette secte disséminés près de

---

1. Sirèn.

Hang-tcheou, autour du lac Occidental ou dans les escarpements de la montagne. Malgré la faveur personnelle de l'empereur Ning-tsong, Leang K'ai avait abandonné l'académie impériale de Hang-tcheou pour aller vivre dans un de ces monastères. Son chef-d'œuvre, qui se trouve aujourd'hui au Japon, à la collection Sakai, représente « Çâkyamouni se rendant à l'arbre de la bodhi » ; le fondateur du bouddhisme est représenté sous les traits d'un ascète debout, méditant, appuyé sur son bâton, près d'un torrent, dans un étrange paysage de montagnes abruptes ; l'intensité de la pensée, la violence de la méditation sont exprimées avec une âpre spiritualité dans ce visage hirsute, presque sauvage ; cette violence intérieure, autant que le vent qui souffle dans la gorge de la montagne, anime les plis étranges du maigre vêtement et trouve sa réplique dans les branchages noueux, semblables à des bêtes monstrueuses, qui rampent en se tordant aux pieds de l'ascète. D'un autre Leang K'ai de la collection Sakai on peut dire qu'il est fait avec rien : au premier plan, un rocher surplombant l'eau et habité par trois troncs d'arbre dépouillés et comme prostrés ; à gauche une hauteur couverte de neige et qui se perd tout de suite ; d'autres montagnes neigeuses, presque invisibles, au fond ; dans l'intervalle, toute la brume ; en réalité, ce qui fait le sujet du tableau, ce qui est l'âme du paysage, c'est la méditation dhyânique, la communion avec l'univers.

Mou-k'i, le plus grand génie de ce temps, était entré comme religieux au monastère bouddhique du Lieou-t'ongsseu, près de Hang-tcheou. On lui doit des apparitions surhumaines dans le domaine de l'animalité fabuleuse ou du divin. De ce grand visionnaire le Daitokuji possède notamment un dragon d'une puissance étonnante : dans le clair-obscur d'une nuée d'orage l'être fabuleux surgit avec son mufle d'épouvante, ses longs tentacules de crustacé, ses cornes de démon et ses yeux fulgurants dont le regard a la lueur blafarde de l'éclair ; toute la menace indéterminée de l'inconnaissable se ramasse soudain dans ce masque bestial et divin. Mou-k'i retrouve ici les vieilles mythologies préconfucéennes que nous avions entrevues quelque douze siècles avant notre ère sur les bronzes chang.

Mou-k'i est plus grand encore quand son génie cherche à rendre des idées bouddhiques. La puissance farouche et presque sauvage qui s'exprimait dans son dragon, la voici mise au service du mysticisme tch'an quand il nous peint dans la collection Iwasaki un ascète ravi en extase. Le solitaire est assis sur une corniche de montagne. Un énorme serpent l'entoure de ses anneaux et pose sur ses genoux une tête menaçante. Mais l'ascète demeure impassible : la puissance de sa concentration mentale domine le reptile. Au-dessous d'eux, à flanc de montagne, se creuse l'abîme d'où montent des nuées qui semblent porter l'étrange groupe. D'une inspiration tout autre mais de composition analogue, la Kouan-yin du Daitokuji, blanche apparition à l'expression méditative, à la fois douce et grave, assise au pied des monts, au bord des eaux, dans une atmosphère de brume qui estompe les pics du fond. « Le manteau de Kouan-yin est indiqué en longues lignes à inflexions douces qui suggèrent l'harmonie intérieure et le calme complet, comme l'eau parfaitement lisse qui baigne le rocher. » Mou-k'i peut également surpasser comme paysagiste les maîtres confucéens eux-mêmes, comme dans le rouleau de la collection Matsudaira représentant le retour des jonques à un hameau de pêcheurs sur le lac Tong-t'ing. Les barques, on les distingue à peine tant tout le paysage est fait d'eau, d'air brumeux, d'espace et de lointain ; les montagnes disparaissent peu à peu dans la brume ; les trois quarts du tableau sont occupés par l'étendue sans premier plan ni arrière-plan ; le hameau lui-même s'estompe et se tapit dans son bouquet d'arbres à l'angle gauche du rouleau, tant les œuvres de l'homme se confondent dans l'immensité. « Espaces infinis, harmonies de silence », c'est la face même de la terre que nous peignent ici les vieux maîtres song, et jamais elle n'aura été devinée, traduite et aimée comme par eux.

Avec de telles œuvres la peinture chinoise atteint presque le domaine de la métaphysique. Nous entrons dans celui de l'art pur avec la céramique song. Elle aussi fait partie du grand art. Comme les peintres avaient de préférence adopté le lavis, le monochrome à l'encre de Chine, la céramique song préfère la monochromie, ou tout au moins le ton sur ton. C'est qu'elle aussi — comme l'écrit Mme Daisy-Lion — « répond au goût d'une société de dilettantes qui concevait la sobriété comme le luxe suprême : sa beauté est toute en sourde richesse, en nuances délicates, en harmonies subtiles ; plus qu'à toute autre époque la matière vaut par elle-même, par son onctuosité, son lustre, ses vibrations et ses reflets, faite autant pour la joie des yeux que pour les plaisirs délicats du toucher ». C'est ce que proclamait expressément, à la veille de l'avènement des Song, un rescrit impérial des années 954-959 qui exigeait que la porcelaine *tch'ai-yao* fût « aussi bleue que le ciel, aussi claire qu'un miroir, aussi mince que le papier, aussi sonore qu'une pierre musicale de jade ».

Le groupe *jou*, ainsi appelé des fours de Jou-tcheou, au Ho-nan, et dont la production est antérieure au XIIe siècle, répond bien à cette définition avec son émail généralement gris lavande bleuté ou bleu lavande pâle, d'une rare délicatesse. Un autre centre de fours est celui de Ts'eu-tcheou, au Ho-pei, apparu déjà sous les T'ang et qui continua à fonctionner durant toute l'époque song. Il est représenté notamment par un élégant décor floral en émail brun sur fond d'émail crème. Le groupe *ting*, ainsi appelé de la ville de Ting-hien, également au Ho-pei, donne principalement un émail ivoire, crème ou chamois, parfois craquelé, parfois avec décor floral, souvent avec bord métallique. « Par la finesse de leur matière, de leur décor, l'élégance de leurs formes, écrit un collectionneur passionné, on peut considérer ces pièces comme la meilleure céramique de tous les pays et de tous les temps. » Après le repliement de la cour des Song de K'ai-fong sur Hang-tcheou, les potiers de Ting-hien se retirèrent à King-tö-tch'en, au Kiang-si, où la production continua encore pendant toute l'époque ming. Un groupe apparenté, dit *groupe du Ho-nan*, comprend une série de pièces noires ou marron foncé dont le reflet métallique imite le bronze. Sous les Song de K'ai-fong étaient également apparus des céladons, caractérisés par leur ton vert olive assez sombre.

Ces « céladons du Nord » sont en rapport avec la céramique coréenne, par ailleurs si rare en Europe. Les « céladons du Sud » sortirent des fours de Long-ts'iuan, au Tchökiang. Leur vert jade clair très lumineux les distingue à première vue des précédents. Une variété voisine est celle des craquelés connus sous le nom de *ko*, aux « toiles d'araignée » d'une délicatesse infinie (émail généralement vert d'eau, gris-vert, gris bleuté ou gris cendré). Il est souvent fort difficile de les distinguer d'une autre variété de craquelés, à émail bleu-gris ou lavande et connus sous le nom de *kouan*. Les *kouan*, sous les Song de K'ai-fong, étaient fabriqués dans les fours impériaux de cette ville, au Ho-nan. Après 1127 les potiers de *kouan* émigrèrent, eux aussi, à Hangtcheou. Au contraire, les fameux « clairs de lune », à émail bleu lavande ou mauve, opalescent et taché de pourpre, dont les teintes se dégradent l'une dans l'autre (« flambés de transformation »), semblent être restés groupés autour de Kiun-tcheou, au Ho-nan, d'où ils tirent leur nom (groupe *kiun*). Ils se continueront à l'époque mongole. Quant au groupe *kien*, originaire du Fou-kien, il est constitué par les bols à émail marron foncé ou terre de Sienne, pailleté ou tacheté de reflets plus clairs, qu'on appelle pour cette raison « poils de lièvre » ou « plumes de perdrix ». Enfin Michel Calmann réunit dans un groupe hors série, le « groupe clair », plusieurs genres de pièces sans tradition écrite, appelées d'ordinaire *ying-ts'ing* (« azur nuageux ») et d'émail, en effet, souvent bleuâtre[1].

---

1. Les Parisiens ont pu admirer une remarquable collection de céramique song à l'exposition organisée par Georges Salles à l'Orangerie en 1937. Une partie en est aujourd'hui entrée en la possession des Musées nationaux. Le musée Cernuschi possède aussi des céladons et des « fourrures de lièvre » de bonne qualité. Voir Georges Salles, *Arts de la Chine ancienne*, 1937. Et dans ce même catalogue, l'étude de Mme Vandier-Nicolas sur la gravure et l'estampe chinoises, sujet abordé au chapitre suivant.

CHAPITRE XXIV

Cristallisation de la pensée chinoise

L'époque song n'est pas marquée seulement par cette extraordinaire floraison artistique, mais aussi par la renaissance de la philosophie confucéenne et, plus généralement, par l'importance accordée aux luttes d'idées. Or il se trouva que précisément à cette époque la mise au point d'une découverte inestimable vint donner à la pensée chinoise un instrument encore inconnu partout ailleurs : la découverte, ou plutôt la généralisation, de l'imprimerie.

La découverte de l'imprimerie ne fut pas plus en Chine qu'en Europe — et bien moins encore — l'œuvre d'un seul homme, réalisée d'un coup de génie. Elle fut ici le résultat du lent travail des siècles, procédant par transitions presque insensibles. L'origine en remonte d'ailleurs à trois autres découvertes beaucoup plus anciennes : celle du papier, celle de l'estampage, celle des sceaux « à sens normal ».

La Chine archaïque s'était servie, pour écrire, de minces tablettes de bambou. Un peu plus tard, les Chinois employèrent des pièces de soie d'une espèce particulière. Mais les tablettes de bambou restaient d'un maniement difficile, la soie était chère. D'après la tradition, un certain Ts'ai Louen, employé au palais des seconds Han à partir de l'an 75 de notre ère, mort en 114, aurait inventé le papier en employant à cet effet des écorces d'arbre, des fils de chanvre, de la vieille toile ou des filets de pêche, soumis à une longue ébullition, broyés et réduits en bouillie épaisse, en « pâte à papier ». À l'époque des T'ang l'usage du papier était assez généralisé pour que les prisonniers chinois capturés par les Arabes à la bataille du Talas en 751 passent pour en avoir introduit la technique dans le monde musulman. Quant au procédé de l'estampage, nous avons vu que l'origine en remonte à la prise de copies sur les textes classiques confucéens qui avaient été pour la première fois gravés sur pierre en 175-183 de notre ère. Toutefois, comme ils avaient été gravés en creux, les estampages ne venaient qu'en blanc sur fond noir. D'ailleurs la généralisation de l'estampage ne remonte pas au-delà du VIe siècle. De plus, c'est moins par ce procédé que par l'usage des sceaux que les plus grands perfectionnements techniques furent obtenus. Comme les inscriptions sur pierre, les sceaux furent longtemps gravés en creux. Au début du VIe siècle on commença à les graver en relief et en sens inverse, de sorte que l'impression en vint enfin « dans le bon sens » et en noir (ou rouge) sur fond blanc, découverte dont il est inutile de souligner l'importance car elle contenait le principe même de l'imprimerie (*cf.* N. Vandier, *loc. cit.*).

Sous les Souei la gravure sur bois, ou xylographie, avec impression de caractères fit de nouveaux progrès. Un édit de 593 ordonna de graver sur bois un grand nombre de textes et de dessins. Mais ce furent surtout les bouddhistes et les taoïstes qui généralisèrent ce procédé par l'impression des *dhâranî*, ou formules-amulettes magiques, à multiples caractères. Les xylographies bouddhiques du VIIIe siècle trouvées à Touen-houang par les missions Pelliot et Aurel Stein relèvent de cette technique, mais c'est principalement sur le bas Yang-tseu et au Sseu-tch'ouan que l'impression sur bois paraît, à l'époque t'ang, s'être le plus largement répandue, et cela pour la confection de calendriers astrologiques populaires imprimés au moyen de planches. Quant au plus ancien livre chinois imprimé que nous possédions, c'est un texte bouddhique de 868 (le *Soûtra du diamant*), rouleau composé de feuilles de papier collées bout à bout et actuellement au British Museum.

Le confucéisme officiel ne fit ici que suivre l'exemple du bouddhisme et du taoïsme. En 904, un perfectionnement fut apporté dans la gravure sur pierre des textes canoniques : on commença à les graver, eux aussi, en sens inverse pour obtenir des estampages dans le bon sens. Néanmoins ce procédé venait trop tard pour qu'on puisse lui attribuer l'invention de l'imprimerie, déjà acquise à cette époque du fait de la xylographie et dont bénéficiaient maintenant les textes « confucéens ». En 932, en effet, un édit impérial ordonna de graver sur bois les classiques. La découverte finale serait due à un certain Pi Cheng (entre 1023 et 1063), le précurseur, à quatre siècles d'avance, de notre Gutenberg, et qui aurait inventé les *caractères mobiles*, moulés en terre cuite.

La généralisation de l'imprimerie ne put manquer d'avoir dans la Chine des Song une influence certaine sur le mouvement des idées. L'impression sur papier des neuf classiques, puis d'une foule de commentaires canoniques, multiplia l'usage des instruments de travail et apporta au commerce des esprits des facilités inattendues.

Or nul événement ne pouvait arriver plus à son heure. Depuis les T'ang il était visible que la pensée chinoise était anxieuse d'établir le bilan spirituel des siècles antérieurs et devant ce spectacle, comprenant ce qui lui manquait encore, d'y ajouter une philosophie première. C'était une tendance générale, sensible aussi bien chez les taoïstes et chez les bouddhistes que chez les lettrés et qui était en train de faire apparaître un néotaoïsme, un néobouddhisme et un néoconfucéisme plus proches les uns des autres que, respectivement, des antiques écoles de sagesse dont tous trois se réclamaient. En réalité tous trois arrivaient au même résultat : le monisme, l'explication de l'univers et de l'homme par un élément unique. Les sectes bouddhiques du Tch'an et du T'ien-t'ai y avaient, on l'a vu, abouti dès le VIe siècle de notre ère en retrouvant au fond de l'âme humaine comme au sein de l'univers le principe de la bouddhéité conçu comme l'essence universelle. C'est dans le même sens qu'à l'époque song les taoïstes tiraient des aphorismes de Lao-tseu une cosmogonie et une métaphysique cohérentes : « Le Vide, enseigne un de leurs traités datant de cette époque, n'est pas en réalité le vide absolu [le néant]. C'est, bien qu'à l'état non encore perceptible, le *tao* [terme qui désigne ici le principe universel]. Pour se manifester, le *tao* se rend accessible aux sens. Le sensible, c'est l'ensemble de tout ce qui a forme et figure, mais formes et figures contiennent le *tao* et c'est lui qui agit en elles. Dans tout être sensible il y a un esprit identique au *tao* », c'est-à-dire au principe cosmique[1].

C'est par un monisme analogue que l'école des lettrés song allait à son tour couronner le confucéisme antique. L'initiative de ce grand mouvement philosophique revient à un auteur du XIe siècle, contemporain, par conséquent, des Song de K'ai-fong, Tcheou Touen-yi (1017-1073). C'était un soldat qui s'était retiré pour méditer sur la destinée. L'homme que nous entrevoyons derrière le philosophe avait une âme très noble et a peint son idéal dans une pièce célèbre, sous l'allusion transparente de « l'amour des lotus » : « Parmi les fleurs, nombreuses sont celles qui peuvent plaire. Le poète T'ao Yuan-ming n'aimait que les chrysanthèmes. Depuis les T'ang les gens du monde ont voué un culte à la pivoine. Moi je n'aime que le lotus, qui sort de la boue sans se souiller, dont le milieu est creux et la tige droite, qui n'a ni branches ni rameaux, dont le parfum est encore plus pur à distance, qu'on peut voir de loin et qu'on ne peut manier pour son amusement. [...] La pivoine rouge représente entre les fleurs la richesse et la noblesse, mais le lotus représente la sagesse. Hélas, ceux qui aiment la pivoine sont nombreux, mais je crains d'être seul à aimer le lotus... »

Ce fut Tcheou Touen-yi qui introduisit dans le confucéisme la notion du premier principe, désigné par lui sous le nom de *t'ai-ki*, littéralement « faîte suprême », et conçu, à la manière du vieux *tao* de Lao-tseu et de Tchouang-tseu, comme l'unité primordiale[2]. Mais à l'exemple du néotaoïsme de son temps, il se représentait cette essence primordiale sous un aspect non point métaphysique mais nettement cosmogonique, semblable à la matière infiniment raréfiée et diffuse de nos nébuleuses, poussière qui sous l'action interne des lois de la nature s'organise et produit par voie d'évolution l'ensemble de l'univers.

Les mêmes idées furent développées par son contempo-

1. Traduction Wieger.
2. Voir page 34.

rain Chao Yong (1011-1077). Tcheou Touen-yi avait été une sorte de mathématicien de la métaphysique et, comme on l'a dit, « un Spinoza chinois ». Chao Yong fut, lui, un libre rêveur qui nous a laissé des vers dignes de Verlaine :

> Devant les fleurs je bois du vin et je me grise.
> Ivre, tenant une branche fleurie, je continue à chanter.
> Ô ravissantes fleurs, ne riez pas en voyant ma tête blanche ;
> Ma tête blanche a déjà vu d'innombrables belles fleurs[1] !

Il vivait dans la banlieue de K'ai-fong, dans une misérable cabane ouverte aux vents et à la pluie, « manquant de feu en hiver et d'éventail pour se rafraîchir en été ». Il avait donné à cette masure le nom poétique de Nid de la Joie tranquille. Il refusa tous les postes officiels, se contentant de recevoir dans sa chaumière les hommes les plus éminents de son temps, entre autres l'historien et ministre Sseu-ma Kouang quand celui-ci, fatigué de la vie orageuse de la cour, venait auprès de lui chercher quelques instants de paix.

La doctrine de Chao Yong est un pur monisme. « L'homme est un avec le ciel et la terre, avec tous les êtres de tous les temps, car la loi de l'univers est unique. Loi du ciel et de la terre, participée dans tous les êtres, atteignant dans chaque espèce d'être un degré de développement qui en constitue la nature spécifique et dans chaque individu un degré de perfection qui le caractérise. L'être premier, duquel est issu tout ce qui est, c'est le *tao*, c'est le Faîte Suprême [*t'ai-ki*], c'est le Faîte Auguste [*houang-ki*], noms d'emprunt, car l'être primordial est indéfinissable, innommable, ineffable. Le ciel et la terre ne sont pas d'une autre nature que le reste des êtres. Ce sont deux êtres intermédiaires par lesquels le Faîte Suprême produisit tous les autres. La matière universelle est une, participée par tous les êtres. L'esprit vital est un, participé par tous. Les genèses et les cessations, les naissances et les morts sont pures transformations de ces deux entités. Tous les êtres sont un avec moi. Alors, prenant la question de mon côté, je dis : Y a-t-il réellement des

---

1. Traduction Sung-nien Hsu.

êtres ? Prenant la question du côté des êtres, je demande : Mon moi existe-t-il réellement[1] ? »

Comme on le voit, nous sommes ici tout près — et presque dans les mêmes termes — des méditations du vieux philosophe taoïste Tchouang-tseu. Mais Chao Yong, comme tous les penseurs de son temps, ne se contente pas de ces « élévations poétiques ». Il ordonne ces antiques notions en un système cohérent, une sorte d'évolutionnisme d'une remarquable ampleur : « Le Faîte Suprême, c'est l'être dans son premier état d'inaction. Étant un, il produisit, par un premier acte, un autre un, la matière ténue. Ensuite, dans cette matière il produisit la pluralité par la double modalité du *yin* et du *yang*. » Il est curieux de retrouver ici les plus antiques notions de la société chinoise primitive, associées non plus seulement aux élaborations du taoïsme tardif, mais aux cosmogonies indiennes, telles que le bouddhisme les avait apportées avec lui en Extrême-Orient, le tout recouvert, tant bien que mal, du manteau de l'orthodoxie confucéenne.

C'était une vieille conception hindoue que le monde passe par des phases alternantes d'expansion et de rétraction à travers le cycle éternel des *kalpa*. Nous retrouvons maintenant les mêmes idées chez le philosophe néoconfucéen Tchang Tsai (1020-1076), au point qu'on pourrait se demander s'il ne s'agit pas ici de l'adaptation d'un texte sanscrit : « Tout commença par la condensation de la matière raréfiée. Condensée au point de tomber sous les sens, c'était une masse gazeuse, vaporeuse, floconneuse [*k'i*]. Sa quintessence non condensable, invisible et impalpable, c'est la force vitale ou esprit [*chen*]. Depuis que le double mouvement d'expansion et de rétraction commença, la matière ne peut plus s'y soustraire. Elle s'épanouit irrésistiblement en êtres multiples qui rentrent dans son sein quand elle se contracte. Ce double mouvement est sans arrêt. Il se passe dans la matière sans altérer la matière. Il est semblable au double phénomène du gel et du dégel de l'eau, laquelle reste inaltérée sous ces deux états. [...] Toute naissance est une condensation, toute

1. Traduction Wieger.

mort est une résolution de la matière. À la naissance rien ne vient, à la mort rien ne part. Dans l'individu la norme céleste est esprit vital ; puis elle redevient norme céleste. Condensée, la matière est un être ; raréfiée, elle est le substratum des transformations[1]. »

La philosophie première de l'école des lettrés était donc constituée en ses traits essentiels quand Tchou Hi lui donna sa forme définitive.

Tchou Hi naquit au Fou-kien en 1130. Plus ou moins imbu, dans ses premières années, d'idées bouddhiques, il y renonça définitivement vers 1154 pour revenir au confucéisme officiel. En 1163 il se vit appelé à la cour de Hangtcheou par l'empereur Hiao-tsong, qui le nomma bibliothécaire. Par la suite il exerça les fonctions de gouverneur dans plusieurs villes importantes (1178-1196). Ayant pris part aux querelles de partis qui divisaient la cour, il fut à la fin disgracié (1196). Il mourut dans la retraite en 1200. En plus de ses traités de philosophie, il laissa une histoire générale de la Chine abrégée de celle de Sseu-ma Kouang et qui reste encore aujourd'hui le manuel le plus consulté. Quant à son œuvre philosophique, elle exerça une telle influence, elle éclipsa si bien celle de ses prédécesseurs, que le système tout entier est généralement désigné sous le nom de « tchouhisme ».

À l'origine des choses, Tchou Hi place la notion de *wou-ki*, terme qui signifie textuellement « non-être », « absolu non-être », mais qui dans le système représente en réalité bien plutôt l'être en puissance, la virtualité universelle ou, comme dit l'école, le « Grand Vide » *(t'ai-hiu)*. En effet, c'est du *wou-ki* que sort le *t'ai-ki*, le principe de toute chose, lequel est, chez Tchou Hi comme chez ses prédécesseurs, la clé de voûte du système. Les définitions qu'il en donne présentent ce premier principe comme l'être pur, infini, éternel, absolu, la substance dans sa plénitude, principe du monde et raison des choses. À ce titre on le dit « extrêmement élevé, extrêmement excellent, extrêmement subtil, extrêmement esprit ». Mais s'il peut être considéré

---

1. Traduction Wieger.

comme spirituel, il est, aussitôt que posé, posé dans la matière. Esprit si l'on veut, mais esprit non distinct de la matière, un avec elle, infus dans la masse qu'il anime et organise. Ceux qui ont voulu voir dans le tchouhisme une métaphysique ont pris le *t'ai-ki* pour un absolu transcendant. D'autres, pour qui la doctrine n'est qu'un monisme matérialiste, donnent le *t'ai-ki* pour une sorte d'éther cosmique. Et il faut bien reconnaître que le texte même de Tchou Hi peut prêter aux deux interprétations. Tchou Hi écrit, en effet, dans le second sens : « *T'ai-ki* est semblable à une racine qui germe et monte, qui se divise en plusieurs branches, puis se divise encore et produit des fleurs et des feuilles et ainsi de suite sans interruption. » Un de ses prédécesseurs avait dit de même : « Une plante ayant produit sa graine, cette graine semée produit une plante. Cette seconde plante n'est pas la plante première, mais son esprit vital est le même, car l'esprit vital universel est un : c'est la loi de toutes les genèses. » Mais un peu plus loin Tchou Hi, parlant toujours du premier principe, emploie une autre image qui donne de sa pensée une interprétation toute différente. Voulant expliquer l'omniprésence du *t'ai-ki* dans le monde, il écrit : « C'est comme la lune qui éclaire la nuit. Elle est une au ciel et pourtant, quand elle répand sa douce lumière sur les fleuves et sur les lacs, on la voit reflétant partout son disque sans qu'on puisse dire pour cela que la lune est divisée et perd son unité. » En réalité, le *t'ai-ki*, raison d'être de la masse cosmique en général et de chaque être en particulier, est à la fois transcendant et immanent, principe intellectuel du monde moral et principe interne du monde matériel. À la manière de l'ancien *tao*, il émet le monde, mais le monde, bien que consubstantiel à lui, ne se confond pas absolument avec lui par le fait même que le *t'ai-ki* est éternel, tandis que le monde qu'il émet et réabsorbe périodiquement reste, chaque fois, éphémère.

Cette émission ou, si l'on préfère, cette organisation du monde, le *t'ai-ki* l'opère par l'intermédiaire du principe *li*, terme qu'on peut traduire par « raison », « loi », et qui représente en effet la raison des choses, l'ensemble des lois de la nature. Cette loi immuable, nécessaire, valable pour tous les règnes et dans tous les mondes, est le moule permanent dans lequel viennent se modeler les formes éphémères. C'est ce que Tchou Hi exprime en ces termes : « *Li* est comme le maître de maison qui reçoit et demeure. Il est éternel et ses hôtes passent. » Les lois de la nature préexistaient à la création : « Certainement avant le ciel et la terre *li* existait et c'est lui qui, mettant l'énergie [ou la matière] en mouvement, produisit le monde. »

Ici intervient en effet un nouveau principe, *k'i*, terme qui possède une gamme assez étendue de significations. C'est originellement la masse gazeuse, aériforme, essence et virtualité du cosmos et support des lois de la nature. La loi, ou raison des choses *li* (et l'on voit bien ici qu'il s'agit des lois de la nature), éveille et met en branle cette masse ; suscite et libère l'énergie qui dormait en elle ; et à son tour l'énergie cosmique déclenche par la production et la combinaison des contraires — *yin* et *yang*, principe mâle et principe femelle — tout le processus de l'évolution. Ainsi la raison universelle, tout en transcendant infiniment les êtres, leur est immanente. En se réalisant dans la matière, elle anime, pétrit, modèle et organise intérieurement les choses. C'est le canal par lequel le premier principe, le *t'ai-ki*, se communique aux choses. Mais cette communication n'est que temporaire : les existences particulières ne sont que des prêts à court terme de la substance universelle, et la destinée de chaque être n'est qu'une dérivation infinitésimale des lois de la nature.

Le philosophe chinois insiste sur les rapports de *li* et de *k'i*, des lois de la nature et de la masse gazeuse qui est à l'origine de la matière, et cela en des termes que ne désavouerait pas Herbert Spencer. La loi, fait-il remarquer, ne tombe pas sous les sens, mais sa portée est sans limites et elle est le principe de toute unité. La matière au contraire, perceptible aux sens, est limitée et source de toute diversité. C'est, on le voit, la différence même qui existe dans nos philosophies européennes entre les notions de loi et de matière. Mais comme la loi et la matière dont ils sont les équivalents chinois, *li* et *k'i* restent étroitement complémentaires et ne peuvent exister l'un sans l'autre. C'est pour la commodité du raisonnement que le philosophe les isole. En réalité ce sont deux coprincipes inséparables, bien que théoriquement *li* ait sur *k'i*, la loi sur la matière, une antériorité logique.

Ces principes philosophiques une fois posés, la cosmogonie de Tchou Hi se déroule suivant un scientisme rigoureux. Au commencement était le *t'ai-hiu*, mot à mot le Grand Vide, en réalité, comme on l'a vu, l'étendue considérée comme le réceptacle de l'éther, la substance infiniment raréfiée et dispersée des nébuleuses. En effet la matière, pour diffuse et raréfiée qu'elle pût être à l'état primordial, n'en existait pas moins avec toutes ses virtualités dans le Grand Vide, ce dont Tchou Hi nous avertit lui-même en nous disant que le Grand Vide ne peut exister sans matière. Puis, sous l'action des lois de la nature, cette matière diffuse s'agglomère. C'est la phase du chaos primordial *(houen touen, houen ti)* qui correspond à ce que nous appellerions la condensation de la nébuleuse. Le chaos à son tour s'organise, en vertu, toujours, du principe *li*, des lois de la nature, et, par la giration et le rythme alternant *yin-yang* (nous retrouvons, on le voit, les vieilles conceptions chinoises préhistoriques), il produit l'ensemble du cosmos visible. « La force latente, inhérente à toute matière, écrit Tchou Hi, produisit le mouvement giratoire ; le ciel et la terre étaient alors une masse de matière évoluante, tournant comme une meule. Ce mouvement de rotation s'accélérant, les parties lourdes se condensèrent au centre, formant la terre, tandis que les parties légères, entraînées vers la périphérie, formaient le ciel. Entre la terre et le ciel, apparurent les hommes. »

Tchou Hi enseigne d'ailleurs que cette création n'est que temporaire. Le cosmos organisé n'est, comme l'individu, qu'un aspect momentané de l'énergie universelle. Après une centaine de milliers d'années commencera une phase de désagrégation de la matière, suivie d'une nouvelle phase de condensation giratoire et de création. Et ainsi de suite à l'infini, dans l'avenir comme dans le passé, car ce rythme alternatif est éternel et nécessaire, n'étant que la conséquence mathématique des lois de la nature. Un rigoureux déterminisme commande l'évolution. Destructions et créations s'enchaînent ; c'est l'exemple, déjà cité, de la plante qui meurt en produisant la graine, laquelle à son tour reproduira la plante : après une série de transformations le grain semé est revenu à sa forme originelle.

La morale de Tchou Hi découle de sa philosophie première. Cette morale est purement rationaliste. Le principe *li*, c'est-à-dire le faisceau des lois de la nature, est la norme du monde moral comme du monde physique. La loi morale est l'application humaine des lois de la nature. Elle est donc nécessaire comme celles-ci et nous oblige au même titre.

Ce rationalisme écarte sensiblement la philosophie de Tchou Hi des virtualités théistes qu'on pouvait entrevoir chez certains moralistes de l'antiquité chinoise. Lui-même dit expressément : « Le ciel, c'est l'azur qui tourne sur nos têtes. Il n'y a pas dans l'azur de Souverain du Ciel (quoi qu'en disent les anciens livres). La loi dirigeant, la matière évolue. Les êtres sortent et rentrent comme les godets d'une noria dont les uns, vides, redescendent dans le puits, tandis que les autres, étant pleins, remontent, la chaîne se déroulant sans cesse. Toutefois il ne faut pas dire que le monde est sans maître, puisque le principe *li* [les lois de la nature] le gouverne. » Mais ce moteur du monde qu'est le principe *li* ne saurait être conçu comme une conscience universelle, une ineffable spiritualité, l'âme des âmes et des mondes du panthéisme indien : « *li*, spécifie notre philosophe, agit sans penser. Son action est nécessaire, fatale et inconsciente ». Tout spiritualisme est donc exclu. « Il en est, écrit encore Tchou Hi, des générations des hommes comme des vagues de la mer. Chaque vague est elle-même. La première n'est pas la seconde, la seconde n'est pas la troisième, mais elles sont toutes des modalités de la même eau. Ainsi de l'homme. Moi qui suis aujourd'hui, je suis une modalité de la raison universelle et de la matière du ciel et de la terre. Mon ancêtre fut, lui aussi, une modalité des mêmes éléments. Il n'est plus. Les éléments restent. Je suis en communion avec lui, par communauté de constitution, de raison et de matière. De même le ciel, la terre, tous les êtres sont un avec moi. Je puis appeler le ciel mon père, la terre ma mère, tous les êtres mes frères, car tous me sont unis, tout l'univers est avec moi un être unique[1]. » L'adversaire de Tchou Hi, Lou Siang-chan (1139-1192), s'exprimera de manière assez analogue : « En fait, tout est infini. L'homme, le ciel, la terre et toute chose sont dans l'infini. [...] Toute affaire de l'univers est notre propre affaire, toutes nos affaires sont celles de l'univers. » On remarquera d'ailleurs que, en fondant en esprit scientifique ce principe de la solidarité de l'homme et de l'univers, Tchou Hi et Lou Siang-chan ne faisaient que développer une des plus antiques conceptions de la pensée chinoise, conception apparue, il nous en souvient, dès la protohistoire et sur laquelle toute la sagesse archaïque était basée. C'est encore cette même pensée que développe Lou Siang-chan lorsqu'il écrit : « L'univers n'est pas autre chose que mon cœur [au sens d'âme, principe psychique] ; mon cœur est l'univers. Près de la mer Orientale naît un sage : son cœur et sa raison [littéralement son *li*, c'est-à-dire les lois de sa pensée] doivent ressembler aux miens ; près de la mer Occidentale naît un autre sage : à lui aussi son cœur et sa raison doivent ressembler aux miens. Parti de ce principe, on peut remonter aux siècles les plus reculés ou descendre indéfiniment le cours des siècles futurs, les cœurs et la raison de tous les sages anciens, présents ou futurs doivent être identiques. » Si nous traduisons en vocables occidentaux, nous dirons que le sage de la Grèce antique et celui de la Chine médiévale doivent se poser le problème du monde dans les mêmes termes qu'un Leibniz ou un Kant parce que les lois de la pensée partout sont identiques et fonctionnent partout sur les mêmes données. C'est l'affirmation de la valeur universelle de la raison en même temps que de l'unité de l'esprit humain. La portée philosophique d'une telle attitude ne saurait être surestimée, et une histoire de la pensée humaine qui ne tiendrait pas compte de ces métaphysiciens chinois du XIIe siècle serait une histoire mutilée, car ce que nous entrevoyons ici, ce n'est rien de moins que le fondement philosophique d'un humanisme universel.

1. Traduction Wieger.

Mais sans doute y a-t-il une certaine distinction à maintenir entre le système de Lou Siang-chan, qui offre encore à la spiritualité quelques voies d'évasion, et le système purement mécaniste de Tchou Hi. Or c'est ce dernier qui a eu une influence déterminante sur la pensée chinoise. C'est lui qui a fait la loi pendant les sept siècles qui nous restent à parcourir. Il est donc important de préciser quelle allait être son action et pour cela de le juger dans son ensemble.

Ce système est imposant. C'est une synthèse cohérente où ont été réélaborés la plupart des matériaux fournis par les doctrines chinoises antérieures, depuis les classifications immémoriales entre le *yin* et le *yang* jusqu'aux envolées métaphysiques des « pères » du taoïsme et aux leçons morales du confucéisme officiel. Nous avons même pu y reconnaître des emprunts indiens inavoués. Le tout fortement repensé par un cerveau puissant, si bien que l'enchaînement s'en déroule avec une rigueur scientifique impressionnante, comme chez un Spinoza employant les matériaux d'Herbert Spencer. Les matériaux de toute provenance mis en œuvre par Tchou Hi ont été par lui si bien maçonnés que l'édifice se présente comme une masse rigide sans fissure.

Un peu aussi comme une prison d'où l'esprit chinois ne pourra plus que difficilement s'échapper. Car la puissance du système ne doit pas nous en dissimuler les dangers, et ces dangers étaient graves. En enfermant la spéculation dans une sorte d'évolutionnisme mécaniste à circuit fermé avec pour tout horizon la perspective nietzschéenne du « retour éternel », en lui interdisant toute échappée de spiritualisme, Tchou Hi arrêtait l'essor de la pensée chinoise et mettait un terme prématuré au grand renouveau philosophique des xe-xiie siècles. Sa doctrine, devenue par la suite positivisme d'État, barrera la route aux spéculations ultérieures, plongera le mandarinat dans le matérialisme et la routine et sera pour une bonne part responsable de l'ankylose qui frappera la philosophie d'Extrême-Orient du xiiie au xxe siècle. Fait d'autant plus grave que les événements politiques, la conquête mongole d'abord, le conservatisme ming ensuite, allaient concourir au même résultat.

CHAPITRE XXV

Le conquérant du monde

Tandis que dans leur ville d'art de Hang-tcheou les derniers Song se passionnaient pour des problèmes d'esthétique ou de métaphysique, Gengis-khan avait commencé la conquête de l'Asie[1].
Il était né en 1167 sous une yourte de feutre, en haute Mongolie, près des sources de l'Onon et du Kèrulèn. Les tribus mongoles auxquelles il appartenait comptaient parmi les plus arriérées de l'Asie. Quel que fût leur genre de vie — chasseurs forestiers dans le Nord, aux confins de la taïga sibérienne, pâtres nomades au sud, dans les steppes immenses qui s'allongent entre la zone forestière et le désert de Gobi —, c'étaient encore des demi-sauvages. Toute leur richesse, comme celle des Huns leurs ancêtres, consistait dans leurs troupeaux, à la suite desquels ils transhumaient à la recherche des pâturages et des points d'eau. Vivant sous un climat terrible, tour à tour torride et glacial, exposés à mourir de faim quand la sécheresse, tuant l'herbe de la steppe, tuait du coup le troupeau, leur existence était misérable. Ignorant l'écriture, la vie urbaine, la culture agricole, ils n'avaient en fait de croyance qu'un grossier chamanisme. Le christianisme nestorien qui avait pénétré chez leurs voisins, les Kérèit de la Mongolie centrale, les Turcs Naïman de

---

1. Je n'ai à parler ici de Gengis-khan qu'en fonction de l'histoire chinoise. Pour l'histoire de la haute Asie en général, voir mon *Empire des steppes*, Payot, 1939 ; rééd. 1989. Pour l'histoire mongole en particulier, mon *Empire mongol*, de Boccard, 1941.

la Mongolie occidentale, les Turcs Öngut de la Mongolie-Intérieure, n'avait pu filtrer jusqu'à eux. Mais ces nomades si déshérités possédaient, sur les vieux empires civilisés dont ils convoitaient les richesses, une redoutable supériorité militaire. C'étaient de merveilleux cavaliers et des archers infaillibles. Le Mongol du XIIIe siècle est essentiellement l'archer à cheval qui apparaît, crible l'adversaire de flèches, se dérobe, disparaît, reparaît plus loin pour une nouvelle salve, jusqu'à ce que l'ennemi fourbu et épuisé soit bon pour l'assaut final. La mobilité de cette cavalerie lui conférait en effet une ubiquité hallucinante qui constituait déjà un avantage stratégique considérable sur les armées du temps. De plus, la virtuosité des pâtres ou des chasseurs mongols dans l'usage de l'arc équivalait au point de vue tactique à une sorte de « tir indirect » d'une non moindre influence sur l'issue du combat.

Les guerres les plus dures qu'eut à soutenir Gengis-khan furent dirigées contre les autres tribus turco-mongoles qui lui disputaient l'hégémonie en Mongolie. En 1206 il en avait fini avec elles et était maître de tout le pays. Il dirigea alors ses armes du côté de la Chine.

Le territoire chinois, nous l'avons vu, était partagé entre trois dominations d'inégale étendue. Le royaume tongous des Djurtchèt ou Kin, capitale Pékin, détenait la Chine du Nord, le bassin du fleuve Jaune. Depuis quatre-vingts ans que les Kin occupaient ces vieilles provinces chinoises, ils s'étaient sérieusement sinisés. L'empire national chinois des Song, capitale Hang-tcheou, possédait la Chine méridionale, c'est-à-dire le bassin du Yang-tseu et les provinces côtières correspondantes. Enfin le peuple des Tangout ou Si-Hia, d'affinités tibétaines, s'était rendu maître de l'Ordos, de l'Alachan et du Kan-sou, c'est-à-dire des Marches du Nord-Ouest. Lui aussi était en voie de sinisation.

Ce fut par une attaque contre ce dernier État que Gengis-khan commença la conquête de la Chine. Après plusieurs campagnes, il obligea les Tangout à reconnaître sa suzeraineté (1209). Il se tourna ensuite contre les Kin et entreprit de forcer les bastions de la Grande Muraille qui, du côté de Siuan-houa et de Jehol, défendaient les approches de Pékin

(1211). Les Kin, qui, malgré leur sinisation, n'avaient rien perdu des qualités militaires des vieux Tongous, se défendirent opiniâtrement. Le barde mongol de l'*Histoire secrète* est le premier à saluer en eux des adversaires vaillants et pleins de cran. Les combats furent d'un acharnement inouï. Neuf ans après, les voyageurs signaleront encore sur la route de Kalgan à Pékin les champs de bataille reconnaissables aux entassements d'ossements humains. D'autres témoins nous parlent aussi des monceaux de cadavres pourrissant sur le sol et des épidémies sorties de ces charniers.

L'armée mongole, tout en cavalerie et qui, à cette époque, ne savait pas encore faire un siège en règle, piétina pendant près de deux ans devant les bastions de la Grande Muraille, dans la région de Siuan-houa et de Jehol, avant de pouvoir descendre dans la plaine de Pékin (1211-1212). En 1213, enfin, Gengis-khan, ayant forcé les passes, envahit avec trois armées le Ho-pei et le Chan-si. Il s'avança jusqu'au cœur de l'actuel Chan-tong, saccagea les campagnes, pilla les villes secondaires, mais sans pouvoir prendre Pékin, dont il se contenta d'établir le blocus. Au cours d'une trêve, le souverain kin — le Roi d'Or —, désespérant de défendre plus longtemps la place, transporta sa résidence à K'ai-fong, à l'abri du fleuve Jaune (juin 1214). Gengis-khan en profita pour recommencer la guerre : en mai 1215 ses lieutenants entrèrent à Pékin, dont ils massacrèrent la population et qu'ils incendièrent. La destruction dura un mois. Les ruines furent telles que lorsque, quarante-cinq ans plus tard, le petit-fils de Gengis-khan, Qoubilaï, voudra venir habiter la ville, il devra la faire reconstruire sur de nouveaux plans.

Cette destruction montre à quel point les Mongols étaient arriérés par rapport aux autres Barbares qui les avaient précédés, Kitat ou Djurtchèt. Les Kitat en 936, les Djurtchèt en 1122 s'étaient eux aussi rendus maîtres de Pékin mais, loin de le détruire, les uns et les autres en avaient au bout de peu de temps fait leur capitale. Après le minimum de massacres, ils avaient assumé tout de suite la succession des dynasties précédentes. C'est que Kitat et Djurtchèt étaient déjà plus au moins frottés de culture chinoise, candidats à la sinisation. Les Mongols, au contraire, restaient encore en pleine sauvagerie. Leur attitude était celle d'un clan de Sioux faisant irruption au milieu des fermes américaines. Ne connaissant que la vie nomade, ils ne concevaient pas ce qu'ils pouvaient faire d'une grande ville, le parti qu'ils pouvaient en tirer pour la consolidation de leurs conquêtes. Ils ne discernaient point l'avantage qu'il y avait à ne pas détruire ce qui devenait désormais leur propriété. Le hasard leur ayant livré les belles terres agricoles de la plaine pékinoise, ils y anéantissaient tout non par sadisme, mais par embarras, faute de savoir faire mieux.

Il y a un curieux contraste entre le caractère personnel de Gengis-khan et la conduite des armées mongoles. D'après les témoignages les plus authentiques que nous possédions sur lui, le conquérant mongol se révèle comme un prince sage, pondéré, plein de mesure et de bon sens, soucieux d'équité, de moralité, sachant rendre justice à un adversaire valeureux, ayant horreur des traîtres. Mais il sortait à peine de la sauvagerie primitive et ne concevait la soumission des vaincus que par un régime de terreur généralisée. Pour lui comme pour tous les siens, la vie humaine ne comptait absolument pas. Comme tous les nomades du Grand Nord, il n'avait, nous l'avons vu, aucune notion de ce que pouvaient être la vie des sédentaires, l'habitat urbain, les labours, tout ce qui n'était pas sa steppe natale. Dans ces limites, qui sont celles de son milieu et de son temps, c'était un organisateur-né, sachant écouter les conseils des civilisés, ayant même, en raison de sa haute intelligence, une aptitude naturelle à la civilisation.

Parmi les prisonniers faits à la prise de Pékin, il discerna un personnage illustre, Ye-liu Tch'ou-ts'ai, qui appartenait à l'ancienne famille royale des Kitat, ces Tartares entièrement sinisés qui, un siècle auparavant, avaient régné sur Pékin[1]. Comme beaucoup de Kitat, Ye-liu Tch'ou-ts'ai possédait à fond la culture chinoise. C'était, par ailleurs, un homme de gouvernement qui avait rempli de hautes charges dans l'administration des Kin. Gengis-khan fut frappé de son aspect (« de sa haute stature, de sa longue barbe et du son

---

1. De 936 à 1122.

imposant de sa voix », dit notre source). Il lui demanda pourquoi il avait si longtemps servi les Kin, spoliateurs des anciens Kitat : « La maison des Kitat et celle des Kin ont toujours été ennemies. Je vous ai vengés ! — Mon père, mon aïeul et moi-même, répondit Ye-liu Tch'ou-ts'ai, nous avons été les sujets et les serviteurs des Kin. J'aurais été coupable si je ne les avais pas servis loyalement. » On a vu à quel point le conquérant mongol appréciait le loyalisme dynastique, même chez l'adversaire. Cette réponse lui plut particulièrement. Il s'attacha l'homme et en fit bientôt un de ses conseillers les plus écoutés. Ye-liu Tch'ou-ts'ai mit noblement à profit son influence. Au cours des campagnes suivantes, tandis que les chefs mongols faisaient main basse sur les biens et les gens, « il se contentait de recueillir les livres chinois et aussi les produits pharmaceutiques avec lesquels il sauva la vie à des milliers d'individus lorsque, peu après, une maladie épidémique éclata dans l'armée mongole ».

Le royaume kin était maintenant réduit, autour de K'aifong, sa nouvelle capitale, au Ho-nan et à quelques districts du Chen-si. Mais Gengis-khan ne prêtait plus aux affaires chinoises qu'une attention secondaire. C'est du côté de l'ouest qu'il regardait désormais. Emmenant avec lui la grande armée mongole, il partit en 1219 à la conquête du Turkestan et de l'Iran oriental. Il ne devait rentrer en Mongolie que cinq ans plus tard, pendant l'hiver de 1224-1225. Pendant ce temps la lutte contre les Kin avait continué au ralenti. Les lieutenants qu'il en avait chargés ne disposaient d'ailleurs que d'effectifs réduits. La guerre dégénéra en guerre de sièges, les places fortes passant de main en main parce que la cavalerie mongole se contentait toujours de mettre les villes à sac sans faire ensuite d'occupation effective.

Cependant la dernière campagne de Gengis-khan eut de nouveau le sol chinois pour théâtre. Toutefois elle ne fut pas dirigée contre les Kin, mais contre le royaume tangout ou si-hia du Kan-sou, qui avait offensé le conquérant en lui refusant des auxiliaires. Gengis-khan commença la campagne à l'automne de 1226 et la poursuivit avec ténacité, malgré les douleurs internes, provoquées par une chute de cheval, qui le faisaient durement souffrir. Pour en finir avec la résistance des Tangout, les généraux mongols proposèrent l'extermination radicale de la population. « Ils représentèrent à Gengis-khan que ses sujets chinois ne lui étaient d'aucune utilité et qu'il vaudrait mieux tuer jusqu'au dernier habitant pour tirer au moins parti du sol qui serait converti en pâturages. » Ce fut Ye-liu Tch'ou-ts'ai qui fit écarter ce projet. « Il démontra les avantages qu'on pourrait retirer de contrées fertiles et d'habitants industrieux. Il exposa qu'en mettant un impôt modéré sur les terres, des droits sur les marchandises, des taxes sur l'alcool, le vinaigre, le sel, le fer, les produits des eaux et des montagnes, on pourrait percevoir annuellement environ 500 000 onces d'argent, 80 000 pièces d'étoffe de soie et 400 000 sacs de grain. » Et il eut gain de cause. Gengis-khan le chargea d'établir sur ces bases l'assiette de l'impôt.

Tandis que l'armée mongole assiégeait la capitale tangout, la ville de Ning-hia, Gengis-khan, de plus en plus malade, s'était installé, pour fuir les chaleurs de l'été, dans les montagnes du Kan-sou, au nord-ouest de P'ing-leang. Ce fut là qu'il décéda, le 18 août 1227. Quelques jours après sa mort, les défenseurs de Ning-hia capitulèrent. Conformément à sa volonté posthume, ils furent tous massacrés. Tout le royaume tangout — Kan-sou, Alachan et Ordos — fut annexé à l'Empire mongol.

Gengis-khan eut comme successeur à la tête de l'Empire mongol son troisième fils, Ogödèi (1229-1241). C'était un vrai Mongol, lourdaud, bonasse et ivrogne, jovial et volontiers clément, généreux à l'extrême pour son entourage, du reste nullement dépourvu d'intelligence ni même de finesse. Il continua à résider en Mongolie, autour de Qaraqoroum, où il s'était fait construire une capitale fixe. Son conseiller, le Kitan sinisé Ye-liu Tch'ou-ts'ai, l'encourageait dans cette voie : « L'empire, disait-il à Ogödèi, a bien été conquis à cheval, mais il ne peut être gouverné à cheval. » Ye-liu Tch'ou-ts'ai s'efforçait en effet de doubler l'empire tout militaire des Mongols d'un empire administratif à la manière chinoise. Il fit créer une sorte de budget fixe, les Mongols devant donner le dixième de leur bétail, tandis que leurs sujets chinois paieraient un impôt en argent, en pièces de soie et en grains, réparti par feux. À cet effet, les parties conquises de la Chine du Nord, jusque-là considérées comme un terrain vague pour pillages arbitraires, furent au début de 1230 divisées en dix circonscriptions régulières avec un personnel administratif de fonctionnaires mongols et de lettrés chinois. Ye-liu Tch'ou-ts'ai fit même ouvrir à Pékin et au Chan-si des écoles pour enseigner les lettres chinoises aux jeunes seigneurs mongols, et inversement il attira dans l'administration mongole nombre de Chinois ralliés.

Mais la conquête mongole ne fut pas pour autant ralentie. En Chine un nouvel effort s'imposait. Les Kin faisaient preuve d'une vitalité étonnante. Non seulement leur réduit du Ho-nan restait intact, mais depuis la mort de Gengis-khan ils contre-attaquaient dans les provinces voisines. Pour en finir les Mongols imaginèrent un plan grandiose. Le grand-khan Ogödèi, avec le gros de l'armée, descendit du Chan-si au Ho-nan, en attaquant cette province directement par le nord. Pendant ce temps son frère cadet Toloui, avec un corps de cavalerie, exécutait un immense mouvement tournant par l'ouest, à travers le Chen-si méridional, et apparaissait brusquement dans le sud du Ho-nan, prenant ainsi les Kin à revers. Dans ce suprême combat les Kin firent jusqu'au bout preuve d'un héroïsme qui força l'admiration de l'état-major mongol, bon connaisseur en la matière : leurs généraux se laissaient couper les articulations des membres plutôt que de se rallier au vainqueur. Mais ils furent encerclés et écrasés. En mai 1233 leur capitale, K'ai-fong, fut prise par le général mongol Subötèi, le vainqueur de la Perse et de la Russie. Subötèi entendait détruire K'ai-fong comme Gengis-khan avait détruit Pékin. Ye-liu Tch'ou-ts'ai intervint. Ogödèi connaissait bien le sens de ces interventions : « Tu vas encore pleurer pour le peuple ? » lui disait-il. Et le grand-khan bougonnait, mais cédait. Cette fois encore il écouta son conseiller et ordonna d'épargner K'ai-fong, ordre que les soldats mongols, avec leur admirable discipline, exécutèrent rigoureusement. Quant au souverain kin, le dernier des Rois d'Or, il avait quitté K'ai-fong avant la fin pour se réfugier dans une forteresse voisine, à Ju-ning, mais quand il vit les Mongols sur le rempart de ce dernier réduit, il se suicida pour ne pas tomber vivant entre leurs mains (31 janvier 1233-2 mars 1234).

Tout l'ancien royaume kin, toute la Chine du Nord, était aux mains des Mongols. Désormais ceux-ci étaient les voisins immédiats de l'Empire song.

Pendant la guerre entre les Kin et les Mongols, la cour impériale chinoise, la cour de Hang-tcheou, avait conclu une alliance avec les seconds, dans l'espoir d'obtenir une part des dépouilles du royaume kin. Les Kin une fois abattus, le grand-khan Ogödèi remit en effet aux Chinois quelques districts méridionaux du Ho-nan. Les gouvernants chinois auraient dû s'estimer heureux de s'être attiré la bienveillance des terribles Mongols. Tout au contraire, ils se déclarèrent mal récompensés de leur concours et, dans leur insigne folie, ils essayèrent de disputer aux vainqueurs le reste du Ho-nan. Le résultat ne se fit pas attendre. Ce fut la guerre. En 1236 trois armées mongoles envahirent l'Empire song et ravagèrent le Sseu-tch'ouan et le Hou-pei.

Toutefois ce n'était là qu'une expédition de reconnaissance et bientôt les opérations se ralentirent. C'est que dans cette énorme ruche humaine de la Chine centrale et méridionale, compartimentée par tant de rivières et de montagnes, sur ce sol coupé de rizières et de lacs, avec tant d'agglomérations urbaines, la guerre ne pouvait être qu'une guerre de sièges dans laquelle les cavaliers de la steppe se trouvaient encore assez désorientés. Conquérir la Chine du Nord, c'est ce à quoi avaient réussi avant les Gengiskhanides d'autres hordes turco-mongoles depuis les Huns et Tabghatch des IVe et Ve siècles jusqu'aux Rois d'Or de 1126. Conquérir la Chine méridionale, c'est ce à quoi elles avaient toutes échoué. En réalité, pour conquérir la Chine du Sud, il allait falloir faire une guerre à la chinoise, avec de larges contingents de fantassins chinois et toute une « artillerie » de machines de siège servies par des ingénieurs chinois ou étrangers. Du reste les armées mongoles étaient alors absorbées par de nouvelles expéditions en Europe, à travers la Russie, la Pologne et la Hongrie. Et en 1241 le décès du grand-khan Ogödèi vint pratiquement interrompre les hostilités entre Mongols et Chinois. La guerre reprit sous le deuxième successeur d'Ogödèi, le grand-khan Mongka, lequel gouverna l'Empire mongol de 1251 à 1259. Chef énergique, administrateur sévère mais juste, politique dur mais intelligent, bon guerrier, Mongka avait décidé de pousser à fond la lutte contre les Song. Il ne s'agissait plus avec lui d'expéditions de pillage, mais de la conquête effective du pays. Il commença en 1251 par associer à cette tâche son frère cadet Qoubilaï, qu'il nomma gouverneur du Ho-nan, choix heureux car Qoubilaï, qui montrait un goût très vif pour la civilisation chinoise, travailla dans son gouvernement à restaurer l'agriculture, ruinée par la guerre, en distribuant des semences et des outils aux paysans et en transformant ses soldats indigènes en laboureurs. Les opérations décisives contre l'Empire song commencèrent en 1258. Tandis que Qoubilaï attaquait la ligne du moyen Yang-tseu du côté de Wou-tch'ang, Mongka lui-même pénétrait au Sseu-tch'ouan pour tourner la Chine méridionale par le sud-ouest ; mais il décéda au cours de cette campagne, emporté par une épidémie le 11 août 1259. Sa mort allait laisser la place libre pour son frère Qoubilaï.

CHAPITRE XXVI

Qoubilaï, « le grand sire »

Lorsque la mort de son frère Mongka le rapprocha du trône, Qoubilaï avait quarante-trois ans. Des petits-fils de Gengis-khan c'était de beaucoup le plus remarquable. Homme d'État né comme son illustre aïeul, bon capitaine et politique avisé, il joignait aux solides qualités de sa race l'avantage de s'être délibérément rallié à la civilisation, en l'espèce à la culture chinoise. Comme nous l'avons vu, à la mort de Mongka il assiégeait sur le Yang-tseu la ville chinoise de Wou-tch'ang, au Hou-pei. Pour avoir les mains libres, il conclut un armistice avec les Chinois et regagna aussitôt Pékin, puis, plus au nord, près de l'actuel Dolonnor, sa résidence d'été de Chang-tou. Ce fut là que, le 6 mai 1260, il se fit proclamer grand-khan par son armée.

En réalité son avènement au trône mongol ne fut pas sans susciter d'opposition dans sa famille. Son plus jeune frère, Ariq-bögè, se proclama de son côté grand-khan à Qaraqoroum, en Mongolie, et c'était précisément pour pouvoir le combattre que Qoubilaï avait si précipitamment conclu une trêve avec les Chinois. La guerre entre les deux frères, qui eut la Mongolie pour théâtre et pour enjeu, dura quatre ans. Enfin, en août 1264, Ariq-bögè, vaincu, vint faire sa soumission à Qoubilaï.

Débarrassé de ces compétitions familiales, Qoubilaï put reprendre la conquête de l'Empire song. L'empereur song Tou-tsong (1265-1274) accordait sa confiance à des politiciens néfastes qui neutralisèrent les efforts de généraux souvent pleins de cœur. Néanmoins il fallut aux Mongols plus de huit ans pour en finir avec la résistance chinoise. Le siège des deux cités jumelles de Siang-yang et de Fan-tch'eng, au Hou-pei, exigea plus de cinq ans (1268-1273). Les défenseurs firent preuve d'une extraordinaire opiniâtreté. Bloqués du côté de la terre, ils furent quelque temps encore ravitaillés par eau grâce à deux hardis capitaines qui réussirent à remonter jusque-là la rivière Han, non sans payer de leur vie cette action d'éclat. Les Mongols mirent alors en batterie une véritable artillerie de balistes et de catapultes construites et manœuvrées par des ingénieurs ouighour ou arabes à leur service. Ce bombardement finit par avoir raison de l'héroïsme des assiégés et la chute des deux villes permit aux Mongols d'atteindre par la basse Han le moyen Yang-tseu, puis de descendre la vallée du fleuve depuis Wou-tch'ang jusqu'à Nankin. À la fin de 1275 toutes les armées mongoles convergeaient sur Hang-tcheou, la capitale song.

Là tout était dans la confusion. L'empereur Tou-tsong, esprit fort cultivé mais souverain inepte, maintenait aux affaires un exécrable ministre, Kia Sseu-tao, dont tout le programme consistait à brimer l'élément militaire. Tou-tsong étant mort sur ces entrefaites, Kia Sseu-tao, pour conserver le pouvoir, mit sur le trône un enfant de quatre ans (1274). Pendant ce temps les places du bas Yang-tseu tombaient les unes après les autres aux mains de l'ennemi. La régente finit par dégrader Kia Sseu-tao, mais il était trop tard : Hang-tcheou était investi. Découragée, elle capitula (fin février 1276). Le général mongol Bayan fit son entrée dans l'immense cité et envoya le petit empereur à Qoubilaï. Celui-ci traita son jeune captif avec une remarquable humanité. Après lui avoir assigné une rente, il se contenta, comme eussent fait nos ancêtres pour un Mérovingien ou pour un Carolingien détrôné, de le faire élever dans la cléricature : l'héritier des Song devait mourir paisiblement quarante-sept ans plus tard dans un couvent bouddhique. L'impératrice régente, au témoignage de Marco Polo, reçut de son côté un accueil déférent avant de se retirer, elle aussi, dans un couvent. On mesure par là l'étape franchie par les Mongols depuis Gengis-khan. En deux générations ces demi-sauvages s'étaient élevés au niveau des vieilles races civilisées. Il restait encore à soumettre la région cantonaise, où les derniers patriotes chinois s'étaient groupés autour du frère cadet du petit empereur détrôné, un autre enfant, suprême espoir de la dynastie song. Mais ce dernier foyer de résistance ne put tenir bien longtemps. Canton succomba en 1277. Le dernier des Song — il avait huit ans — fut recueilli par le héros loyaliste Tchang Che-kie sur une escadre qui réussit pendant plusieurs saisons à se cacher dans les havres de la côte cantonaise. Mais les Mongols étaient tenaces. Ils équipèrent une flotte supérieure et vinrent encercler l'escadre chinoise près de l'îlot de Yai-chan, au sud-ouest de Canton (13 avril 1279). Ce fut le désastre. Les jonques chinoises les plus rapides parvinrent à percer les lignes ennemies, mais le navire impérial était trop lourd pour pouvoir suivre la manœuvre. Un des serviteurs de l'enfant impérial se présenta devant lui : « C'en est fait de l'empire, lui dit-il gravement. Vous devez finir avec lui. Votre frère s'est lâchement rendu aux vainqueurs. Ne renouvelez pas cette honte ! » Il dit, saisit l'enfant à bras-le-corps et se jeta avec lui dans les flots. Quant au vaillant Tchang Che-kie, la mort avait paru le fuir quand un typhon éclata autour de sa jonque. « Il refusa d'atterrir, grimpa à la hune du grand mât et, élevant un bâtonnet d'encens, adjura le Ciel : " Moi, Tchang Che-kie, j'ai vécu toute ma vie pour servir les Song. Voici que le dernier d'entre eux est mort. S'il reste encore quelque chance pour leur cause, si leurs sacrifices doivent se perpétuer, que le Ciel me sauve pour que je les serve encore. Sinon, j'ai assez vécu ! " À l'instant même un tourbillon engloutit sa jonque et il disparut dans les flots. »

C'était la première fois que la Chine tout entière, Sud compris, tombait aux mains d'un conquérant étranger. Ce qu'aucun des envahisseurs du haut Moyen Âge n'avait pu accomplir, Qoubilaï y réussissait enfin. Il réalisait le rêve obscurément poursuivi depuis des siècles, à travers d'innombrables générations de nomades, par tout ce qui vivait sous une yourte de feutre depuis la steppe des Kirghiz jusqu'à la forêt mandchourienne. Seulement et par bonheur, de

Gengis-khan à Qoubilaï la conquête avait été assez lente pour que les plus dangereux résultats en fussent amortis. Car pour conquérir la Chine entière, depuis la première incursion de Gengis-khan dans le royaume tangout du Kansou jusqu'à la destruction de la dernière escadre song par les amiraux de Qoubilaï, il n'avait pas fallu aux invincibles Mongols moins de soixante-quatorze ans (1205-1279). Lorsque cette œuvre gigantesque fut achevée, au lieu de Gengis-khan, le sauvage vêtu de peaux de bêtes, le nomade qui ne savait que tuer et brûler, les vaincus se trouvèrent en face d'un Mongol presque pareil à eux-mêmes.

En effet, si le petit-fils de Gengis-khan conquit la Chine, il avait au préalable été lui-même conquis par la civilisation chinoise. Sa totale victoire allait lui permettre de réaliser le constant objectif de sa politique personnelle : devenir un véritable Fils du Ciel, faire de l'Empire mongol un Empire chinois. La voie était enfin libre. Les Song une fois disparus, il devenait le maître légitime de l'empire quinze fois centenaire. Sa dynastie, qui prit le nom de dynastie yuan, n'aspira plus qu'à continuer les quelque vingt-deux dynasties chinoises qui l'avaient précédée. Signe visible de cette sinisation : Qoubilaï, bien que maître de la Mongolie, renonça à y habiter. Dès 1260 il établit sa capitale à Pékin, et en 1267 il commença à construire au nord-est de l'ancienne cité une ville nouvelle qui fut connue en turco-mongol sous le nom de Khanbaliq, « la ville du khan », dont Marco Polo a fait *Cambaluc*.

Comme grand-khan mongol, Qoubilaï eut à soutenir plusieurs guerres en Asie. Une fois maître de la Chine, il réclama l'hommage des autres pays de l'Extrême-Orient. La Corée, plus ou moins rebelle à ses prédécesseurs, accepta sa suzeraineté, mais les escadres et les corps expéditionnaires qu'il envoya par deux fois au Japon (en 1274 et en 1281) et à Java (1293) échouèrent : les guerriers de la steppe se sentaient dépaysés sur mer et les marins coréens ou chinois qu'ils étaient obligés d'employer ne servaient qu'à contre-cœur. Un typhon qui le 15 septembre 1281 dispersa l'armada mongole mit fin aux tentatives contre le Japon. De même en Indochine. Les forces que Qoubilaï envoya contre le royaume d'Annam (Tonkin et Nord-Annam actuel) et contre le royaume du Tchampa (Sud-Annam actuel) en 1283, 1285 et 1287 échouèrent aussi et pour une raison analogue : les guerriers venus des confins sibériens étaient décimés par le climat tonkinois. Ces échecs d'ailleurs n'empêchèrent pas les souverains de l'Annam, du Tchampa et de la Birmanie de reconnaître par la suite la suzeraineté de la maison de Qoubilaï. Enfin — mais le fait était plus grave — Qoubilaï eut à disputer le titre de grand-khan mongol et la Mongolie elle-même à un de ses cousins, Qaïdou, qui régnait du côté de l'Ebinor, au Tarbagataï et en Dzoungarie.

Qoubilaï, en devenant un Fils du Ciel, en adoptant la civilisation chinoise, en sinisant de plus en plus l'Empire mongol, en délaissant le séjour de Qaraqoroum pour celui de Pékin, avait mécontenté beaucoup de Mongols restés fidèles aux traditions de leur race, à la vie de la steppe, à l'âme nomade. Ces mécontents s'étaient d'abord groupés autour de son plus jeune frère, Ariq-bögè, dont ils avaient soutenu — vainement d'ailleurs — les prétentions au trône. Ariq-bögè une fois abattu, ils trouvèrent un nouvel anti-césar dans la personne de son cousin Qaïdou, petit-fils lui aussi de Gengis-khan, mais qui continuait à mener dans le Grand Ouest la rude existence de ses aïeux nomades. Ce loup de la steppe était l'antithèse vivante du Mongol sinisé et sédentaire qu'était Qoubilaï. À partir de 1267 il réussit à enlever à Qoubilaï la suzeraineté des deux Turkestans (Turkestan chinois et Turkestan russe actuels), ce qu'on appelait alors le khanat de Djaghataï. L'effort que fit Qoubilaï en 1275 pour recouvrer le Turkestan[1] ne tarda pas à échouer et ce fut Qaïdou qui en 1277 faillit lui enlever la Mongolie. Dix ans plus tard Qaïdou forma contre lui une nouvelle coalition de princes gengiskhanides, depuis le Turkestan jusqu'à la Mandchourie. Qoubilaï — il avait alors soixante-douze ans —, dans une campagne difficile qui eut cette fois la Mandchourie pour théâtre et que nous a racontée Marco Polo, brisa la coalition (1287), mais il était réservé à son successeur, le grand-khan Tèmur, d'en finir définitivement avec Qaïdou (1301).

---

1. En l'espèce la Kachgarie et la région de l'Ili.

En somme, comme grand-khan mongol Qoubilaï est loin d'avoir partout réussi. Bien qu'il ait pu conserver la possession de la Mongolie proprement dite, ses cousins, les autres princes gengiskhanides qui régnaient au Turkestan ou en Russie méridionale, ne reconnurent pas sa suzeraineté. Seule la famille de son frère Hulègu, qui régnait en Perse, fut pour lui une vassale fidèle. Et tous ces embarras dans sa propre maison venaient de ce qu'il avait abandonné le genre de vie de sa race pour devenir un empereur chinois.

En réalité, c'est surtout comme empereur de Chine que Qoubilaï a pleinement réussi. C'est à ce titre qu'il a mérité d'être appelé par Marco Polo « le plus puissant souverain et possesseur de gens, de terres et de trésors qui ait existé depuis Adam jusqu'à nos jours ». Jamais Fils du Ciel ne prit son rôle plus à cœur que ce petit-fils du terrible Gengiskhan. Son administration réparatrice pansa les maux d'un siècle de guerres. Après la chute des Song, non seulement il conserva les institutions et les cadres administratifs de la dynastie tombée, mais il mit toute son application à obtenir le ralliement personnel des fonctionnaires en place. Après la conquête du sol il réussit celle des esprits, et son plus grand titre de gloire n'est peut-être pas d'avoir, le premier dans l'histoire, conquis la Chine entière, mais de l'avoir pacifiée.

Après tant de dévastations et de destructions, l'état du pays était pitoyable. Les statistiques de recensement en donnent une idée. Vers 1125 la Chine avait compté 20 882 258 familles, soit au taux ordinaire cent millions d'habitants. En 1290 elle ne comptait plus que 13 196 206 familles, soit pas tout à fait 59 millions d'âmes. Pour relever le pays un grand effort s'imposait dans tous les domaines.

La question des communications, si importante pour l'administration et le ravitaillement de l'immense empire, fut l'objet de la sollicitude de Qoubilaï. Il fit remettre en état les routes impériales, les fit en principe ombrager d'arbres et y éleva de distance en distance des caravansérails. Il étendit à la Chine le système de la poste mongole *(djam)*, qui fit l'admiration de Marco Polo et d'Odoric de Pordenone. Plus de deux cent mille chevaux, répartis entre les différents relais, auraient été affectés à ce service. Pour ravitailler

Pékin et y amener le riz du bas Yang-tseu, il se livra à des travaux de canalisation considérables entre Yang-tcheou et la capitale. Ainsi fut créé le Grand Canal impérial (Yun-ho), avec le tracé qui existe encore aujourd'hui. Pour lutter contre la famine, il remit en vigueur les mesures de « prévoyance d'État », la législation étatiste à laquelle sous les Song de K'ai-fong le célèbre Wang Ngan-che avait attaché son nom. Comme Wang Ngan-che, il promulgua des édits de maximum. Dans les bonnes années l'excédent des récoltes était acheté par l'État et emmagasiné dans les greniers publics. En cas de disette et de hausse des prix, ces greniers étaient ouverts et les grains distribués gratuitement[1]. D'autre part l'assistance publique fut réorganisée. Un édit de 1260 ordonna aux vice-rois de subvenir aux besoins des lettrés âgés, des orphelins, des malades, des infirmes[2]. Un édit de 1271 institua des maisons d'hospitalisation. Des distributions de riz et de millet furent faites régulièrement aux familles nécessiteuses. Qoubilaï lui-même, nous dit Marco Polo, nourrissait chaque jour trente mille indigents.

Le côté le plus défectueux de l'administration mongole fut le côté financier. Dans les institutions des Song, Qoubilaï avait trouvé l'usage du *tch'ao*, ou papier-monnaie. Il s'agissait en principe de bons ou coupons auxquels était conférée une valeur équivalente à un lingot d'argent. Qoubilaï en généralisa la pratique et en fit la base de sa politique financière. Marco Polo constate, non sans humour, que les Mongols ont découvert là « la véritable pierre philosophale », l'art de fabriquer de l'or avec des billets en écorce de mûrier. Dès 1264 fut promulgué un édit qui fixait la valeur, en papier-monnaie, des principales marchandises, mesure qui avait à la fois au point de vue économique la portée d'une loi du maximum réglementant le marché, et au point de vue financier la signification d'une loi du cours forcé pour les billets de banque. Le premier ministre des Finances de Qoubi-

---

1. C'est le système des « greniers régulateurs » *(tchang-p'ing)* qui fonctionnait déjà sous les Song (voir page 187).
2. Ici encore, reprise, sans doute, du système des « greniers de bienfaisance » *(kouang-houei)*, déjà en fonctionnement sous les Song (voir page 187).

laï, le musulman Seyid Edjell, originaire de Boukhârâ (mort en 1279), paraît avoir maintenu les émissions dans des limites raisonnables. Les imprudences commencèrent avec les ministres suivants, d'abord un autre Transoxianais, Ahmed Benâketî (mort en 1282), puis l'Ouighour Sangha. Tous deux pratiquèrent une politique d'inflation effrénée qui avilit rapidement le *tch'ao*. Pour trouver de l'argent, ils eurent recours à des conversions répétées et à de lourds monopoles. Ahmed, assassiné en 1282, fut dégradé posthumément par Qoubilaï. Sangha fut condamné à mort pour malversations (1291). Sous le deuxième successeur de Qoubilaï, le grand-khan Qaïchan, il faudra en 1309 renoncer à enrayer la baisse des émissions précédentes et fabriquer de nouveaux assignats qui se déprécieront à leur tour.

Finalement on fut contraint de revenir à la monnaie métallique usitée sous les dynasties précédentes, mais il n'est pas possible que la crise financière à l'état permanent qui avait marqué le règne de Qoubilaï (1260-1294) et celui de son petit-fils Tèmur (1295-1307) n'ait pas eu de répercussions morales. Cette inflation perpétuelle, les dévaluations successives qui en étaient l'inévitable conséquence, la perturbation qui en résulta pour le marché ne pouvaient manquer de rendre le régime mongol impopulaire dans les parties les plus commerçantes de la Chine, grosses agglomérations du bas Yang-tseu et ports du Fou-kien ou de la région cantonaise, pays où toute la population urbaine — des puissantes guildes célébrées par Marco Polo aux petits boutiquiers entrevus par Odoric de Pordenone — ne vivait que de banque et de commerce. Or ce sera précisément dans cette région qu'au milieu du XIVe siècle commencera la révolte populaire contre le régime mongol...

Nous venons de voir deux musulmans diriger successivement les finances impériales. Leur cas n'est pas isolé et tient aux conditions mêmes du régime foncier sous les Mongols.

Dans la Chine du Nord par eux conquise sur les Kin, les Mongols avaient trouvé un régime foncier très différent de celui de la Chine ancienne. Avant eux, les précédentes dominations tartares qui avaient possédé ce pays, les Kitat d'abord (X^e-XIe siècles), les Djurtchèt ou Kin ensuite (xiie siècle), avaient réduit à l'état de serfs un grand nombre de propriétaires chinois pour constituer en grands domaines les terres ainsi « asservies » et en faire cadeau aux seigneurs kitat d'abord, kin ensuite. À la veille de la conquête mongole, en 1183, les serfs formaient dans le royaume kin, dans la Chine du Nord, plus du cinquième de la population totale : 1 345 947 serfs ou esclaves sur 6 158 636 habitants.

Les Mongols, quand ils remplacèrent les Kin dans la Chine du Nord, s'emparèrent de tous les apanages ou bénéfices qui avaient été ainsi constitués en faveur de l'aristocratie des Kin. Dans la Chine méridionale, l'Empire song, les expropriations au profit des Mongols ne furent pas moins considérables : les princes gengiskhanides et même les simples nobles mongols *(noyat, ba'atout)* s'adjugèrent à titre de propriété personnelle une grande partie du territoire chinois. Pour remettre en mouvement l'économie chinoise, ils imaginèrent, lorsque la période du pillage brutal eut été close, de consentir des prêts d'argent, à gros intérêts du reste, à la population chinoise — à cette même population qu'au moment de la conquête ils avaient si souvent réduite au servage dans les campagnes ou spoliée dans les entreprises commerciales urbaines[1]. Ces prêts furent effectués par l'intermédiaire de guildes ou sociétés bancaires, généralement composées de musulmans, guildes connues sous le nom mongol d'*ortoq*. Les musulmans (en l'espèce des Turco-Iraniens de la région de Boukhârâ et de Samarkand) jouèrent un peu ici le rôle à la fois de nos « Lombards » au Moyen Âge et de nos fermiers généraux au xviiie siècle. « Ils furent, dit Pelliot, les grands marchands d'argent de l'Extrême-Orient à l'époque mongole. » Ils devaient être fort âpres au gain puisque, en 1298, le successeur de Qoubilaï, le grand-khan Tèmur, sentit la nécessité de soustraire les populations de la Chine méridionale à leur arbitraire ou à l'arbitraire des seigneurs mongols s'exerçant par leur intermédiaire. La population reçut alors des garanties contre les recouvre-

---

1. Notons que nous retrouvons là le principe du fameux « prêt sur récolte », si onéreux, accordé (ou imposé) aux paysans chinois à l'époque de Wang Ngan-che (voir page 188).

ments usuraires exercés par les guildes musulmanes et contre la saisie des femmes et des enfants des débiteurs.

Plus généralement et en dehors de cette question particulière, la dynastie mongole dans sa législation officielle, le Code des Yuan, se préoccupa d'améliorer la situation des esclaves, ouvriers agricoles et fermiers travaillant sur les grands domaines. Elle tenta de protéger ces pauvres gens contre l'arbitraire de leurs maîtres mieux que ne l'avait fait la législation des Song. Un édit du grand-khan Tèmur, dès le début de son règne (1295), interdit même aux seigneurs mongols de compromettre les récoltes en chevauchant à travers les plantations. « Le code des Yuan, au début du XIVe siècle, ajoute Henri Maspero, punissait de cent sept coups de bâton tout propriétaire qui avait frappé à mort un ouvrier agricole ou un fermier. L'existence des fermiers était si dure que les ordonnances intervinrent plusieurs fois pour diminuer le prix exagéré des fermages privés. En 1285 il fut diminué d'un dixième, en 1304 de deux dixièmes au Kiang-si, et en 1354 la mesure fut étendue à l'empire entier. »

La politique mongole en Chine est particulièrement significative dans le domaine religieux.

Qoubilaï, comme le remarque Marco Polo, fit preuve de la plus large tolérance, ou mieux, d'une universelle bienveillance envers les divers cultes. La raison de cette attitude est double. Le fond de la religion mongole au temps de Gengiskhan était un chamanisme qui redoutait et révérait toute manifestation possible des Puissances cachées dans le ciel, les monts et les eaux ; qui révérait de même et par la même crainte superstitieuse les Pouvoirs de tous les thaumaturges. Or, toutes les religions établies, tous les clergés qui les représentaient avaient indistinctement droit à cette prudente déférence. Par ailleurs, l'homme d'État de grande classe qu'était Qoubilaï comprit tout de suite l'intérêt qu'il avait à domestiquer les différents clergés pour ses fins politiques. Ce n'est pas un concordat qu'il conclut à cet effet, ce fut autant de concordats qu'il y avait de religions établies. Dès qu'il se fut officiellement substitué à la dynastie song, il accomplit, nous le verrons, les gestes rituels envers le « confucéisme », comme chef de la religion impériale millénaire. Mais il n'avait pas attendu le ralliement des lettrés pour comprendre le parti qu'il pourrait tirer (et précisément contre le légitimisme obstiné de ceux-ci) en s'appuyant sur le bouddhisme et le taoïsme. À cet effet il entendit organiser l'Église bouddhique et l'Église taoïque en institutions d'État avec, pour chacune, un chef nommé par lui et responsable devant lui. C'est ainsi que Napoléon concevra les rapports de l'État et des Églises.

Mais (et en dehors du vieux chamanisme mongol qu'il ne dut jamais abandonner entièrement) ce fut incontestablement le bouddhisme, et en particulier le bouddhisme tibétain, qui eut ses préférences personnelles. Invoqué comme arbitre dans des querelles de moines entre bouddhistes et taoïstes, il se prononça nettement en faveur des premiers contre les seconds. Au témoignage de Marco Polo, il fit venir de Ceylan des reliques du Bouddha. Il manda du Tibet à sa cour, prit en amitié et protégea un jeune saint bouddhiste, le lama Phags-pa (mort en 1280). Il le chargea même de composer à l'usage des Mongols un alphabet imité de l'alphabet tibétain (entreprise qui d'ailleurs ne réussit pas, les Mongols ayant finalement préféré l'alphabet turc-ouighour, tiré du syriaque).

Les successeurs de Qoubilaï continuèrent et accrurent encore la faveur qu'il accordait aux moines bouddhistes, en particulier aux lamas tibétains. Grâce à la protection impériale, il se développa alors en Chine un véritable cléricalisme lamaïque qui n'alla pas sans inconvénients. « On voit, dit un rapport administratif, ces lamas se répandre dans les villes et, au lieu de loger dans les hôtelleries, s'établir dans les maisons particulières dont ils écartent les maîtres pour abuser plus facilement de leurs femmes. Non contents de se livrer à la débauche, ils enlèvent encore au peuple le peu d'argent qu'il possède. Ce sont des sangsues publiques, plus cruelles encore que les agents du fisc. » De tels propos n'ont rien de nouveau : nous y retrouvons les vieilles diatribes des lettrés confucéens contre le monachisme bouddhique ; mais il est certain que les lettrés rendirent le régime mongol responsable des privilèges excessifs qu'il accordait au clergé adverse, et ce sera sans doute un des motifs de mécontentement qui contribueront à l'impopularité, puis à la chute de la dynastie.

En somme le bouddhisme bénéficia auprès de la dynastie mongole de la même faveur qu'auprès de tant de dynasties tartares du temps passé, les Wei-Tabghatch du ve siècle par exemple. La grande religion indienne, malgré la protection personnelle qu'avaient pu au cours des siècles lui accorder de nombreux empereurs chinois (sous les T'ang par exemple), n'avait jamais été considérée par l'État national chinois que comme une secte étrangère — le grief est cent fois répété — dont les conseillers officiels de la couronne, les lettrés, avaient pu temporairement tolérer, mais n'avaient jamais entériné, les périodes de faveur. Au contraire, les maîtres nomades de la Chine — Turcs, Mongols ou Tongous — allaient au bouddhisme sans arrière-pensée. Les cadres administratifs confucéens, qui se trouvaient chaque fois parmi les vaincus de la conquête tartare, n'avaient, tout au moins au début de l'occupation, pas voix au chapitre. Aussi le bouddhisme en Chine n'a-t-il jamais autant prospéré que sous la domination étrangère.

Il convient toutefois de faire ici une réserve. Ce que nous venons de dire est vrai du bouddhisme officiel chinois comme du lamaïsme tibétain. Or il existait aussi en Chine des sociétés secrètes se réclamant du bouddhisme, mais qui n'en étaient en réalité que des hérésies, comme le Lotus Blanc et le Nuage Blanc. On s'est demandé si le Nuage Blanc n'avait pas subi des contaminations de l'hérésie manichéenne, propagée, on l'a vu, entre 763 et 840 grâce aux Turcs Ouighour. Quant au Lotus Blanc, qui tirait son origine du piétisme amidiste, il avait été vers 1133 constitué en société secrète avec un grand-maître, des tenues nocturnes, etc. Toujours plus ou moins inquiétées par le gouvernement des Song, ces sociétés secrètes paraissent avoir collaboré à l'établissement de la dynastie mongole, qui, en retour, leur accorda la liberté de culte et même une existence officielle. Toutefois le Lotus Blanc dut recommencer à conspirer, car l'administration mongole à son tour le prohiba (1308, 1322). De fait, ses tenues nocturnes serviront bientôt de rendez-vous aux ennemis du régime mongol.

Le taoïsme avait été favorisé par les premiers conquérants mongols, qui voyaient assez naturellement dans ses thaumaturges l'équivalent de leurs chamans. C'est dans cet esprit que Gengis-khan lui-même avait en 1222 fait venir de Chine en Afghanistan, où il guerroyait alors, le moine taoïste Tch'ang-tch'ouen. Bien que le saint n'ait pu lui livrer le secret de la drogue d'immortalité et se soit contenté de lui prêcher la doctrine du *tao*, le conquérant conçut beaucoup d'estime pour lui et accorda des brevets d'immunité pour les communautés taoïstes. Sous Qoubilaï la faveur des taoïstes baissa. Les bouddhistes portèrent devant lui leurs vieux griefs contre ces rivaux : les taoïstes ne prétendaient-ils pas que la religion du Bouddha n'était qu'une dérivation de la leur ? Un colloque fut réuni dans lequel les taoïstes furent convaincus d'avoir falsifié les textes et fabriqué des apocryphes. En conséquence Qoubilaï, dont les sympathies bouddhiques, on l'a vu, n'étaient pas douteuses, ordonna un autodafé d'ouvrages suspects et fit rendre aux bouddhistes certains couvents usurpés par leurs adversaires (1281).

C'étaient là querelles de moines. Plus délicate était l'attitude à adopter à l'égard du confucéisme officiel parce que de cette attitude allait dépendre le ralliement plus ou moins sincère de la classe des lettrés. Qoubilaï était un homme d'État trop avisé pour l'ignorer. Par une manifestation symbolique, il fit venir à sa cour le chef de la famille de Confucius (on sait que la descendance du Sage s'est perpétuée sans solution de continuité à K'iu-feou, au Chan-tong) et l'honora publiquement. Le premier acte de son petit-fils et successeur, l'empereur Tèmur, fut pour ordonner dans un édit solennel aux Mongols comme aux Chinois le culte de Confucius, ce qui ne manqua pas de lui attirer la sympathie des lettrés (1295).

Le ralliement au moins temporaire des lettrés au régime mongol est illustré par un nom célèbre, celui de Tchao Mong-fou (1254-1322). C'était un personnage représentatif entre tous puisqu'il appartenait à la famille impériale des Song. Ayant accepté en 1286 de servir Qoubilaï, il fut nommé à diverses fonctions administratives (en 1316 il devait recevoir un poste élevé dans le collège des Han-lin), et servit fidèlement. Or il se trouvait que Tchao Mong-fou était un des plus grands peintres de son temps. En particulier, ce fut un peintre de chevaux : les peintures de chevaux qui nous restent sous son nom sont si nombreuses qu'on doit ne voir dans la plupart que des copies. Il n'en est pas moins certain que même ces copies, quand elles représentent le poney bourru de Mongolie et son cavalier tartare, sont des documents fort intéressants comme évocation de l'épopée mongole[1].

En marge du confucéisme, du taoïsme et du bouddhisme solidement ancrés dans les croyances chinoises figurait le christianisme, en l'espèce le christianisme nestorien.

Le nestorianisme, on se le rappelle, avait été introduit sous les T'ang par des missionnaires venus de l'Iran : une église nestorienne avait été construite à Tch'ang-ngan en 635. Il avait prospéré sous cette dynastie, sinon sans doute dans la population proprement chinoise, du moins parmi les résidents iraniens ou syriaques attirés par le commerce de la Route de la soie et aussi parmi les Turcs fédérés du *limes*. C'est encore sur le *limes* que nous le retrouvons au XIIIe siècle, chez les Turcs Öngut alors maîtres de cette région, au nord de la Grande Muraille, en bordure de la province du Chan-si, autour de l'actuel Souei-yuan et de l'actuel Kouei-houa-tch'eng, dans ce qui est devenu la Mongolie-Intérieure. Ces Öngut avaient une importance considérable à la cour mongole parce qu'ils s'étaient montrés dès la première heure les fidèles vassaux de Gengis-khan. En récompense, le conquérant avait donné sa propre fille en mariage à leur roi et depuis lors les unions de famille n'avaient pas

---

1. On a cherché aussi, mais avec moins de raisons, à retrouver l'influence du milieu guerrier qui fut celui de l'époque mongole dans les œuvres du romancier Lo Pen (vers 1330-1400), notamment dans le célèbre *Roman des Trois Royaumes*, histoire romancée de la lutte des trois États qui se partagèrent en 220 de notre ère l'empire des Han. Et sans doute ce récit mouvementé, avec ses figures bien dessinées (les héros légitimistes : Lieou Pei, Tchou-ko Leang, Tchang Fei, Kouan Yu ; le « traître » Ts'ao Ts'ao), est une manière de geste épique. Mais il ne faut pas oublier qu'il ne peut avoir été composé que tout à fait à la fin de la dynastie mongole, sinon au début des Ming. Bien mieux, les héros en sont des révoltés, insurgés au nom du droit contre un pouvoir illégitime, ce qui correspondra assez à la situation de 1355, quand la Chine du Sud se soulèvera contre le régime mongol.

cessé entre grands-khans mongols et princes öngut. C'est ainsi que le prince öngut Georges, au nom, comme on le voit, bien chrétien (Körguz en turc), épousa une petite-fille de Qoubilaï. Par eux le christianisme se maintint pendant plusieurs générations sur les marches mêmes du trône, dans la famille impériale. Et comme ils continuaient à se montrer les meilleurs soutiens de l'empire (le prince Georges se fera tuer héroïquement en 1298 au service du grand-khan Tèmur), le crédit qu'ils pouvaient mettre à la disposition de leur foi était illimité.

Du reste, les Turcs Öngut n'étaient pas le seul peuple du Gobi à professer le nestorianisme. Nous avons vu que tel était aussi le cas des Kérèit, établis du côté de la Toula, en haute Mongolie, et que Gengis-khan avait en 1203 englobés dans son empire. Or la propre mère de Qoubilaï, la princesse Sorghaqtani, femme, nous le savons, remarquablement intelligente et adroite, appartenait précisément à l'ancienne famille royale kérèit et était une nestorienne fort pratiquante. Nul doute que Qoubilaï, en protégeant le nestorianisme, n'ait voulu se montrer fidèle, non seulement à son amitié et à ses liens de famille avec les princes öngut, mais aussi au souvenir de sa propre mère. On le vit bien en 1287, quand le nestorianisme se trouva tout à coup dans une situation délicate. Un prince mongol nommé Nayan, qui était nestorien, se révolta en Mandchourie contre Qoubilaï et, en marchant contre lui, mit la croix sur ses étendards. La rébellion une fois vaincue, les adversaires des chrétiens ne manquèrent pas d'en prendre avantage contre eux. « C'est au contraire à l'éloge de la Croix, répondit Qoubilaï. Nayan était traître à son seigneur : la Croix ne pouvait vouloir le protéger. Votre Dieu a montré sa sagesse en se comportant ainsi. » Du reste, et toujours au témoignage de Marco Polo, aux fêtes de Pâques qui suivirent la défaite de Nayan, Qoubilaï se fit apporter l'Évangile, le baisa et l'encensa en public.

On se tromperait sans doute en voyant là au point de vue théologique autre chose qu'un respect général à l'égard des principales religions connues des Mongols, qu'une simple assurance ou contre-assurance envers les diverses manifestations de la divinité. C'est ce qu'avouait naïvement l'empereur : « Les uns, lui fait dire Marco Polo, vénèrent Jésus, les autres Mahomet, d'autres le Bouddha. Ne sachant lequel est le plus grand, je les révère tous et leur demande à tous de me protéger. » La sympathie de Qoubilaï pour le christianisme nestorien n'en est pas moins certaine au point de vue politique et elle se manifesta non seulement par des paroles, mais aussi par des mesures concrètes. En 1275 le patriarche nestorien de Baghdâd put créer un archevêché à Pékin. Des églises nestoriennes s'élevèrent à Yang-tcheou et à Hang-tcheou. En 1289 Qoubilaï institua un bureau spécial pour s'occuper du culte chrétien. En 1291 il nomma commissaire pour le culte chrétien un nestorien syrien nommé Isa (Jésus en arabe) dont il fit peu après un de ses ministres.

La vie des communautés nestoriennes en Chine sous Qoubilaï nous est bien connue par l'histoire du patriarche Mar Yaballaha et de Rabban Çauma. Rabban Çauma (1225-1294) et Yaballaha, de son nom Marcos (1245-1317), étaient deux moines nestoriens nés le premier près de Pékin, le second en pays öngut (au Souei-yuan), qui en 1275-1276 partirent de Chine pour tenter d'accomplir le pèlerinage de Jérusalem. Les princes öngut avaient vainement essayé de les en dissuader : « Pourquoi partir pour l'Occident quand nous nous donnons tant de peine pour attirer ici des évêques et des moines venus de là-bas ? » Voyant que la résolution des pèlerins restait inébranlable, ils leur fournirent tout l'équipement nécessaire pour la traversée de l'Asie centrale. Çauma et Marcos traversèrent donc la Kachgarie, le Turkestan, et en 1278 arrivèrent enfin en Mésopotamie, dans le khanat mongol de Perse. Le khan de Perse était alors Abaqa, le neveu de Qoubilaï. Fort satisfait de voir arriver ces deux compatriotes, il fit en 1281 nommer Marcos au siège patriarcal nestorien de Séleucie-Baghdâd. Marcos, ainsi devenu le patriarche Mar Yaballaha III, devait jusqu'à la fin de sa vie jouer un rôle de premier plan dans l'histoire du khanat mongol de Perse. Quant à Rabban Çauma, le khan de Perse Arghoun l'envoya en 1287 en mission en Occident en vue d'une alliance entre les croisés et les Mongols contre les Mamelouks d'Égypte. Rabban Çauma arriva en septembre 1287 à Paris, où Philippe le Bel lui fit en personne les honneurs de la Sainte-Chapelle. Il fut reçu à Rome par le pape Nicolas IV, qui le fit communier de sa main le jour de Pâques 1288 et s'entretint avec lui de l'organisation d'une nouvelle croisade. Curieuse destinée que celle de ce « Mongol » né près de Pékin et devenu ambassadeur de Perse auprès du pape et du roi de France...

CHAPITRE XXVII

Marco Polo

L'exemple des chrétiens mongols partis de Pékin à travers l'Asie centrale pour faire le pèlerinage de Jérusalem montre à quel point la conquête mongole, en unifiant l'Asie, avait rouvert les routes transcontinentales. Cette antique Route de la soie et du pèlerinage bouddhique, fermée depuis le XIe siècle par les progrès de l'islam, voici qu'elle laissait à nouveau passer les caravanes de marchands et de pèlerins. Là est l'indéniable bienfait de la conquête mongole : Gengiskhan avait rendu possible Marco Polo.

Le père et l'oncle de Marco Polo — Niccolo et Maffeo — étaient deux commerçants vénitiens qui en 1260 partirent de Constantinople pour une tournée dans le khanat mongol de la Russie méridionale. De là, par Boukhârâ et le Turkestan chinois, ils poussèrent jusqu'en Chine, où Qoubilaï leur fit bon accueil. Quand ils furent sur le départ, le grand-khan les chargea d'une mission auprès du pape : en l'espèce de demander à celui-ci de lui envoyer cent docteurs « savants dans les sept arts ». Les Polo quittèrent la Chine en 1266. Ils traversèrent de nouveau l'Asie centrale et, par la Syrie, se rendirent à Rome. Le Saint-Siège ne comprit malheureusement pas l'importance de la demande adressée par Qoubilaï et dont la réalisation — l'envoi d'une centaine de lettrés latins — eût peut-être bouleversé le monde... Les Polo reprirent le chemin de la Chine à la fin de 1271 en n'emmenant avec eux que Marco, le fils de Niccolo, l'immortel auteur du récit que nous allons résumer.

Les trois voyageurs, cette fois, traversèrent le khanat mongol de Perse, le nord de l'Afghanistan, franchirent le Pamir, puis, à travers la Kachgarie méridionale, suivirent *via* Kachgar, Yarkand, Khotan et le Lob-nor l'antique Route de la soie, qui les conduisit à la province chinoise du Kan-sou, où ils firent halte à Kan-tcheou (*Campiçiu* chez Marco Polo), ville où ils constatèrent la présence d'une communauté nestorienne. Ils reprirent ensuite leur marche vers l'est, visitèrent l'ancienne capitale des Tangout, Ning-hia *(Egrigaia)*, où ils remarquèrent aussi, en pays de majorité bouddhiste, l'existence d'une communauté nestorienne. De là ils pénétrèrent dans le pays öngut (*Tenduc* chez Marco Polo, c'est-à-dire dans l'actuel Souei-yuan), dont ils signalent la foi nestorienne. Marco Polo mentionne la famille du fameux « prince Georges », protectrice, comme nous l'avons vu, du christianisme. En sortant du pays öngut, ils entraient dans la Chine du Nord, que Marco Polo appelle le *Cathay*, du nom des anciens Khitai, ou Kitat, qui l'avaient possédée au xie siècle. Ils parvinrent enfin à Chang-tou *(Chandu)*, près de l'actuel Dolon-nor, résidence d'été de Qoubilaï. Les Polo remirent à ce dernier une lettre du pape Grégoire X. Marco Polo suivit ensuite la cour à Pékin *(Cambaluc)*. Qoubilaï, qui paraît l'avoir distingué, lui confia un emploi (dans l'administration de la gabelle) à Yang-tcheou *(Yangiu)*, près de l'embouchure du Yang-tseu.

Le livre de Marco Polo décrit en Chine deux itinéraires nord-sud, l'un à l'ouest, de Pékin au Yun-nan par le Chan-si, le Chen-si et le Sseu-tch'ouan, l'autre à l'est, de Pékin au Fou-kien par le Chan-tong, le bas Yang-tseu et le Tchökiang. Au cours de ce récit, il dresse une carte économique précise de la Chine du Nord *(Cathay)* et de la Chine du Sud, l'ancien Empire song *(Manzi)*. Il mentionne les mines de charbon de la Chine du Nord, « manière de pierres noires qui s'extraient des montagnes comme par veines, qui brûlent comme des bûches et sont si bonnes à cela que par tout le *Cathay* on ne brûle pas autre chose ». L'utilisation des voies navigables ne l'émerveille pas moins. Il remarque surtout l'importance commerciale du Yang-tseu-kiang (le *Kian*), artère maîtresse de l'économie chinoise : « Il va et vient par ce fleuve plus de navires et de riches marchandises qu'il n'en va par tous les fleuves et toutes les mers de la chrétienté. » Marco Polo ajoute que chaque année deux cent mille bateaux remontent le fleuve, sans parler de ceux qui le redescendent. Il note aussi le rôle économique du Canal Impérial, réaménagé et complété par Qoubilaï et qui permettait d'amener à Pékin le riz du bas Yang-tseu.

Pour diriger cet énorme commerce intérieur comme pour trafiquer avec l'Inde et l'Insulinde, il s'était fondé dans les ports du bas Yang-tseu, du Tchö-kiang et de la région cantonaise de puissantes guildes marchandes qui pouvaient rivaliser avec les *métiers* des Flandres et les *arts* de Florence. Parlant des guildes de Hang-tcheou (ville qu'il appelle *Quinsai*), Marco Polo écrit : « Il y avait là tant de marchands si riches, faisant un commerce si important, qu'il n'est personne qui pourrait l'évaluer. Et sachez que les maîtres de métiers qui étaient chefs d'entreprises ni leurs femmes ne touchaient rien de leurs mains, mais ils menaient une existence si riche et si élégante qu'on eût dit des rois. » L'emploi général du papier-monnaie, que Marco Polo appelle plaisamment la véritable pierre philosophale (l'« arcane parfait »), facilitait les transactions : « Et je vous dis que chacun prend volontiers [ces billets] parce que, partout où les gens se rendent sur les terres du grand-khan, ils peuvent acheter et vendre avec, tout comme si c'était de l'or fin. » Les merveilleuses aptitudes commerciales des Chinois frappent d'admiration notre Vénitien. À tout instant il évoque le spectacle de toutes ces richesses : nefs revenant de l'Inde chargées d'épices, poivre, gingembre, cannelle ; jonques descendant le Yang-tseu ou remontant le Grand Canal avec leur cargaison de riz ; boutiques de Hang-tcheou ou de Ts'iuan-tcheou débordant de marchandises précieuses : soie grège, soie damassée, *camocans* et brocarts d'or, *samis* ou soieries lourdes de luxe, *tartaires* et satins, etc. Bref, une véritable géographie économique de la Chine au XIIIe siècle.

Dans le même esprit, Marco Polo nous renseigne sur les principaux marchés chinois : Pékin *(Cambaluc)*, centre des soieries du Nord : « il n'est pas de jour où il n'y entre mille charretées de soie avec laquelle se fabriquent quantité de draps d'or » ; Tch'eng-tou *(Sindufu)*, le chef-lieu du Sseutch'ouan, qui fabriquait des *cendals* et exportait ses soieries en Asie centrale ; Yang-tcheou *(Yangiu)*, le grand marché de riz du bas Yang-tseu ; Hang-tcheou *(Quinsai)* enfin, l'ancienne capitale des Song, à laquelle une place à part est réservée. Marco Polo, nous l'avons vu, nous la décrit comme une sorte de Venise chinoise. C'était, notamment, le grand marché du sucre. D'innombrables navires y apportaient les épices de l'Inde et de l'Insulinde et en exportaient les soieries destinées à l'Inde et au monde musulman. Aussi y rencontrait-on une nombreuse colonie de marchands arabes, persans et chrétiens. Enfin le Fou-kien renfermait les deux grands ports de Fou-tcheou *(Fujiu)* et de Ts'iuan-tcheou *(Çaiton)*. Les marchands de Fou-tcheou possédaient d'incroyables stocks de gingembre et de gaingal. « Il y a aussi dans cette ville une vente très considérable de sucre et un grand marché de perles et de pierres précieuses apportées jusque-là par les navires venus des Indes. » Mais le plus grand emporium de la Chine restait encore Ts'iuan-tcheou, la *Çaiton* de Marco Polo, « où, dit-il, tous les navires des Indes arrivent si chargés d'épices, de pierres précieuses et de perles que c'est merveilleux. C'est le port où affluent tous les marchands du *Manzi*, le grand centre d'importation pour toute la Chine. Et je vous dis que pour un navire chargé de poivre qui va des Indes à Alexandrie ou dans tout autre port à destination du monde chrétien, il en vient plus de cent à Çaiton ».

Au commencement de 1292 Marco Polo, son père et son oncle rembarquèrent pour l'Europe en emmenant avec eux, de la part de Qoubilaï, une jeune princesse destinée au khan mongol de Perse. Ils firent escale à Sumatra, débarquèrent à Ormuz et furent de retour à Venise en 1295.

En même temps que les hardis commerçants dont Marco Polo est le type, on voyait arriver dans la Chine mongole les missionnaires catholiques. En 1289 le pape Nicolas IV, qui venait d'apprendre par Rabban Çauma l'existence de nombreuses chrétientés indigènes dans l'Empire mongol, envoya en Extrême-Orient le franciscain Jean de Montcorvin. Montcorvin, après un séjour dans le khanat mongol de Perse (1290), puis une escale dans l'Inde (1291), s'embarqua pour la Chine, où le grand-khan Tèmur (1294-1307), petit-fils et successeur de Qoubilaï, lui fit bon accueil. Montcorvin construisit à Pékin deux églises, en partie grâce à la libéralité du commerçant italien Petrus de Lucalongo, qui l'avait accompagné. En peu d'années il baptisa « plus de dix mille Tartares » et commença à traduire le psautier dans un de leurs dialectes. Il convertit au catholicisme le prince öngut Georges, jusque-là nestorien. Le jeune fils de Georges fut baptisé sous le nom de Jean en l'honneur de Montcorvin.

En 1307, le pape nomma Montcorvin « archevêque de Cambaluc », c'est-à-dire de Pékin. En 1313 arrivèrent dans cette ville trois franciscains destinés à devenir ses suffragants. L'un d'eux, Gérard, devint « évêque de Çaiton », c'est-à-dire de Ts'iuan-tcheou, au Fou-kien, ville où une riche Arménienne fit bâtir une église. Le second successeur de Gérard dans l'évêché de Ts'iuan-tcheou, le franciscain André de Pérouse, nous a laissé une lettre datée de janvier 1326. Il nous y apprend que le grand-khan lui accordait une pension de cent florins d'or. Il nous dit encore qu'il a construit près de « Çaiton » un couvent pour vingt-deux religieux et qu'il partage son temps entre son église et son ermitage en montagne.

Après Montcorvin et André de Pérouse, le plus célèbre missionnaire catholique de la Chine mongole fut le franciscain Odoric de Pordenone. Odoric s'embarqua à Venise entre 1314 et 1318. Il traversa le khanat mongol de Perse, fit escale aux Indes et vers 1324-1325 débarqua à Canton, qu'il appelle *Sincalan*. Dans le récit de son voyage, il note, à propos de cette ville, la densité de la population, la richesse du pays, l'abondance et prix peu élevé des denrées, le caractère industrieux des habitants, commerçants-nés et ouvriers d'art merveilleux, le foisonnement du panthéon populaire. Il ne s'intéresse pas moins à Ts'iuan-tcheou *(Çaiton)*, ville « deux fois plus grande que Rome », où il fut reçu dans le couvent de ses frères en saint François et où il put admirer la cathédrale et l'ermitage de montagne que nous avons mentionnés. Hang-tcheou, que ses manuscrits appellent *Cansai*, l'émerveille davantage encore. C'est, nous dit-il, « la plus grande ville qui soit au monde, située entre deux lacs, des canaux et des lagunes comme notre Venise ». À propos des éléments si divers — chinois, mongols, bouddhistes, nestoriens, etc. — qui cohabitaient dans cette énorme agglomération, Odoric rend hommage à l'administration mongole. « Le fait que tant de races différentes puissent vivre paisiblement côte à côte et être administrées par le même pouvoir me semble une des plus grandes merveilles du monde. » Grâce à un dignitaire mongol converti au catholicisme, notre voyageur put visiter un couvent bouddhique et discuter sur la métempsycose avec les bonzes.

Sur le bas Yang-tseu il signale l'importance des pêcheries, notamment de la pêche (pratiquée encore de nos jours) à l'aide des cormorans. Il arrive enfin à Khanbaliq, notre Pékin. « C'est là, nous dit-il, que réside le grand-khan, dans un palais si vaste que les murs ont au moins quatre milles de tour et renferment eux-mêmes plusieurs palais secondaires. La cité impériale est ainsi constituée de plusieurs enceintes concentriques, et c'est dans la deuxième que vit le grand-khan avec toute sa cour. À l'intérieur de l'enceinte s'élève une colline artificielle qui porte le palais principal. Elle est plantée de très beaux arbres et a reçu de ce fait le nom de Colline Verte. Elle est entourée d'un lac et d'un étang. Au milieu du lac est lancé un pont merveilleux, le plus beau que j'ai vu par la qualité du marbre et la finesse de l'architecture. Sur l'étang on aperçoit une multitude d'oiseaux pêcheurs, canards, cygnes et oies sauvages. L'enceinte renferme aussi un grand parc plein de bêtes sauvages. Ainsi, le grand-khan n'a pas à sortir de son palais pour se livrer aux plaisirs de la chasse. »

« Et moi, frère Odoric, poursuit notre missionnaire, je demeurai pendant trois ans et demi [1325-1328] dans cette ville [Pékin], dans la compagnie de nos frères mineurs, qui y possèdent un couvent et qui même ont rang à la cour du grand-khan. En effet un de nos frères [Montcorvin] est archevêque de la cour et bénit le grand-khan chaque fois que celui-ci doit voyager. » Et Odoric de décrire une de ces entrevues. Les franciscains se rendent en procession, évêque en tête, au-devant du souverain qui trône sur son char. « Nous portions devant nous une croix fixée à une hampe et chantions le *Veni, sancte Spiritus*. Lorsque nous fûmes arrivés à proximité du char impérial, le grand-khan, ayant reconnu nos voix, nous fit avancer jusqu'à lui. Comme nous approchions, la croix haute, il se découvrit en enlevant sa coiffure, dont le prix est inestimable, et fit révérence à la croix. L'évêque lui donna sa bénédiction et le grand-khan baisa la croix très dévotement. Je mis alors de l'encens dans l'encensoir et notre évêque encensa le prince.»

Odoric note, comme avant lui Marco Polo, l'excellente organisation et l'extraordinaire rapidité du système de postes créé par les Mongols : «Les courriers galopent, ventre à terre, sur des chevaux prodigieusement rapides, ou emploient des méharis. En arrivant en vue des relais, ils sonnent du cor pour annoncer leur approche. Ainsi avertis, les gardiens font aussitôt préparer un autre cavalier ou un autre méhariste avec une monture nouvelle. Celui-ci saisit les dépêches et galope jusqu'au relais suivant, où la même relève a lieu. Le grand-khan obtient ainsi dans les vingt-quatre heures des nouvelles provenant de pays normalement situés à, au moins, trois journées de cheval.»

Odoric de Pordenone semble avoir quitté Pékin en 1328. Il traversa le pays öngut, dont il signale, lui aussi, la foi nestorienne, puis le Kan-sou, en notant que sur cette grande route des caravanes les villes ou bourgades étaient tellement rapprochées qu'en sortant de l'une on apercevait les murs de la suivante. Il passa par l'Asie centrale et fut de retour dans son couvent de Padoue en mai 1330.

La chrétienté de Chine était maintenant bien connue en Europe. En 1340 le pape Benoît XII envoya en Extrême-Orient le franciscain Jean de Marignolli, qui passa par le khanat mongol de la Russie méridionale et le khanat mongol du Turkestan. Marignolli arriva à Pékin en 1342. Le 19 août il y fut reçu en audience par le grand-khan Toghan Tèmur, dixième successeur de Qoubilaï, à qui il offrit un grand cheval d'Occident, cadeau qui, nous le savons, fut très sensible à ce monarque. Il se rembarqua à Ts'iuan-tcheou le 26 décembre 1347, fit un séjour dans l'Inde et fut de retour à Avignon en 1353. En 1370 le pape Urbain V désigna encore un archevêque pour le poste de Pékin, mais ce prélat ne put jamais en prendre possession : la dynastie mongole venait d'être renversée par la révolte nationale des Ming, et les Chinois vainqueurs englobaient le christianisme dans la proscription dont ils frappaient toutes les « doctrines étrangères » que les Mongols avaient favorisées.

Avant de clore ce chapitre, essayons d'établir en quelques mots le bilan de la domination mongole.

Tout d'abord les bienfaits du régime.

L'unification de l'Asie presque entière par les Mongols a, nous l'avons vu, rouvert les grandes voies transcontinentales obstruées depuis le xe siècle. La Route de la soie, telle que nous en avons suivi les étapes à l'époque des Antonins et des Han, la route du pèlerinage bouddhique dont nous avons mesuré l'importance au viie siècle à l'époque de Hiuan-tsang, cette longue piste de caravanes qui unissait à travers le Pamir l'Iran à l'Extrême-Orient, elle voyait maintenant passer Marco Polo. La Chine reprenait contact avec l'Iran et, par-delà l'Iran, avec le monde occidental. Les distances étaient abolies, les continents rapprochés. Deux moines nés près de Pékin devenaient l'un patriarche de Baghdâd, l'autre ambassadeur auprès du pape et du roi de France. Des disciples de saint François étaient nommés archevêques de Pékin ou allaient bâtir des cathédrales sur la côte du Foukien. Un commerçant vénitien entrait dans l'administration chinoise de la gabelle à l'embouchure du Yang-tseu. Il apprenait à connaître le nom du Bouddha Çâkyamouni et à admirer cette grande figure. La tempête mongole, en abattant les murs qui entouraient les jardins clos et en déracinant les arbres, avait porté d'un jardin à l'autre la semence des fleurs. L'*orbis mongolicus* présentait à cet égard un peu les mêmes avantages que naguère l'*orbis romanus*, et il allait falloir la découverte du cap de Bonne-Espérance, la découverte aussi de l'Amérique, pour valoir au monde un siècle digne du siècle de Marco Polo.

En face de ces avantages, des résultats funestes. Non pas tant dans le domaine matériel, car nous avons vu le petit-fils de Gengis-khan, le grand Qoubilaï, se comporter comme un des meilleurs souverains qu'ait connus à travers de longs siècles l'histoire chinoise et relever en un règne réparateur tout ce qu'avait détruit son terrible aïeul. Mais au point de vue moral, après la domination mongole, un ressort aura été cassé qui ne pourra de longtemps être réparé, le ressort de l'âme chinoise. Certes, après l'expulsion des Mongols, la nouvelle dynastie nationale des Ming va dans tous les domaines restaurer le passé, affecter de biffer d'un trait le temps de l'occupation étrangère, recommencer exactement l'histoire au point où elle en était vers 1260, voire en 907. Mais par cette fidélité même et précisément parce qu'elle voudra en tout copier le passé, elle se vouera à une œuvre sans vie. Et c'est là que réside le mal fait à la Chine par l'invasion mongole. Elle a donné une telle commotion à l'organisme chinois, lui a imprimé une telle courbature, que celui-ci, une fois la tourmente passée, se repliera, se recroquevillera sur lui-même, craintivement. La spontanéité créatrice du génie chinois semblera brisée. Cette Chine qui pendant des siècles avait prodigué sans se lasser les plus prodigieuses créations littéraires, artistiques, philosophiques, n'osera plus faire autre chose que répéter des poncifs et copier des copies. En cela, et alors qu'elle prétendra rester fidèle à son passé, elle deviendra le contraire d'elle-même, car ce qui dans le passé avait fait la grandeur chinoise, c'était avant tout cette libre faculté de jaillissement et de renouvellement, cette spontanéité créatrice qui nous avait valu tour à tour la splendeur des bronzes chang, l'envol métaphysique d'un Tchouang-tseu, les visions surhumaines d'un Mou-k'i. Désormais plus rien de tel, mais une méfiance de soi-même et du monde extérieur, une timidité qui seront aux antipodes des grands siècles révolus.

CHAPITRE XXVIII

Une restauration nationale : les Ming

Au cours de sa longue histoire, la Chine compte peu de souverains aussi remarquables que Qoubilaï. Par sa forte personnalité, ses qualités d'homme d'État, sa haute sagesse, la fermeté et l'humanité de son gouvernement, ce Mongol se place sur la même ligne que les plus grands empereurs chinois du temps passé. Son petit-fils et successeur Tèmur fut encore un prince énergique et consciencieux (1294-1307). Mais après eux leur dynastie, la dynastie Yuan, comme elle se dénommait, tomba dans une rapide dégénérescence. Ses princes, perdus de débauches et atteints d'aboulie, ne rachètent leurs vices que par une bigoterie lamaïque dont les lettrés confucéens leur font un nouveau grief. Surtout ils ne cessent de se quereller entre eux, ruinant en quelques années l'importante façade administrative qui sous Qoubilaï a provoqué l'admiration de Marco Polo. Le dernier d'entre eux, Toghan Tèmur (1333-1368), qui ne se plaisait que dans la compagnie des lamas tibétains et des mignons, laissa le désordre dégénérer en anarchie.

Le spectacle de cette déchéance encouragea les patriotes chinois à se révolter contre la domination étrangère. L'insurrection, comme en 1912, fut préparée par les sociétés secrètes, notamment par la secte du Lotus Blanc, secte millénariste qui annonçait la venue de Maitreya, le messie bouddhique. Comme en 1912 également, le mouvement débuta sur le bas Yang-tseu et dans la région cantonaise. Commencée en 1352, la révolte dès 1355 s'étendait à toute la Chine méridionale, à tout l'ancien Empire song, mais elle s'accompagnait d'une affreuse anarchie car elle était dirigée par un grand nombre de chefs, moitié patriotes, moitié bandits, qui se battaient entre eux en même temps qu'ils guerroyaient contre les Mongols.

Tous ces aventuriers devaient être éclipsés par le plus habile d'entre eux, Tchou Yuan-tchang, le futur fondateur de la dynastie des Ming. Fils d'un pauvre laboureur de la province de Ngan-houei, il avait dix-sept ans quand une épidémie emporta toute sa famille. Pour vivre, il entra dans une bonzerie. Mais sans doute la vocation bouddhique était-elle chez lui bien superficielle car, dès que commença dans le Sud la révolte populaire contre les Mongols — il avait alors vingt-cinq ans —, il jeta le froc et prit les armes sur les bords du bas Yang-tseu. Bien qu'au début simple chef de bande comme tous ses concurrents, il se distinguait d'eux par son esprit politique et par une adroite humanité envers les populations, qu'il savait s'attacher au lieu de les pressurer. S'emparait-il d'une ville, il interdisait le pillage à ses soldats, de sorte que les habitants l'appelaient comme un libérateur non seulement contre les Mongols mais contre les autres chefs insurgés. En 1356 il se rendit maître de Nankin et y établit une capitale fixe, un gouvernement régulier qui tranchait sur l'anarchie partout ailleurs générale. Son principal concurrent, le fils d'un simple pêcheur, s'était, de son côté, rendu maître du Hou-pei, du Hou-nan et du Kiang-si. En 1363 Tchou Yuan-tchang le vainquit, le tua et s'empara de ses terres. Lorsque, en 1367-1368, il eut occupé la région cantonaise, il se trouva en possession de toute la Chine méridionale. Alors il marcha sur Pékin.

Ce fut une marche triomphale. L'imbécillité des derniers Mongols facilita d'ailleurs la tâche du libérateur. Au lieu de faire front contre l'insurrection, ils continuaient à se quereller, à diviser leurs forces. Dans la nuit du 10 septembre 1368, l'indigne descendant du grand Qoubilaï, le lâche empereur Toghan Tèmur, s'enfuit de Pékin pour se réfugier en Mongolie, tandis que Tchou Yuan-tchang faisait son entrée dans la capitale.

Dans Pékin délivré des Mongols, Tchou Yuan-tchang fut

proclamé empereur par son armée comme fondateur de la dynastie des Ming. Il n'avait que quarante ans. En treize années de lutte, le bonze défroqué, l'ancien miséreux était devenu le libérateur de sa patrie, l'héritier des Han et des T'ang. Car la fortune de l'heureux aventurier était plus prodigieuse encore que celle des Song, qui n'avaient jamais réussi à chasser les Barbares de cette ville de Pékin qu'il venait, lui, de reconquérir si facilement. Par-delà les Song, c'était donc aux T'ang qu'il entendait se rattacher, c'est-à-dire à la dernière dynastie nationale qui avant lui eût possédé l'intégralité du territoire chinois, et en 1373 il publia un code inspiré de celui des T'ang. Toutefois il ne transporta pas sa capitale dans le Nord. Il continua à résider à Nankin. Homme du bas Yang-tseu, ayant chassé l'étranger avec une armée de Méridionaux, ce fut avec eux qu'il gouverna d'abord. Du reste il y avait deux cent quarante-deux ans que la Chine du Nord tout entière était au pouvoir des Tartares et pour Pékin même il y avait quatre cent trente-deux ans. Pendant ces longs siècles les provinces septentrionales s'étaient saturées d'éléments barbares. C'était la Chine du Sud qui de 1126 à 1279 avait servi de refuge à l'indépendance chinoise. C'était d'elle aujourd'hui qu'était parti le mouvement de libération nationale. Elle représentait maintenant la Chine véritable et dans la personne des Ming c'était elle qui triomphait. Mais le nouvel empereur était un politique trop avisé pour accepter longtemps la prépondérance exclusive des gens du Midi. Pour faire cesser au contraire la différenciation du Nord et du Sud, différenciation que deux siècles et demi de vie séparée n'avaient fait qu'accroître, pour restaurer moralement comme politiquement l'unité chinoise, il décida en 1380 de faire administrer le Nord par des fonctionnaires du Midi mais aussi le Midi par des gens du Nord. Dans le même esprit il n'hésita pas à proscrire en 1370 les sociétés secrètes du Lotus Blanc et du Nuage Blanc, qui avaient pourtant si grandement contribué au renversement de la domination mongole ; mais les temps étaient changés. Il est vrai aussi que dans la compétition pour le trône elles avaient mal misé et s'étaient prononcées pour les rivaux du nouvel empereur...

Une restauration nationale : les Ming

Dans tous les domaines le fondateur des Ming s'attachait à opérer la même restauration des valeurs, à relier, par-delà l'hiatus de la domination djurtchèt ou mongole, la Chine nouvelle au plus lointain passé, et sans doute apporta-t-il à cette entreprise éminemment traditionaliste un zèle d'autant plus grand qu'il était lui-même sorti de rien. En 1370 il refondit en ce sens le système des examens pour le recrutement du mandarinat et rétablit les titres de noblesse. Le culte confucéen fut solennellement célébré et il associa à son œuvre les académies de lettrés, qui sous les Mongols avaient été un foyer d'opposition contre le cléricalisme bouddhique. Mais l'ancien bonze n'oubliait pas ses coreligionnaires. Il continuait même à s'entourer personnellement de moines bouddhistes et il en cuisit aux lettrés qui voulurent lui adresser des remontrances sur ce terrain : l'un d'eux, un grand juge, fut même exécuté. Le fait est d'ailleurs symptomatique. À mesure que l'empereur avançait en âge (il ne devait mourir qu'à soixante-dix ans en 1398), il supportait de moins en moins les contradictions et perdait cette bonhomie populaire qui avait tant contribué à son triomphe. Devenu soupçonneux, il fit une fois exécuter dix-huit grands personnages avec toute leur famille. À la suite d'un complot, vrai ou supposé, on supplicia à Nankin 15 000 personnes. L'ancien aventurier devenu Fils du Ciel voulait, avant de mourir, avoir rétabli l'absolutisme.

Le véritable continuateur de Tchou Yuan-tchang fut son deuxième successeur, son second fils, l'empereur qu'on a l'habitude de désigner par le nom de la période yong-lo (1403-1424)[1]. Ce souverain guerrier eut de son rôle une conception élargie. Qoubilaï avait naguère entendu faire de l'Empire mongol un Empire chinois. Renversant les termes, l'empereur Yong-lo voulut donner à la Chine l'héritage mongol des Qoubilaïdes. Le grand-khan Qoubilaï avait, du fleuve Jaune au Tonkin, obtenu la soumission de toute la terre chinoise et était devenu un authentique Fils du Ciel.

---

1. Je suivrai pour les souverains ming et mandchous l'habitude prise par les historiens occidentaux. En réalité le nom ainsi communément donné à ces souverains n'est pas proprement le leur, mais celui de leurs années de règne.

En retour, le troisième souverain ming entendra soumettre la Mongolie et y jouer un rôle de grand-khan.

Ce fut dans cet esprit qu'en 1409 l'empereur Yong-lo transféra sa capitale de Nankin à Pékin. Ce fut lui qui arrêta le plan grandiose de la ville impériale qui forme le centre du Pékin moderne, et — plus particulièrement — le plan de la « Ville Violet-pourpre interdite[1] » ; ce fut lui qui conçut cette succession de palais, de terrasses de marbre, de salles du trône, de jardins et de perspectives digne des plus hautes traditions chinoises, lui qui fit élargir ces lacs, construire ces collines artificielles, planter ces jardins où il voulait retrouver la végétation de son Yang-tseu natal, ensemble que les empereurs mandchous du xviiie siècle achèveront ou restaureront mais où tout porte la marque de l'empereur Yong-lo. Et c'est toujours Yong-lo qui construisit près de la muraille sud de Pékin le Temple du Ciel (1420) et le Temple de l'Agriculture (1422).

Le transfert de la capitale à Pékin était tout un programme. Aucune dynastie purement chinoise n'avait eu l'idée de choisir une telle résidence. Le rôle historique de Pékin n'avait commencé qu'avec les Tartares. C'étaient les Kitat, de race protomongole, qui au xe siècle de notre ère y avaient les premiers installé une de leurs capitales. Ils avaient été imités par les Djurtchèt ou Kin, de race tongouse, au xiie siècle, puis par Qoubilaï en 1260. Un tel choix chez tous ces conquérants descendus du Nord se comprend aisément. Pékin est presque extérieur à la Chine. C'est, en tout cas, le chef-lieu d'une marche frontière. À travers le seuil de Chan-hai-kouan, c'est déjà la Mandchourie. À travers la passe de Nan-keou, c'est déjà Kalgan et la steppe mongole. Géographiquement et historiquement, Pékin est un compromis sino-tartare. Le Chinois y est encore chez lui, mais le Tartare ne s'y sent pas encore dépaysé. En abandonnant le séjour de Nankin pour installer sa cour au seuil de la Mongolie, dans l'ancienne capitale de Qoubilaï, l'empereur

---

1. En chinois Tseu-kin-tcheng. Ce nom de « Ville Violet-pourpre » donné à la Cité interdite lui est appliqué par analogie avec la couleur théorique de l'Étoile polaire et parce que l'Étoile polaire est le centre du monde céleste comme la ville interdite est le centre du monde terrestre.

Yong-lo revendiquait sur cette même Mongolie l'héritage des Qoubilaïdes. Son père, il est vrai, lui avait donné l'exemple dans cette direction : Tchou Yuan-tchang, après avoir chassé les Mongols du territoire chinois, les avait relancés jusque chez eux. Dès 1372, une colonne chinoise s'était avancée en haute Mongolie jusqu'à la Toula. En 1388 cent mille Chinois avaient encore traversé le Gobi oriental et étaient venus battre les tribus au sud du Bouir-nor, entre le Khal-kha-gol et le Kèrulèn. Mais ce n'était là que la « poursuite » après la victoire, des expéditions de représailles destinées à inspirer aux nomades une crainte salutaire. Au contraire, l'empereur Yong-lo pratiqua en Mongolie une politique suivie. L'autorité des Gengiskhanides n'y avait pas survécu à la perte de face qu'avait entraînée leur expulsion de Chine. L'empereur Yong-lo s'appliqua à soutenir contre eux la révolte des autres chefs de tribus, notamment celle des Oïrat, ou Mongols occidentaux. Il intervint à diverses reprises dans les guerres civiles qui s'ensuivirent en haute Mongolie et notamment, en 1410-1411, poussa jusqu'au haut Onon, jusqu'à la prairie natale de Gengis-khan. Il contribua ainsi au remplacement des Gengiskhanides par les khans oïrat dans l'hégémonie de la haute Mongolie, mais un proche avenir devait prouver que la Chine avait plus perdu que gagné à voir des tribus nouvelles se substituer au pouvoir décadent qui paralysait les hordes.

En Indochine également, l'empereur Yong-lo voulut reprendre la grande politique impériale des Han et des T'ang. Le royaume d'Annam, c'est-à-dire le Tonkin et le nord de l'Annam jusqu'à Tourane, venait de voir sa dynastie légitime renversée par un usurpateur. L'empereur Yong-lo en profita pour occuper l'Annam-Tonkin, qu'il partagea en départements chinois (1407). Mais dix ans ne s'étaient pas écoulés que les Annamites commençaient contre les troupes d'occupation une épuisante guérilla. Quatre ans après la mort de Yong-lo, le chef des révoltés, Lê Lo'i, s'emparera de Hanoi et chassera les Chinois (1428).

L'empereur Yong-lo ne se contenta point de revendiquer le protectorat de la Mongolie et d'annexer l'Annam. Il entendit assurer à la Chine l'hégémonie navale sur les mers de la Sonde et l'océan Indien. Ses escadres firent reconnaître la suprématie du pavillon chinois sur les côtes du Tchampa, du Cambodge, du Siam, de la presqu'île de Malacca, de Java et de Sumatra, de Ceylan (où l'animal impérial châtia le râdja local, qui avait manifesté des intentions hostiles), du Bengale et de l'Inde méridionale. Elles croisèrent jusqu'à Ormuz sur le golfe Persique, à Aden et à Djedda, le port de La Mecque. Nous sommes dans les années 1405-1424, au commencement du siècle dont la fin verra l'arrivée des Portugais aux Indes (1498). Quel eût été le destin de l'Asie si, en abordant aux Indes et en Malaisie, les navigateurs européens y avaient trouvé établie une thalassocratie chinoise ? Là encore l'empereur Yong-lo avait vu plus grand que le tempérament de son peuple, ou plutôt que l'idéologie du mandarinat, ne le permettait. La Chine qu'il était en train de faire était trop grande pour elle-même. Les Chinois n'avaient pas la vocation maritime. Le climat du Tonkin était trop chaud, le climat de la Mongolie trop froid pour leurs soldats. Le monde des lettrés demeurait hostile aux conquêtes extérieures, coûteuses et inutiles. La politique mondiale de l'empereur Yong-lo n'eut pas de lendemain. La Chine se replia sur elle-même, laissant passer sur terre et sur mer l'heure du destin.

Dans le domaine de la pensée, ce fut le même repliement qui rapidement prévalut. L'empereur Yong-lo était personnellement bouddhiste. Il n'en fit pas moins compiler les textes de l'école néoconfucéenne et en 1416 il décréta que cette somme philosophique constituerait, au même titre que les anciens canoniques, la base de l'enseignement officiel, ce qui était pratiquement faire du « tchouhisme » la doctrine de l'État ming. Cependant, contre ce matérialisme, disons tout au moins contre ce positivisme d'État, une certaine réaction se produisit un siècle plus tard dans la personne de Wang Yang-ming (1472-1528). Non que ce penseur ait combattu à visière ouverte le positivisme mécaniste de Tchou Hi. Il enseigna seulement que notre participation à l'ordre cosmique, à la loi universelle *(li)*, réside moins dans la raison raisonnante que dans le cœur ; que, pour communier avec l'essence du monde, il faut avoir recours bien moins à ce que nous appellerions l'intelligence discursive qu'à la connaissance intuitive *(leang tche)*, suprême *dictamen* inné au fond du cœur. « À travers l'espace et le temps, écrit Wang Yang-ming, la connaissance intuitive ne varie pas dans le cœur humain. » À défaut de l'absolu métaphysique banni par le tchouhisme, on retrouvait du moins l'absolu de la loi morale, la pure lumière intérieure qui éclaire tout homme venant en ce monde : « Dans le cœur de tout homme, dit encore Wang Yang-ming, habite un Confucius. » La personnalité de Wang Yang-ming, sa noblesse de caractère achèvent de nous le rendre sympathique. Mais son œuvre, d'ailleurs limitée à la morale, représente une tendance plutôt qu'un système. Et la preuve que la doctrine de Tchou Hi restait de beaucoup prépondérante, c'est que, pour faire accepter son enseignement, Wang Yang-ming dut affecter de se rattacher à elle.

L'empereur Yong-lo, mort en 1424, avait été la dernière grande figure de la dynastie des Ming. Après lui cette famille devait se perpétuer pendant plus de deux siècles encore sans qu'aucune personnalité marquante n'émergeât. De nouveau, comme à la fin des Han et des T'ang (mais comparativement bien plus tôt), la camarilla des eunuques chambra des souverains médiocres et gouverna sous leur nom. Pendant ce temps en Mongolie les Oïrat, ou Mongols occidentaux, que l'empereur Yong-lo avait aidés à remplacer les Gengiskhanides dans l'hégémonie des hordes, étaient devenus une puissance redoutable. Leur khan Yésèn demanda la main d'une infante chinoise. Ne l'obtenant pas, il vint ravager le *limes* au nord du Chan-si et du Ho-pei. L'empereur Ying-tsong marcha contre lui avec son favori, un eunuque qui prétendait commander aux généraux. L'armée chinoise, qui s'était avancée sans vivres, fut cernée et détruite près de Siuan-houa, dans la montagneuse région qui s'étend entre Pékin et Kalgan. Cent mille cadavres chinois restèrent dans les gorges et l'empereur Ying-tsong fut fait prisonnier (1449). Les Oïrat, dont la victoire dépassait les espérances, vinrent camper sous les murailles de Pékin, mais ils n'étaient pas outillés pour un siège. Au bout de quelques mois le khan Yésèn se décida à relâcher l'empereur (1450) et en 1453 il fit la paix avec l'empire.

Un siècle plus tard, nouvelle alerte. Le péril, cette fois, ne venait plus des Mongols occidentaux mais des Gengiskhanides. Pendant le dernier quart du xve siècle, une restauration gengiskhanide s'était en effet produite en Mongolie. Un des khans de cette famille, Altan, qui nomadisait dans la Mongolie intérieure, au nord du Chan-si, vint à diverses reprises, de 1529 à 1570, piller les districts septentrionaux de cette province ou du Ho-pei. En 1550 il poussa jusqu'aux portes de Pékin, éclairant de ses incendies les faubourgs de la capitale.

Les Mongols, c'étaient pour la Chine les ennemis de toujours. Mais voici que surgissait sur les côtes un nouvel adversaire, hardi, insaisissable, invincible en raison de son insularité : le Japon. Une nuée d'aventuriers et de corsaires, sortis de toutes les criques de l'archipel, commençaient à infester les ports du Tchö-kiang, du Fou-kien et de la région cantonaise. En 1555 ils remontèrent le Yang-tseu jusqu'à Nankin, en pillant les bourgs ouverts. Ces pirates n'étaient que les enfants perdus de l'expansion japonaise dont la Chine allait éprouver toute la force dans les affaires de Corée.

Ce fut sous le règne du treizième empereur de la dynastie ming, celui que nous avons pris l'habitude de désigner par les « années de règne » Wan-li (1573-1620), que le conflit éclata. Le Japon était alors gouverné par le célèbre Hideyoshi (1585-1598). Cet homme d'État, un des plus grands de l'histoire japonaise, forma le projet audacieux de conquérir l'Empire ming. Les corsaires qui venaient périodiquement écumer les ports de la Chine centrale l'avaient-ils averti de la décrépitude du gouvernement des Ming ? En tout cas, la facilité avec laquelle, cinquante ans plus tard, les Mandchous allaient s'emparer de Pékin prouve que l'idée de Hideyoshi était réalisable. Mais il lui fallait obtenir pour ses troupes le passage à travers la Corée. Les Coréens, pour qui les Japonais étaient des ennemis héréditaires, opposèrent un refus. Hideyoshi envoya alors en Corée une armée de 200 000 hommes qui entra à Seoul, la capitale coréenne (12 juin 1592), et poussa jusqu'à P'yöng-yang, en direction de la Mandchourie (15 juillet). Le plan de l'état-major japonais était déjà celui qui devait reparaître dans la guerre sino-japonaise de 1894. Il s'agissait déjà d'atteindre le Yalou et, à travers le Leao-tong et la passe de Chan-hai-kouan, de redescendre sur Pékin. Mais la résistance des Coréens avait donné le temps aux Chinois d'intervenir avec des forces supérieures. Les Japonais durent évacuer Seoul (mai 1593) et battre en retraite sur la côte méridionale. En 1597 Hideyoshi envoya en Corée un nouveau corps expéditionnaire, mais cette fois les Japonais ne purent même pas atteindre Seoul. Ils furent de nouveau rejetés sur la côte méridionale, où la lutte dégénéra en guerre de siège (1597-1598). La mort de Hideyoshi, survenue sur ces entrefaites (16 septembre 1598), entraîna le rapatriement des troupes nippones et la cessation des hostilités. Le Japon attendra trois siècles (1598-1894) avant de recommencer la lutte contre la Chine sur le corps de la Corée.

Ce que les Ming auraient dû retenir de la guerre dont ils venaient de sortir victorieusement, c'est que l'isolement de leur pays avait cessé. De fait, en même temps que les corsaires japonais l'assaillaient sur les côtes de la Chine centrale, les navigateurs portugais faisaient leur apparition sur le littoral cantonais.

Depuis qu'en 1498 le découvreur portugais Vasco de Gama, ayant réalisé la circumnavigation de l'Afrique, avait abordé aux Indes, la route des mers de Chine était ouverte aux Européens. En 1511 l'amiral portugais Albuquerque s'était emparé de Malacca, dont l'importance au point de vue commercial et stratégique était alors la même qu'aujourd'hui celle de Singapour. En 1514 les premiers navires de commerce portugais touchèrent aux ports chinois. Entre 1549 et 1557 les Portugais reçurent des mandarins locaux l'autorisation de fonder à Macao, à l'entrée de la rivière de Canton, un établissement qui garda un caractère essentiellement commercial. En 1582 les autorités portugaises de Macao payaient pour ce trafic au vice-roi de Canton un tribut de 500 taels.

Avec les Portugais, le christianisme, chassé de la Chine depuis la chute des Mongols, y pénétra de nouveau. Cette nouvelle évangélisation fut l'œuvre de la compagnie de Jésus, notamment de deux de ses fils, Matteo Ricci et Adam Schall.

Le jésuite italien Matteo Ricci (1552-1610) arriva en Chine par Macao en 1582. Pendant treize ans (1582-1595) son apostolat s'exerça dans la région cantonaise. Les missionnaires, pour se faire tolérer, devaient s'assimiler à une des catégories existantes. Ricci, qui avait pris le nom chinois de Li Ma-teou, adopta d'abord le vêtement des bonzes bouddhistes ; puis, avec un remarquable discernement, il y renonça et revêtit le costume des lettrés : c'était associer fort habilement le christianisme à la doctrine d'État confucéenne. Toute la politique des jésuites fut basée sur cette heureuse compréhension de la mentalité chinoise. En 1595 Ricci, qui avait su gagner la faveur de hauts fonctionnaires cantonais, put partir pour le bas Yang-tseu. Il s'établit d'abord à Nankin, où il put se livrer à l'apostolat sans être inquiété. Le 4 janvier 1601 il fut autorisé à pénétrer à Pékin, et aussitôt il chercha à entrer en contact avec la cour impériale en présentant à celle-ci un clavecin, une mappemonde et deux horloges à sonnerie. Il écrivait à l'empereur Wan-li : « Votre humble sujet connaît parfaitement la sphère céleste, la géographie, la géométrie et le calcul. À l'aide d'instruments il observe les astres et sait faire usage du gnomon. » Ricci reçut une pension mensuelle et fut autorisé à résider dans la Cité impériale. La faveur du missionnaire se trouva complète quand il fut chargé de donner des leçons de sciences à un des fils de l'empereur. Lorsqu'il mourut à Pékin le 11 mai 1610, âgé de cinquante-huit ans, la Chine comptait plus de trois cents églises catholiques. Il laissait une grande « carte de l'univers » *(wan kouo yu t'ou)* et une traduction chinoise de la géométrie d'Euclide.

Son véritable continuateur fut le jésuite allemand Adam Schall, connu des Chinois sous le nom de T'ang Jo-wang (1591-1666). Arrivé en Chine en 1620, il prêcha d'abord à Si-ngan-fou. Mathématicien, astronome et aussi linguiste remarquable, il fut chargé par la cour impériale de travailler à la réforme du calendrier. Le dernier empereur ming, Tchouang-lie-ti, que nous désignons aussi par le nom de la période Tch'ong-tcheng (1628-1644), lui témoigna une particulière bienveillance et en 1636 lui fit établir près du palais impérial une fonderie de canons. Nous verrons que après la conquête de la Chine par les Mandchous, Adam Schall ne jouit pas d'une moindre faveur auprès des nouveaux maîtres de l'empire.

L'intérêt qu'avait suscité à la cour des Ming la science des jésuites montre que les derniers souverains de cette dynastie se rendaient obscurément compte qu'il eût fallu moderniser le pays. Mais cette constatation venait trop tard. Quand les Ming étaient montés sur le trône (1368), la Chine et l'Occident se trouvaient, au point de vue de l'outillage et de la technique, sensiblement sur le même niveau. À la chute de la dynastie, en 1644, l'Europe se révélera déjà en possession de la science moderne et de l'outillage correspondant. La Chine, elle, en sera restée au Moyen Âge : pour la grande créatrice qu'elle avait été jusque-là, les deux cent soixante-seize années de l'époque ming auront été comme perdues.

La production littéraire des Ming ne dément guère ce jugement. Ce qu'elle nous a laissé de plus vivant consiste en romans et en pièces de théâtre. Le roman le plus célèbre (il date du XVIe siècle) est celui qui a pris pour thème les voyages du moine bouddhiste Hiuan-tsang de la Chine dans l'Inde à travers l'Asie centrale dans les années 629-645. Malheureusement, quand on a lu le passionnant récit laissé par l'illustre pèlerin, il est difficile de trouver grand intérêt à l'affabulation qu'en a tirée le romancier ming. Au lieu des descriptions, à la fois si précises et si pittoresques, du texte médiéval — tempêtes de sable du Gobi, chaînes neigeuses des T'ien-chan ou du Pamir, Inde des grandes palmes —, ce ne sont ici qu'aventures fantastiques, magie et sorcellerie, merveilleux artificiel digne des contes tibétains. Les autres romans ming s'attachent en général à quelque intrigue sentimentale à travers des péripéties romanesques, avec, souvent aussi, il est vrai, des scènes de mœurs intéressantes.

La peinture ming a été définie d'un mot : l'académisme. Des traités comme celui du « Jardin grand comme un grain de moutarde » étudient dans le paysage song les données du pittoresque et en transmettent les recettes soigneusement inventoriées. Le résultat, c'est trop souvent un pittoresque artificiel et forcé avec, par exemple, en montagne, d'invraisemblables surplombs de rochers ; c'est aussi l'abus des allusions poétiques transposées dans le domaine pictural. Toutefois il ne faudrait évidemment pas exagérer ces critiques. Le malheur de la peinture ming, c'est qu'elle est écrasée par la comparaison avec l'époque de grande création des Song. Il y a beaucoup de charme dans les portraits de jeunes femmes et les scènes de gynécée, une remarquable virtuosité dans la peinture en couleurs de fleurs et d'oiseaux. Et dans le lavis les paysagistes ming ont souvent encore de la puissance, comme on peut s'en assurer par la collection acquise par le musée du Louvre. Enfin les portraits funéraires ming — genre renouvelé — se distinguent fréquemment par leur réalisme sobre, la largeur et la précision du métier, l'acuité de l'expression. Nous sommes parfois assez près ici des dessins de Dürer, d'Holbein ou de Clouet.

Le grand art sous les Ming, c'est la céramique. Là encore, pour être équitable, on doit éviter la comparaison avec l'époque song et juger les pièces ming pour elles-mêmes. Elles le méritent d'autant plus qu'un grand effort a été fait par les souverains, à commencer par le fondateur de la dynastie, qui dès 1369 rebâtit au Kiang-si la manufacture impériale de King-tö-tchen, où se centralisa dès lors presque toute la production : le *kaolin* tire son nom de l'argile blanche du site de Kao-ling (« la Haute Passe »), voisin de King-tö-tchen.

La céramique song avait été représentée surtout par des monochromes ou par des dégradés en ton sur ton. On trouve également la monochromie chez les Ming. Eux aussi nous ont laissé des céladons, moins lumineux, plus laiteux sans doute que ceux des Song, mais encore souvent fort beaux et qu'on exportait jusqu'à Ispahan, au Caire et à Istanbul ; aussi des pièces blanches fabriquées à Tö-houa (Fou-kien) et représentées notamment par des statuettes de divinités bouddhiques, et encore des violets aubergine ou des bleus sombres fort riches. Mais c'est surtout dans la polychromie et plus particulièrement dans le décor historié que triomphent les potiers ming. La qualité du kaolin employé à King-tö-tchen s'accommodait des plus hautes températures et permettait ainsi la coexistence des émaux les plus variés. Parmi les émaux « de grand feu » se distinguent les « bleus et blancs », avec leurs bleus de cobalt dont l'intensité varie suivant la proportion où le bleu indigène est mêlé de « bleu des musulmans ». La vogue en fut peu à peu éclipsée par les pièces de « trois couleurs » ou *san-ts'ai* (vert, jaune et violet aubergine) et de « cinq couleurs » ou *wou-ts'ai* (avec addition du bleu et du rouge). Cette préférence pour « les couleurs hardiment juxtaposées, les tons rutilants, les décors peints » est caractéristique de l'époque. En réalité la céramique tendait à ne plus être qu'une annexe de la peinture, la porcelaine le disputant désormais aux rouleaux de soie pour solliciter du pinceau des peintres ming leurs thèmes habituels, délicates silhouettes féminines, décor de papillons, d'oiseaux et de fleurs.

Ce goût va triompher sous la dynastie mandchoue.

CHAPITRE XXIX

Le drame de 1644

Pendant la période wan-li (1573-1620) la Chine, nous l'avons vu, avait heureusement résisté à la menace japonaise. Mais à peine ce danger écarté surgit le péril mandchou. Les Mandchous étaient un peuple de race tongouse, parent des anciens Djurtchèt, ou Kin, qui avaient au XIIe siècle conquis la Chine du Nord. Ils habitaient les clairières de la Mandchourie septentrionale, dans le bassin du Soungari jusqu'à la future Province maritime russe, du côté de Ningouta, sous un climat froid et humide, au milieu d'immenses forêts de pins, de sapins et de mélèzes. Ces chasseurs forestiers vivaient répartis en clans rivaux lorsque dans les premières années du XVIIe siècle un chef énergique, Nourqatsi, les réunit sous son autorité et fonda ainsi le royaume mandchou historique. La Chine possédait alors la partie méridionale de la Mandchourie, c'est-à-dire le pays de Moukden, de Leao-yang et de Port-Arthur. Nourqatsi lui déclara la guerre et en 1621-1622 s'empara de toute cette région. Signe visible de ces accroissements, il mit en 1625 sa capitale à Moukden, où se dresse encore aujourd'hui sa sépulture. Il essaya même de forcer la Grande Muraille mais échoua devant les canons fondus pour les Ming par les pères jésuites.

Son fils, Abaqaï (1627-1643), fut un de ces Barbares de génie comme l'Extrême-Orient en a tant connu et qui joignaient aux qualités militaires de leur race l'intuition de la vie civilisée. Discernant la décrépitude de la dynastie ming, son ambition avouée fut de monter un jour sur le trône impérial. Pour rendre son peuple digne des hautes destinées qu'il rêvait pour lui, il s'efforça de lui donner un vernis de culture chinoise. Ainsi avait agi trois siècles et demi plus tôt un autre conquérant tartare, le grand Qoubilaï. Aussi bien Abaqaï entendait-il recommencer avec ses Mandchous l'aventure de Qoubilaï et des Mongols. Pendant l'hiver de 1629-1630 il s'avança jusqu'aux portes de Pékin. Les Mandchous n'étaient pas encore outillés pour entreprendre un siège en règle, mais avant de se retirer, Abaqaï se rendit aux tombeaux des anciens souverains djurtchèt, des Rois d'Or du XIIe siècle auxquels il se rattachait par le sang, et leur offrit des sacrifices solennels : cérémonie significative qui renouait la tradition entre eux et proclamait en droit la légitimité de ses revendications au trône de Pékin.

Cependant, quelques dommages que les incursions périodiques des Mandchous causassent aux campagnes et aux bourgs ouverts du Ho-pei septentrional, rien n'était encore compromis. Même les bastions de la Grande Muraille, de Chan-hai-kouan à Siuan-houa, tenaient toujours. Pour livrer le vieil empire à ses ennemis, il ne fallut rien de moins qu'une révolution intérieure suivie d'une guerre civile.

Le prince ming qui régnait alors à Pékin, l'empereur Tchouang-lie-ti (1628-1644)[1], était un lettré doux et bien intentionné, mais un souverain sans énergie. Comme il arrive souvent quand la Chine ne se sent plus gouvernée, des révoltes éclatèrent partout. Soldats mécontents de leur solde et paysans souffrant de la famine s'organisèrent en grandes compagnies qui, sous la conduite de généraux rebelles ou d'aventuriers audacieux, se mirent à ravager le pays. Le plus intelligent de ces aventuriers, Li Tseu-tch'eng — un paysan lettré devenu chef de brigands —, se rendit maître du Honan et du Chen-si (années 1640 et suivantes) et en 1644 marcha sur Pékin. Son approche trouva la cour impériale complètement désemparée. La meilleure armée de l'empire, sous les ordres de Wou San-kouei, était retenue loin de la capitale, vers la passe de Chan-hai-kouan, où elle contenait les Mandchous. Li Tseu-tch'eng, ne trouvant aucune résis-

---

1. Souvent désigné par le nom de la période Tch'ong-tcheng.

tance sérieuse, marcha sur Pékin, dont la trahison lui ouvrit les portes. Le malheureux empereur Tchouang-lie-ti se pendit pour ne pas tomber vivant aux mains des rebelles et le même jour Li Tseu-tch'eng fit son entrée dans Pékin (3 avril 1644).

Tout jusque-là avait réussi à Li Tseu-tch'eng. Mais l'audacieux aventurier avait compté sans l'armée impériale cantonnée face aux Mandchous dans la marche de Chan-hai-kouan et sans le chef de cette armée, Wou San-kouei. À la nouvelle de la chute de Pékin et du suicide de l'empereur, Wou San-kouei se hâta de conclure un armistice avec les Mandchous. Non seulement ceux-ci y consentirent, mais ils mirent à sa disposition un fort contingent de troupes pour l'aider à châtier les rebelles. Lorsque Li Tseu-tch'eng apprit que l'armée des Marches s'entendait contre lui avec les Mandchous, il prit peur et offrit à Wou San-kouei de partager le pouvoir avec lui. Wou San-kouei non seulement refusa, mais défit Li Tseu-tch'eng dans un premier combat, sur le « seuil » de Yong-p'ing. De dépit l'usurpateur fit exécuter les parents du général. Ce fut dès lors entre les deux hommes une haine furieuse, inexpiable. La piété filiale, sentiment sacré pour un Chinois, et la soif de la vengeance firent oublier à Wou San-kouei la prudence la plus élémentaire. Il se confia entièrement aux Mandchous et descendit avec eux sur Pékin. À son approche Li Tseu-tch'eng, après avoir fait main basse sur le trésor impérial, mit le feu au palais et se retira avec son armée au Chan-si.

Wou San-kouei entra dans Pékin avec ses alliés mandchous. Il remercia alors ces derniers de leur concours et chercha à les congédier. Mais les Mandchous lui firent comprendre son erreur. Ils avaient maintenant à Pékin une armée de cent mille hommes que renforçaient sans cesse de nouveaux contingents descendus de Moukden. Sans tenir compte des objurgations de Wou San-kouei, ils se saisirent des portes de la capitale. Leur khan Abaqaï était mort quelques mois auparavant, laissant comme héritier son neveu, âgé de sept ans. Les chefs mandchous proclamèrent cet enfant empereur de Chine, avec le « nom de période » Chouen-tche, à la place des Ming, déclarés déchus.

Wou San-kouei, la dupe des Mandchous devenue par la force des choses leur complice, dut accepter le fait accompli. Il reçut d'eux une somptueuse vice-royauté au Chen-si, à charge pour lui d'en chasser Li Tseu-tch'eng. La colère contenue que ne pouvait manquer de lui causer le cours des derniers événements, il la tourna contre le meurtrier de son père. Il s'acharna sur Li Tseu-tch'eng, le refoula loin du Chen-si, puis organisa contre lui à travers le Ho-nan et le Hou-pei une véritable chasse à l'homme qui se termina par la mort de l'ancien bandit (1644).

Pendant ce temps, à Pékin, les oncles du jeune empereur Chouen-tche qui exerçaient la régence en son nom organisaient le régime mandchou. Ils eurent l'habileté de ne pas changer la forme du gouvernement, ne supprimant ni les emplois ni les titulaires et se contentant, pour les postes importants, de doubler le fonctionnaire chinois par un fonctionnaire mandchou. Seule la coutume de se raser le sommet du crâne, imposée aux Chinois par les conquérants, marqua l'avènement d'une dynastie tartare.

Cependant l'autorité des Mandchous n'était reconnue que dans la Chine du Nord. Un prince ming avait été proclamé empereur à Nankin et toutes les populations méridionales s'étaient prononcées en sa faveur. Le premier soin des Mandchous après la conquête de Pékin fut d'étouffer ce foyer de résistance. Au printemps de 1645 ils convergèrent sur Nankin. Le prétendant ming, qui avait trop tard songé à demander l'aide des Portugais de Macao, se noya dans sa fuite. Nankin fut occupé par les Mandchous le 9 mai 1645.

Les derniers défenseurs de l'indépendance chinoise et de la dynastie ming se réfugièrent au Tchö-kiang et dans la région cantonaise. Trois princes ming, échappés au désastre de leur famille, cherchèrent à organiser la résistance au Tchö-kiang, au Fou-kien et à Canton. Malheureusement ils ne surent pas s'entendre entre eux et usèrent leurs dernières forces à se quereller. Dans ces conditions les Mandchous n'eurent aucune peine à soumettre le Tchö-kiang d'abord, le Fou-kien ensuite (1646).

L'hinterland de la région cantonaise tint plus longtemps. Un dernier prince ming y fut proclamé empereur sous le nom de Yong-li avec « capitale » à Kouei-lin, dans les montagnes du Kouang-si. Les Mandchous marchèrent sur Koueilin, mais ils furent repoussés par les légitimistes, qu'étaient venus renforcer trois cents Portugais de Macao avec des canons sous les ordres de Nicolas Fereira. En réalité, c'était l'intervention portugaise qui venait de sauver les Ming. Cette intervention s'explique. Un des conseillers les plus écoutés de Yong-li était le père jésuite Koffler. De plus sa femme était une chrétienne baptisée sous le nom d'Anne. Le fils de Yong-li et d'Anne fut lui-même baptisé sous le nom de Constantin et l'impératrice douairière sous le nom d'Hélène. Le plus fidèle défenseur des Ming, l'héroïque Kiu Che-sseu, se convertit également au catholicisme sous le nom de Thomas. Ce soldat chrétien jeta un rayon de gloire sur les derniers jours de la dynastie. En 1650 le père jésuite Boym partit de Kouei-lin pour l'Europe afin de solliciter en faveur des Ming l'aide de la chrétienté. Mais la même année une grande armée mandchoue descendait du nord avec mission de réduire coûte que coûte le Kouang-si et le Kouangtong. À son approche, le faible Yong-li prit peur et, malgré les supplications de Kiu Che-sseu, s'enfuit de Kouei-lin. Abandonné par son maître et par la moitié des troupes, Kiu Che-sseu défendit quand même Kouei-lin avec ses derniers fidèles. La ville fut emportée d'assaut et lui-même fut fait prisonnier, les armes à la main. Suivant leur politique habituelle, les Mandchous essayèrent d'obtenir son ralliement en lui offrant même un poste de vice-roi. Comme il refusait obstinément de trahir ses maîtres, il eut la tête tranchée, mais en considération de son héroïsme les vainqueurs lui accordèrent de glorieuses funérailles (1650). Les Mandchous s'emparèrent ensuite de Canton, tandis que Yong-li se réfugiait en Birmanie (1651).

Le dernier défenseur de l'indépendance chinoise fut le corsaire que nous appelons (d'après la transcription portugaise de son nom) Koxinga.

Koxinga est une des plus curieuses figures de l'histoire de l'Extrême-Orient. C'est le premier représentant de cette Chine extérieure qui naissait alors et dont l'expansion sur tous les rivages de l'océan Pacifique et de l'océan Indien se présente comme un des faits capitaux du dernier siècle. Son père, Tcheng Tche-long, simple pêcheur du Fou-kien devenu capitaine de pirates, avait passé sa jeunesse à Macao, où il avait été baptisé par les Portugais. Il avait ensuite séjourné à Manille, chez les Espagnols, puis au Japon, où il s'était marié : Koxinga naquit de ce mariage. Rentré en Chine, Tcheng Tche-long se fit corsaire au service des Ming et guerroya contre les Mandchous sur les côtes du Tchö-kiang, du Fou-kien et du Kouang-tong (1645). Capturé en trahison par les Mandchous, il fut envoyé à Pékin et n'en revint plus (1646). Son fils, Koxinga, jurant de le venger, reprit la mer. À la tête d'escadrilles insaisissables il allait pendant seize ans diriger une terrible guerre de course contre les gouverneurs mandchous du bas Yang-tseu, du Tchö-kiang, du Fou-kien et de la région cantonaise.

Koxinga commença par s'assurer de solides points d'appui sur le littoral. Ce fut ainsi qu'en 1653 il établit une base navale dans l'île d'Amoy, au Fou-kien. En 1656 il occupa de même l'île de Ts'ong-ming, qui commande l'estuaire du Yang-tseu. En 1657 il remonta le Yang-tseu et osa assiéger Nankin. Repoussé de ce côté, il se tourna vers l'île de Formose, où depuis 1625 les Hollandais s'étaient établis. Ayant rassemblé dans son repaire d'Amoy une puissante escadre, il débarqua dans l'île le 30 avril 1661. Le 1er février 1662 il s'empara, après un long siège, de la citadelle hollandaise de Zelandai. Galamment il accorda au gouverneur hollandais les honneurs de la guerre, mais le força à se rembarquer et se proclama roi de Formose. Il songeait à enlever de même Manille aux Espagnols quand il mourut prématurément à l'âge de trente-neuf ans, le 2 juillet 1662.

Koxinga représente un « destin hors série ». Fils d'un chrétien chinois et d'une Japonaise, élève des conquistadores hispaniques, obligé par l'invasion étrangère à vivre en marge de son pays, son horizon dépassait évidemment celui de ses compatriotes. Ce fut sans doute à l'imitation des navigateurs portugais, espagnols et hollandais qu'il conçut l'idée hardie de se tailler un empire maritime dans les mers de Chine. Sa tentative, comme nous l'annoncions, présente pour l'historien un intérêt capital comme étant la première révélation d'un fait jusque-là bien inattendu : la vocation maritime et coloniale du peuple chinois. L'aventure de Koxinga ouvrait en effet l'ère de la grande émigration des Fils de Han, qui aujourd'hui, de Cholon à Singapour, de Batavia à Manille et aux Hawaï, couvrent toutes les côtes des mers du Sud, fait immense dont les conséquences lointaines ne peuvent encore être évaluées.

Quant au royaume de Formose établi par Koxinga, il passa à son fils, qui en resta paisible possesseur de 1662 à 1681. Après la mort de ce dernier, il fut en 1683 annexé à l'Empire mandchou par l'empereur K'ang-hi.

CHAPITRE XXX

Les grands empereurs mandchous : K'ang-hi et K'ien-long

La mainmise des Mandchous sur le trône de Chine en 1644 avait, il faut bien le reconnaître, tenu de l'escamotage. Avec une habileté qu'on n'eût guère attendue de ces Barbares, les régents mandchous s'étaient glissés dans Pékin à la faveur de la lutte entre le bandit usurpateur et le général légitimiste, en aidant le second à châtier le premier, le tout aux applaudissements des loyalistes et du mandarinat ; dans la carence du pouvoir et sans effusion de sang, ils s'étaient alors trouvés maîtres du vieil empire. Il y avait loin de cette prise de possession, somme toute pacifique, aux vingt années de dévastations et de massacres qu'avait nécessitées au XIIIe siècle la conquête de la Chine du Nord par les Mongols. Dans la Chine du Sud, il est vrai, les Mandchous, comme on vient de le voir, durent guerroyer sept ans encore avant d'en finir avec les derniers Ming, mais là non plus on ne saurait comparer ces campagnes (d'ailleurs limitées aux provinces frontières de la région cantonaise) aux quarante-trois ans de luttes terribles qu'avait exigés des Mongols la conquête de ce même Midi. D'ailleurs l'habile régent qui dirigeait le gouvernement mandchou pour le compte de son neveu, l'empereur enfant, eut soin d'employer surtout à cette tâche les Chinois eux-mêmes, en comblant les ralliés de titres et de profits. Pour mener à bien ce ralliement et achever la pacification, il constitua dans le Sud trois grandes principautés dont il investit trois dignitaires chinois, parmi lesquels un descendant de Confucius. Après sa mort, l'empereur

Chouen-tche, malgré son jeune âge — il n'avait qu'une quinzaine d'années —, déclara, comme notre Louis XIV, vouloir être lui-même son premier ministre et assuma en effet directement la charge du pouvoir (1er février 1651).

Le jeune souverain ne tarda pas à donner des preuves de sa sagesse et de sa capacité. Il marquait une estime particulière pour le père jésuite Adam Schall, qu'en 1645 les régents mandchous avaient déjà nommé codirecteur du service astronomique et à qui il conféra en 1653 le titre de « docteur très profond ». En 1654 Schall lui offrit un traité d'astronomie européenne qui fut, l'année suivante, officiellement adopté par la cour. Schall semble même avoir eu l'occasion de jouer un rôle plus intime auprès du souverain.

L'empereur Chouen-tche n'avait que dix-sept ou dix-huit ans lorsque, un jour, au cours d'une fête au palais, il aperçut la jeune femme d'un des hauts dignitaires, la belle Tong Siao-wan. Il fut aussitôt passionnément épris. Le mari, s'apercevant de cette passion, se suicida. Chouen-tche fit entrer la jeune femme au palais avec le titre (il était déjà marié) de deuxième impératrice. « Pendant plusieurs années il fut heureux : son amour ne faisait que grandir. La deuxième impératrice eut un fils. Le bonheur de Chouen-tche fut complet. Puis, sans qu'on sût de quelle maladie, la mère et l'enfant moururent, peut-être empoisonnés. » La douleur de l'empereur fut effrayante. « Il fit immoler sur la tombe trente personnes de la suite de la jeune femme et les fit enterrer au pied du cercueil. On ne sait s'il vengeait la défunte ou si (à la manière tartare) il lui donnait des compagnons pour l'au-delà[1]. » Chouen-tche tenta même de se suicider ; on l'arrêta à temps, mais il se laissait dépérir. Le père Schall, auquel il témoignait de plus en plus d'amitié, lui prodigua ses encouragements pour l'amener à se ressaisir : en vain, car l'empereur, qui avait cessé de soigner sa santé, mourut peu après, le 5 février 1661, de la petite vérole, affirma-t-on. Il n'avait que vingt-cinq ans. La rumeur populaire voulut qu'il eût secrètement abdiqué pour se faire moine bouddhiste sur la montagne sacrée du Wou-t'ai-chan.

---

1. Soulié de Morant, *L'Épopée des jésuites en Chine*.

On a aussi voulu voir l'écho de ce drame dans le célèbre roman de Ts'ao Siue-k'in (1719-1763), le *Rêve dans le pavillon rouge*, mais en ce cas l'allusion serait singulièrement voilée...

À la mort de Chouen-tche, les princes mandchous mirent sur le trône un enfant de sept ans (il était né le 4 mai 1654) que nous désignerons par le nom des « années de règne » K'ang-hi.

K'ang-hi, qui devait avoir un règne presque aussi long que son contemporain Louis XIV (1662-1722), est un des plus grands souverains de l'histoire chinoise. Comme pour notre Louis XIV les contemporains sont unanimes à vanter sa beauté, sa majesté naturelle, sa présence d'esprit[1]. « D'une taille au-dessus de la moyenne et bien proportionné, le visage bien fait et plein, des yeux remplis de vivacité et plus ouverts que chez le commun des Chinois, le front large, le nez un peu aquilin, la bouche pleine, un air gracieux et doux, mais majestueux et grand, qui le faisait aisément distinguer au milieu d'une cour nombreuse » : tel est le portrait que nous ont laissé de lui les missionnaires jésuites, lesquels l'ont bien connu. « Ces dehors avantageux, ajoutent-ils, annonçaient chez ce monarque une âme grande qui le laissait maître absolu de régler ses passions, un esprit vif et pénétrant, un jugement sain et solide, une mémoire heureuse à laquelle rien n'échappait. » À son intelligence naturelle il joignait un goût pour l'étude qui fit de ce prince tartare un empereur selon le cœur des lettrés chinois. Toutefois, on le verra dans les affaires du christianisme, il resta — pour sinisé qu'il fût — suffisamment indépendant des routines confucéennes. Enfin, en politique extérieure, le khan mandchou se retrouvait en

---

1. Le père Gerbillon et les autres jésuites nous ont transmis de lui plusieurs traits plaisants, comme celui-ci : un jour qu'il se promenait dans son parc, il avisa un mandarin de sa suite qui venait, il le savait, de se faire payer par un solliciteur 20 000 taels d'argent. « Prends la bride, lui dit-il, et fais-moi faire un tour. » Le tour fait, l'empereur démonta. « Voici pour ta peine », lui dit-il. Et il lui donna un tael. « Et maintenant, ajouta-t-il, à ton tour : monte ! » L'autre dut s'exécuter. L'empereur prit la bride, lui fit faire le même tour, puis : « À toi de payer maintenant. Combien de fois suis-je plus grand que toi ? — Infiniment ! balbutia le mandarin. — Mettons vingt mille fois, trancha l'empereur. Tu me dois vingt mille taels ! » Et le fonctionnaire prévaricateur dut s'exécuter...

lui sous le Fils du Ciel, ou plutôt ces deux aspects de sa puissante personnalité se complétaient ici. Mais sans doute est-ce à son hérédité mandchoue qu'il dut de voir si grand, lorsqu'il reprit en haute Asie l'œuvre non seulement des Han et des T'ang, mais aussi des grands-khans mongols.

Pendant son adolescence, le pouvoir fut exercé par quatre régents qui sur certains points prirent le contre-pied de la politique de Chouen-tche. Ce fut ainsi que le 4 janvier 1665 ils promulguèrent un édit proscrivant le christianisme. Le père Schall, l'ami personnel du défunt empereur, fut arrêté et condamné à mort, mais l'impératrice douairière, indignée, le fit remettre en liberté. Le vieillard, brisé par cette catastrophe, ne tarda pas à mourir (15 août 1666). En même temps, par un décret de 1662, les régents décidèrent que dans les examens pour le choix des fonctionnaires il serait tenu compte avant tout des compositions littéraires selon l'enseignement officiel de l'école de Tchou Hi, système qui devait fonctionner jusqu'en 1905.

Cependant K'ang-hi, malgré son jeune âge, supportait impatiemment la tutelle des régents. Il n'avait que treize ans quand, le 25 août 1667, il prit en main les rênes du gouvernement. Deux ans plus tard, il soumit à un examen sévère la gestion des régents, fit, le 14 juin 1669, arrêter l'un d'eux, le condamna à la décapitation, peine qu'il commua ensuite en prison perpétuelle, et prononça la dégradation d'un autre. Comme don de joyeux avènement à la population indigène, il ordonna que les terres injustement saisies par les Mandchous fussent restituées à leurs propriétaires chinois. Malgré ces mesures libérales, une grave révolte n'allait pas tarder à éclater contre la domination mandchoue.

On a vu que les conquérants mandchous, pour obtenir à moindres frais la soumission des provinces méridionales et s'assurer le ralliement des populations, avaient confié le gouvernement de la Chine du Sud à trois hauts dignitaires chinois élevés au rang de princes et pratiquement autonomes. L'un de ces princes gouvernait le Fou-kien, l'autre la région cantonaise, le troisième — qui n'était autre que le célèbre Wou San-kouei — avait le Sseu-tch'ouan et le Yunnan. Nous avons vu le rôle décisif joué par Wou San-kouei dans la tragi-comédie de 1644, et comment ce général loyaliste, après avoir pris les armes pour venger la dynastie légitime, se trouva à son insu faire le jeu des envahisseurs mandchous. Dupe des Mandchous devenue par la force des choses leur complice, il avait été royalement récompensé par eux, d'abord par la vice-royauté du Chen-si, puis par la principauté du Sud-Ouest. Là il se trouvait d'autant plus indépendant qu'il était presque invulnérable : les Alpes du Sseu-tch'ouan et du Yun-nan formaient à ces provinces écartées une protection qui semblait défier toute attaque. Les Mandchous, qui n'ignoraient pas ce qu'ils lui devaient (sans son attitude de 1644 ils n'auraient jamais occupé Pékin), le ménageaient, traitaient avec lui presque d'égal à égal. Ils avaient même donné en mariage à son fils une sœur de leur empereur Chouen-tche.

Le nouvel empereur, K'ang-hi, supportait mal ces autonomies régionales. Inquiet de voir Wou San-kouei trancher du souverain, il l'invita à se présenter à la cour. Wou San-kouei, arguant de son grand âge, se déroba (1672). Sur une nouvelle invite plus pressante, le vieillard se mit en état de rébellion ouverte et appela le peuple chinois à la révolte nationale contre les Mandchous (1674). Son exemple fut suivi par les deux autres « princes » autonomes du Sud, ceux de Canton et du Fou-kien. En Mongolie-Intérieure, la principale des tribus mongoles, celle des Tchakhar, qui nomadisait au nord de la province du Ho-pei, entra dans la coalition. Le khan des Tchakhar, Bourni, qui était le descendant direct de Gengis-khan et de Qoubilaï, appela les Mongols orientaux à la révolte contre la suzeraineté mandchoue, mais les autres tribus ne le suivirent pas et il fut fait prisonnier. Dans le Sud, le Fou-kien et la région cantonaise furent également soumis assez vite (1676-1677). Quant à Wou San-kouei, il se retira du Sseu-tch'ouan au Yun-nan, où les Mandchous ne jugèrent pas à propos de le relancer, mais il y mourut peu après de vieillesse (octobre 1678). Ce ne fut qu'à la fin de 1681 que les Mandchous occupèrent le Yun-nan. Toute la famille de Wou San-kouei fut exécutée ; les ossements du rebelle furent réduits en poudre et jetés au vent (1682). En 1683 K'ang-hi compléta sa victoire en annexant le royaume chinois autonomiste qui s'était constitué dans l'île de Formose. La Chine méridionale, qui avait bénéficié jusque-là d'un régime exceptionnellement favorable, connut alors les rigueurs de l'annexion militaire. La défaite des Tchakhar avait assuré à K'ang-hi la suzeraineté de la Mongolie-Intérieure (tribus ordos et tribus tchakhar). Il put alors se consacrer à la Mongolie-Extérieure.

La Mongolie-Extérieure, ou haute Mongolie, était partagée entre deux groupes de tribus, les Mongols orientaux, ou Khalkha, et les Mongols occidentaux, aussi appelés Oïrat ou Kalmouk. Les Khalkha, répartis entre cinq rois qui tous descendaient de Gengis-khan, occupaient la Mongolie proprement dite, du bas Kèrulèn aux lacs de Kobdo. Les Kalmouk nomadisaient plus à l'ouest et au sud-ouest, de Kobdo aux T'ien-chan. La principale tribu parmi ces derniers était celle des Tchoros, que nous avons pris l'habitude de désigner sous les noms d'Éleuthes et de Dzoungar et qui habitaient autour du Tarbagataï, depuis Kobdo jusqu'au fleuve Ili. Or, de 1676 à 1697 les Dzoungar eurent à leur tête un personnage extraordinaire, Galdan, sorte de Gengis-khan avorté qui rêva en effet de reconstituer au profit de ses Mongols occidentaux l'ancien empire gengiskhanide. Dans son enfance Galdan avait vécu comme moinillon au Tibet, auprès de ce pape du bouddhisme qu'était le dalaï-lama de Lhassa. Il avait conservé l'amitié du « Saint-Siège » lamaïque, dont l'énorme influence politique sur tous les bouddhistes de la haute Asie resta toujours à son service. Protecteur du bouddhisme au Tibet, Galdan s'arrangea pour être en Kachgarie le défenseur de l'islam. Il renversa dans ce pays le dernier khan gengiskhanide et installa à la place la théocratie musulmane des Khodja (1678-1680). Il entreprit ensuite la conquête de la Mongolie propre sur les Khalkha et en deux ans de guerre (1688-1690) soumit ce pays, de Kobdo au Kèrulèn.

Les princes khalkha dépossédés se réfugièrent près de la Grande Muraille, implorant l'aide de l'empereur K'ang-hi. Celui-ci ne pouvait laisser se constituer aux portes de la Chine un nouvel empire mongol. Galdan, lancé à la poursuite des Khalkha, osait maintenant s'avancer vers la Mongolie-Intérieure sur la route d'Ourga à Kalgan. K'ang-hi envoya contre lui une armée avec de l'artillerie — cette artillerie que les jésuites avaient fondue pour la cour impériale. Dans la rencontre qui se produisit le 2 septembre, les Dzoungar, ayant pris position derrière un marais, purent résister aux impériaux, mais la canonnade dut les intimider car Galdan évacua même la haute Mongolie, le pays khalkha (fin 1690). Le résultat de son échec fut d'assurer à l'empire le protectorat de la haute Mongolie. Les princes khalkha, que l'intervention de K'ang-hi avait sauvés de la domination dzoungar, vinrent solennellement lui rendre hommage dans une diète tenue au Dolon-nor en mai 1691.

Le statut de la Mongolie-Extérieure qui fut alors établi devait durer jusqu'en 1912, les princes khalkha payant tribut à l'Empire sino-mandchou et recevant en revanche des gratifications de l'empereur. Entre ces descendants de Gengis-khan et l'empereur mandchou se créa un lien de fidélité personnelle que devaient cimenter à diverses reprises des alliances de famille. Un tel système, l'empereur ming Yong-lo y avait songé, mais comme Chinois il ne pouvait le faire accepter par les Mongols. K'ang-hi y réussit au contraire sans difficulté parce qu'il était lui-même tartare. Le nouveau statut de la Mongolie reposa en effet sur l'attachement, de nomade à nomade, des khans mongols au grand-khan mandchou. Le fait est que le jour où en 1912 la dynastie mandchoue disparaîtra, remplacée par la République chinoise, les princes mongols, s'estimant déliés du serment de fidélité, se déclareront indépendants.

La guerre reprit entre Galdan et l'empire en 1695. Le chef dzoungar envahit de nouveau la haute Mongolie, le pays khalkha, et pénétra jusqu'au Kèrulèn. Pour en finir, K'ang-hi prépara une grande expédition qu'il dirigea en personne. Le 16 février 1696 il réunit au palais ses officiers généraux et leur offrit de sa main le vin du départ. Le 13 avril il se mit en marche. Il s'était fait accompagner du père jésuite Gerbillon, qui nous a laissé le récit de l'expédition, notant « l'ordre parfait qui était maintenu, la frugalité observée par le souverain et par son entourage, sa sollicitude pour les soldats, qu'il voulait voir installés dans leurs campements avant d'entrer lui-même sous sa tente ». « La marche à travers une contrée toujours pauvre et alors dévastée imposa de terribles souffrances à l'armée. L'empereur en prit sa part et repoussa avec mépris les prières des mandarins qui le suppliaient de ne pas s'exposer davantage. Son attitude énergique enflammait les troupes. » Le corps d'armée que commandait personnellement K'ang-hi se porta sur le Kèrulèn, tandis qu'avec un autre corps son lieutenant Fei-yang-kou marchait sur la Toula pour couper la retraite de Galdan. Le 12 juin 1696 Fei-yang-kou atteignit l'ennemi sur la rive méridionale de la Toula, à Tchao-modo, au sud d'Ourga et, grâce à sa mousqueterie et à son artillerie, lui infligea un complet désastre. La femme de Galdan fut tuée, tout son équipage fut pris, ses troupeaux restèrent aux mains des impériaux. Ayant perdu la moitié de ses troupes, le chef dzoungar prit la fuite dans la direction de Kobdo, tandis que K'ang-hi revenait en triomphe à Pékin et que les Khalkha, de nouveau sauvés par lui, reprenaient définitivement possession de leur territoire sous le protectorat, désormais incontesté, de la cour de Pékin.

Cette grande œuvre — le « sauvetage », le ralliement et la domestication des Mongols Gengiskhanides — fut l'œuvre personnelle de K'ang-hi. Il s'y consacra tout entier, mettant son application à établir entre lui et les princes mongols des rapports de confiance et d'amitié durables. Aussi bien apportait-il aux choses mongoles le goût le plus vif. Avec les khans khalkha ou ordos, ce Fils du Ciel se retrouvait lui-même chef de horde. Il savait leur parler le langage qui leur convenait, faisant appel à l'honneur de la « bannière », à la fidélité militaire, sentiments si forts chez eux. À leur contact toute une hérédité nomade semblait se réveiller en lui. Il n'était jamais aussi heureux que lorsque, loin des pompes de la Cité interdite, il pouvait au milieu de ses vassaux mongols chasser le lièvre ou l'antilope. « Les lièvres des Ordos ont un fumet exquis, écrivait-il d'une de ses campagnes à son fils. Tout ce qu'on trouve ici me semble plus savoureux que ce qu'il y a de meilleur à Pékin. »

Quant aux Dzoungar, K'ang-hi, satisfait de les avoir chassés de la Mongolie propre, n'avait pas cherché à les relancer dans leur patrimoine du côté de Kobdo, du Tarbagataï et de l'Ili. Leur chef Galdan était décédé peu après sa défaite de 1696. Mais son neveu, Tséwang Rabdan, qui lui avait succédé (1697-1727), reprit bientôt ses projets ambitieux, orientés cette fois vers le Tibet. Le 2 décembre 1717 une armée dzoungar entra à Lhassa, massacra tous les lamas partisans de la Chine et s'installa en permanence dans la ville sainte. K'ang-hi envoya aussitôt au Tibet un premier corps expéditionnaire, qui fut repoussé (1718). Il prit son temps et à l'automne de 1720 une armée impériale plus considérable entra à Lhassa et chassa les Dzoungar. Un dalaï-lama du parti impérial fut intronisé et deux hauts commissaires chinois furent placés auprès de lui, avec mission de diriger la politique extérieure de l'Église lamaïque.

Au nord de la Mandchourie, K'ang-hi se heurtait à l'expansion russe. Maîtres de la Sibérie occidentale depuis la fin du XVIe siècle, les Russes, dans leur marche vers l'océan Pacifique, avaient atteint le fleuve Amour, sur les bords duquel en 1651 ils élevèrent le fort d'Albazin. La région, habitée par des Tongous, proches parents des Mandchous et soumis à la suzeraineté de la cour de Pékin, était riche en zibelines. Les Russes firent aussitôt la plus redoutable concurrence aux trappeurs indigènes et aux fourreurs chinois. La nomination d'un gouverneur russe à Albazin en 1682 acheva de porter ombrage au gouvernement de Pékin. K'ang-hi, à qui les jésuites avaient fondu une bonne artillerie, agit énergiquement. En juin 1685, 15 000 Sino-Mandchous avec cent cinquante pièces de campagne et cinquante pièces de siège vinrent attaquer le fort, qui capitula et fut incendié (22 juin 1685). Mais après le départ des Chinois les cosaques revinrent à Albazin et y réédifièrent une nouvelle forteresse qui fut aussitôt assiégée par les Chinois. Des négociations s'ouvrirent enfin à Nertchinsk, négociations pour lesquelles K'ang-hi adjoignit à la délégation chinoise deux pères jésuites, dont le Français Gerbillon. Ce fut grâce à Gerbillon que le 6 septembre 1689 put être conclu en russe, en chinois, en mandchou et en latin le traité de Nertchinsk, qui constitua une transaction. Les Russes abandonnèrent le territoire d'Albazin, dont le fort fut rasé, mais ils conservèrent Nertchinsk. Le confluent de la Chilka et de l'Argoun marqua la frontière entre les deux empires, tout le bassin de l'Amour proprement dit, y compris ses affluents septentrionaux, restant à la Chine. En somme les Russes étaient rejetés loin des rives du fleuve, au-delà des monts Stanovoï ; la Mandchourie, terre natale de la dynastie, se trouvait dégagée de la menace qui avait pesé sur elle. K'ang-hi témoigna sa reconnaissance au père Gerbillon, à qui, plus qu'à tout autre, il devait en effet ce succès diplomatique.

K'ang-hi, en prenant le pouvoir personnel, avait trouvé en vigueur l'édit du conseil de régence du 4 janvier 1665 qui proscrivait le christianisme. Mais les jésuites s'imposaient par leur valeur scientifique. Parmi les anciens compagnons du père Ricci se trouvait notamment un jésuite belge, le père Verbiest — Nan Houai-jen de son nom chinois (1623-1688) —, arrivé en Chine en 1659 et qui se distinguait par ses connaissances en mathématiques et en astronomie. En 1669 K'ang-hi, malgré l'avis des lettrés confucéens, lui donna raison sur le terrain scientifique et adopta sa réforme du calendrier. Verbiest fut rétabli dans la présidence du « tribunal des mathématiques ». Le christianisme ne pouvait manquer de bénéficier de la faveur personnelle dont jouissaient Verbiest et les autres jésuites. Sans doute K'ang-hi, tout en les honorant comme savants, tout en leur permettant, contrairement à l'édit de 1665, de pratiquer personnellement leur religion, maintint en 1669 et en 1671 l'interdiction du prosélytisme dans la population chinoise. Mais les vice-rois, constatant la faveur dont à la cour bénéficiaient les jésuites, firent partout preuve de la plus large tolérance à l'égard de la prédication chrétienne. Du reste, le crédit du père Verbiest augmenta encore lorsque, en 1674, au moment de la révolte de Wou San-kouei, il fondit plusieurs pièces de canon qui contribuèrent grandement au succès des armes impériales.

Le père Verbiest mourut en pleine faveur à Pékin le 29 janvier 1688, et le 7 février arriva à la capitale celui qui devait être son continuateur, le jésuite français Gerbillon. Présenté à la cour le 21 mars, Gerbillon plut à K'ang-hi, qui lui fit donner des leçons de mandchou pour pouvoir causer plus librement avec lui. Lorsqu'ils purent converser ensemble, l'empereur s'entretint fréquemment de questions scientifiques avec le missionnaire et fit rédiger par celui-ci en mandchou un exposé de la géométrie d'Euclide. Nous avons vu d'autre part les services que Gerbillon rendit à la Chine comme négociateur du traité de Nertchinsk. K'ang-hi reconnaissant promulgua les 17 et 19 mars 1692 deux édits de tolérance en faveur du christianisme. Le premier déclarait : « Les hommes de l'Occident [les missionnaires] ont mis en bon ordre le calcul du calendrier. Au moment de la guerre ils ont réparé les anciens canons et en ont fabriqué de nouveaux. Ils se sont dépensés pour le bien de l'empire et se sont donné beaucoup de peine. D'ailleurs, la religion catholique ne contenant rien de mauvais ni de déréglé, ses adhérents doivent, comme de coutume, continuer à la pratiquer en liberté. Nous ordonnons de rapporter les précédents mémoires et délibérations [contre ladite religion]. »

La Chine s'ouvrait au christianisme. La malheureuse « question des rites », pour laquelle l'Occident se passionna en toute ignorance de cause, vint ruiner les résultats obtenus. Les jésuites avaient admis qu'en principe la notion confucéenne du *T'ien* (Ciel, dieu du ciel) peut correspondre à la conception chrétienne de Dieu et que, de plus, les cérémonies pratiquées en l'honneur de Confucius d'une part, le culte des ancêtres d'autre part, peuvent être considérés comme de simples rites civiques, un simple hommage aux vertus du Sage ou un simple acte de piété filiale. Sans rien sacrifier du dogme chrétien, sans admettre aucun acte de paganisme, ils évitaient ainsi de heurter de front les lettrés confucéens, c'est-à-dire tout le mandarinat. Ainsi en avait jugé le pape Alexandre VII, ainsi devaient en juger de nos jours Leurs Saintetés Pie XI et Pie XII. La campagne contre les rites n'en fut pas moins poursuivie par des chrétiens fort zélés sans doute, mais certainement moins bons sinologues que les jésuites, et donc moins capables qu'eux d'apprécier la portée métaphysique et théologique des concepts chinois. En 1715 les rites furent condamnés. K'ang-hi, qui était fort cultivé, s'était intéressé personnellement à la question. Il avait pris la peine de spécifier lui-même qu'il n'y avait aucune arrière-pensée d'idolâtrie dans les hommages rendus aux « tablettes » de Confucius ou des Ancêtres : « On n'espérait et n'attendait rien, écrivait-il, de Confucius ou des Ancêtres. Personne ne croyait à leur présence dans les tablettes. Ce qu'on lisait dans les rituels et qui pouvait le donner à entendre était une figure du nombre de celles qui sont en usage dans la langue chinoise. » Blessé de ce qu'on eût passé outre à ses explications, il répondit par l'édit du 17 mai 1717 qui interdisait la prédication du christianisme.

La campagne des jansénistes contre les jésuites avait porté ses fruits. La Chine, qui s'ouvrait à la foi chrétienne, se referma.

L'empereur K'ang-hi, qui avait pris froid en chassant dans le parc de Hai-tseu, mourut à l'âge de soixante-neuf ans, le 20 décembre 1722. Il laissait le trône à son quatrième fils, qui fut l'empereur Yong-tcheng (1723-1735)[1].

Yong-tcheng, qui avait quarante-six ans à son avènement, emprisonna ou fit disparaître la plupart de ses frères. Malgré ces débuts fâcheux, ce fut un prince appliqué, travailleur, soucieux du bien public, mais dont la figure pâlit à côté de celle de son père. Tandis que ce dernier avait fait preuve d'une indépendance d'esprit qu'il devait sans doute au sang mandchou, Yong-tcheng, déjà plus circonvenu par le mandarinat, montra souvent beaucoup d'étroitesse de jugement, notamment à l'égard du christianisme. En 1724 il ordonna l'expulsion de tous les missionnaires, exception faite de ceux qui étaient tolérés à la cour même en raison de leurs connaissances scientifiques.

Au-dehors il reprit la lutte contre les Dzoungar. En 1731 il envoya chez eux une armée qui occupa Kobdo mais qui fut deux mois après surprise et détruite. En 1734 une autre expédition chinoise poussa encore jusqu'au pays de Kobdo. Cependant, l'année suivante, Yong-tcheng mit fin aux hostilités.

Yong-tcheng mourut le 7 octobre 1735, laissant le trône à son quatrième fils, âgé de vingt-quatre ans, que nous désignons par le « nom des années de règne » K'ien-long.

---

1. Ainsi désigné par le nom de ses années de règne.

Le règne de K'ien-long fut aussi long que celui de son aïeul K'ang-hi (1735-1796). Ce fut aussi le dernier grand règne de la dynastie. Nous allons voir qu'il acheva l'œuvre de K'ang-hi en Mongolie et au Tibet. Néanmoins ces conquêtes ne furent pas conduites par le souverain en personne. À la différence de K'ang-hi, ce ne fut pas un soldat, mais seulement un diplomate et un administrateur.

Nous venons de voir que Yong-tcheng avait échoué dans sa tentative pour annexer la Dzoungarie. K'ien-long fut mieux servi par les circonstances. Les Dzoungar étaient en proie à la guerre civile. En 1754 un des prétendants dzoungar, Amoursana, se réfugia en Chine. K'ien-long le reçut à Jehol et le donna comme guide à une armée impériale qui alla occuper la Dzoungarie. Mais alors Amoursana se brouilla avec ses protecteurs et, appelant les Dzoungar aux armes, se jeta sur le corps d'occupation, qui subit des pertes terribles. Un énergique maréchal mandchou, Tchao Houei, rétablit la situation, écrasa les révoltés sur l'Imil, au Tarbagataï, et occupa Kouldja, qui était un autre centre de la résistance ennemie (1757). Amoursana s'enfuit en Sibérie, où il disparut.

Ce fut la fin de la nationalité dzoungar. La Dzoungarie au sens large du mot, c'est-à-dire l'arrondissement de Kobdo, le Tarbagataï et la province de Kouldja sur l'Ili, fut directement annexée à l'Empire chinois. Le peuple dzoungar fut exterminé en bloc (600 000 hommes égorgés). K'ien-long repeupla le pays avec des immigrants de partout, notamment des Tarantchis, ou musulmans de la Kachgarie, et des Dounganes, ou musulmans du Kan-sou. En 1771 il établit au sud et à l'est de Kouldja les Torghout, Mongols occidentaux frères des Dzoungar et qui revenaient au pays natal après une longue nomadisation du côté d'Astrakhan, en Russie.

Nous avons vu que vers 1680 les Dzoungar avaient imposé leur suzeraineté à la Kachgarie en y installant comme vassale la théocratie musulmane des Khodja. La Dzoungarie une fois soumise, le maréchal mandchou Tchao Houei envahit la Kachgarie (1758) et, après deux sièges opiniâtres, s'empara de Kachgar et de Yarkand (1759). La Kachgarie fut purement et simplement annexée sous le nom de « Nouvelle Marche » : Sin-kiang.

La conquête de la Kachgarie par les généraux de K'ien-long marquait la réalisation du programme dix-huit fois séculaire suivi par toutes les grandes dynasties chinoises depuis les Han jusqu'aux T'ang.

Au Tibet également K'ien-long acheva l'œuvre de son aïeul. En dépit de l'établissement de deux hauts commissaires impériaux à Lhassa, auprès du dalaï-lama, il y avait toujours eu dans la ville sainte un parti dzoungar et antichinois. En 1750 ce parti fomenta une émeute qui massacra les deux commissaires avec tous les résidents chinois. K'ien-long envoya à Lhassa une armée qui n'eut aucune peine à rétablir l'ordre (1751). Il en profita pour rattacher plus étroitement le Tibet à l'empire. Les deux hauts commissaires chinois *(amban)* reçurent tout le pouvoir politique et eurent désormais voix prépondérante dans la désignation de tout nouveau dalaï-lama. L'Église lamaïque entra ainsi dans les cadres de l'administration chinoise. K'ien-long dédommagea du reste le dalaï-lama de la perte de son indépendance en augmentant ses honneurs et dignités : il le confirma solennellement dans le titre de roi temporel du Tibet. Mais par surcroît de précautions, il eut soin d'accroître d'autant les attributions de l'autre pontife tibétain, celui du monastère de Tachilounpo, qu'il fit roi de Chigatsé. En 1779 ce prélat rendit visite à K'ien-long, qui le reçut en grand pompe à Jehol et à Pékin. Jusqu'en 1912 le Tibet restera étroitement rattaché à l'Empire mandchou.

Le rôle de protecteur de l'Église tibétaine assumé par K'ien-long l'amena à intervenir au Népal. Les Gourkha du Népal avaient en 1791 fait une incursion de pillage au Tibet. K'ien-long envoya aussitôt un corps expéditionnaire qui traversa les hauts plateaux, franchit l'Himalaya, descendit au Népal, écrasa les Gourkha et les obligea à se reconnaître tributaires de la Chine (septembre 1792).

Dans le sud de la Chine les montagnes encore boisées et les causses du Kouei-tcheou avaient servi de refuge aux Miao-tseu, « aborigènes » qui avaient jusque-là maintenu leur autonomie, les colons chinois se contentant de défricher les vallées. En 1775 K'ien-long entreprit de soumettre ces énergiques montagnards. On força l'une après l'autre leurs retraites fortifiées au milieu des rochers et des précipices. La population fut décimée. Ses chefs, conduits à Pékin, périrent dans les supplices et leurs têtes coupées furent exposées dans des cages.

La soumission des Miao-tseu marque une date. Avec elle s'achevait la conquête de la Chine par les Chinois, œuvre immense entreprise par les dynasties légendaires à l'époque d'Our et de Babylone, et qui se terminait à la veille de la Révolution française. En même temps la soumission de la Mongolie, de la Dzoungarie, de la Kachgarie et du Tibet par K'ang-hi et K'ien-long réalisait le programme de l'expansion chinoise en haute Asie, programme suivi, nous l'avons vu, depuis l'ère chrétienne. À la fin du règne de K'ien-long, en 1796, l'Empire chinois englobait de nouveau, comme à l'apogée des Han et des T'ang, l'espèce de continent clos compris entre la Sibérie, l'Altaï, le T'ien-chan, le Pamir et l'Himalaya.

La dynastie mandchoue fit également beaucoup pour le peuple chinois au point de vue économique et social, dans la question agraire. Sous les Ming s'était développé dans des proportions dangereuses un type de propriété privilégiée ou de bénéfice exempt d'impôts et de corvées. Les *latifundia* ainsi créés au profit de princes, de courtisans ou de fonctionnaires étaient cultivés par des fermiers et ouvriers agricoles que le Code des Ming livre sans défense au propriétaire : « Le Code des Ming, note Henri Maspero, donne au maître le droit de châtier ses esclaves et ses serviteurs à gages coupables de désobéissance et n'inquiète pas le maître, même si le châtiment a causé la mort. » En même temps s'était constituée au profit de la maison impériale une masse énorme de terres naturellement exemptes, elles aussi, d'impôts d'État et dont les protestations des mandarins honnêtes ne parvinrent pas à arrêter l'extension. La population agricole chargée d'exploiter ces terres était à la merci de toutes les exactions des pouvoirs publics. La dynastie mandchoue, par une décision dont il faut lui tenir compte, rendit à l'État, en les faisant rentrer dans le régime commun, une partie des terres de la maison impériale. Quant aux propriétés privilégiées des familles riches, elles furent confisquées et en partie distribuées par parcelles aux paysans, qui en devinrent propriétaires.

La dynastie mandchoue ne s'en tint pas là. Selon la constatation de Henri Maspero, elle encouragea constamment le développement de la petite propriété et exerça une surveillance sévère pour empêcher le retour au régime des *latifundia*. Les propriétaires perdirent le droit de coercition qui avait facilité l'exploitation des grands domaines par la main-d'œuvre servile ou salariée. On appliqua strictement la législation qui punissait de cent coups de bâton et de trois ans de déportation le maître qui avait fait périr sous les mauvais traitements un de ses esclaves ou un de ses ouvriers. Mieux encore : les fermiers dont la famille cultivait la même terre depuis des générations finirent par être considérés comme possédant un droit légal sur la surface du sol, le propriétaire conservant son droit sur le fond. Le fermier put ainsi acheter et vendre des « surfaces ».

Le résultat de ces mesures et de l'esprit dans lequel elles étaient appliquées fut le morcellement général de la propriété en Chine. « À l'heure actuelle, indiquait Henri Maspero, les propriétés de moins de trois hectares détiennent plus de la moitié du sol et forment 83 % des cotes foncières. La moitié de la population paysanne vit du produit de ses propriétés. Un quart doit joindre à ce qu'il possède l'affermage de terres complémentaires. Le dernier quart, dénué de terres, gagne sa vie comme ouvriers agricoles salariés. » Dans l'ensemble, amélioration considérable dans le sort de la classe rurale par rapport au régime ming. D'où accroissement massif de la population. Si nous nous fions aux statisticiens chinois, celle-ci serait passée de 60 692 000 habitants en 1578 (fin des Ming) à 104 700 000 en 1661, puis à 182 076 000 en 1766 et enfin à 329 560 000 en 1872.

En politique religieuse l'empereur K'ien-long continua comme son père à employer personnellement les missionnaires catholiques signalés par leurs talents. Ce fut ainsi que le frère Castiglione, de son nom chinois Lang Che-ning, arrivé à Pékin en 1715 et qui devait y rester jusqu'à sa mort en 1764, fut un des peintres préférés du souverain chinois. À la demande de ce dernier, Castiglione fit le portrait de dames de la cour. Il peignit aussi l'empereur recevant en tribut un lot de chevaux kirghiz, rouleau actuellement au musée Guimet. Ce fut également Castiglione que l'empereur chargea avec deux autres jésuites (Attiret et Sickelpart) et avec l'augustin Jean Damascène de dessiner vers 1760-1765 les scènes de la conquête de la Dzoungarie. Ces dessins furent ensuite envoyés en France pour y être gravés sous la direction de Bertin, secrétaire de l'Académie des beaux-arts (1765-1774). Un bon tirage en existe au musée Guimet.

Mais ces sympathies personnelles pour tel peintre ou tel mathématicien de la compagnie de Jésus n'avaient pas empêché K'ien-long d'interdire à nouveau à ses sujets d'embrasser le christianisme (édit du 24 avril 1736). Toutefois les jésuites ne se trompaient pas sur ses sentiments réels. Avec beaucoup d'objectivité le père de Ventavon écrivait en 1769 : « C'est un grand prince. Il voit tout et fait tout par lui-même. Plus il avance en âge, plus il devient favorable aux Européens. Lui et les grands conviennent que notre religion est bonne. S'ils s'opposent à ce qu'on la prêche publiquement et s'ils ne souffrent pas les missionnaires dans les terres, ce n'est que pour des raisons de politique et dans la crainte que sous le prétexte de la religion nous ne cachions quelque autre dessein. Ils savent en gros les conquêtes que les Européens ont faites dans les Indes. Ils craignent pour la Chine quelque chose de pareil. » Du reste, l'Europe elle-même semblait prendre à cœur d'arrêter les progrès des missions catholiques. En 1764 le gouvernement de Louis XV avait chassé de France les pères jésuites. Sous une pression inouïe des cours de Versailles et de Madrid, le Saint-Siège, à son corps défendant, finit par céder temporairement. La société de Jésus dut disparaître d'Europe et de Chine (1773). Les beaux esprits qui à Paris applaudirent à cette mesure ne se doutèrent point qu'en tout cas la France, en reniant les meilleurs de ses pionniers spirituels, était en train de subir un recul presque égal à la perte des « quelques arpents de neige » du Canada.

L'époque de K'ang-hi, de Yong-tcheng et de K'ien-long

marqua une renaissance artistique, notamment dans le domaine de l'architecture et de la céramique.

Nous avons vu que l'empereur ming Yong-lo avait entre 1409 et 1424 créé dans ses grandes lignes, au centre du Pékin moderne, l'ensemble connu sous le nom de Cité rouge (ou mieux : violet-pourpre) interdite. Cet ensemble incomparable avait été incendié lors de la chute des Ming en 1644. Les trois grands empereurs mandchous le restaurèrent et le complétèrent. Ils entrèrent si bien dans la pensée des architectes ming qu'ils peuvent à bon droit passer pour les seconds fondateurs de la Cité interdite. Du reste, ce n'est qu'à travers leurs restaurations que nous pouvons juger l'œuvre de Yong-lo.

On l'a souvent fait remarquer : les constructions de la Cité interdite n'obéissent pas seulement à des règles esthétiques, mais aussi à des considérations astronomiques et géomantiques où se résume toute l'ancienne religion chinoise. Cet ensemble de portiques, d'escaliers, de terrasses, de palais et de salles du trône orientés face au sud, mais suivant un axe de progression sud-nord, est disposé « en harmonie avec l'ordre cosmique », en harmonie aussi avec l'ordre humain puisque tout y converge vers le trône impérial, centre du monde. Après la Porte méridionale *(Wou-men)* où l'empereur venait recevoir ses armées victorieuses, après la Rivière d'or serpentant entre ses ponts de marbre, après la Porte de la suprême concorde *(T'ai-ho-men)*, s'ouvre la cour d'honneur entourée de terrasses de marbre supportant chacune quelque palais. Le principal, au milieu, avec son toit doré, la Salle du trône de la suprême concorde *(T'ai-ho-tien)*, destinée à certaines assemblées solennelles comme celles du nouvel an, était vraiment « le centre de la vie cérémonielle de l'empire », le centre de la religion impériale. Derrière et dans le même groupe, le *Tchong-ho-tien* et le *Pao-ho-tien*, salles du trône non moins augustes, la première où avant le labourage du printemps l'empereur examinait les instruments aratoires, la seconde où il recevait les princes vassaux. Plus loin encore, mais toujours dans le même axe, le Palais de la pureté céleste *(K'ien-ts'ing-kong)*, salle des audiences impériales où il décidait des affaires de l'État. En sortant de l'enceinte des palais de la Cité interdite, mais encore dans le même axe sud-nord, la Montagne de charbon *(Mei-chan)* dressant ses cinq tertres surmontés d'autant de pavillons.

En bordure et à gauche de la Cité interdite, les trois lacs, nappe d'eau longitudinale divisée en trois par des étranglements ; le Pont de marbre jeté entre le lac du Nord et le lac du Milieu donne, à gauche, sur le *Pai-t'a*, colline artificielle surmontée d'un dagoba blanc élevé par l'empereur Chouentche. De là, avant de retrouver la Montagne de charbon, on arrive au *Ta-kao-tien*, temple recouvert de tuiles jaunes vernissées, élevé par l'empereur ming Kia-tsing (1522-1566), embelli sous Yong-tcheng et K'ien-long et où les empereurs allaient prier pour obtenir la pluie en temps de sécheresse.

Dans le quartier sud de Pékin, tout près de la muraille extérieure, dans un vaste parc planté d'acacias, de pins et de cyprès, l'empereur ming Yong-lo avait construit en 1420 l'autel du Ciel *(T'ien-t'an)*, qui fut restauré par K'ien-long et qui en réalité ne renferme pas moins de cinq autels ou palais. C'était là qu'en trois occasions solennelles l'empereur se rendait en tant que grand pontife de la religion trente fois centenaire : au solstice d'hiver il venait rendre compte au Ciel de sa mission sur la colline ronde *(Yuan-k'ieou)*, autel circulaire fait d'une triple plateforme ronde et pyramidale en marbre ; à la première lune il revenait se faire investir par le Ciel de la mission de gouverner pendant l'année ; vers la fin du printemps, il venait solliciter du Ciel la pluie fécondante et une bonne récolte. Puis, après deux portiques de marbre blanc, le temple du Ciel proprement dit *(Houang-kiong-yu)*, de forme ronde, avec une toiture circulaire soutenue par huit colonnes. À gauche du temple du Ciel, le temple de l'Agriculture *(Sien-nong-t'an)*, construit par les Ming, restauré par l'empereur K'ien-long.

K'ang-hi, Yong-tcheng et K'ien-long ne se contentèrent pas de restaurer et de compléter les édifices élevés par les Ming. Ils construisirent dans la grande banlieue nord-ouest de Pékin « une sorte de Versailles chinois », le palais d'Été, composé en réalité de deux groupes : le jardin du Printemps prolongé *(Tch'ang-tch'ouen-yuan)* qu'habita K'ang-hi, et le jardin de la Clarté ronde *(Yuan-ming-yuan)* qu'habita Yong-tcheng. K'ien-long réunit les différents palais et y fit travailler deux missionnaires recherchés pour leur talent de peintres, Castiglione et Attiret. Nous devons au père Attiret une agréable description de cet ensemble : « On a, écrit-il le 1ᵉʳ septembre 1743, élevé des mamelons de vingt à soixante pieds, ce qui forme une infinité de petits vallons. Des canaux d'une eau claire, provenant des hautes montagnes qui dominent la région, arrosent le fond de ces vallons et, après s'être divisés, vont se joindre en plusieurs endroits pour former des bassins, des étangs et des " mers ". Les montagnes, les collines, leurs pentes sont couvertes d'arbres à fleurs si communs en Chine. Les canaux n'ont aucun alignement. Les pierres rustiques qui les bordent sont posées avec tant d'art qu'on dirait que c'est l'œuvre de la nature. Tantôt le canal s'élargit, tantôt il est resserré, ici il serpente. Les bords sont semés de fleurs qui sortent des rocailles et chaque saison a les siennes. »

Cette description du célèbre jésuite est une des meilleures études que nous ayons sur l'art des jardins tel qu'il était pratiqué en Chine au milieu du XVIIIᵉ siècle, art qui suit visiblement le canon de la peinture ming et mandchoue. « Arrivé dans le vallon, poursuit Attiret, on aperçoit les bâtiments. Toute la façade est en colonnes et en fenêtres ; la charpente dorée, peinte et vernissée ; les murailles de briques grises, bien taillées, bien polies. Les toits sont couverts de tuiles vernissées, rouges, jaunes, bleues, violettes, qui, par leur mélange et leur arrangement, font une agréable variété de compartiments et de dessins. Chaque vallon a sa maison de plaisance, petite eu égard à l'étendue de tout l'enclos, mais assez considérable pour loger le plus grand de nos seigneurs avec sa suite. Plusieurs de ces maisons sont bâties en bois de cèdre qu'on amène de cinq cents lieues, et dans cette vaste enceinte on compte plus de deux cents de ces palais, sans parler des pavillons pour les eunuques.

« Les canaux sont coupés par des ponts de formes très variées. Les balustrades de quelques-uns de ces ponts sont en marbre blanc, travaillées avec art et sculptées en bas-reliefs. Au milieu du grand lac s'élève sur un rocher un petit palais au point central que l'architecte a choisi pour que l'œil découvre toutes les beautés de ce parc. On parcourt les plus grandes pièces d'eau sur de magnifiques bateaux. »

On voit la forme que revêt le sens de l'art aux époques k'ang-hi, yong-tcheng et k'ien-long. Si la peinture et la sculpture sont en décadence, l'architecture et surtout l'art de l'architecte urbaniste et de l'architecte paysagiste se sont surpassés. Enfin la céramique chinoise nous donne ses derniers chefs-d'œuvre.

Pendant l'époque k'ang-hi (1662-1722), la manufacture impériale de King-tö-tchen, au Kiang-si, fut reconstruite (1680) et l'art de la porcelaine atteignit son apogée avec des monochromes éclatants comme le « sang de bœuf », la « peau de pêche », le « bleu saphir », et surtout avec les pièces à décor peint comme celles de la « famille verte », où le vert forme la base d'une agréable polychromie, comme les « bleus poudrés », d'une grande douceur, comme la « famille noire », si recherchée. À l'époque yong-tcheng (1723-1735), les pièces à décor peint sont représentées par la « famille rose », d'une remarquable délicatesse. Enfin l'époque k'ien-long (1736-1796) ajoutera à la famille rose le beau décor dit « aux mille fleurs ». Mais aussitôt après viendra la décadence : les céramistes chinois travailleront pour l'exportation, en vue de la commande européenne, qui veut de la « chinoiserie » et qui sera servie en conséquence.

La décomposition de la vieille Chine est commencée. Elle se poursuivra pendant tout le XIXe siècle.

CHAPITRE XXXI

L'irruption de l'Occident

C'est le rythme même de l'histoire chinoise que les lignées impériales, après deux ou trois générations d'hommes de valeur, tombent dans l'abâtardissement. Le vieil empire, que les fondateurs de dynasties avaient périodiquement refait, se dissocie à nouveau. La famille mandchoue montée sur le trône en 1644, et qui devait le conserver jusqu'en 1912, n'échappa point à cette loi. À partir de son cinquième souverain, Kia-k'ing (1796-1820), la dégénérescence était évidente et ne devait faire que s'accentuer. Le malheur voulut que cette période d'épuisement dynastique correspondît à l'époque où le reste du monde, sous l'influence de l'esprit scientifique et du machinisme, se renouvelait. Les conséquences furent rapides. Vers 1650-1700 la Chine s'était encore maintenue à peu près au niveau de l'Europe, comme l'avaient prouvé l'expulsion des Hollandais de Formose et le recul des Russes à Albazin. Vers 1820-1850, elle se trouva tout à coup en retard de plusieurs siècles.

Il n'avait pas tenu aux premiers empereurs mandchous, notamment à K'ang-hi, qu'il en fût autrement. Avec quel intérêt ils s'étaient fait initier par les jésuites aux progrès des sciences européennes, sciences pures et sciences appliquées, astronomie et artillerie ! L'empereur Kia-k'ing abandonna ces traditions. En 1805 il promulgua un édit général de persécution contre les chrétiens. Inintelligent, cruel et ivrogne, indolent, livré aux eunuques, adonné à la pédérastie, il ne tarda pas à susciter contre lui l'opposition des sociétés secrètes, en l'occurrence la secte de la Raison Céleste, issue de l'ancienne secte du Lotus Blanc. Dans le secret des loges les affiliés préparaient le renversement de la dynastie mandchoue. Le 13 juillet 1813 ils assaillirent à Pékin le palais impérial et faillirent capturer ou assassiner l'empereur, qui ne fut sauvé que par son fils, le futur Tao-kouang.

L'empereur Tao-kouang (1821-1850) ne put arrêter la décadence générale. Les puissances occidentales s'efforçaient d'obtenir la signature de traités de commerce et l'ouverture officielle d'un certain nombre de ports. En réalité le trafic était depuis longtemps assez actif, notamment entre l'Inde britannique et la région cantonaise. Malheureusement, le principal article en était l'importation de l'opium.

Il est humiliant pour la civilisation occidentale de s'être manifestée à l'Extrême-Orient sous cet aspect. En effet il s'agit bien ici d'un vice d'importation. L'emploi de l'opium est relativement récent en Chine. Jusqu'au XVIIIe siècle il n'était utilisé qu'au titre médical. Ce furent les Anglais qui, ayant à cette époque pratiqué la culture du pavot aux Indes, cherchèrent des débouchés pour la drogue. Ils commencèrent à l'exporter vers les côtes chinoises, en particulier vers la région cantonaise, où l'usage s'en répandit avec la rapidité d'une épidémie. Dans le premier quart du XIXe siècle d'innombrables fumeries fonctionnaient déjà. Devant les ravages causés, les plus honnêtes des mandarins protestèrent. Un placet présenté en 1838 à l'empereur Tao-kouang disait : « Depuis que l'empire existe, il n'a jamais couru un tel danger. Ce poison débilite notre peuple, dessèche nos os ; ce ver ronge notre cœur, ruine nos familles. Que la contrebande de l'opium soit inscrite parmi les crimes punis de mort ! » Le 28 mars 1839 les autorités de Canton obligèrent le représentant britannique Elliot à livrer 20 291 caisses d'opium, qui furent jetées à la mer. Elliot demanda le versement d'une indemnité. Elle fut refusée et le vice-roi de Canton suspendit tout commerce avec les Anglais. Ce fut la guerre.

L'escadre britannique commença les hostilités sur la rivière de Canton (juin 1840). De là les opérations s'étendirent aux ports du Tchö-kiang. Les Anglais occupèrent

Ning-po et Chang-haï (9 mars et 18 juin 1842). Quand ils eurent remonté le Yang-tseu jusqu'à Nankin, le gouvernement de Pékin céda. Le 29 août 1842 il signa le traité de Nankin, qui ouvrait au commerce les ports de Canton, Amoy, Fou-tcheou, Ning-po et Chang-haï et cédait à l'Angleterre l'îlot de Hong-kong, qui commande l'entrée de la rivière de Canton. Les traités signés à Whampoa par les plénipotentiaires américains (3 juillet 1844) et français (24 octobre 1844) accrurent encore les possibilités du commerce étranger. Le plénipotentiaire français, M. de Lagrené, obtint peu après la promulgation d'un édit de tolérance en faveur du christianisme (20 février 1846).

En réalité le gouvernement impérial cherchait à gagner du temps. À la différence des grands empereurs du temps passé, il ne mesurait nullement l'importance de la civilisation occidentale. Un des plénipotentiaires chinois qui avaient signé les traités, K'i Ying, écrivait à la cour : « Les Barbares anglais ayant été amadoués, les Barbares français et américains sont aussi venus cette année. Je les ai également traités de manière à les mettre en belle humeur. Nés et élevés dans des pays étrangers, ces Barbares sont incapables de comprendre les choses de l'empire du Milieu. Je leur ai fait l'honneur de leur donner des repas et j'ai été ensuite invité par eux dans leur résidence. Tous se sont disputés à qui m'offrirait à manger et à boire. Ces Barbares ont une grande affection pour leurs femmes. C'est au point que le Barbare américain Parker et le Barbare français Lagrené ont amené les leurs. Quand j'allai chez eux pour traiter d'affaires, soudain ces femmes parurent pour me saluer. Je fus très mal à l'aise, tandis qu'elles étaient charmées. On voit par là qu'il est impossible d'exiger quoi que ce soit de ces Barbares en fait de cérémonial et qu'il est inutile d'éclairer leur stupidité. »

À l'empereur Tao-kouang, décédé le 25 février 1850, succéda son fils Hien-fong, un incapable (1851-1861). Non seulement, en dépit des traités, le commerce fut sournoisement entravé, mais des missionnaires furent martyrisés. Napoléon III et le gouvernement britannique envoyèrent dans le golfe du Petchili en 1858 un corps expéditionnaire qui le

30 mai occupa T'ien-tsin. Le gouvernement chinois s'inclina, signa tout ce qu'on voulut (traités de T'ien-tsin des 26-27 juin 1858) et les Alliés se retirèrent, satisfaits, pendant qu'un édit impérial donnait l'interprétation officielle de leur retraite : « Les Barbares ayant osé venir sur leurs vaisseaux jusqu'à T'ien-tsin, nos plénipotentiaires leur ont fait une réprimande affectueusement sévère qui les a décidés à s'en aller. » De fait, quand les Alliés s'aperçurent qu'ils étaient joués et voulurent réoccuper T'ien-tsin, leur attaque échoua devant les forts de Ta-kou (26 juin 1859) et leur escadre dut se retirer. Il fallut préparer une expédition plus importante. Le 1er août 1860 débarqua dans le golfe du Petchili un corps franco-anglais de 16 000 hommes qui dans les journées du 21 et du 22 prit d'assaut les forts de Ta-kou et le 24 occupa T'ien-tsin. La cavalerie mandchoue essaya d'arrêter les Alliés près du pont de Pa-li-k'iao, sur le Canal Impérial, à l'est de Pékin. Elle y fut écrasée malgré sa réelle bravoure, le 21 septembre 1860, par l'artillerie franco-anglaise, victoire qui devait valoir au général français Cousin-Montauban le titre de comte de Palikao. Le 13 octobre les Alliés firent leur entrée dans Pékin. En représailles des cruautés infligées à ceux de leurs parlementaires qui étaient tombés entre les mains des Chinois et que ceux-ci avaient torturés, lord Elgin fit le 18 octobre incendier le palais d'Été, où les scènes de torture avaient eu lieu.

L'empereur Hien-fong, qui s'était retiré à Kalgan, chargea son oncle le prince Kong (sixième fils de l'empereur Tao-kouang) de négocier avec les Alliés. Kong était le personnage le plus intelligent de la famille impériale et il allait si bien réussir dans sa mission que nous le verrons jusqu'à sa mort, en 1898, chargé de toutes les affaires un peu délicates avec les Européens. Il signa avec lord Elgin pour l'Angleterre et avec le baron Gros pour la France, les 24 et 25 octobre 1860, un traité qui accordait aux deux puissances et à leurs ressortissants toutes les indemnités exigées. De plus, le territoire britannique de Hong-kong fut agrandi. La Russie avait profité de ces événements pour se faire céder par la Chine en juin-juillet 1858 tous les territoires tongous sur la rive septentrionale du fleuve Amour (province de l'Amour) et le 14 novembre 1860 les territoires entre l'Oussouri, la mer du Japon et la Corée qui formèrent ensuite la Province maritime russe (Khabarovsk et Vladivostok).

D'autre part les traités de 1858 avaient réorganisé le système des douanes maritimes chinoises sous la direction d'un Européen. De 1863 à 1908 le poste de directeur des douanes fut occupé par l'Anglais Robert Hart, qui réussit à maintenir le fonctionnement de ce service au milieu des pires événements intérieurs ou internationaux.

La dynastie mandchoue n'avait accepté que contrainte et forcée de collaborer avec les Européens. Ce furent cependant ces mêmes Européens qui la sauvèrent d'une révolte indigène sous laquelle elle eût immanquablement succombé.

Depuis le commencement du XIXe siècle une agitation persistante se propageait dans la population chinoise pour chasser les Mandchous. Cette agitation avait pour foyer les sociétés secrètes à base d'ésotérisme et de magie. Ce fut dans ces mêmes milieux qu'apparut la secte des T'ai-p'ing, ou de la Grande Pureté. Thaumaturges et annonciateurs d'un nouveau *millenium*, les chefs t'ai-p'ing admettaient hommes et femmes, « frères » et « sœurs », comme ils se dénommaient, sans distinction de classe sociale. Comme tous les illuminés analogues que nous avons rencontrés au cours des siècles, des Sourcils Rouges aux Turbans Jaunes, ils enrôlaient les jacques affamés, les bandits et les pirates sans emploi. Le prophète de la secte, Hong Sieou-ts'iuan (1812-1864), un Cantonais de race hakka, avait fréquenté les missionnaires protestants, lu la Bible et l'Évangile. Il se déclarait le fils cadet de Dieu et le frère du Christ et prenait le titre de Roi Céleste.

La révolte des T'ai-p'ing avait éclaté dans le Sud, au Kouang-si, dès 1850. Le 19 mars 1853 ils prirent Nankin, où le Roi Céleste établit sa capitale. De là ils marchèrent sur Pékin et le 30 octobre 1853 atteignirent T'ien-tsin. C'est ainsi qu'en 1368 avaient procédé les Ming pour chasser les Mongols. L'aventure du premier Ming semblait à la veille de se renouveler : le Roi Céleste allait chasser les Mandchous décrépits et fonder une nouvelle dynastie impériale. Malheureusement pour eux, les T'ai-p'ing, faute de cavalerie, ne purent profiter de leur avantage pour foncer de T'ien-tsin sur Pékin, où le gouvernement mandchou eut le temps de concentrer des troupes. Leur coup manqué, les T'ai-p'ing se retirèrent sur la rive méridionale du Yang-tseu. Tout allait dépendre de l'attitude des résidents occidentaux. L'intérêt de ceux-ci fut un moment éveillé par ce qu'il y avait dans les doctrines t'ai-p'ing d'emprunts, au moins verbaux, au christianisme. Mais les actes de pillage commis par les T'ai-p'ing au détriment du commerce européen ou américain amenèrent les Occidentaux à en décider autrement. Comme les T'ai-p'ing se préparaient à attaquer le port de commerce de Chang-hai, principal entrepôt du trafic international, les résidents occidentaux constituèrent pour défendre leurs intérêts une petite armée sous les ordres des aventuriers américains Ward et Burgevine, l'Armée toujours victorieuse, qui collabora avec les autorités mandchoues contre les rebelles.

Sur ces entrefaites mourut à Jehol, le 22 août 1861, l'empereur Hien-fong, âgé de trente ans seulement, mais « pourri de débauches, déjà décrépit et perclus ». Il laissait le trône à son fils unique, qui n'avait que quatre ou cinq ans et qui devait être connu par le nom des « années de règne » T'ong-tche (1862-1875). La mère de l'enfant était une concubine mandchoue, la fameuse Ts'eu-hi, alors âgée de vingt-sept ans. Le grand-oncle du nouvel empereur, le prince Kong, dont nous avons vu le rôle dans les négociations avec les Européens, s'empara de la régence. Il avait secrètement lié partie avec la jeune femme qui, s'il avait des qualités de diplomate, possédait, elle, une indomptable énergie. De fait, c'est Ts'eu-hi qui de 1862 à 1908 allait, soit au grand jour, soit par personnes interposées, contrôler ou diriger continûment la politique chinoise.

Pour le moment et malgré sa xénophobie de Mandchoue réactionnaire, elle ne pouvait que se rallier à la politique du prince Kong, qui, pour en finir avec les T'ai-p'ing, sollicitait le concours des aventuriers anglo-américains de l'Armée toujours victorieuse. Le chef des T'ai-p'ing, le Roi Céleste, qui était devenu à moitié fou, faisait maintenant tirer sur les navires étrangers, achevant ainsi de sceller contre lui l'accord des Européens et des Mandchous. En même temps venait de se révéler un jeune fonctionnaire chinois qui devait désormais jouer un rôle considérable dans les affaires : Li Hong-tchang (1822-1901) faisait ses débuts dans la carrière politique. Intelligent et énergique, il avait compris l'importance du facteur européen. En liaison avec l'Armée toujours victorieuse, il leva lui-même une troupe pour la reconquête du bas Yang-tseu sur les rebelles. L'Anglais Gordon, le nouveau chef de l'Armée toujours victorieuse, et Li Hongtchang enlevèrent une à une les places des rebelles. Le Roi Céleste se suicida en avalant de l'or et le 19 juillet 1864 Nankin fut repris par les impériaux. Cent mille hommes furent passés au fil de l'épée. Le cadavre du Roi Céleste fut exhumé, coupé en morceaux et brûlé. Depuis quinze ans que durait la révolte, six cents villes avaient été détruites. Dans la seule province dont Nankin est le chef-lieu on estime à vingt millions le nombre des victimes humaines. La province de Kiang-si fut dépeuplée au point d'avoir dû être colonisée depuis par des immigrants du Hou-pei. Ce mouvement qui aurait pu rénover la Chine n'avait servi qu'à la ruiner.

Européens et Américains avaient sauvé la dynastie mandchoue, qui sans eux eût été certainement renversée par les rebelles. S'ils croyaient qu'elle leur en saurait gré, ils ne tardèrent pas à être détrompés. Le mouvement xénophobe et antichrétien ne fut pas long à reparaître, et le 21 juin 1870 à T'ien-tsin vingt Français, dont le consul Fontanier, dix sœurs de charité et deux missionnaires, furent, avec la complicité tacite des autorités, massacrés et odieusement mutilés par la populace. La xénophobie de l'impératrice Ts'eu-hi paralysait les velléités conciliatrices du prince Kong, personnalité sans grande énergie qu'elle dominait de plus en plus par son autorité de femme chef, à la vieille manière tartare, et sa sûre connaissance de la psychologie chinoise.

Le jeune empereur T'ong-tche mourut le 12 janvier 1875 à l'âge de dix-neuf ans. Sa mère, Ts'eu-hi, disposa du trône : ce fut un cousin germain de T'ong-tche, âgé de quatre ans, qu'elle fit proclamer empereur sous le nom des « années de règne » Kouang-siu (1875-1908). Bien entendu, Ts'eu-hi conserva la régence, toujours assistée par le prince Kong.

Toute l'habileté de ce dernier n'allait pas être de trop devant les difficultés extérieures qui s'annonçaient. Le Turkestan chinois, ou Kachgarie, pays de langue turque et de religion musulmane, s'était révolté contre la domination chinoise et, de 1865 à 1877, constitua un État indépendant sous la direction d'un chef énergique, Ya'qoûbbeg. La Russie avait profité des circonstances pour occuper la vallée supérieure de l'Ili ou région de Kouldja. Ce ne fut qu'après la mort de Ya'qoûb (29 mai 1877) que les Chinois purent réannexer la Kachgarie (hiver 1877-1878). Quant à Kouldja, les Russes, après avoir été à la veille de la guerre, consentirent en 1881 à la rétrocéder à la Chine.

Au Yun-nan, province rattachée seulement à l'empire par la dynastie mongole au XIIIe siècle, l'islam avait fait depuis cette époque de grands progrès. En 1856 les musulmans de Yun-nan se révoltèrent. En 1860 ils étaient maîtres de toute la région de Ta-li. L'insurrection ne put être domptée qu'en 1873 au prix d'une répression effroyable. La ville de Mong-tseu tomba de 80 000 à 12 000 habitants, Ta-li à 6 000. Au Kan-sou, autre province comportant une forte minorité musulmane, une révolte analogue tint l'autorité en haleine de 1862 à 1877. Cette révolte et la répression qui suivit auraient fait, tant au Kan-sou qu'au Chen-si, dix millions de victimes. (Une dernière insurrection musulmane au Kan-sou, en 1928, aurait coûté la vie à 200 000 personnes).

À peine la Chine en avait-elle fini avec les insurrections musulmanes qu'elle se trouva entraînée dans une guerre contre la France. Tandis que la France établissait son protectorat au Tonkin, des irréguliers chinois, les Pavillons Noirs, pour la plupart débris des anciennes bandes t'ai-p'ing, étaient intervenus dans le haut pays contre les colonnes françaises. Le 23 août 1884 l'amiral Courbet bombarda l'arsenal chinois de Fou-tcheou. Sur terre la « méprise de Langson » (28 mars 1885) n'empêcha pas la signature du traité franco-chinois du 9 juin 1885, négocié du côté chinois par Li Hong-tchang et qui laissait à la France les mains libres en Indochine.

Plus sérieuse pour la Chine allait être sa querelle avec le Japon dans les affaires de Corée.

Tandis que les derniers Mandchous laissaient la Chine dans une bien dangereuse stagnation au milieu des progrès matériels du monde moderne, le Japon s'était avec ardeur associé à ces progrès. Un souverain remarquable, l'empereur Mutsuhito, depuis connu sous le nom de Meinji-tennô (1866-1912), avait résolument modernisé son pays et emprunté à l'Europe et à l'Amérique leurs techniques et leur outillage. Le Japon s'était surtout donné une armée excellente, dotée des derniers perfectionnements.

Il allait en faire l'essai contre la Chine.

Depuis longtemps la Chine et le Japon étaient en lutte d'influence à propos de la Corée. Le royaume péninsulaire restait théoriquement vassal de la Chine, mais les Japonais n'avaient jamais oublié qu'à la fin du XVIe siècle, à l'époque de leur grand Hideyoshi, ils avaient failli s'en rendre maîtres. En 1894, une révolte ayant éclaté en Corée, la cour de Seoul fit simultanément appel à l'aide de la Chine et du Japon. Une fois leur corps de débarquement arrivé à Seoul, les Japonais déposèrent le souverain coréen (23 juillet 1894) et forcèrent son remplaçant à déclarer, de concert avec eux, la guerre à la Chine (27 juillet).

Marchant de Seoul vers le nord-est, les Japonais écrasèrent une armée chinoise à P'yöng-yang dans les journées des 15-16 septembre 1894. Le 24 octobre ils franchirent le Yalou, fleuve qui sépare la Corée de la Mandchourie. Le 21 novembre ils s'emparèrent de l'importante forteresse de Port-Arthur, qui commande la presqu'île terminale du Sud mandchourien. Le 12 février 1895 un autre corps de débarquement fit capituler Wei-hai-wei, qui, à la pointe de l'« Armorique » du Chan-tong, ferme au sud le golfe du Petchili comme Port-Arthur le ferme au nord. En Mandchourie Leao-yang tomba le 4 mars 1895. Enfin un corps expéditionnaire débarqua à Formose.

Par Leao-yang, la route de Chan-hai-kouan, c'est-à-dire de Pékin, était ouverte au vainqueur. Devant la supériorité de l'artillerie japonaise la continuation de la lutte s'avérait inutile (certains généraux chinois s'étaient battus avec beaucoup d'héroïsme). Li Hong-tchang, envoyé au Japon par le prince Kong, se résigna à signer le 17 avril 1895 le traité de Shimonoseki. La Chine cédait au Japon la presqu'île du Leao-tong (Port-Arthur) et l'île de Formose. Mais la Russie, qui avait des visées sur la Mandchourie, ne pouvait laisser le Japon s'y installer. Le gouvernement de Saint-Pétersbourg entraîna l'adhésion du gouvernement français et du gouvernement allemand. Une note fut remise à Tôkyô par les trois puissances pour demander aux Japonais d'évacuer la presqu'île du Leao-tong. Le Japon dut s'incliner. Le 8 novembre 1895 il rétrocéda ce district à la Chine, y compris Port-Arthur auquel il tenait tant. De ses conquêtes il ne garda que Formose.

Les puissances avaient sauvé la Chine, mais c'était pour s'en réserver l'héritage. Les victoires japonaises avaient révélé à l'Europe la décrépitude, encore insoupçonnée, de l'État mandchou. L'« homme malade » de Pékin s'avérait moribond. L'Empire mandchou était un autre Empire ottoman dans lequel les puissances allaient, sous le nom de « sphères d'influence », se tailler de véritables zones de protectorat.

Les sociétés secrètes d'illuminés et de brigands à tendances xénophobes obligeaient d'ailleurs les Européens à défendre leurs nationaux. Le 1er novembre 1897 les affiliés de l'association du Grand Couteau assaillirent la mission allemande de Kia-tchouang et assassinèrent deux religieux. L'Allemagne fut amenée à prendre des garanties. Le 14 novembre le contre-amiral von Diederichs prit possession, au nom du Reich, de la baie de Kiao-tcheou et de la place de Tsing-tao, au Chan-tong, un des meilleurs mouillages et une des clés des mers de Chine. Le 27 mars 1898 la Russie se fit céder à bail par la cour de Pékin le grand port de la presqu'île du Leao-tong, Port-Arthur, qu'elle avait quatre ans plus tôt forcé le Japon à évacuer. Le 1er juillet 1898 l'Angleterre occupa au Chan-tong le port de Wei-hai-wei, dont nous avons vu l'importance stratégique comme le « Tanger du golfe de Petchili ». Mieux encore, elle obtenait de la Chine un droit de préemption sur le bassin du Yang-tseu, véritable hypothèque qui lui réservait l'expectative de cette riche région. Enfin la France acquit en location la baie de Kouang-tcheou-wan, en face de Hai-nan. Elle obtint aussi par le traité du 10 avril 1898 le droit de construire un chemin de fer de Lao-kay, sur la frontière sino-tonkinoise, à Yunnan-fou, chemin de fer qui devait être achevé en 1910. Par ailleurs, à Chang-hai, ville cosmopolite, sino-étrangère, surgie depuis 1842 sur l'estuaire du Yang-tseu, la concession internationale (anglaise, américaine, japonaise, etc.) et la concession française, avec leur vie propre, leur municipalité et leur police autonomes, leur chiffre d'affaires en accroissement vertigineux, achevèrent de prendre un essor digne des nouvelles cités nord-américaines.

Le prince Kong, qui dirigeait la politique étrangère de la Chine, était mort sur ces entrefaites le 29-30 mai 1898, âgé de soixante-sept ans et usé par l'opium. La disparition de ce grand seigneur intelligent, fin et courtois, laissa un grand vide à la cour, et cela à l'heure la plus grave. La « curée européenne » se faisait menaçante. Et pour y faire face ne restaient en présence qu'une douairière rétrograde et un jeune empereur sans expérience.

L'empereur Kouang-siu avait vingt-trois ans. Bien intentionné, il souffrait vivement des malheurs de son pays, des désastres de la guerre avec le Japon, du dépècement de l'empire par les puissances occidentales. Il n'était pas sans comprendre que le salut de la Chine résidait dans des réformes hardies pour mettre le pays au niveau de l'Europe, comme le Japon en avait donné l'exemple. Imiter le souverain japonais, être le Mutsuhito de la Chine, tel paraît avoir été son rêve. Or dans les ports ouverts, au contact des concessions européennes, principalement à Canton, près de la colonie anglaise de Hong-kong, commençait à se former ce qu'entrevoyait Kouang-siu, une Chine nouvelle, convaincue de la nécessité d'une transformation. Le chef du mouvement, l'historien K'ang Yeou-wei, était un de ces lettrés cantonais qui, de surcroît, avaient quelque temps résidé au Japon. Vivement frappé des progrès accomplis par ce pays, il le proposait comme un modèle à ses concitoyens, en même temps que l'exemple d'une autre puissance assez récemment occidentalisée : la Russie et son réformateur, Pierre le Grand. Inversement, dans une histoire de la décadence turque, il montrait le sort qui attendait les peuples momifiés dans leurs traditions. Ces ouvrages et d'autres encore, animés d'un généreux patriotisme, parvinrent jusqu'à l'empereur Kouang-siu. Se sentant en communion de pensée avec leurs auteurs, il voulut les connaître, se fit présenter les chefs réformistes K'ang Yeou-wei et Leang K'i-tch'ao, et à partir du mois de juin 1898 entreprit la mise sur pied d'un vaste programme de réformes.

Un patriotisme généreux animait le jeune souverain et ses amis. « Nous sommes menacés du sort de l'Inde, de l'Égypte et de la Turquie, écrivait K'ang Yeou-wei à l'empereur. Nous n'avons ni troupes, ni armes, ni munitions. Chemins de fer, commerce, banques, douanes, rien n'est à nous, rien ! Si nous paraissons encore exister, c'est en réalité comme si nous n'existions déjà plus ! » Aussi Kouang-siu mettait-il une hâte fébrile à rattraper le temps perdu. En des édits retentissants il portait la hache dans le vieil édifice politique, dénonçait les abus, s'attaquait aux vices du mandarinat, à la bureaucratie millénaire. Bien qu'héritier d'une dynastie mandchoue, il écarta comme incapables les dignitaires mandchous et ne s'entoura que de purs Chinois. La Chine fut invitée à se mettre à l'école de l'Europe. On créa un « bureau des traductions » en vue de répandre chez les lettrés les découvertes de la science occidentale. Un édit impérial fit appel au peuple : « La Chine et l'Europe estiment toutes deux que le premier objet du gouvernement est le bien du peuple. Mais l'Europe est allée plus loin que nous dans cette voie. D'ailleurs les nations étrangères cernent notre empire. Si nous ne consentons pas à adopter leurs méthodes, notre ruine est irrémédiable. [...] Les éléments réactionnaires traversent nos intentions, mais l'empire peut se fier à son souverain ! Que le peuple collabore à la réforme et au relèvement du pays. Nos lettrés ne connaissent pas les branches du savoir occidental destinées à augmenter la prospérité matérielle du peuple et son bien-être physique. »

Il y avait dans ces proclamations répétées une hâte fébrile où se trahissaient l'irritation causée par une opposition croissante, la conscience de ne pouvoir briser cette opposition et la faiblesse réelle, l'isolement du jeune souverain. C'est qu'en effet Kouang-siu se trouvait presque seul avec sa petite poignée d'intellectuels cantonais fraîchement revenus du Japon, personnages sans expérience ni influence[1]. La famille impériale et l'aristocratie mandchoue dont il menaçait les privilèges devaient lui être forcément hostiles. Quant à l'impératrice douairière, sa tante Ts'eu-hi, elle gardait un silence lourd de menaces. Elle avait maintenant soixante-trois ans. Elle avait toujours gouverné. Elle ne pouvait qu'être suffoquée de l'audace de cet enfant qu'elle avait mis sur le trône à quatre ans et qui aujourd'hui se permettait de vouloir tout changer. De plus, ne vivant que de la vie artificielle du palais, dans un entourage d'eunuques, elle ignorait tout de l'Europe et les innovations de son impérial neveu ne pouvaient lui paraître qu'une folie des « diables étrangers ».

Ts'eu-hi avait d'ailleurs pris soin de faire nommer vice-roi du Tche-li un homme à elle, son neveu favori, le général mandchou Jong-lou. Le 15 septembre 1898, pressée par la noblesse mandchoue, elle sortit de son apparente réserve et somma l'empereur de renvoyer ses conseillers réformistes. Kouang-siu comprit que, s'il ne prenait pas les devants, il était perdu. Près de la capitale stationnaient les premiers bataillons chinois exercés à l'européenne. Leur chef était le grand-juge du Tche-li, Yuan Che-k'ai. Kouang-siu s'adressa à ce personnage, le mit dans ses confidences, le chargea de faire exécuter Jong-lou et d'arrêter Ts'eu-hi. Yuan Che-k'ai supputa les chances des deux partis, trouva celles du jeune empereur décidément trop faibles et, au lieu d'exécuter Jong-lou, il l'avisa de ce qui se préparait et par Jong-lou fit prévenir l'impératrice.

La vengeance de Ts'eu-hi et du parti mandchou fut impitoyable. La terrible impératrice fit occuper les portes du palais par l'armée de Jong-lou et exécuter tous les réfor-

---

[1]. K'ang Yeou-wei (1858-1927), le doctrinaire de la réforme de 1898, pour grand lettré qu'il fût, ne se révélait pas moins comme un utopiste dont certaines opinions devaient choquer singulièrement tous les tenants de la tradition chinoise, fondée sur le respect de la famille et le culte des ancêtres. Un des articles de son programme comportait la suppression de la famille et du mariage, aucune union ne devant dépasser un an. Un autre article disposait que tout mort serait incinéré et qu'à côté de chaque four crématoire une usine d'engrais serait installée... Son élève, Leang K'i-tch'ao (1873-1929), professait des idées non moins singulières.

mistes qu'elle put saisir. K'ang Yeou-wei et Leang K'i-tch'ao n'eurent que le temps de se réfugier à la légation d'Angleterre, d'où ils gagnèrent secrètement le Japon. Quant au malheureux empereur Kouang-siu, Ts'eu-hi s'empara de sa personne, le déclara faible d'esprit et le séquestra jusqu'à la fin de ses jours, invisible et sans communication avec le monde, dans un kiosque du palais. Elle ne le détrôna pas expressément, mais se contenta de régner sous son nom. L'empire libéral avait duré cent jours (10 juin-20 septembre 1898). Redevenue maîtresse de l'empire, Ts'eu-hi cassa tous les décrets de réforme. Le parti mandchou, Jong-lou en tête, fut appelé au pouvoir. Mais la réaction ne s'arrêta pas à la politique intérieure. Elle aboutit à une rupture avec les puissances.

Le mouvement réformiste s'était placé sur le terrain du patriotisme. « L'impératrice douairière, écrivait encore de son exil K'ang Yeou-wei, a vendu aux étrangers des possessions qui sont l'héritage de nos ancêtres. » Pour éviter ce reproche, les Mandchous se livrèrent à leur tour à des surenchères nationales. À la place du patriotisme éclairé des réformistes, ils répandirent dans les masses une xénophobie qui, dans l'état des relations internationales, ne pouvait aboutir qu'à la catastrophe. Les instruments de cette politique furent les Boxers.

La société des Boxers (en chinois *Yi-ho k'iuan*, « le Point de la concorde et de la justice ») était une des nombreuses sociétés secrètes affiliées à la secte des Grands Couteaux et à celle du Nénuphar Blanc et se rattachant aussi à la francmaçonnerie des Triades dont avaient relevé cinquante ans plus tôt les T'ai-p'ing. Son centre était le Chan-tong, province qui a de tout temps donné naissance aux agitations d'illuminés et aux jacqueries. Les doctrines des Boxers, comme celles des sectes analogues, étaient un mélange de sorcellerie, de thaumaturgie et de millénarisme. Dans leur principe elles pouvaient fort bien, ainsi que naguère le Lotus Blanc et les T'ai-p'ing, se tourner contre la dynastie mandchoue. Le gouvernement de Pékin, qui craignait cette éventualité et redoutait les Boxers, eut l'adresse de dériver contre l'étranger leur mouvement. Il leur prodigua d'abord des encouragements officieux, puis les patronna ouvertement. En même temps, à la cour, Ts'eu-hi donnait toute sa confiance aux éléments les plus ignorants et les plus xénophobes, comme le prince mandchou Touan. Lorsque Touan jugea que l'agitation des Boxers était à point, au printemps de 1900, il donna le signal de l'action. Mais le mot d'ordre ne fut suivi ni par les vice-rois du Sud ni par ceux du Yang-tseu, pas même par le prudent Yuan Che-k'ai, alors gouverneur du Chan-tong.

Ts'eu-hi et ses conseillers engagèrent donc la lutte dans les conditions les plus imbéciles : avec seulement la populace de la capitale et les forces régulières du Tche-li, et cela dans le Tche-li seulement. Encore les réguliers ne furent-ils lancés dans l'action qu'hypocritement, comme soutiens des émeutiers. Car, pour déclarer la guerre au monde entier — Europe, Amérique et Japon —, la cour de Pékin ne savait que soulever, et à Pékin même, une émeute. Donc le 10 juin l'impératrice déclara au Grand Conseil que les étrangers devaient être supprimés sans retard. Le 13 la populace de la capitale, entraînée par les Boxers, commença le massacre des prêtres européens et des chrétiens indigènes ainsi que le siège des légations. Le 20 juin le ministre d'Allemagne von Ketteler fut assassiné. Les représentants des puissances et les résidents étrangers, assaillis dans les immeubles des légations par une foule hurlante, bientôt entièrement coupés du monde extérieur, improvisèrent une défense de fortune. Une première colonne internationale de 2 000 hommes, qui essaya de marcher de T'ien-tsin sur Pékin sous le commandement de l'amiral anglais Seymour, ne put s'ouvrir la route et dut battre en retraite (10-26 juin).

Cependant une expédition internationale plus importante, placée sous les ordres du maréchal allemand von Waldersee, s'organisait. Les premiers contingents européens, américains et japonais s'emparèrent de T'ien-tsin le 14 juillet et le 14 août entrèrent à Pékin.

Saisie de panique, la cour mandchoue n'avait pas attendu l'arrivée des Alliés. Ts'eu-hi, déguisée en paysanne, avait pris la route du Chen-si. Elle s'établit dans cette province, à Si-ngan, sur les frontières occidentales de la Chine. Le vieux

Li Hong-tchang, nommé vice-roi du Tche-li, négocia la paix avec les puissances. Ts'eu-hi, pour obtenir son pardon, sacrifia les plus compromis des princes mandchous. Le prince Touan fut exilé en Kachgarie. Plusieurs organisateurs du massacre reçurent « la permission de se suicider ». Des comparses furent exécutés. Le prince Tch'ouen, frère de l'empereur Kouang-siu, alla à Berlin présenter les excuses de la cour pour le meurtre du baron von Ketteler.

La principale bénéficiaire de la guerre des Boxers se trouva être la Russie. Quatre ans auparavant, par la convention du 27 août 1896, elle avait obtenu du gouvernement de Pékin l'autorisation de construire un chemin de fer à travers la Mandchourie, puis (15 mars 1898) de prolonger cette ligne jusqu'au terminus de Port-Arthur, port qui venait de lui être cédé à bail. Dès que commença l'agitation des Boxers, la Russie fit occuper militairement la ligne du transmandchourien, ce qui équivalait pratiquement à l'occupation de la Mandchourie (année 1900). Le gouvernement russe éluda les demandes d'évacuation qui lui furent adressées et entreprit l'exploitation des richesses du pays, notamment de ses immenses forêts.

Cette annexion déguisée provoqua l'animosité du Japon. Le gouvernement de Tôkyô voyait avec amertume Port-Arthur et Dalny, dont il avait été chassé en 1895 au nom de l'intégrité de la Chine, occupés aujourd'hui par ses rivaux. Il avait l'impression d'avoir été joué. L'Angleterre ne voyait pas avec moins d'inquiétude les Russes dominer par la possession de Port-Arthur le golfe du Petchili. Le 30 janvier 1902 lord Lansdowne conclut avec l'ambassadeur japonais Hayashi un traité qui devait changer la face de l'Extrême-Orient : en cas de guerre russo-japonaise l'Angleterre se chargeait d'empêcher toute intervention de la France et de l'Allemagne en faveur des Russes.

Ayant les mains libres, sûr de ne pas voir se renouveler contre lui la coalition de 1895, le Japon attaqua (8 février 1904). Ses armées se lancèrent à la conquête de la Mandchourie. En deux batailles disputées — Leao-yang (août-septembre 1904) et Moukden (février-mars 1905) —, elles refoulèrent les Russes de la partie méridionale et centrale du pays. Dans l'intervalle elles s'étaient emparées de Port-Arthur (2 janvier 1905). Le 27 mai, la dernière escadre russe fut détruite à Tsushima. Le 5 septembre 1905, par le traité de Portsmouth, les dirigeants de Saint-Pétersbourg se résignèrent à reconnaître les intérêts prépondérants du Japon en Corée et dans la partie de la Mandchourie occupée par ses troupes. La Mandchourie septentrionale, au nord de Ghirin, restait sous l'influence russe (démarcation entre chemins de fer russes et chemins de fer japonais à Tch'ang-tch'ouen, à 104 kilomètres au sud de Kharbin).

La Chine durant le conflit était restée neutre, bien que les hostilités eussent eu pour théâtre cette Mandchourie qui relevait toujours de sa souveraineté. Le résultat de la lutte n'en eut pas moins une influence décisive sur ses destinées : il provoqua indirectement la révolution chinoise et la chute de la dynastie mandchoue.

CHAPITRE XXXII

La révolution chinoise

Les victoires japonaises de 1904-1905 avaient été pour la cour de Pékin une révélation. L'impératrice Ts'eu-hi et les princes mondchous comprirent enfin qu'en s'opposant à l'adoption des méthodes européennes ils s'étaient privés du moyen de tenir tête à l'Europe. Adorant ce qu'elle avait brûlé, la vieille souveraine (elle avait maintenant soixante-dix ans) promulgua des édits qui rappelaient à s'y méprendre les fameuses instructions impériales de la période des Cent-Jours. Comme elle ne pouvait cependant faire appel aux réformistes de 1898, dont la séparait trop de sang versé, elle plaça à la direction des affaires les vice-rois progressistes dont elle avait si longtemps négligé les conseils et au premier rang le nouveau vice-roi du Tche-li, Yuan Che-k'ai.

La personnalité de Yuan Che-k'ai domine la période qui s'annonçait ainsi. Curieuse figure que celle de cet homme d'État chinois qui, à force d'énergie, de patience, de ruse et de trahisons, faillit renouveler sous nos yeux l'aventure des anciens fondateurs de dynasties. Indifférent aux idées et aux principes mais sachant s'en servir, c'était avant tout un réaliste. Peu attaché à la dynastie (l'événement allait le prouver), il n'avait pourtant pas hésité en 1898 à trahir au profit des princes mandchous les patriotes chinois. Il y avait gagné la faveur de Ts'eu-hi, qui après cette preuve de dévouement fit de lui un de ses hommes de confiance.

Yuan Che-k'ai profita de son crédit pour amener la cour

de Pékin vers les réformes. Après avoir trahi les réformistes au profit des réactionnaires, les Chinois au profit des Mandchous, il réalisa lui-même les principales idées des réformistes et sut faire entreprendre par les Mandchous une partie du programme chinois. Les événements de 1898 avaient donc tourné à son avantage. Ayant fait écarter les chefs du mouvement libéral qui lui portaient ombrage, il se trouvait maintenant l'homme indispensable, seul à même de moderniser la Chine. Il rouvrit l'ère des réformes en inspirant à Ts'eu-hi un curieux édit qui déclarait que « le gouvernement doit être l'émanation de la volonté nationale » et en lui faisant instituer des conseils provinciaux élus, première ébauche d'une représentation populaire (22 juillet et 27 août 1908). On annonçait même pour 1917 la convocation d'un parlement.

Malheureusement, ces concessions venaient trop tard. Faites dix ans plus tôt, elles auraient rallié à la dynastie mandchoue tous les réformistes. Maintenant les intellectuels élevés au Japon, à Chang-hai, à Hong-kong ou à Singapour, et qui de l'étranger dirigeaient le mouvement libéral, ne s'en contentaient plus. De loyaliste qu'elle était encore en 1898, l'opposition était devenue antidynastique. L'ancien collaborateur de l'empereur Kouang-siu, Leang K'itch'ao, avait donné le signal de cette évolution. Du Japon, où il s'était réfugié avec la plupart des bannis, il dirigeait contre la dynastie mandchoue une redoutable campagne de presse. À côté de lui, un autre leader révolutionnaire, Sun Yat-sen, allait plus loin encore et réclamait la fondation d'une république socialiste[1].

Né près de Canton en 1866, Sun Yat-sen partit à l'âge de treize ans pour les îles Hawaï, où il entra au collège américain d'Honolulu. Il suivit les cours de la faculté anglaise de Hong-kong, où il prit ses diplômes de médecine, et termina ses études en Amérique et à Londres. Converti au protestantisme, républicain radical et marxiste, il apportait à la

---

1. Nous le désignons par la graphie de son nom en dialecte cantonais, telle qu'elle a été popularisée par les journaux : en réalité, il faudrait écrire en cantonais Siun Yat-sin et en langue mandarine Souen Yi-sien, aussi appelé Souen Wen.

La révolution chinoise / 321

défense de ses idées une intransigeance de doctrinaire. Ses ennemis ont aussi dénoncé chez lui une certaine inquiétude de déraciné et il est certain que, même au pouvoir, il conservera des habitudes de carbonaro. De bonne heure il s'était affilié à la franc-maçonnerie chinoise des Triades, qui gardait dans l'ombre de ses loges la tradition des T'ai-p'ing et de toutes les vieilles révoltes sudistes contre les maîtres tartares du Nord. Il donna à l'agitation de ces sociétés secrètes un but et une doctrine et trouva en elles un merveilleux instrument de propagande. Avec elles il fonda vers 1900 le Parti national, ou *Kouo-min-tang*[1], qui se recruta surtout dans les milieux intellectuels et commerçants de la région cantonaise et dans les colonies chinoises de Bangkok, Cholon, Singapour, Batavia et Manille.

Avec le Kouo-min-tang, en effet, la dynastie mandchoue allait se heurter à une force dont elle soupçonnait à peine l'existence : la Chine extérieure. De l'une à l'autre il y avait la distance de plusieurs siècles. Tandis que les dix-neuf provinces en étaient encore à l'époque de Marco Polo, il s'était créé du Siam à San Francisco une Chine nouvelle de mentalité presque américaine. Transplanté sous d'autres cieux et jeté dans la mêlée économique moderne, ce vieux peuple y devenait une jeune nation avec toutes les qualités d'adaptation, d'initiative et d'énergie des nations coloniales. Le contact de cette Chine ultramoderne allait faire tomber en poussière l'empire millénaire. Mais justement parce que les premiers révolutionnaires chinois étaient souvent des déracinés ayant perdu contact avec leur pays et devenus parfois presque étrangers à ses habitudes mentales, le régime qu'ils allaient fonder risquait de ne pas correspondre au milieu...

L'impératrice Ts'eu-hi ne vit pas la catastrophe. Elle mourut le 15 novembre 1908, précédée de quelques jours par sa victime, Kouang-siu, l'empereur fantôme. « Morts bizarres, écrit Henri Maspero, maladies étranges, bruits d'empoisonnement auxquels est mêlé le nom de Yuan Che-k'ai. »

---

1. D'abord *kouo-ming tang*, « parti du mandat national » (par opposition au « mandat » de droit divin de la dynastie mandchoue) ; par la suite *kouo-min tang*, « parti national » (avec le caractère *min*, « peuple »), dénomination qui a définitivement prévalu.

322 / Histoire de la Chine

On imagine en effet que la vieille douairière ne se souciait guère de laisser le pouvoir au malheureux souverain qu'elle tenait depuis dix ans dans une véritable captivité. Et Yuan Che-k'ai, de son côté, n'aurait pu voir sans terreur Kouang-siu, sa dupe de 1898, venir lui demander compte des anciennes trahisons. Kouang-siu mourut donc en temps utile...

À cette heure grave entre toutes, le trône passa non point au frère de Kouang-siu, le prince Tch'ouen, homme fait dont tout le prestige n'eût pas été de trop, mais au fils de Tch'ouen, P'ou-yi, un enfant de trois ans (né le 11 février 1906) qui devint l'empereur Siuan-t'ong. Il est vrai que la régence fut confiée à son père, le prince Tch'ouen. Mais Tch'ouen était un homme sans capacités, inféodé aux clans mandchous les plus arriérés. Il arrivait au pouvoir avec le désir assez honorable de venger son frère, le malheureux Kouang-siu, sur le traître de 1898, Yuan Che-k'ai. Il chassa donc ce dernier, mais il se priva ainsi du seul homme capable de guider l'empire dans la voie des réformes et d'empêcher le divorce entre l'« intelligence » chinoise et la dynastie mandchoue. En tout état de cause, il était imprudent de s'aliéner un personnage aussi influent que Yuan Che-k'ai. L'ancien vice-roi s'était attaché personnellement les troupes du Tche-li, qui lui restèrent fidèles jusque dans sa retraite. Il devait faire payer cher aux Mandchous sa disgrâce de 1908.

Pendant ce temps, Sun Yat-sen redoublait d'audace. Sa campagne de libelles suscitait contre la dynastie l'élite européanisée des ports ouverts et, par les ports, gagnait l'intérieur. « Nous avons perdu notre patrie, s'écriait-il. Sur le globe nous sommes le quart de la population terrestre, et nous restons les esclaves d'une poignée de Mandchous ! »

Pour calmer les extrémistes, le régent réunit le 14 octobre 1909 les conseils provinciaux créés par Ts'eu-hi. Bien qu'élus par un suffrage fort restreint, ces conseils devinrent dans chaque province d'actifs foyers d'opposition. En janvier 1910, ils envoyèrent à Pékin une délégation qui réclama la convocation d'une assemblée constituante. La cour se contenta de réunir un sénat consultatif nommé en partie par les conseils provinciaux, en partie par le régent. Malgré la

La révolution chinoise / 323

prépondérance de l'élément officiel, cette assemblée, dès ses premières séances, demanda la convocation d'une véritable chambre élue et un régime constitutionnel. Devant les atermoiements de la cour, la révolte éclata. Le 11 octobre 1911 les agitateurs cantonais provoquèrent le soulèvement de la garnison de Wou-tch'ang, au Hou-pei. Wou-tch'ang, Han-yang et Han-k'eou tombèrent au pouvoir des insurgés, qui proclamèrent la république et organisèrent à Wou-tch'ang même un gouvernement provisoire présidé (en l'absence de Sun Yat-sen encore en Amérique) par leur général Li Yuan-hong avec, comme ministre dirigeant, le Cantonais Wou T'ing-fang. À ces nouvelles Canton se révolta à son tour et entraîna dans le mouvement toute la Chine du Sud. La partie n'était pourtant pas perdue pour les impériaux. Un moment ils reprirent même l'agglomération Han-yang et Han-k'eou (27-28 octobre). Mais ils n'osèrent poursuivre leur succès. Les troupes républicaines en profitèrent pour descendre le Yang-tseu, occuper Chang-hai et Nankin (4 et 30 novembre) et transporter dans cette dernière ville le siège du gouvernement provisoire. En réalité le régent avait perdu la tête. Épouvanté par l'ampleur du mouvement, il se jeta dans les bras de ce même Yuan Che-k'ai qu'il avait mortellement offensé trois ans plus tôt et qui lui apparaissait maintenant comme le seul sauveur possible. C'était se livrer à son pire ennemi.

 Yuan Che-k'ai se fit investir par la cour de pouvoirs dictatoriaux, avec le commandement de toutes les armées impériales. Mais au lieu de marcher contre les rebelles, il se contenta de leur faire sentir sa force (reprise de Han-k'eou). Loin de vouloir les détruire, il allait se servir d'eux pour renverser la dynastie. Les princes mandchous s'étaient désarmés eux-mêmes en sa faveur. Ils étaient maintenant à sa merci. Yuan les affola en leur déclarant que seule la démission du régent calmerait le peuple. Quand le régent se fut exécuté (6 décembre 1911), Yuan fit un pas de plus : il demanda l'abdication de la dynastie. Ses désirs étaient des ordres. Le 12 février 1912 le petit empereur P'ou-yi abdiqua, ou plus exactement institua lui-même la république en remettant nommément le pouvoir à Yuan Che-k'ai.

Après avoir escamoté la dynastie impériale, il restait à Yuan Che-k'ai à jouer même jeu avec les républicains. Ceux-ci, qui venaient de constituer à Nankin un gouvernement provisoire, se trouvaient en présence d'une situation assez inattendue. Ils avaient pris les armes contre la dynastie mandchoue et voici qu'à sa place ils voyaient surgir la figure équivoque de l'ancien vice-roi du Tche-li. Ils ne pouvaient oublier sa trahison de 1898, sa longue collusion avec Ts'eu-hi. D'autre part, c'était à lui qu'ils devaient la chute des Mandchous et le triomphe de la république. De plus, il avait la force, son armée étant certainement supérieure à la leur. L'assemblée républicaine de Nankin, il est vrai, venait (29-30 décembre 1911) de nommer président provisoire de la République le leader radical Sun Yat-sen. Mais maintenir ce choix, c'était rompre avec Yuan Che-k'ai. Les gens du Kouo-min-tang ne l'osèrent point. Pour ne pas avoir à subir Yuan Che-k'ai, ils recoururent à un procédé déjà bien parlementaire : ils le nommèrent eux-mêmes président de la république à la place de Sun Yat-sen, qui démissionna (15 février 1912). Ils espéraient que Yuan resterait ainsi leur créature et leur obligé.

En réalité ce compromis n'était qu'une solution d'attente. L'élection de Yuan Che-k'ai à la présidence ne fit cesser qu'en apparence le dualisme chinois. La république *(Tchong houa min kouo)* n'était qu'une étiquette. Le président et l'assemblée constituante restaient en face l'un de l'autre, le premier à Pékin au milieu de sa fidèle armée, la seconde à Nankin sous la garde des troupes révolutionnaires. Yuan ne voyait dans les députés du genre de Sun Yat-sen que des théoriciens sans expérience, des utopistes qui conduiraient la Chine à la dissolution. Et les députés de leur côté se rendaient compte que le fauteuil présidentiel n'était pour Yuan qu'une étape vers le trône. Les uns et les autres étaient dans le vrai.

Yuan Che-k'ai essaya d'abord de donner satisfaction à tous en répartissant équitablement entre ses propres partisans et ceux du Kouo-min-tang les portefeuilles ministériels. Mais les élections à la chambre des représentants *(Tchong yi yue)* en janvier-février 1913 rompirent l'accord. Comme de juste les candidats présidentiels l'emportèrent à Pékin et dans le Nord, le Kouo-min-tang sur le Yang-tseu et dans la région cantonaise. Le Kouo-min-tang entreprit alors contre Yuan Che-k'ai une opposition violente qui empêcha tout travail parlementaire. En juillet 1913 ses membres passèrent aux actes : réunis à Nankin sous la présidence de Sun Yat-sen, ils votèrent la déchéance de Yuan Che-k'ai.

C'était libérer Yuan de ses entraves constitutionnelles. Heureux de l'occasion offerte, il envoya contre Nankin ses meilleures troupes, qui occupèrent la ville (27 août 1913) et forcèrent Sun Yat-sen à se réfugier au Japon. Le 4 novembre, pour en finir avec l'opposition, Yuan fit expulser les 300 députés et les 100 sénateurs affiliés au Kouo-min-tang. Il conserva quelque temps encore le parlement ainsi épuré, puis le 10 janvier 1914 il en prononça la dissolution et le remplaça par un conseil d'État composé d'amis éprouvés. Cette assemblée lui conféra la présidence décennale, indéfiniment renouvelable. C'était le consulat à vie en attendant l'empire. Bientôt une active propagande monarchique fut entreprise par ses partisans. Ils provoquèrent un plébiscite qui se prononça à l'unanimité pour le rétablissement, en sa faveur, de la dignité impériale, et le 11 décembre 1915 le conseil d'État, à la suite du vote d'une « convention nationale », le proclama empereur sous le nom de Hong-hien.

Le règne de Yuan Che-k'ai, selon la remarque de Henri Maspero, devait durer moins de cent jours, un peu moins que le gouvernement du pauvre empereur Kouang-siu auquel en 1898 ce même Yuan avait si traîtreusement mis fin. Car le vieil homme d'État, malgré son art des transitions, avait encore été trop vite. À la nouvelle de son avènement le Kouo-min-tang reprit les armes. Les provinces du Sud qui avaient toujours été hostiles au dictateur du Nord formèrent à Canton un gouvernement provisoire qui prononça sa déchéance. Les autres chefs militaires, jaloux de son élévation, se déclarèrent contre lui. Mais surtout, la tentative de restauration de la monarchie se heurtait à l'opposition étrangère : les puissances s'inquiétaient de voir un homme fort devenir maître du vieil empire et elles avaient les moyens de se faire écouter... Devant l'agitation qui se propageait, Yuan

Che-k'ai fut obligé de revenir à la forme républicaine (23 février 1916). Cette concession n'ayant pas désarmé ses adversaires, le souverain manqué, qui voyait s'évanouir en un jour le fruit de vingt-six années de patient effort, se suicida discrètement (6 juin 1916).

L'échec de Yuan Che-k'ai, dû à l'intervention ouverte de la Chine extérieure et à l'intervention secrète des puissances étrangères, détourna l'histoire chinoise de son cours habituel. L'ancien vice-roi du Tche-li, avec ses qualités d'homme d'État, son énergie et sa souplesse, sa ténacité et ses trahisons, sa connaissance et son mépris des hommes, sa virtuosité à se servir des mots et son indifférence pour les idées, se présente à nous comme la moderne incarnation des fondateurs de dynasties du temps passé. L'avortement de son entreprise dynastique rejeta la Chine dans une série de crises. Et tout d'abord il se produisit ce qui arrive chaque fois que le vieil empire n'est pas tenu en main par une dynastie forte : l'émiettement provincial. Au lendemain de la chute des Mandchous la personnalité de Yuan Che-k'ai avait contenu les dissidences régionales. Lui disparu, elles triomphèrent comme aux plus mauvais jours du Xe siècle. Sous le nom de république, ce fut l'anarchie militaire dans le Nord, l'anarchie politicienne dans le Sud.

Le vice-président Li Yuan-hong, qui, à la mort de Yuan Che-k'ai, accéda à la présidence, se montra incapable de rétablir aussi bien l'unité territoriale qu'un minimum d'union morale. Les provinces du Nord furent disputées entre un certain nombre de *tou-kiun*, ou commandants d'armée, dont la presse d'alors se demandait gravement lequel serait le sauveur de la Chine. La Mandchourie, dans la mesure où les intérêts prépondérants du Japon le toléraient, devint le fief du maréchal Tchang Tso-lin, ancien bandit mué en chef de gouvernement. Pékin appartint d'abord au maréchal Touan K'i-jouei ; en juillet 1920 la capitale fut enlevée à ce personnage par deux autres chefs militaires, Ts'ao Kouen et le chef d'état-major de Ts'ao Kouen, Wou P'ei-fou. Ts'ao Kouen s'installa alors à Pékin, tandis que Wou P'ei-fou s'établissait à Lo-yang comme *tou-kiun* du Ho-nan. Le 6 octobre 1923 Ts'ao Kouen se paya le luxe de se faire nommer président de la République par un parlement dûment acheté, mais en septembre 1924 lui et Wou P'ei-fou furent attaqués par le dictateur de la Mandchourie, Tchang Tso-lin. Ce dernier l'emporta grâce à la défection d'un autre aventurier militaire, Fong Yu-siang, personnage équivoque qui se faisait appeler le « général chrétien » parce qu'il se serait converti au protestantisme[1], qui s'entendait en même temps avec les Soviets et qui, en réalité, appartenait au plus offrant (octobre 1924). Le « général chrétien » essaya d'ailleurs de garder Pékin pour lui-même, mais en avril 1926 il en fut chassé par Tchang Tso-lin, qui unit ainsi le Ho-pei à son fief mandchourien.

C'était, comme on le voit (et je simplifie à dessein l'imbroglio politique), le retour aux phases de « grand émiettement » qu'avait périodiquement connues la Chine, la réapparition de la féodalité militaire qu'on avait vue fleurir après la chute de chaque grande dynastie et avant le triomphe d'une dynastie nouvelle. Le Sud, il est vrai, prétendait maintenir le gouvernement civil et la république unitaire. L'ancien parlement kouo-min-tang, le « parlement-croupion », s'était réuni à Canton et dès le 11 avril 1921 y avait élu président de la République le docteur Sun Yat-sen, mais le vieux révolutionnaire, sans doute plus animateur qu'homme d'État, n'arrivait guère à se faire obéir de ses propres partisans, les généraux sudistes. Négligeant les misères de l'heure présente, il cherchait à fédérer la Chine et le Japon. En novembre 1924, il se rendit dans cette intention à Tôkyô, mais il décéda à son retour en Chine le 12 mars 1925. Après lui le premier rôle parmi les chefs sudistes allait revenir à un de ses lieutenants, Tsiang Kie-che, ou, selon la prononciation cantonaise, Tchiang Kai-chek. Ce jeune général (il était né en 1887) devait réussir là où Sun Yat-sen avait échoué et soumettre le Nord à l'autorité du Midi.

Le programme des sudistes, en l'espèce des intellectuels cantonais dont Tchiang Kai-chek allait être le représentant, comprenait deux articles principaux : d'une part l'éviction de

---

1. Ne racontait-on pas qu'il avait fait baptiser collectivement toute son armée avec des pompes à incendie ?

la dictature militaire, c'est-à-dire des soldats de fortune qui se partageaient les provinces du Nord, d'autre part la suppression des concessions et privilèges économiques et juridiques (exterritorialité) acquis par les étrangers depuis 1842 ou, selon la formule consacrée, l'abolition des « traités inégaux ». Les Cantonais pouvaient compter à cet effet sur l'aide des Soviets, qui leur envoyèrent le commissaire Borodine assisté du technicien militaire Galentz avec des cadres et des munitions. Ainsi réorganisées, les troupes cantonaises réussirent le 8 septembre 1926 à enlever au maréchal nordiste Wou P'ei-fou les grosses agglomérations industrielles du Hou-pei, Wou-tch'ang, Han-k'eou et l'arsenal de Han-yang. Les concessions britanniques furent occupées et les résidents britanniques finalement expulsés (7 janvier 1927). Le 22 mars 1927 les sudistes entrèrent à Nankin, succès qui malheureusement s'accompagna du massacre de plusieurs Européens. Quand les troupes sudistes arrivèrent aux portes de Chang-hai, où les concessions internationale et française constituaient de véritables villes européennes, le pire fut à craindre. Tchiang Kai-chek demandait la suppression des défenses qui protégeaient les concessions et le retrait des troupes internationales concentrées dans la ville (26 mars). Toutefois il retint ses soldats et empêcha le choc, satisfait de voir les résidents britanniques évacuer toute la vallée du Yang-tseu.

Du reste, Tchiang Kai-chek venait de se brouiller avec ses alliés, les communistes de Han-k'eou, et avec leurs conseillers russes. Le 3 avril 1927 il forma à Nankin un gouvernement nationaliste modéré, purement kouo-min-tang, à la tête duquel il plaça l'héritier politique de Sun Yat-sen, le docteur Wang Tsing-wei. Puis il attaqua les communistes de Hank'eou. Le 22 mai il leur enleva l'arsenal de Han-yang. Le 13 novembre 1927 le gouvernement communiste de Han-k'eou fut définitivement dispersé. Les agents russes se retirèrent à Canton, où le 12 décembre 1927 ils organisèrent un mouvement révolutionnaire avec les cellules communistes locales — en l'espèce avec la population du « quartier flottant » qui, au nombre de 20 000 âmes, vit sur les sampans et les chalands dans l'estuaire. « Dans la ville et dans la région, des proclamations ordonnèrent d'exécuter les propriétaires et de s'emparer de leurs biens. » Tchiang Kai-chek envoya en hâte des troupes qui reprirent la ville et massacrèrent les rouges, au nombre d'environ deux mille. Le Russe Kirischeff, chef de l'école communiste militaire, fut exécuté avec tous les siens. Néanmoins des groupements rouges subsistèrent au Fou-kien et surtout au Kiang-si, où une république communiste se perpétuera jusqu'en 1933-1934, époque où elle sera détruite par Tchiang Kai-chek.

Cependant Tchiang Kai-chek avait résolu d'entreprendre la conquête du Nord. Le maître du Nord, c'était toujours le maréchal Tchang Tso-lin, le *tou-kiun* de la Mandchourie et de Pékin. Le 1er mai 1928 les sudistes lui enlevèrent Tsi-nan, le chef-lieu du Chan-tong, province si ravagée par toutes ces guerres entre généraux que près du cinquième de la population aurait péri ou émigré au Mandchoukouo. Devant l'approche de l'armée sudiste, Tchang Tso-lin évacua Pékin le 2 juin pour se retirer dans son fief mandchourien. Il devait être tué dans la nuit du 3 au 4, en arrivant à Moukden, par l'explosion d'une bombe mystérieusement déposée dans son train. Pendant ce temps les sudistes faisaient leur entrée dans la capitale.

La victoire du Kouo-min-tang sur les aventuriers militaires, du Sud sur le Nord était complète, encore que cette victoire n'ait pu être acquise que grâce à la défection de plusieurs généraux nordistes, comme Fong Yu-siang, passés à la cause du Midi. Tchiang Kai-chek tira la conclusion de sa victoire en annonçant le 16 juin 1928 que la capitale serait transférée de Pékin à Nankin. Le 4 octobre 1928 une nouvelle constitution fut promulguée, sanctionnant ce transfert, et le 9 octobre Tchiang Kai-chek fut élu président de la République.

Tandis que ces guerres civiles désolaient la Chine, ses dépendances extérieures s'étaient détachées d'elle.

Dès la chute de la dynastie mandchoue les Tibétains s'étaient déclarés indépendants, avaient massacré l'*amban* impérial installé à Lhassa et expulsé tous les résidents chinois.

La Mongolie-Extérieure avait de son côté fait sécession.

Le pays était partagé entre les quatre dynasties khalkha, issues de Gengis-khan, et les hauts dignitaires bouddhiques, dont le plus respecté était le grand lama d'Ourga. Ces divers princes laïques ou ecclésiastiques se trouvaient depuis le XVIIe siècle — en l'espèce depuis l'empereur K'ang-hi — attachés à la dynastie mandchoue par un lien de fidélité personnelle qui leur faisait considérer l'empereur de Pékin comme leur « grand-khan » légitime. Ce lien purement féodal se trouva rompu lorsque la dynastie mandchoue eut été chassée du trône impérial. Les vassaux mongols se déclarèrent affranchis de toute allégeance envers la République chinoise. Une conférence des princes et des lamas khalkha réunie à Ourga le 1er décembre 1911 proclama l'indépendance de la Mongolie-Extérieure sous la présidence du grand lama d'Ourga. Yuan Che-k'ai, durant sa dictature, essaya vainement de ramener par la persuasion les princes mongols dans l'obéissance. Tout au plus parvint-il à y maintenir les princes de la Mongolie-Intérieure (Tchakhar, Ordos, etc.). Quant à la Mongolie-Extérieure, son indépendance était désormais garantie contre la République chinoise par le gouvernement impérial russe. L'accord russo-mongol conclu à Ourga le 3 novembre 1912 assurait aux princes mongols la protection du tsar, protection qui prenait déjà les allures d'un protectorat.

L'effondrement de la Russie des tsars en 1917 parut changer les données du problème. En octobre-novembre 1919 la Chine, profitant de l'anarchie russe, obligea par un ultimatum la Mongolie-Extérieure à rétablir son lien avec elle. Le 2 décembre 1919 une garnison chinoise s'installa à Ourga en désarmant les troupes mongoles. Mais l'anarchie dans laquelle sombrait la Chine elle-même ne lui permit pas de soutenir cet effort. Et de nouveau apparut le protecteur russe, d'abord sous les espèces d'un Russe blanc, le général baron Ungern-Sternberg, qui les 3-4 février 1921 expulsa la garnison chinoise d'Ourga et s'installa en dictateur dans cette ville. Puis en juillet 1921 les Soviets chassèrent Ungern et entrèrent à Ourga. Depuis cette date la Mongolie-Extérieure a été pratiquement une dépendance des Soviets. La constitution votée par le *qouriltaï* de novembre 1924 organisa définitivement l'État mongol *(Monggholoun oulous)* en république populaire soviétique, avec capitale à Ourga (Oulanbator).

La première conséquence de la chute de la dynastie mandchoue avait donc été pour la Chine la perte de la haute Mongolie. Mais il ne s'agissait là que d'une dépendance extérieure qui ne touchait pas au corps même du vieil empire. Tout autre était le cas de la Mandchourie.

La Mandchourie, après l'accident mortel du maréchal chinois Tchang Tso-lin (juin 1928), était restée, par la tolérance des Japonais, au pouvoir de son fils Tchang Siueleang, général à vingt ans, maréchal à vingt-neuf. Le 18 septembre 1931 les Japonais chassèrent ses garnisons de Moukden, puis des autres villes mandchouriennes, et le forcèrent à s'enfuir à Pékin. Le 19 novembre les troupes japonaises entrèrent à Tsitsikhar, dans la partie septentrionale de la Mandchourie (Hei-long-kiang), jusque-là considérée comme sphère d'influence russe. Le 1er mars 1932 la Mandchourie fut érigée en État indépendant du Mandchoukouo, auquel fut adjointe, en Mongolie-Intérieure, la province de Jehol. Les Japonais mirent à la tête du nouvel État « Monsieur P'ou-yi », c'est-à-dire le dernier empereur mandchou détrôné en 1912 par la révolution chinoise et pour lors âgé de vingt-six ans. Le 1er mars 1934 P'ou-yi fut proclamé empereur du Mandchoukouo sous le nom de règne de K'ang-tö.

Le 15 juillet 1937, le gouvernement japonais adressa un ultimatum à Nankin pour exiger l'« indépendance » de la province mongole du Tchakhar (Mongolie-Intérieure) et du Ho-pei (province de Pékin). C'était la guerre. Les armées japonaises occupèrent Pékin (29 juillet), Chang-hai (27 octobre), Nankin (14 novembre 1937) et Canton (21 octobre 1938). Le président Tchiang Kai-chek, chassé des provinces côtières, transporta sa capitale à Han-k'eou, puis, après la chute de cette ville (octobre 1938), à Tchong-k'ing, place qui allait devenir l'inviolable réduit de l'indépendance chinoise. Les Japonais poussèrent au nord jusqu'au grand coude du fleuve Jaune, au sud jusqu'à Yi-tch'ang, mais ils s'épuisaient devant une universelle guérilla et partout des îlots de résistance s'organisaient. Le 30 mars 1940, il est vrai, un lieutenant de Tchiang Kai-chek, Wang Tsing-wei, étant passé au parti japonais, constitua à Nankin un gouvernement collaborationniste, tandis que Tchiang Kai-chek bénéficiait de l'aide des Anglais, qui le ravitaillaient par la route de Birmanie.

CHAPITRE XXXIII

Données permanentes et problèmes actuels*

Les événements qui se sont produits depuis, trop mouvants pour que nous puissions en dégager les conséquences immédiates, ne doivent pas nous masquer les grandes lignes de l'évolution chinoise. Aussi désordonnés qu'ils nous paraissent, ils ne font que répéter un des périodiques aspects de l'histoire dynastique où les phases d'émiettement et d'anarchie succèdent aux phases de regroupement — et les précèdent.

Le grand fait de l'histoire chinoise, ce qu'une vue « planétaire » en dégagerait avant tout, c'est la mise en valeur agricole du « continent chinois » par le laboureur de la Grande Plaine. À travers les révolutions des dynasties archaïques, ce que nous avons discerné de permanent, c'est l'ensemencement en millet, puis en blé, de ces immenses étendues planes, de cette Grande Plaine alluviale du Nord-Est que prolongent au nord-ouest les terrasses de terre jaune. Seules les grandes plaines du Middle West, aux États-Unis, présenteraient une telle surface d'ensemencement. Le résultat du labeur poursuivi depuis quarante siècles nous est fourni par les photographies d'avion, plus éloquentes que tout commentaire : un damier de lopins de terre divisés avec

* Note de l'éditeur : rappelons que la première édition de cet ouvrage est parue en 1942. L'auteur l'avait donc achevée au début de la Seconde Guerre mondiale et avant l'avènement de la Chine de Mao. Nous publions une version abrégée de ce chapitre, allégée de données démographiques et économiques aujourd'hui dépassées (1994).

une régularité géométrique, des exploitations qui en moyenne ne dépassent pas six ou sept hectares. Une culture devenue à ce point intensive que la terre est « jardinée plutôt que cultivée ». Tout a été déboisé, défriché, égalisé, mis en valeur par la fourmilière humaine. D'où, dans la Grande Plaine, une densité élevée.

À l'époque archaïque encore, vers ce que nous appelons l'âge des Royaumes Combattants, l'agriculture chinoise avait gagné (moins d'ailleurs par conquête que par la conversion des populations locales à la vie agricole) la plaine du Yangtseu, autre terre alluviale sillonnée de rivières et de canaux, royaume du riz dont la fertilité permet aujourd'hui une densité inouïe au kilomètre carré. Enfin, sans doute un peu plus tard, à l'époque han, le bassin Rouge du Sseu-tch'ouan commença à être sérieusement mis en valeur, jusqu'à atteindre aujourd'hui une forte densité[1].

Au sud du Yang-tseu, le paysan chinois abordait une contrée nouvelle : au lieu des étendues plates du Nord, il se trouvait maintenant en présence d'un pays montueux, formé d'un moutonnement de collines orientées du sud-ouest au nord-est — les « plis siniens » —, région autrefois recouverte par la forêt subtropicale. Le défrichement de cette vaste région forestière, sa transformation en rizières (il ne saurait encore être question, pour cette époque, de thé et de canne à sucre), fut une œuvre de longue haleine, poursuivie depuis les Han jusqu'aux Cinq Dynasties. Mais les immigrants venus du Nord ou du bas Yang-tseu qui colonisèrent ces terres nouvelles entendirent les adapter à leurs méthodes de culture bien plutôt que s'adapter à elles. Originaires de régions immémorialement déboisées, ils abattirent systématiquement, et en quelque sorte instinctivement, la forêt méridionale, qui ne subsiste aujourd'hui que sur les massifs de crête séparant les vallées.

Or ces collines qu'il dénudait, le paysan chinois ne les a

---

1. C'est vers 170 avant J.-C. que l'ingénieur Li Ping établit le réseau d'irrigation de la plaine de Tch'eng-tou. Une inscription rupestre à Kouan-hien rappelle encore ses sages maximes : « Tenez toujours les canaux creusés et les digues basses. »

pas livrées à la charrue, parce que, habitué dans le Nord et sur le bas Yang-tseu à une culture de plaines, il continuait ici à ne cultiver que les vallées en négligeant les versants. Du reste, le déboisement irraisonné a entraîné dans ces amphithéâtres de collines une érosion qui aurait suffi en tout état de cause à rendre la plupart des coteaux improductifs : la province de Hou-nan, par exemple, est pour les huit dixièmes composée de collines. Il s'ensuit que, malgré la culture intensive (en rizières notamment) dont les vallées continuent à être l'objet, la proportion des terres cultivées n'est plus ici qu'entre 19 % et 15 %, alors qu'elle était de 66 % dans la Grande Plaine et de 71 % dans la vallée du Yang-tseu. Ces provinces sont donc nécessairement moins peuplées que celles du Nord. Mais comme la population s'y entasse uniquement dans les vallées, on aboutit à ce résultat paradoxal que la surpopulation de la surface cultivée y est bien plus grande que dans le Nord.

La fourmilière chinoise est périodiquement ravagée par des famines auxquelles, nous l'avons vu, sont imputables une partie des révoltes qui, d'âge en âge, ont renversé les dynasties. Ces famines sont dues au fait même de la surpopulation et aussi à deux fléaux qui tiennent aux données géographiques : la sécheresse et l'inondation. La plaine du Nord et surtout les plateaux de lœss sont soumis à des pluies si irrégulières que souvent les récoltes font totalement défaut. Les années 1927 et 1928 ont vu une sécheresse et, partant, une disette caractéristiques. Par ailleurs, le fleuve Jaune est sujet à des inondations terribles. Au cours des temps historiques, son embouchure n'a cessé de se déplacer sur une distance de 500 kilomètres, tantôt au nord, tantôt au sud de la presqu'île du Chan-tong, depuis T'ien-tsin jusqu'à la province de Nankin (que l'on imagine la Loire balayant les plaines de l'Île-de-France pour aboutir tantôt à Nantes, tantôt à Dunkerque). Ces révoltes du fleuve indompté, qui causent périodiquement autant de pertes que la plus cruelle des guerres, sont en partie imputables à une faute initiale des riverains, lorsque ceux-ci, il y a peut-être trente siècles, ont endigué le Houang-ho sans se préoccuper des surlendemains. Ils ne se sont pas avisés que, dans cette énorme masse d'eau qui charrie le lœss des hauts plateaux, le lit du fleuve se trouve sans cesse exhaussé par le dépôt de limon. Au fur et à mesure de cet exhaussement, ils ont eux-mêmes surélevé le parapet de leurs digues, de sorte que le fleuve a fini par couler en surplomb — jusqu'à cinq mètres au-dessus du niveau de la plaine. Quand la crue est trop forte, ou simplement lorsque par suite des guerres étrangères ou civiles l'entretien des digues se trouve négligé, comme en l'an 11 de notre ère, en 1194 et en 1853, le fleuve descend en cataractes, et dans ces plaines infinies cherche une nouvelle voie d'écoulement. Des districts entiers ont ainsi été rendus pour de longues années impropres à la culture. En 1921, 1924 et 1925, le fleuve est encore sorti de son lit. En 1925 il a brisé ses digues, inondé plus de mille villages, fait d'innombrables victimes.

Ces fléaux naturels, en aggravant celui de la surpopulation, ont périodiquement contraint la masse chinoise à émigrer.

Pendant longtemps l'émigration à l'intérieur a pu suffire. Les annales des Han, des Six Dynasties et des T'ang nous montrent souvent l'administration établissant des colons dans les régions encore mal peuplées de la Chine du Sud ou des Marches occidentales. Depuis lors, le mouvement n'a pas cessé. Le rattachement du Yun-nan au XIIIe siècle de notre ère, la soumission des îlots miao-tseu du Kouei-tcheou à la fin du XVIIIe ont ouvert de nouveaux champs de colonisation intérieure, mais la répugnance du paysan chinois pour l'habitat de montagne n'a pas permis d'exploiter complètement ces possibilités : au Yun-nan les plaines ne représentent guère que 10 % de la superficie. Pour tirer parti de ces plateaux et de ces causses, il eût fallu que le Chinois s'adonnât à l'élevage, occupation à laquelle il restera, semble-t-il, toujours étranger. En réalité, à partir du XVIIIe siècle, la colonisation intérieure de la Chine était pratiquement terminée. L'émigration chinoise devait se porter vers l'extérieur : Mongolie, Mandchourie, Indochine, Insulinde, Océanie.

En Mongolie-Intérieure, au nord de la Grande Muraille, dans le Ning-hia, le Souei-yuan, le Tchakhar et le Jehol, le fermier chinois, surtout depuis le XVIIIe siècle, n'a cessé d'empiéter sur la steppe, la Terre de la farine *(mien-ti)*, de gagner sur la Terre des herbes *(tch'ao-ti)*. La glèbe n'a pas de valeur aux yeux du pâtre mongol qui, en toute insouciance, vend à l'immigrant des cantons entiers et recule toujours plus loin vers le nord, en direction du Gobi. Les tentes du nomade, les yourtes de feutre blanc, cèdent progressivement la place aux fermes chinoises en pisé. De vastes franges de steppe ont pu être labourées et converties en champs de millet, d'avoine, d'orge, de blé ou de sorgho.

Toutefois, la Terre des herbes, une fois défrichée, ne saurait être assimilée à l'ancienne Prairie américaine. La faiblesse des pluies menace toujours ici le fermier d'années consécutives de sécheresse qui amènent bientôt la désertion de l'entreprise. Les seules exploitations agricoles sûres de l'avenir sont celles qui s'appuient sur le voisinage du fleuve Jaune. Il y a près de deux mille ans qu'un remarquable réseau de canaux, dérivés du fleuve, a arraché à la steppe de l'Alachan d'un côté, à celle des Ordos de l'autre, la région de Ning-hia. Mais à moins de posséder de sérieuses réserves en capitaux et en semences, le paysan chinois risque gros à s'aventurer trop loin du fleuve nourricier. Du reste, un danger plus grave que la sécheresse elle-même le menace ici : une fois arrachées les herbes de la steppe qui retenaient au sol la terre végétale, celle-ci est souvent emportée par l'érosion ou par le vent du désert pour ne laisser affleurer que la roche stérile.

Autrement pleine de promesses est la colonisation de la Mandchourie.

La plaine mandchourienne, nous disent les géographes, est « une prairie vierge au riche humus noirâtre, prédestinée pour les céréales et le soja. Le régime des pluies et la forte nébulosité de l'air, en rendant impossibles les sécheresses dont souffre périodiquement la Chine du Nord, facilitent les labours répétés ». Le climat, malgré sa rigueur, est, comme celui du bas Canada, stimulant pour l'homme. À l'est, les montagnes qui séparent le pays de la Corée et de la Province maritime russe, au nord-ouest les monts Khingan, renferment les plus belles réserves forestières de l'Extrême-Orient en pins, sapins, mélèzes et bouleaux. Jusqu'au milieu du XIXᵉ siècle, le pays n'était habité que par les Mandchous ou par d'autres tribus appartenant à la même race tongouse, chasseurs forestiers ou pasteurs de la prairie, et aussi vers l'ouest, sur le versant oriental du Grand Khingan, par des pâtres mongols. À ces Mandchous il était arrivé au milieu du XVIIᵉ siècle une aventure inattendue, inouïe, née, nous l'avons vu, d'une surprise, d'un véritable escamotage : ils avaient, en 1644, fait la conquête de la Chine. Or ils ont été depuis, on l'a souvent fait remarquer, « les victimes de leur conquête ». Ils n'étaient qu'une poignée d'hommes. Quand ils eurent soumis l'immense Empire chinois, la plupart s'y fixèrent à titre d'aristocratie militaire ou simplement de garnisons privilégiées, grassement nourris aux frais des indigènes. Ceux qui restèrent au pays natal, arrière-garde désormais singulièrement clairsemée, étaient eux aussi entretenus par l'empire.

En somme, la Mandchourie constituait une « réserve » au profit de la race conquérante, une zone interdite pour l'immigrant chinois. Mais à mesure qu'à Pékin la dynastie mandchoue se sinisait plus profondément, il lui devenait plus difficile de défendre à ses sujets chinois l'entrée de ses provinces ancestrales. En 1867, la porte de la Mandchourie commença à s'entrouvrir ; en 1878 elle s'ouvrit définitivement. À partir de 1900, pour lutter contre la menace russe, l'immigration fut non seulement tolérée, mais encouragée. À cette date, Moukden et Ghirin étaient déjà des villes chinoises.

Il avait suffi que l'interdit fût levé pour qu'une ruée se produisît. L'« appel d'air » était en effet irrésistible des terres surpeuplées de la Chine septentrionale vers les terres vierges de Mandchourie. C'étaient surtout le Ho-pei et le Chan-tong qui fournissaient les émigrants, ceux du Ho-pei cheminant par le seuil de Yong-p'ing et la passe de Chan-hai-kouan, ceux du Chan-tong (les plus nombreux) s'embarquant à Kiao-tcheou ou à Tche-fou pour Dairen. Il y eut là un *rush* analogue à celui qui, au milieu du XIXᵉ siècle, a fait la fortune de l'ancienne Prairie américaine et du Canada. De fait, les géographes se sont plu à montrer l'analogie des deux contrées. « La plaine centrale de la Mandchourie, écrit Cressey, ressemble à celle de l'Iowa, de l'Illinois et du Kansas, et le Nord au Canada. » La Mandchourie allait donc être à la Chine ce que les pays à l'ouest des Grands Lacs furent il y a un siècle pour la Nouvelle-Angleterre. Seulement, ici ce furent les étrangers qui se trouvèrent être les animateurs du mouvement. Quand les Russes eurent étendu leur protectorat de fait sur la Mandchourie, protectorat qu'ils exercèrent de 1898 à 1904, ils entreprirent d'exploiter et de moderniser le pays et, à cet effet, commencèrent la construction du réseau ferroviaire transmandchourien destiné à drainer les richesses du pays depuis le Khingan jusqu'à Vladivostok, depuis Kharbin jusqu'à Port-Arthur. Les Japonais, qui après 1905 succédèrent aux Russes dans ce protectorat officiel ou officieux, continuèrent leur œuvre. Tandis que, depuis 1911, la Chine se débattait dans une affreuse anarchie, au milieu des guerres civiles et des ravages de tous les aventuriers militaires, la Mandchourie, grâce, il faut bien le dire, à ses tuteurs étrangers, se trouva jouir d'une paix exceptionnelle. Banques russes, banques japonaises et ingénieurs des deux pays s'appliquèrent à doter le « Canada mandchourien » d'un outillage industriel et agricole de premier ordre. À leur instigation les autorités locales favorisaient l'immigration par des méthodes imitées de celles de la prairie canadienne ou de l'Argentine. Dans le Nord mandchourien, par exemple, l'administration affermait souvent des lots de terres pour des prix purement nominaux et mettait elle-même les instruments agricoles à la disposition des immigrants. Si l'on songe qu'à la même époque (1911-1941) la province de Chan-tong, jadis si riche, aurait, du fait des années de famine, comme en 1926-1928, et aussi des guerres civiles incessantes, perdu ou vu fuir près du cinquième de sa population, on ne s'étonnera plus des chiffres de l'immigration chinoise au Mandchoukouo : 259 000 en 1925 et 836 000 en 1927, *en ne tenant compte que des immigrants définitivement restés dans le pays*, soit, pour les seules années 1923-1929, 2 859 000 colons.

Vers 1905, la Mandchourie ne comportait encore qu'une population de 8 500 000 âmes. Elle a atteint 24 millions en

1926, 30 millions en 1932, 38 millions en 1941. L'élément chinois représente 95 % de ce total, le reste étant constitué par 2 millions de Mandchous (Tongous), 200 000 Japonais et 600 000 Coréens. La superficie des terres cultivées, qui n'était que de 6 662 421 hectares en 1915, était déjà en 1932 de 12 516 000 hectares — doublée en moins de vingt ans.

On arrive donc à cette conclusion paradoxale que la modernisation de la Mandchourie par les Russes et les Japonais a avant tout profité aux Chinois. Ce ne sont ni les moujiks ni les paysans nippons qui ont bénéficié de la mise en valeur de ces terres vierges, mais les émigrants du Ho-pei et du Chan-tong. La proclamation de l'« État du Mandchoukouo » en 1932 a paru constituer une grave mutilation politique au détriment de la Chine. Elle a, en réalité, consacré un des plus notables accroissements démographiques du peuple chinois au cours des siècles.

En Indochine, l'immigration chinoise remonte au xviie siècle. En 1679, 3 000 Chinois du Sud, compromis dans la révolte de Wou San-kouei contre les Mandchous, abordèrent en Annam, à Tourane, sur 50 jonques. Les Annamites les établirent en Cochinchine, à Bien-hoa et à Mytho. Dans les dernières années du xviie siècle, d'autres émigrés chinois, venus de la région cantonaise, s'établirent, avec l'autorisation des fonctionnaires annamites, à Hatiên, à Rachgia et à Camau. Cette colonie s'est accrue depuis 1859 de nouveaux émigrants venus du Fou-kien et de la région cantonaise, et en 1941 elle atteignait le chiffre de 203 000 âmes pour la seule Cochinchine, sans parler des 95 000 Chinois du Cambodge. L'immigration reste, on le voit, infiniment moindre que celle qui est venue peupler la Mandchourie. Aussi bien ne représente-t-elle nullement l'exode en masse de fermiers et d'ouvriers agricoles. C'est une immigration de commerçants. Tout au plus s'adonnent-ils aussi aux cultures maraîchères ou à celle du poivrier, dont ils ont d'ailleurs acquis le monopole. Cholon est le chef-lieu de cette colonie chinoise de Cochinchine. Les immigrants chinois y furent naguère parqués comme dans un ghetto par les empereurs d'Annam. Ils en ont fait une ville d'affaires dont les banques contrôlent presque tout le marché du riz cochinchinois. « Depuis le moment où le paddy a été coupé jusqu'à l'instant où le riz part de Saigon, note Étienne Dennery, la plus grande partie de la production ne quitte plus les entreprises chinoises. » Ce sont les Chinois qui possèdent une bonne partie des rizeries et la presque totalité des grosses jonques à paddy. Ce sont eux qui se sont rendus les intermédiaires indispensables entre le producteur annamite et l'Européen.

Ici encore, le Chinois, dans ses colonies sans drapeau, se trouve le bénéficiaire de la colonisation officielle des autres peuples. C'est, nous l'avons vu, pour le paysan du Chan-tong ou du Ho-pei que la Russie, puis le Japon, ont à grands frais modernisé la Mandchourie. Quant au Siam, les Chinois y sont depuis le XVIIe siècle fortement établis. Phaya Tak, le libérateur de ce pays après l'oppression birmane (1769), était un métis sino-siamois, et de nos jours Bangkok compte 32 % de Célestes.

Dans la Malaisie britannique, l'immigration chinoise présente un troisième aspect. Il s'agit ici d'une main-d'œuvre destinée à fournir les défricheurs de la forêt vierge, les planteurs d'hévéa et les mineurs des mines d'étain. Le mouvement n'a pris une sérieuse importance qu'au commencement du XXe siècle. Arrivés comme manouvriers, nombre de ces nouveaux venus parviennent à la fortune : beaucoup de plantations de caoutchouc, beaucoup de mines d'étain se trouvent entre leurs mains. À Singapour, quelques-unes des plus grosses fortunes sont chinoises. « De grands commissionnaires chinois, note Étienne Dennery, rivalisent pour la conquête du marché extrême-oriental avec les commissionnaires anglais ou hollandais. [...] Dans les grosses automobiles qui vont à Singapour du quartier des résidences au quartier des affaires ou au quartier des plaisirs sont assis maintenant plus de Chinois que d'Européens. » En 1930, la Malaisie britannique comprenait 1 534 000 Chinois et à Singapour 74 % de la population s'avéraient chinois. La proportion est moindre dans les ex-Indes néerlandaises. Dans ces régions, ils monopolisent toute une série de métiers et, entre les Blancs voués au rôle d'aristocratie et les indigènes, ils tendent à faire figure de bourgeoisie commerçante.

Enfin, les Chinois ont essaimé dans toute la Polynésie, où ils se sont cantonnés dans le petit commerce. Aux îles Hawaï, où le pavillon américain couvre 65 % d'Asiatiques, ils sont 25 000.

L'expansion des Chinois sur toutes les côtes du Pacifique ne fait que commencer. Sérieusement entravée par le protectionnisme ethnique des nations anglo-saxonnes, elle a marqué un temps d'arrêt. Il n'en est pas moins vrai que, à l'heure où s'achevait la colonisation intérieure de la Chine, une Chine extérieure venait de naître, de Cholon à Singapour, de Batavia à Honolulu. Le fait est d'autant plus remarquable que, à l'inverse des colonies européennes ou japonaises, ces colonies sans drapeau ont toujours été ignorées du gouvernement impérial et que la République chinoise n'a guère eu le loisir de s'occuper d'elles. Et cependant, telle est déjà leur importance qu'elles ont réagi sur la mère patrie au point d'avoir déterminé la transformation de celle-ci. C'est en effet la Chine extérieure qui, dans la personne de Sun Yat-sen, son représentant qualifié, a renversé l'Empire millénaire et provoqué la révolution de 1912.

Au terme de cette histoire de plus de trente siècles, que conclurons-nous ? Par quels points de repère jalonner cet immense passé ? Si nous posions la question aux érudits chinois, ils nous inviteraient sans doute à nous reporter à la liste, singulièrement brève, de ceux de leurs souverains qui, au cours de l'histoire, s'estimèrent dignes d'offrir le « sacrifice *fong* ».

C'était la cérémonie la plus auguste de l'antique religion impériale, célébrée dans la province du Chan-tong, sur le sommet du T'ai-chan, la montagne la plus élevée de la Chine orientale qui, de ce fait, dans la croyance populaire, assurait la fermeté du sol, la régularité des pluies fécondantes, l'arrivée des âmes au berceau, le départ des mânes à l'heure de la mort. L'empereur ne gravissait le suprême sommet que pour s'entretenir directement avec la divinité, lui annoncer que l'empire jouissait du calme et la dynastie, du mandat céleste. Or ce témoignage solennel, cinq souverains seulement ont, au cours des siècles, cru pouvoir en assumer la responsabilité, et les annales chinoises les énumèrent avec respect : ce furent l'empereur Wou-ti, l'homme fort de la première dynastie han, en 110 avant J.-C., quand la *Pax Sinica* fut par lui établie sur presque toute l'Asie orientale ; puis l'empereur Kouang Wou-ti, en 56 de notre ère, quand les Han eurent été par lui restaurés pour deux siècles de gloire ; puis les empereurs Kao-tsong et Hiuan-tsong, en 666 et 725, deux dates où la Chine des T'ang apparaissait comme la maîtresse de l'Asie ; enfin l'excellent empereur Tchen-tsong, en 1008, lorsque la dynastie des grands Song eut rétabli l'unité chinoise et une longue paix.

Depuis lors, aucun chef d'État chinois, pas même les Ming, pourtant si favorables aux divinités du T'ai-chan, n'estima pouvoir se confronter avec le dieu qui préside à la stabilité du sol comme à la naissance et à la mort des générations. Mais par-delà dynastes et dynasties, plus ancien même que le culte des sages confucéens, celui de la montagne demeure, et d'innombrables pèlerins continuent à gravir le sommet sacré pour obtenir la fécondité de leur foyer et de leur champ. Existe-t-il meilleur symbole d'une stabilité et d'une continuité qui survivent à toutes les vicissitudes de l'histoire, la stabilité de cette patiente race de paysans, la continuité du labeur obstinément poursuivi sur cette même glèbe depuis plus de trois millénaires ?

Tableau des dynasties chinoises

Chine du Nord
(bassin du fleuve Jaune)

Dynastie des Hia, 1989-1558 (?).
Dynastie des Chang ou Yin 1558-1050 (?).
Dynastie des Tcheou :
1° Tcheou occidentaux (au Chen-si), 1050 (?)-771.
2° Tcheou orientaux (au Ho-nan), 770-256.
Période des hégémons, VIIe-VIe siècles.
Période des Royaumes Combattants, V^e-IIIe siècles.

Chine du Sud
(bassin du Yang-tseu et région cantonaise)

Dans le bassin du Yang-tseu, Barbares Man en voie de sinisation (ils forment notamment au Hou-pei le royaume de Tch'ou, 704-223). Plus au sud, Barbares d'affinités thaï, miao-tseu, lolo, etc.

L'empire unitaire

Dynastie impériale des Ts'in (Ts'in Che Houang-ti et son fils), 221-207.
Dynastie des Han (famille Lieou) :
1° Han antérieurs, à Tch'ang-ngan ou Si-ngan (Chen-si), de 202 avant J.-C. à l'an 8 de notre ère.
2° Usurpation de Wang Mang, 9-22 de notre ère.
3° Han postérieurs, à Lo-yang (Ho-nan-fou), 25-220.

Morcellement : les Trois Royaumes

1° Dynastie des Wei (famille Ts'ao) à Lo-yang, 220-265.

2° Dynastie des Wou (famille Souen) à Nankin, 221-280.
3° Dynastie des Han (famille Lieou) au Sseu-tch'ouan, 221-263.

Tableau des dynasties chinoises / 345

Brève restauration de l'unité

Dynastie des Tsin (famille Sseu-ma), à Lo-yang (Tsin septentrionaux), 265-316.

Époque des Grandes Invasions dans le Nord et du Bas-Empire dans le Sud.

Hordes turco-mongoles dans le Nord :
Huns Tchao, 316-352.
Mou-jong (Sien-pei, Proto-Mongols), 349-407.
Fou Kien, 357-385.
Tabghatch (T'o-pa) ou Wei du Nord, 398-550 et 557, continués par les Pei Ts'i (550-557) et Pei Tcheou (557-581).

Dynasties nationales chinoises dans le Sud (à Nankin) :
Tsin méridionaux (famille Sseu-ma), 318-420.
Song (famille Lieou), 420-479.
Ts'i (famille Siao), 479-502.
Leang (famille Siao), 502-556.
Tch'en (famille Tch'en), 557-589.

Restauration de l'unité

Dynastie des Souei (famille Yang), à Tch'ang-ngan, 589-618.
Dynastie des T'ang (famille Li), à Tch'ang-ngan, 618-907.

Dans le Nord, les Cinq Dynasties (à Lo-yang, puis K'ai-fong) :

1° Heou-Leang (famille Tchou), 907-923.
2° Heou-T'ang (maison turque des Li), 923-936.
3° Heou-Tsin (maison turque des Che), 936-946.
4° Heou-Han (famille Lieou), 947-950.
5° Heou-Tcheou (famille Kouo), 951-959.

À partir de 936 Pékin et l'extrême nord du Ho-pei appartiennent au peuple tartare (proto-mongol) des Kitat, K'i-tan ou Khitai ou Leao (maison des Ye-liu), 936-1122 (ou 1125). Et, de 1001 à 1227, royaume des Tangout ou Si-Hia (race tibétaine) au Kan-sou.

Dans le Sud, morcellement :

Au xe siècle, la Chine du Sud fut partagée entre huit royaumes provinciaux : Wou, puis Nan-T'ang, à Nankin, 902-975 ; Wou-Yue au Tchö-kiang, 907-978 ; Nan-Han à Canton, 909-971, etc.

Restauration de l'unité

Dynastie des Song (famille Tchao), à K'ai-fong (Song septentrionaux), 960-1126, 1127. Cette dynastie a rétabli l'unité, exception faite de la région de Pékin, restée aux Kitat (936-1122), et du Kan-sou, tombé au pouvoir des Tangout (1001-1227).

346 / *Histoire de la Chine*

Nouvelle séparation du Nord et du Sud

Royaume des Djurtchèt (Joutchen) de race tongouse, dynastie Wan-yen, dite « dynastie Kin », à Pékin et dans toute la Chine du Nord depuis 1125-1127. Dure jusqu'en 1233-1234.

Dynastie des Song (famille Tchao) réduite à la Chine du Sud, capitale à Hang-tcheou (Song méridionaux), 1127-1276 (ou 1279).

Restauration de l'unité

Dynastie mongole (famille de Gengis-khan et de Qoubilaï), dite « dynastie des Yuan », capitale Pékin, 1260-1368.

Dynastie des Ming (famille Tchou), capitale Nankin, puis (1409) Pékin, 1368-1644.

Dynastie mandchoue ou des Ts'ing, capitale Pékin, 1644-1912.

République chinoise, 1912, capitale Pékin, puis (1928) Nankin.

Notes

Chronologie des reliefs han

Nous avons évoqué, page 90, les caractéristiques de la sculpture han dans les reliefs funéraires. Voici quelques points de repère chronologiques portant sur ceux de ces reliefs dont on peut voir les estampages ou les photographies aux murs de nos musées.
1. Groupes du Ho-nan et du Chan-tong (mission Jacques Chavannes) : Teng-fong hien (Ho-nan), 118 et 123 de notre ère, Hiao-t'ang chan (Chantong), antérieurement à 129. Tombe de la famille Wou à Kia-siang (Chantong) entre 147 et 168.
2. Groupe du Sseu-tch'ouan (mission Lartigue et Ségalen) : pilier de Fong Houan à K'iu-hien, 121. Pilier de Chen à K'iu-hien, 155. Voir l'ouvrage de l'amiral Lartigue sur *L'Art funéraire à l'époque des Han*, Paris, Éditions Geuthner, 1935.

Le syncrétisme religieux et l'art populaire chinois

Nous avons, page 196, signalé les convergences du bouddhisme, du néotaoïsme et du néoconfucéisme dans le domaine philosophique et religieux à partir de l'époque song. Nous avons mentionné à ce propos la création, en 1012 de notre ère, d'un dieu suprême taoïque, l'Auguste de Jade (ou Pur Auguste), conçu à l'image du Seigneur d'En-Haut confucéen. On pourrait mentionner au même titre le culte de la Princesse des Nuages multicolores, c'est-à-dire de l'aurore, divinité taoïque d'apparition non moins récente puisqu'elle ne s'est manifestée qu'en l'an 1008 de notre ère, date de l'invention de sa statue au sommet du mont T'ai-chan, et que son culte ne prit son plein développement que sous les Ming. Or, bien qu'il s'agisse en principe d'une divinité purement taoïque (elle est la fille du dieu du T'ai-chan et elle porte une coiffure formée de trois oiseaux aux ailes déployées, comme la Si-wang-mou, la Reine des Immortels, de l'époque archaïque), elle ne se présente pas moins à bien des égards comme une réplique de la Kouan-yin des bouddhistes. C'est ainsi que, par l'intermédiaire d'une de ses suivantes, elle joue, elle aussi, le rôle d'une « donneuse d'enfants », et qu'elle est, de ce fait, invoquée dans la Chine du Nord au même titre que la Kouan-yin aux vêtements blancs dans le Sud. Les exemples du même ordre sont assez nombreux. Sur l'interprétation de ce syncrétisme populaire dans l'estampe, les « blancs de Chine » et les ivoires ming et ts'ing, voir Henri Maspero, *Mythologie asiatique illustrée*, 1928, et Henri Maspero et René Grousset, *Les Ivoires religieux chinois. Exposition du musée Cernuschi*, Paris, Éditions d'art et d'histoire Van Oest, 1939.

Les sources d'inspiration du paysage song

Nous avons, page 205, rappelé que, pour irréels qu'ils paraissent souvent, les paysages song de l'époque de Hang-tcheou reproduisent fidèlement la nature que les artistes avaient sous les yeux, en particulier l'aspect des « plis siniens », tels qu'ils se présentent au Tchö-kiang et au Fou-kien. On a signalé aussi la ressemblance entre ces paysages et le paysage japonais. « Lorsque Richthofen visitait le Tchö-kiang, dit Sion, il notait à chaque page de ses carnets de route la ressemblance avec le Japon : peu de futaies mais, près de chaque rocher bizarrement découpé, une pagode entourée de cyprès majestueux ; dans les vallées, des touffes épaisses de bambous, de grands arbres, d'innombrables moulins à eau, des maisons massives toutes blanches. Et surtout un foisonnement de végétation sur ces collines bien arrosées : çà et là, des bosquets de pins et de chênes, d'arbres à suif et à vernis ; d'immenses fourrés d'arbrisseaux aux feuilles charnues où s'enlacent des plantes grimpantes comme le chèvrefeuille, les glycines ; des versants entiers disparaissent sous les myrtes, les azalées, les rhododendrons, les roses sauvages. C'est le pays des arbustes verts et des fleurs. Nulle part en Chine on ne trouve ce pittoresque, cette variété de formes et de couleurs. » Il y a sans doute, dans le paysage song des XIIe-XIIIe siècles d'une part, dans le paysage japonais des XVe-XVIe siècles de l'autre, l'expression d'une certaine philosophie de la nature ; mais il y a aussi l'aspect réel des sites du Tchö-kiang ou du Fou-kien, l'aspect réel des sites japonais, les uns et les autres étant par ailleurs si souvent apparentés. C'est ainsi que les montagnes granitiques ou porphyriques du Tchö-kiang, avec leurs pentes raides que gravissent des « escaliers » taillés dans le roc et d'où se précipitent des cascades parfois hautes de cent mètres (comme dans la vallée Neigeuse près de Ning-po), abondent — les séries comparatives de photographies japonaises en font foi — en « paysages nippons. »

Naturellement, les sites historiques autour de Hang-tcheou ont été reproduits avec une dilection particulière par les artistes song et ming, et au premier rang les bords et les îlots du lac Occidental, le Si-hou. La meilleure description de ce lac célèbre est celle d'Arnold Vissière : « Les montagnes s'étagent dans le lointain et ceignent le lac à l'ouest. La plus rapprochée porte une haute pagode construite sur un massif rocheux aux flancs couverts d'inscriptions. On longe cette hauteur, puis on arrive au pont Touank'iao, mis au nombre des " dix merveilles " du lac et qui se continue par une digue. Cette chaussée dallée, construite sous les T'ang par le poète Po Kiu-yi, mène à l'île Solitaire, ou Kou-chan. Quand on a parcouru plus de la moitié de cette fraîche et jolie voie, on arrive à un autre pont de pierre jeté sur une interruption de la digue laissant un passage aux eaux entre les deux lacs. C'est le Pont semblable à une ceinture de soie brodée. » Les plus célèbres de ces sites sont ceux qui s'élèvent dans l'île Solitaire elle-même : « À droite la montagne qui a donné son nom à l'île. Elle est assez haute, boisée, verdoyante, semée çà et là de kiosques et de petites constructions blanches abritant des inscriptions lapidaires, témoins du passé. À gauche, sur le bord des eaux, des pavillons, des temples, des débarcadères pour les bateaux de plaisance, et plus loin un pied-à-terre impérial entouré de murs peints en rouge-brun qui gravissent jusqu'au sommet les pentes méridionales du Kou-chan. Le premier pavillon, qui à gauche avance sur les eaux du lac ses balcons de pierre, ses balustrades et son pont bien chinois, est un autre site catalogué du Si-hou. Il a pour devise : " Sur le lac tranquille, la lune en automne. "

« De tous les côtés s'offrent aux regards, sur les bords du lac et dans les îles qui en occupent le milieu, d'élégantes constructions entourées de feuillage, des temples, des villas particulières. Par un chemin dallé on gravit le Kou-chan couvert d'une végétation pressée, de rocailles et d'inscriptions lapidaires. Notons un beau pavillon qui projette ses rampes de pierre sur le bord du petit lac, le Pavillon du lancer des cigognes. Sur le continent, dans les montagnes de l'ouest, un pic si abrupt que les Chinois lui ont donné le nom de Pic venu par la voie des airs, et " le chemin dallé serpentant au milieu d'arbres gigantesques, parmi les ruisseaux retombant en cascades, qui monte vers un ancien temple bouddhique ". » Quant au palais impérial, aujourd'hui ruiné, il se dressait sur le versant méridional de l'île « d'où l'œil pouvait embrasser les perspectives gracieuses ou grandioses du lac, depuis les murailles de la ville de Hang-tcheou jusqu'aux pics élevés du couchant » (Vissière et Madrolle, *l.c.*).

Les séries de photographies comparatives publiées par les critiques d'art japonais montrent la fidélité des grands paysagistes chinois à la nature qu'ils avaient ici sous les yeux.

Table des matières

Préface, *par François Joyaux* 1
Chapitre premier. Terre chinoise 7
Chapitre II. L'expansion d'une race de pionniers. ... 20
Chapitre III. Féodalité et chevalerie 24
Chapitre IV. Les sages d'autrefois................ 28
Chapitre V. Par le fer et par le feu............... 38
Chapitre VI. Le césar chinois 42
Chapitre VII. De l'empire militaire à l'empire traditionnel 48
Chapitre VIII. Pax Sinica 54
Chapitre IX. Triomphe des lettrés................ 62
Chapitre X. La Route de la soie................. 67
Chapitre XI. Révélation du bouddhisme........... 80
Chapitre XII. Splendeur et décadence des Han 88
Chapitre XIII. L'épopée des Trois Royaumes....... 96
Chapitre XIV. Les grandes invasions et le Bas-Empire. 104
Chapitre XV. Une autre sculpture romane : l'art wei . 111
Chapitre XVI. Yang-ti, Fils du Ciel 118
Chapitre XVII. T'ai-tsong le Grand 122
Chapitre XVIII. Drames à la cour des T'ang 146
Chapitre XIX. Un grand siècle : au temps du poète Li T'ai-po 153
Chapitre XX. Crise sociale et ruine de l'État 174
Chapitre XXI. Les Song et le problème des réformes. 181

Chapitre XXII. Un rêveur couronné : l'empereur
  Houei-tsong........................... 194
Chapitre XXIII. La douceur de vivre............. 199
Chapitre XXIV. Cristallisation de la pensée chinoise.. 212
Chapitre XXV. Le conquérant du monde.......... 225
Chapitre XXVI. Qoubilaï, « le grand sire ».......... 234
Chapitre XXVII. Marco Polo.................... 251
Chapitre XXVIII. Une restauration nationale : les
  Ming................................. 260
Chapitre XXIX. Le drame de 1644............... 274
Chapitre XXX. Les grands empereurs mandchous :
  K'ang-hi et K'ien-long..................... 281
Chapitre XXXI. L'irruption de l'Occident.......... 302
Chapitre XXXII. La révolution chinoise............ 319
Chapitre XXXIII. Données permanentes et problèmes
  actuels................................ 333

Tableau des dynasties chinoises................. 344
Notes....................................... 347

*Cet ouvrage a été imprimé
sur du papier sans bois et sans acide*

Achevé d'imprimer en février 1997
sur presse Cameron
par **Bussière Camedan Imprimeries**
à Saint-Amand-Montrond (Cher)
pour le compte de France Loisirs
123, boulevard de Grenelle, Paris

*Achevé d'imprimer en février 1997
sur presse Cameron
par **Bussière Camedan Imprimeries**
à Saint-Amand-Montrond (Cher)
pour le compte de France Loisirs
123, boulevard de Grenelle, Paris*

N° d'édition : 27919. N° d'impression : 4/167
Dépôt légal : février 1997.
Imprimé en France